現代サラリーマンのための〈資本論〉

高橋清明・著

桜出版

四人の孫たちへのおじいちゃんからの贈り物
そして
亡き父と母に感謝を込めて……

技術者として、本田さんと私とのあいだに共通していたのは、ふたりとも、厳密にいえば技術の専門家ではなく、ある意味で〝素人〟だったということでしょう。

技術者というのは、一般的にいえば、ある専門の技術を持っていて、その技術を生かして仕事をしている人ということになるでしょう。しかし、私も本田さんも、この技術があるから、それを生かして何かしようなどということは、まずしませんでした。最初にあるのは、こういうものをこしらえたい、という目的、目標なのです。それもふたりとも人真似が嫌いですから、いままでにないものをつくろうと、いきなり大きな目標を立ててしまいます。この目標があって、さあ、それを実現するためにどうしたらいいか、ということになります。この技術はどうか、あの技術はどうか、使えるものがなければ、自分で工夫しよう、というように、すでにある技術や手法にはこだわらず、とにかく目標にあったものを探していく―そんなやり方を、私も本田さんもしていました。

井深 大『わが友 本田宗一郎』（一九九二年 ごま書房）

序文

マルクスの『資本論』第一部が出版されたのは一八六七年、我が国の明治維新の前の年、慶応三年に当たります。そして、マルクスの死後、エンゲルスの編集によって第二部が出版されたのが一八八五（明治一八）年、第三部が出版されたのが一八九四（明治二七）年になります。来る二〇一七年は、『資本論』第一部が発刊されてから一五〇周年の記念の年に当たります。因みに『資本論』が日本で初めて完訳されたのは、一九二四（大正一三）年です。

この間、世界は二度の世界大戦を経験し、一九三〇年代の大恐慌とファシズムを経験し、第二次大戦後は「ゆたかな社会」、高度大衆消費社会、「福祉国家」を経験しました。そして、資本主義も「自由」資本主義から「独占」資本主義へ変化し、新しい産業革命も経験し、現在はコンピューター革命、情報革命の真っただ中にあります。その中で『資本論』にとって最も重要だったのは、一九一七（大正六）年のロシア革命によって社会主義国家が誕生したことでした。マルクスやエンゲルスにとって理念であったものが、現実になったのです。これに対して独裁社会主義＝スターリン主義と根底的な批判があったにもかかわらず、第二次大戦後は東欧、中国、ベトナム、北朝鮮、キューバと社会主義国家は増加して行き、世界人口の四割を占めるまでに成長しました。それと同時に『資本論』に対する評価も上昇して行き、『資本論』は「労働者階級の聖書」「社会主義革命の聖典」とカリスマ性を高めて行きます。転機は、一九八九（平成一）年のベルリンの壁崩壊に始まるソ連・東欧社会主義国家の解体でした。その後、中国とベトナムは社会主義市場経済という名の資本主義経済へ移行します。それと同時に『資本論』に対する価値評価は低落して行き、『資本論』に対する興味も関心も薄くなって行きました。

しかし、私はこうした状況は『資本論』にとって好機ではないかと考えています。『資本論』神話が崩壊したことによって、イデオロギーに振り回されることなく『資本論』を経済学の古典の一つとして、また経験科学の重要な書としてじっくり読み学ぶ環境が整って来たと考えるからです。さらには、『資本論』は理論仮説として世界全体がイギリスのような先進資本主義によって包摂されている状態を想定していましたが、現在、これは仮説でなく現実になっています。すなわち世界全体が資本主義によって支配される世界資本主義と言って良いような状況が生まれています。「資本が世界を支配する」今日の状況であればこそ、それを前提に理論構築した『資本論』を読み学ぶ価値があるのではないでしょうか。そしてなにより大切なことは、私たちが『資本論』の時代と同じ資本主義社会に生きているということです。物的条件は変化したにしても資本対労働という社会的関係の総体に本質的な変化はありません。この面から考えますと、一九世紀半ばの『資本論』の時代と現代の間において、労働者とサラリーマンが置かれている現実は変わっていないのです。その意味からも資本主義とは何なのか、資本対労働の社会的関係はどういうものなのか、労働者とサラリーマンは資本主義社会の中でどういう存在なのか、この疑問に答える書として『資本論』は依然として最良の書であり、最大の問題提起の書だと思います。

さて、『資本論』の方法は帰納法です。すなわち現実の経験や事実の考察から理論を組み立てて行くものです。それはミクロからマクロへ展開する上向法です。現実を理論的仮説で実証していく演繹法、マクロからミクロへ降下する下向法を『資本論』は取っていません。言い換えれば、労働者とサラリーマンの労働と生活の足下を照射することから出発して資本主義社会全体の運動法則を掴もうとした経済学の書です。それは同時に、商品と貨幣と資本のダイナミックな運動がつくり出す資本主義社会の呪縛＝「日常生活の宗教」から労働者とサラリーマンの眼と身体を解放して、客観的主体的に資本主義社会の現実を認識させようとするものです。

ところで、現代は「不確実性の時代」「展望のない時代」「羅針盤のない時代」と言われます。そうした時代にあって『資本論』は肯定するにしても否定するにしても古典としてまた経験科学の書として一つの羅針盤になると考えています。未来社会を構想する上で掛け替えのない一書だと思っています。

したがって、今さら『資本論』でもあるまい、『資本論』は古すぎると言う人に対しては、今こそ『資本論』でしょうと言いたいです。それは「温故知新」の道であり、「歴史とは過去と現在の対話である」（E・H・カー）ということの実践でもあります。

二〇一五年五月

著者

現代サラリーマンのための〈資本論〉

〈凡例〉

一、テキストとして使用したのは、カール・マルクス著『資本論』大内兵衛・細川嘉六監訳／岡崎次郎翻訳　一九六八年　大月書店です。テキストは、『資本論』の第一部が第一巻一、二の二冊、第二部が第二巻の一冊、第三部が第三巻一、二の二冊、計五冊本になっています。

二、テキストの底本になっているのは、ドイツ社会主義統一党中央委員会付属マルクス＝レーニン主義研究所（当時）編集の『カール・マルクス＝フリードリヒ・エンゲルス全集』一九六二～一九六四年の第二三～二五巻に収載された『資本論』です。

三、『資本論』第一部「資本の生産過程」はマルクスの生前に自らの手によって出版されましたが、第二部「資本の流通過程」と第三部「資本主義的生産の総過程」はマルクスの死後に彼の原稿をエンゲルスが編集して出版されたものです。

四、『資本論』からの引用文はゴシック体で表示しました。また引用箇所が分かるように文末に巻数と頁数を次のように表示しました。第一巻一の一二〇頁は（1の1－120）、第二巻の六〇七頁は（2－607）、第三巻二の一一一一頁は（3の2－1111）。

五、引用文献は著名・訳者名・書名を〈　〉で括って表示しました。

六、訳文の意味を確認するため、向坂逸郎訳『資本論』全九冊　岩波文庫、長谷部文雄訳『資本論』全四冊　河出書房を参照しました。

七、敬称は省略しました。

第一編　総論

第一章　商品が支配する世界

資本主義的生産様式が支配的に行なわれている社会の富は、一つの「巨大な商品の集まり」として現われ、一つ一つの商品は、その富の基本形態として現われる。それゆえ、われわれの研究は商品の分析から始まる。（1の1－47）

商品とは何でしょうか。商品とは資本主義社会にとってどのような存在なのでしょうか。

前掲の文章は、その商品の存在について述べた『資本論』の巻頭の言葉です。この文章で使われている「社会の富」すなわち「富」とは何を意味するのでしょうか。

それは、資産、財産、ストック（stock）のことではないかと思います。私たちの資産は家庭でも産業でもすべて商品から構成されています。商品でないものを見つけることは不可能に近い状態です。土地や建物や機械などの固定資産にしろ、食料品や日用品や家財や原料や補助材料などの流動資産にしろ、すべて商品によって構成されています。産業の生産的消費と家庭の個人的消費は、商品としての資産がなければ、一日も回転できないような仕組みの中で、私たちは暮らしています。言い換えれば、私たちの財産は商品によってすべて構成されていると言って過言ではないのです。もし銀行預金や国債・株券などの有価証券も貨幣商品として商品に含めるとするならば、家庭や産業のすべての財産は商品によって構成されていると言うことができます。すなわち、私たちは、商品に埋もれて生活や生産をしているのです。家庭でも職場でも私たちの周りに商品でないものを探すことは不可能です。私たちの家庭や職場の日常性は「商品のあつまり」によって形成されています。そして、一国の一年間につくりだす国民総資産は生産手段と消費手段の二部門の商品資産に大別されますが、これは商品の巨大な集合がつくりだした「富」にほかなりません。国民総資産が「国富」と呼ばれるゆえんです、さらに各国の国民総資産を集合したものが、世界総資産ですから、谷間に生まれた小さな一滴のしずくのような一個の商品が集合して国民総資産という大河に発展し、その国民総資産が集合して世界総資産という世界の大海をつくりだしていることになります。すべては、何気ないどこにでもある平凡な一個の商品から始まっているのです。『資本論』が《資本主義的生産様式が支配的に行なわれている社会の富は、一つの「巨大な商品の集まり」として》現われると言っているのは、この意味です。

他方、「富」は動態的に見れば「所得」の流れ、フロー（flow）と捕らえることができます。私たちは家庭において、所得（貨幣）を使い商品を購入し生活の再生産ために個人的消費を行ない、不用になった物を廃棄物として捨てています。私たちの生活は、衣食住やエネルギーや耐久消費財や娯楽品などの商品を所得で購入しなければ、一日も暮らすことができません。また産業においても、所得（貨幣資本）を使い、原料・補助材料・機器機械・建物などの生産手段を購入し、また賃金労働者者から労働力商品を購入し、新たなる商品を生産し、これを販売して所得（貨幣資本）に変換しなくては、一日も生産は循環しないようになっています。言い換えれば、家庭における生活の再生産も産業における生産の再生産も所得を商品へ転化しなければ、一日も回転しないような仕組みの中で私たちは日常を送っているのです。

このように、私たちが生きる資本主義社会の日常性は、ストックにおいてもフローにおいても、また生活においても生産においても商品によって成り立っています。まさに「商品が支配する世界」に私たちは住んでいるのです。

その現実を目の当たりにしたのが、二〇一一（平成二三）年三月一一日の東日本大震災の時でした。私の自宅は岩手県の内陸部でしたので津波の被害はありませんでしたが、それでも震度五強の強震は自宅を押しつぶすのではないかと恐怖を感じました。水道は止まり、台所もトイレも使えなくなりました。電気が止まり、石油が止まり、ガソリンが止まりました。ガソリンスタンドには車の長蛇の列が並び、いつ順番がくるのか分かりませんでした。近くのスーパー、コンビニは店を閉めました。二、三日にしてやっと水道が出るようになりましたが、風呂のボイラーが地震で故障したため入ることはできません。夜間は懐中電灯の光りと蝋燭が頼りでした。お湯や料理や暖房のためには、いざという時のため取って置いたたった一つの小さな旧式の石油ストーブが大いに役に立ちました。石油ストーブが、こんなに重宝なものとは思いませんでした。それはまさに暗闇の中の希望の灯りでした。こんな生活が一週間ほど続き、やっと電気がつきました。そして、ガソリンスタンドが平常通りの営業を始め、スーパーが開き、ボイラーの故障が治り、だんだん普通の生活に戻って行ったのです。この時ほど電気の有り難み、水道・ガソリン・灯油・食料の有り難みを感じたことはありません。それはすなわち、まったく商品の有り難みでした。この大震災に比較することはできませんが、一九七三（昭和四八）年に起きた石油ショックによるトイレットペーパー・洗剤騒動、一九九三（平成五）年の冷害による米不足騒動なども部分的ですが商品の力が猛威を振るった事例です。このように自然的および社会的災害は、私たちの日常生活がその根底からいかに深く商品に支配されているかを物語るものです。それはまさに現代の神のような力を私たちの前に示します。「商品が支配する世界」に住むということは、私たちが「商品に支配されている世界」に住んでいることを示す何ものでもありません。それは、商品が神のような威力をもち、商品物神と商品呪物が支配する世界に私たちが住んでいることを物語るものです。それゆえ、それは資本主義社会の「日常生活の宗教」でもあります。しかも、それは日本や欧米の先進資本主義諸国に限りません。ロシア・中国・インド・ブラジル・南アフリカ・韓国・台湾・香港・シンガポールなどの新興諸国・諸地域も、そしてアジア・アフリカの「発展途上国」も、市場経済という資本主義経済が支配しており、それは取りも直さず「商品が支配する世界」を世界の市民が共有していることを示すものです。

ところで、「商品が支配する世界」は資本主義社会の日常性ですが、「資本主義的生産様式が支配的に行なわれて」いない社会、例えば封建制社会では商品はどのような位置付けになっているのでしょうか。このことについて、日本の中世封建制社会を例に考えてみましょう。（但し、日本では江戸時代の封建制社会を近世と呼ぶのが一般的です。）『資本論』は日本の封建制社会について、次のように書いています。

> 日本は、その土地所有の純封建的な組織とその発達した小農民経営とをもって、たいていはブルジョア的偏見にとらわれているわれわれのすべての歴史書よりもはるかに忠実なヨーロッパ中世の姿を示している。（1の2－938）

中世封建制社会の基本的な生産関係は領主と農奴（百姓）との関係です。農奴は土地の耕作権や占有権を領主から保障されていますが、土地に縛られ、居住移転の自由も職業選択の自由も土地売買の自由も認められていませんでした。そして、「生かさぬよう、殺さぬよう」（徳川家康）な重い年貢を供出する義務が課せられていました。また、領主は農奴から搾り取った年貢で生活の再生産を行なっていました。したがって、中世封建制社会の富は商品ではなく、土地と農奴であったと言うことができます。もちろん、商品経済、貨幣経済は、中世末期に近づくにしたがって発展して行きますが、人口の八割以上が農奴によって占められ、一割を少し超えるくらいが領主（武士）に占められる社会的構成を考えますと、社会は領主と農奴との生産関係が支配的であったと言えます。この生産関係は、資本制社会の基本的関係である資本家と労働者のような「自由で平等な」商品所有者の関係ではありません。支配と服従の権力的関係です。また、農奴の生活資料は商品として購入したものではなく、自分自身が生産したものです。領主（武士）の生活資料も農奴が生産した生産物を搾取したものであり、商品ではありませんなのです。すなわち社会の大部分を占める人口の生活資料は商品でない物によって構成されているのが封建制社会なのです。したがって、封建社会は基本的に商品に支配されない社会と言うことができます。さらに、『資本論』は、幕末日本の変化の行方について次のように述べています。

ヨーロッパによって強制された外国貿易が日本で現物地代から貨幣地代への転化を伴うならば、日本の模範的な農業もそれでおしまいである。この農業の窮屈な経済的存立条件は解消するだろう。
（1の1－183）

ここで『資本論』は、農奴の年貢が現物地代（物納）から貨幣地代（金納）に変わった時、中世封建制社会が終焉する序曲が始まるという意味のことを言っていますが、まさにそうだと思います。というのは、現物地代（物納）から貨幣地代（金納）へ変わることは、農奴は生産した生産物を自家消費は残してすべて商品へ転化させ貨幣を獲得しなくては、税金（年貢）を納めることができなくなるからです。

それは、中世封建制社会の基本的生産構造に異質な商品経済、貨幣経済を強制することを意味します。現物経済ではなく商品経済が社会の中心を占めるようになります。「商品が支配する」社会に近づくことになります。実際、明治維新は土地の所有権を法的に認め、士農工商の四民平等を唱え、土地売買の自由、職業選択の自由、居住移転の自由を保障し、農奴を解放して農民に転換させました。この改革はまさに革命的でした。明治維新の捉え方には様々な見解がありますが、中世封建制社会の基本的な生産関係を転換して、近代資本制社会の基本的枠組みをつくった点から考えますと、明治維新は絶対主義革命と見ることはできず、資本主義革命、ブルジョア革命、近代革命と見るのが至当と思われます。そして、土地の私有権を保障し、農業生産物の商品化が進展することが資本制社会の始まりであり、労働力の全面的な商品化すなわち労働者階級の大量化と大衆の労働者階級化が資本制社会の完成になります。労働力の商品化は生産と生活に必要なものをすべて商品化する資本主義社会すなわち「商品が支配する社会」を誕生させます。

ところで、資本主義社会の「基本形態」である商品を人間の身体に例えれば、商品は身体を構成する細胞に当たります。人間の身体は約六〇兆個の細胞で構成されていますが、すべての生物が細胞から構成されていることは言うまでありません。ところで、私たちの生活は果たして何個の商品細胞で構成されているでしょうか。数えたことはありませんが、四人家族だと三万個は下らないのではないかと思います。そして、貨幣が商品と商品を媒介する機能をもっていることを考えますと、貨幣は細胞と細胞を取り結ぶ血液に該当するように思います。貨幣は「経済の血液」と呼ばれるゆえんです。さらに、資本が、この資本主義社会という身体に行動の欲望と目標を与える意味からすれば、頭脳に相当するのではないでしょうか。もちろん頭脳もまた身体の一部として細胞と血液から構成されていますから、資本は商品と貨幣から構成されていると言うことができます。『資本論』が商品から始まり貨幣へ、そして資本へと展開するのは、資本主義社会の三要素である商品、貨幣、資本を分析することが、資本主義社会の「内的編制」を究明するための最初の一歩であると考えたからだと思います。またそこに、『資本論』の凄さと鋭さがあるとともに、経済学の古典として時代を超えた普遍性があるのではないでしょうか。

さて、今、私の机の上には、様々な商品が置かれています。この原稿を書いているパソコン、携帯電話、コードレス電話、電卓、現代用字辞典、英和辞典、竹製定規、鋏、鉛筆、赤鉛筆、ピンク色の蛍光ペン、付箋、糊、ホチキス、穴開けパンチ（punch）、シャーペン、ボールペン、メガネ、そしてそれらの商品が置かれている木机そのもの、いずれも必要があって商品として買ったものばかりです。それぞれの商品は使用用途を異にしています。メガネはパソコンの代用になることはできないし、ホチキスは電卓の代用をすることができません。パソコンの中には電卓機能が入っていますが、大きな数字で見やすいので、計算する時は電卓を使っています。物が個別の独自な使用価値、効用価値をもっていることが、商品の第一条件です。使用価値をもっていない物は商品になりえません。しかし、世の中には、使用価値はあっても商品でないものも存在します。私たちが生きるために欠かすことができない空気、岩手山や北上川や中津川の盛岡の美しい風景、山間に自然に湧き出る飲み水、家庭菜園で育てた瑞々しい野菜、これらは使用価値がありますが、商品ではありません。しかし、酸素ボンベの酸素、ミネラルウォーターとして販売される飲料水、スーパーで売られる野菜は商品です。何が違うのでしょうか。他人の使用価値のために人間労働を投入して生産された物かどうかが違っています。家庭菜園の野菜はたしかに趣味とは言え人間労働が含まれていますが、これは他人の使用価値のために生産したものではなく、自家消費のために生産したものですから、商品ではありません。やはり、商品とは、他人のために使用価値をもつ労働生産物ということが条件になっているのです。さらに、独占できるものであること、譲渡可能なものであることも商品の条件になります

さて、商品とは、今例示した実用品にかぎりません。『資本論』は、商品と欲望との関係について次のように述べています。

商品は、まず第一に外的対象であり、その諸属性によって人間のなんらかの種類の欲望を満足させる物である。その欲望の性質は、それがたとえば胃袋から生じようと空想から生じようと、少しも事柄を変えるものではない。ここではまた、物がどのようにして人間の欲望を満足させるか、直接に生活手段として、すなわち受用の対象としてか、それとも回り道をして生産手段としてかということも、問題ではない。（1の1－47～48）

つまり、たとえ空想、想像、好奇心から生まれた欲望であっても、その欲望を充たす物は、他人のために使用価値をもつ労働生産物であれば、商品となることができます。小説、絵画、写真、流行歌、新聞、雑誌、映画、ラジオ、テレビ、漫画、アニメ、ゲーム、エッチなDVDなどは、こうした人間の空想、想像、好奇心に訴える商品です。そして、このような商品がマスメディアとして大量生産されていることが、現代資本主義の特徴であり、現代社会の特質です。マスメディアと言えば、新聞と雑誌と書籍しかなかった『資本論』時代の資本主義には想像もできない著しい変化です。この異常なくらい発達したマスメディアの点からも、「資本主義は変わった」と言えるかもしれません。

そして、私は毎日パソコンを開く時と閉じる時にメールチェックをしていますが、私には直接必要が

ない情報が二〇件以上届きます。毎日送られて来る英文や日本語のメールを見ていると、二つに大きく分類することができることが分かります。一つは投資や賭け事などの金儲けの情報、もう一つは素敵な女性を紹介する情報です。つまりお金を儲けたいという欲望と素敵な女とセックスしたいという欲望に訴えるものです。どんな男性でももっている金とセックスの二つの欲望に訴えるものです。これは、資本主義社会に生きる人間の二大欲望と言うことができるかもしれません。さらに、もう一つ加えるとしたら、出世したい欲望でしょうか。それはともかくとして、このようなメールが毎日飽きもせず送られて来るということは、鉄砲も数打ちゃ当たると言われるように、非常に低い確率だと思いますが、応答する受け手があり、送り手として商売が成り立つからではないでしょうか。そして、性は平等な男女の愛情表現以外なにものでもないにも関わらず、資本主義社会でも、性は商品化されています。これは、性労働力の商品化と言えるものであろうと思います。日本でも、一九五八（昭和三三）年に売春禁止法が施行されるまでは、女郎屋＝「赤線地帯」の営業は公認されていました。しかし現在でも、ソープランドやいかがわし風俗店や援助交際など性の商品化は社会の裏で続いています。嘗て男の遊びは、「飲む、打つ、買う」の三つと言われ、酒を飲むこと、博打を打つこと、女郎を買うことの三つが男の甲斐性と公然と言われました。それは現代でも変わらないのではないでしょうか。しかし、この三つを同時に行ない続けることは、自己破産の結果に終わることは目に見えています。かえって戒めの言葉として理解した方がよいように思います。今から六〇〇年以上前の室町時代に書かれた世阿弥の『花伝書』〈川瀬一馬校注〉でも、能楽師の最初の大事な心得として、「一、好色、博奕、大酒、三つの重戒、これ古人のおきてなり。」と述べています。

資本主義社会では本来商品でない物、他人のため使用価値をもつ労働生産物であるという商品の条件に反するものが、ただ人間の欲望を充たすだけの理由によって、商品として大手を振って闊歩しています。性、土地、為替・株式・債券など商品ではない商品に満ち溢れています。なかでも、為替・株式・債券などの金融商品の世界取引高が、世界貿易の取引高を何倍も凌駕する状況にあることは、マネー経済が実物経済を支配する倒錯した世界が生まれていることを証左するものでしょう。それは商品ではなく貨幣が、産業資本ではなく金融資本が世界経済を支配していることを意味しています。それは産業資本から分離して金融資本が一人歩きする社会が世界に現出しているのです。これは真っ当な資本主義と呼ぶことはできません。やはり世界資本主義の危機は内在していると言えるのではないでしょうか。この点においても、『資本論』の時代と違い、現代の「資本主義は変わった」と考えることができます。

このように商品は他人のための使用価値をもつことが第一条件ですが、他方において商品は交換価値をもっていることも条件になります。つまり、商品は価格という共通の言語をもっています。これによって、個別的で独自な使用価値をもっている商品が、他の異質な使用価値をもっている商品と比較可能になり、置き換えることもできるようになります。このことについて、『資本論』も次のように書いています。

交換価値は、まず第一に、ある一種類の使用価値が他の種類の使用価値と交換される量的関係、すなわち割合として現われる。（1の1‐49）

その意味で価格は商品と商品を取り持ち媒介する点で言語に等しい働きをしています。価格がなければ、商品と商品を交換することは不可能です。異質な物と異質な物を即時的に比較することはできません。その意味で、価格は商品の交換価値を表現する様式であり、価値の現象形態であると言うことができるでしょう。言い換えれば、価格は交換価値の貨幣表現であり、貨幣が商品と商品の仲立ちをしていると言うことができます。貨幣が商品世界の共通言語になっているのです。たとえば、二個入り一パックのおにぎりを三〇〇円とすると、一〇キログラム一袋四〇〇〇円の米は、一三・三倍の価値をもっていることがすぐ分かります。また、一本一〇〇円のシャーペンは、高級万年筆四万円の四〇〇分の一しか価値のないことが分かります。さらに一万円の靴、一万円のブレザーは、高級万年筆の四分の一の価値しかないこと、そして一袋の米の約二・五倍の価値に相当することも理解できます。このように異質な使用価値の商品が価格という共通言語を媒介にして会話し、交換することができます。そして、価格による商品の価値比較は、為替レートを使えば世界のどの国の商品とも価値比較ができます。円をドル、ユーロ、元、ウォン、ドンに交換すれば、日本の商品とアメリカ、ヨーロッパ、中国、韓国、ベトナムの商品と価値比較ができます。但し、先進国の貨幣価値が「発展途上国」のそれと比較して、平価水準が高く、国によっては五倍の格差をもつこともあることに注意が必要です。

さて、商品を価値比較することは、貨幣表現である価格によって可能になりましたが、そもそもその価値とは何を表現したものなのでしょうか。異質な使用価値をもつ商品の間に共通の価値がなければ、共通の価値表現である価格も生まれなかったはずです。それは、商品の使用価値でないことは今確認したばかりです。また、商品は労働生産物ということで共通性をもっていますが、商品の使用価値をつくるおにぎり作り労働、米作り労働、シャーペン作り労働、万年筆作り労働、靴作り労働、ブレザー作り労働などの個別具体的な労働では、商品の使用価値と同じように量的なものとして比較することができません。このことについて、『資本論』も次のように述べています。

そこで商品体の使用価値を問題にしないとすれば、商品体に残るものは、ただ労働生産物という属性だけである。しかし、この労働生産物も、われわれの気がつかないうちにすでに変えられている。労働生産物の使用価値を捨象するならば、それを使用価値にしている物体的な諸成分や諸形態をも捨象することになる。それは、もはや机や家や糸やその他の有用物ではない。労働生産物の感覚的性状はすべて消し去られている。それはまた、もはや指物労働や建築労働や紡績労働やその他の一定の生産的労働の生産物でもない。労働生産物の有用性といっしょに、労働生産物に表わされている労働の有用性は消え去り、したがってまたこれらの労働のいろいろな具体的形態も消え去り、すべてことごとく同じ人間労働に、抽象的人間労働に、還元されるのである。（１の１‐51～２）

とすれば、商品と商品の量的価値を比較するためには、残るは一般的抽象的労働の度量単位である労働時間、労働日しかないことになります。労働生産性や競争の問題を捨象してしまえば、労働時間、労働日の投入量が多い商品ほど価値は高くなります。逆であれば逆になります。したがって、労働時間或は労働日の投入量と商品価値との間には正比例の関係があると言うことができます。このことについて、『資本論』も次のように表現しています。

だから、ある使用価値または財貨が価値をもつのは、ただ抽象的人間労働がそれに対象化または物質化されているからでしかない。では、それらの価値の大きさはどのようにして計られるのか？それに含まれている「価値を形成する実体」の量、すなわち労働の量によってである。労働の量そのものは、労働の継続時間で計られ、労働時間は一時間とか一日とかいうような一定の時間部分を

度量標準としている。(1の1‐52〜3)

そして、なぜダイヤモンドのような商品が高い価格をもつのか、その理由についても、『資本論』は次のように説明します。

ダイヤモンドは地表に出ていることがまれだから、その発見には平均的に多くの労働時間が費やされる。したがって、ダイヤモンドはわずかな量で多くの労働を表わす。ジェーコブは、金にその全価値が支払われたことがあるかどうかを疑っている。このことは、ダイヤモンドにはもっとよくあてはまる。エッシュヴェーゲによれば、一八二三年には、ブラジルのダイヤモンド鉱山の過去八〇年間の総産額は、ブラジルの砂糖またはコーヒーの農場の一年半分の平均生産物の価格にも達していなかったというが、じつはそれよりもずっと多くの労働を、したがってずっと多くの価値を表わしていたにもかかわらず、そうだったのである。もしも鉱山がもっと豊かだったならば、それだけ同じ労働量がより多くのダイヤモンドに表わされたであろうし、それだけダイヤモンドの価値は下がったであろう。もしほんのわずかの労働で石炭をダイヤモンドに変えることに成功するならば、ダイヤモンドの価値が煉瓦の価値よりも低く下がることもありえる。(1の1‐54〜55)

ところで、「時は金なり(Time is money)」と言われます。実際にパートタイム労働者の賃金は時給七〇〇円とか七五〇円とかと表示され、労働時間が貨幣で表現されています。賃金は労働力商品の価格であり、貨幣表現であり、価値表現です。労働者サラリーマンの平均年収は四五〇万円くらいと言われています。週休二日制、祝休日と年末年始五日休みとすれば、年間の労働日は約二四〇日になります。これを一日に換算すると一万八七五〇円になり、一日八時間労働として時給に直すと約二三四四円になります。パート労働者の時給七〇〇円の三・三五倍に相当します。いかにパート労働者の時給が、平均的サラリーマンの時給より低いか一目瞭然です。非正規労働者と正規労働者との格差是正が叫ばれるゆえんです。それはさて置き、労働時間あるいは労働日が貨幣表現され、賃金という価格をもっていることは、不思議でも何でもなく労働力が商品化される資本主義社会の日常です。したがって、労働時間あるいは労働日の投入量によって、商品価値が価格表現されることも当然のことになります。それは一方の労働力の貨幣表現を他方の商品の貨幣表現に置き換えているにすぎないのです。ここにも貨幣を媒介すれば異質な使用価値をもつ商品同士の間でも価値交換、価値比較できることを示しています。例えば時給七〇〇円のパート労働者の賃金は、おむすび二個入り一パック三〇〇円を二パックは買うことができますし、一袋一〇キログラム入り四〇〇〇円の米は、六時間働けば買うことができることになります。また平均年収四五〇万円の労働者サラリーマンの日給は一万八七五〇円ですから、一日の仕事量で一万円の靴か一万円のブレザーを買うには十分すぎる賃金であることが分かります。実は労働者サラリーマンの労働が労働力商品として時間給に換算できる賃金という価格をもつようになったことが、商品価値が価格表現され、貨幣表現されるようになったと言うこともできるのです。日本のような先進資本主義国では、労働者サラリーマンが就業人口の九〇パーセント以上を占め、生産やサービスが労働力商品によってほとんど供給されるようになったことが、労働時間あるいは労働日の投入量を基準として商品価値が決定される社会をつくり出すのです。この点、商品の労働価値説は単なる抽象的仮説ではなくて、労働者サラリーマンの労働力が商品化され、労働力が貨幣表現されて労働時間が賃金換算されるようになった、この資本主義社会の具体的抽象であり、必然的結果と見ることができるのです。

さて、労働生産物である商品には現在の生きた労働力だけではなく、過去に蓄積された労働力の生産物である生産手段（原料・補助材料・機器機械・建物など）も投入されています。さらに資本主義社会では商品には当然のことながら利潤も含まれます。そうしますと、商品の価値は生産手段と労働力と利潤の価値の合計となります。ところで『資本論』では、第四章「労働と労働力の不等価交換」の中で詳しく説明しますが、利潤は資本と労働力商品との不等価交換からのみ生まれ、利潤は労働者がつくり出した剰余労働、剰余労働時間、剰余価値の転化したものであると考えます。つまり、利潤は、労働者サラリーマンの剰余労働から生まれるものなのです。その利潤の秘密を最も知っているのは、資本家（企業家）ではないでしょうか。そして、労働力商品の賃金に相当する部分を必要労働、必要労働時間、必要価値と捉えます。そうしますと、生産手段も労働生産物ですから労働時間に還元され、労働力商品の価値も労働時間に還元でき、利潤も剰余労働が転化したものですから労働時間に還元できることになります。こうして、商品の価値がすべて労働時間に還元できることになり、商品の価値は生産手段と労働力と利潤（剰余労働）の三つの労働時間を合計したものに等しいものになります。労働時間は前に述べたように貨幣表現である労賃にすべて置き換えることができますから、商品の価格は生産手段と労働力と利潤の価格の合計額に等しいという極めてシンプルで常識的な回答になってしまいます。換言すれば、商品の価格は労働時間＝労賃が標準になって決められていると言うことができます。

ところで、『資本論』は、商品価値の量的規定について、次のように述べています。


商品世界の諸価値となって現われる社会の総労働力は、無数の個別的労働力から成っているのではあるが、ここでは一つの同じ人間労働力とみなされるのである。これらの個別的労働力のおのおのは、それが社会的平均労働力という性格をもち、このような社会的平均労働力として作用し、したがって一商品の生産においてもただ平均的に必要な、また社会的に必要な労働時間を必要とするかぎり、他の労働力と同じ人間労働力なのである。社会的に必要な労働時間とは、現存の社会的に正常な生産条件と、労働の熟練および強度の社会的平均度とをもって、何らかの使用価値を生産するために必要な労働時間である。（1の1－53）

これは、どういう意味でしょうか。なぜ個別的労働力でなく社会的平均労働力が商品価値を決めるのでしょうか。なぜ個別的必要労働時間でなく社会的必要労働時間が商品価値を決めるのでしょうか。ところで、商品の価値＝社会的平均労働時間＝社会的平均賃金で換算された労働時間＝商品の社会的平均価格ですから、この問題は社会的平均価格、社会的必要価格が商品価格を決める問題に置換えることができます。としますと競争を抜きにしては、この問題を考えることができません。市場での競争は個別性を奪い社会性を強制します。市場競争では個別的価格は淘汰され社会的価格が支配するようになります。換言すれば、資本間の価格競争とその競争が生みだす労働生産性の進歩を前提にして、始めてこの文章の意味を理解することができます。商品の価格競争があるから、資本は一円でも価格を安くしようとして労働生産性を高めようと努力します。その結果は価格のばらつきが平均化されて、社会的平均価格、社会的必要価格に落ち着きます。今述べたように価格は労働時間の貨幣表現に過ぎませんから、「社会的に必要な平均的な労働時間」が一商品の価値を規定することになります。平均ですから、労働生産性の低い資本は利潤を削っても平均価格に追い付こうとしますし、反対に労働生産性の高い資本は超過利潤を獲得して資本蓄積を増やすことができます。さらに平均価格が低くなると、労働生産性の低い資本は設備投資の技術革新が迫られ、資本の調達に失敗すれば、その資本は競争市場から退場させられることになります。労働生産性の高い資本もうかうかしてはいられません。競争が強制する低い価格設定は超過利潤を奪い、平均利潤さえ確保することが難しくなると、労働生産性をより高めようと技術革新の設備投資を迫られることになります。競争は平均をつくりますが、それと同時に偏差をつくります。偏差あっての平均です。平均値は一定の期間変化しませんが、絶対的なものでありません。あくまでも相対的なものです。今述べたように競争が激しくなったり、新しい技術革新が起きたりすると平均値すなわち労働生産性が変わり、新しい平均値が設定されるようになります。そうします偏差値の低い資本は付いて行けなくなり、脱落します。偏差値の高い資本だけが生き残ります。競争が資本の集積と集中をつくりだすゆえんです。競争は、生物学で言う「適者生存」と「優勝劣敗」と「弱肉強食」の世界を資本に強制します。それが、「社会的平均労働力」、「社会的に必要な労働時間」が商品価値を規定するという言葉に隠された根底的な意味です。なお、競争については、第二九章「競争の中の資本主義」で詳しく説明します。

さて話は変わりますが、商品の素材と有用労働との間にはどのような関係にあるのでしょうか。この両者の関係をどう捉えればいいのでしょうか。商品の素材で地球の自然から摂取しないものはありません。その意味で私たちは、地球の自然から生かされていると言うことができますし、地球の自然がなければ生きることができないとも言うことができます。そして、人間の有用労働は、自然としての地球と人間の側における生活の再生産との間の物質代謝の活動であることを意味します。人間も自然と見れば、人間の有用労働は自然と自然との物質代謝の活動と見ることができます。つまり、労働は、使用価値の形成者としては、有用労働としては、人間の、すべての社会的形態から独立した存在条件であり、人間と自然とのあいだの物質代謝を、したがって人間の生活を媒介するための、永遠の自然必然性である。（１の１－５８）

と言うことができます。

このような人間の有用労働は、原始共産制社会から現代の資本制社会まで、また未来社会においても、人間生活の再生産に必要であるかぎり、生産様式の歴史的違いはあっても持続して行きます。その点、生産物の使用価値を生産する有用労働は、歴史貫通的で歴史超越的な性格をもっています。まさに「ウィリアム・ペティが言うように、労働は素材的富の父であり、土地はその母である。」（１の１－５８）と言うことができます。また、人間の生産および生活活動から廃棄された産業および家庭廃棄物は最終的に自然へ捨てられます。これもまた、人間と自然との間の物質代謝活動の一環です。そして、人間の自然開発や廃棄物が環境破壊をひき起こし、現代資本主義が抱える差し迫った課題になっていることは、ここに詳しく書く必要はないでしょう。

ところで、『資本論』は、第一部第一編第一章「商品」から始まり、第三部第七編第五二章「諸階級」で終わっています。「諸階級」の章は、近代社会の三大階級である土地所有者、資本家、賃金労働者について断片的に述べたものです。考えてみるに、この三大階級は、すべて商品に関わっています。土地所有者は生産手段である土地を商品として所有しています。そして、この商品である土地を資本家に賃貸することによって、地代という所得を稼ぎます。また、資本家は商品で構成されている生産手段を所有し、この生産手段を賃金労働者の労働力商品と合体させることによって利潤を取得します。賃金労働者は自分を労働力商品として資本家に売って、その見返りとして労賃を獲得します。とすれば、地代、利潤、労賃とその所得の源泉は異なりますが、近代社会の三大階級はいずれもみな商品所有者から構成されていることが分かります。この社会的階級構成から考えても、資本主義社会は「商品が支配する世界」と言えるのではないでしょうか。すなわち、『資本論』は「商品」から始まり「諸階級」で終わっていますが、「商品」から始まって「商品」で終わっていると捉えることができます。言い換えれば、『資本論』は「商品論」とも見ることができるのです。それだからこそ、『資本論』は第一部第一編第一章を「商品」から始めたのではないでしょうか。もちろん、他方において、『資本論』は「貨幣論」と見ることもできるし、「労働論」としても見ることができます。それらをひっくるめて、『資本論』は「資本を論じた書」として文字通り『資本論』であることは間違いありません。言い換えれば、資本主義社会の機動力である「資本の秘密」を解き明かすことを目的とした書であると言うことができます。そして現代社会が資本主義社会である以上、『資本論』が解明しようとしたことはそのまま現代の課題でもあります。そこに経済学の古典としての『資本論』の新しさと現代性があると思います。

ところで、マルクスはロンドンの下町ソホーに住みながら、毎日のように大英博物館の図書室に通い、帰ると夜遅くまで煙草とコーヒーを飲みながら『資本論』の研究に没頭しましたが、家計は貧窮を極め借金取りが自宅に押し寄せるような生活を続けていました。この状況にあって、彼の妻イェニーは『資本論』が「お金持ちになる方法を教えてくれる本であればよかったのに」と嘆いたと伝えられていますが、元より自分の夫が何のために何を書こうとしているのか、を充分に分かった上での愚痴でありました。生前マルクスの手で唯一出版された『資本論』第一部は、一八六七年、彼が四九歳の時にドイツのハンブルグのマイスナー書店から一〇〇〇部発行されました。マルクスの期待に反して売れ行きは芳しくありませんでした。購入した者の中には、本当に「お金持ちになる方法が書いてある」と思って購入した者があったと、笑い話のような話も伝わっています。もちろん『資本論』は「お金持ちになる方法を教授する本」ではないのですが、資本主義社会になぜ少数のお金持ちが生まれ、なぜ多数の貧乏人が生まれるのか、その秘密を解明した本であることは間違いありません。言い換えれば、社会の貧富の格差がなぜ生まれるのか、を解き明かした書と言うことができます。これは、『資本論』の重要なテーマでした。この点からすれば、『資本論』は、国民全体が平等に富むことを目指した「国富論」であると同時に、「貧富論」としても読むことができます。土地や生産手段を所有する土地所有者や資本家など少数の有産者階級がますます富むのに比し、生活するために労働力商品のほか何も売るものをもたない賃金労働者の大多数の無産者階級が相対的にますます貧しくなる、その秘密を解き明かした書として読むことができます。

さて、マルクスは『資本論』を完成することができず、一八八三年に、六五歳で亡くなりました。その後、マルクスが生前に書いていた草稿を編集して、親友で同士であったエンゲルスが、一八八五年に『資本論』第二部を出版、そして一八九四年に同第三部が出版されました。第一部の出版から二七年を要して刊行できたことになります。そして、『資本論』はマルクスが自分の手で完成できなかった点からすれば、偉大なる「未完の書」とも呼ぶことができるでしょう。そのエンゲルスも翌年の一八九五年に七五歳で亡くなりました。二〇世紀の槌音がすぐ近くに聞こえる年でした。因みに『資本論』第四部は、『剰余価値学説史』の名称で全三巻の出版が完了したのは、一九一〇年です。そして、一九一七年のロシア革命に始まり、第二次世界大戦後の東欧、中国、ベトナム、北朝鮮、アフリカ、キューバなど社会主義諸国が続々と誕生し、二〇世紀は「社会主義の世紀」と呼ばれるまでになりました。それは取りも直さず、「資本論の世紀」であったことを意味します。『資本論』は社会主義の「革命の聖書」「イデオロギーの聖書」、「労働者階級の聖書」として崇められ、こうして『資本論』神話が生まれました。しかし一九八九年にベルリンの壁の崩壊、一九九一年にソ連の解体、こうして東欧諸国とロシアは資本主義国になってしまいました。また中国とベトナムは社会主義政権を維持しながらも大胆に市場経済を導入し、経済的土台は資本主義へ変貌しました。それと同時に『資本論』神話が解体し、『資本論』の価値は下落して、だれも『資本論』を気にしなくなり、読まなくなったのです。しかし、『資本論』が資本主義社会の機動力である「資本」とその「内的編制」の解明を目的としたものである以上、一九世紀後半と二一世紀初頭との時代の差はあるものの、現代がますます資本主義の様相を濃くする状況にあって、『資本論』は経済学の古典としての評価を高めても良いように思います。神話が解体された分、かえって経験科学の本として冷静に批判的に読むことができるようになったのではないでしょうか。少なくとも『資本論』は、アダム・スミス、リカード、マルサス、セーなどの古典派経済学を批判して生まれて来ている以上、いわゆるマルクス経済学と差別化して呼ばれる「近代経済学」と、はからずも同じ出自をもつ経済学であることは否定できないでしょう。その点から、『資本論』の経済学は、いわゆるワルラス、マーシャル、シュンペーター、ケインズなどの「近代経済学」と同じ近代経済学であると再評価、再認識する必要があるように思います。

第二章　現象形態としての貨幣

彼らは、彼らの異種の諸生産物を互いに交換において価値として等値することによって、彼らのいろいろに違った労働を人間労働として等値するのである。彼らはそれを知ってはいないが、しかし、それを行なうのである。それゆえ、価値の額に価値とはなんであるかが書いてあるのではない。価値は、むしろ、それぞれの労働生産物を一つの社会的な象形文字にするのである。あとになって、人間は象形文字の意味を解いて彼ら自身の社会的な産物の秘密を探り出そうとする。なぜならば、使用対象の価値の規定は、言語と同じように、人間の社会的産物だからである。（１の１－１００）

貨幣とは何でしょうか。

前掲の『資本論』の文章は、貨幣について述べたものです。異種の労働生産物を共通の人間労働の生産物として等値するのが貨幣です。貨幣は人間労働の抽象的量である商品の価値を表示する機能をもっています。それは異なる人間のコミュニケーションを媒介する言語のような役割をします。すなわち、貨幣は商品の価値そのものではなく、商品の価値を表示する手段です。この点、貨幣は商品価値を表現する現象形態と見ることができます。

それでは、貨幣は具体的にどんな意味をもっているのでしょうか。

貨幣がなければ、私たちは一日も生活することができません。食料も衣料も住宅も電気もガスも水道もあらゆる生活資料が貨幣でなければ買うことができません。また生産企業においても貨幣がなければ、生産手段も労働力も商品として買うことができず、生産することができません。また商業企業においても、貨幣がなければ商品を仕入れることができず、必要な労働力を買うこともできず、その商品を売ることができません。同時に、これら企業の生産した商品や仕入れた商品は売られて貨幣に転換できなければ、再生産過程も再流通過程を継続することができません。つまり商売を続けて行くことができなくなります。つまり、私たちの生活も生産も流通も貨幣がなければ、一日も成り立たないのです。言い換えれば、現代の世の中は「貨幣の支配する世の中」「お金がすべてを支配する社会」と言うことができます。それは取りも直さず、私たちが「商品が支配する世界」に生きていることの裏返しの表現にすぎません。なぜならば貨幣なくして商品を手に入れることはできず、商品は貨幣との交換によってのみ手に入れられるものだからです。つまり、貨幣は、購買手段としても支払手段としても、資本主義社会に生きる人間にとって一日も欠かせない存在だと言うことができます。

他方、貨幣は交換手段としての役割をもっています。前の章で、貨幣は、異質な使用価値を有する商品の間を取り結び交換可能にする言語のような働きをすると言いましたが、これは生産企業や商業企業だけでなく、現代の労働者サラリーマンも労働力商品の所有者として日常的に行なっていることです。労働者サラリーマンは自分の労働力を商品として資本の所有者である資本家（企業家）に売り、それと引き換えに貨幣で賃金の支払いを受けます。その賃金をもとに労働者サラリーマンは自分の個人的消費に必要な商品を買います。つまり、賃金という貨幣を媒介にして、労働者サラリーマンは労働力商品と個人的消費商品とを交換しているのです。これは、貨幣が商品と商品を交換する手段になっていることの労働者サラリーマンにとっての現実です。やはり、労働者サラリーマンは労働力という特別な価値をもった商品所有者なのです。貨幣が商品交換の働きをもっていることは、資本家（企業家）に特別に限られる働きのように考えがちですが、労働者サラリーマンも労働力商品の所有者として日々行なっているのです。労働者サラリーマンは毎日商品を売買する商人や資本家のような立場にあるのです。ただ商人や資本家は売るために商品を買うのに対し、労働者サラリーマンは買うために商品を売るという点が、基本的に違っています。いずれにしても、貨幣が商品と商品とを交換する手段であり、貨幣が商品と商品を取り結ぶ言語のような役目を果たしていることは、資本家（企業家）だけでなく労働者サラリーマンも日常的に経験しているということです。

そして、貨幣が商品と商品とを交換する手段であることは、交換の巨大な連鎖が流通ですから、貨幣は流通手段としての役割をもっていることを意味します。売るための買い、買うための売り、商品から貨幣への変態、貨幣から商品への変態、この「二つの反対の商品変態の連続的循環」がまさに流通手段としての貨幣の機能です。このことについて、『資本論』は次のように述べています。

> 二つの反対の商品変態の連続的な循環、また売りと買いとの流動的転換は、貨幣の無休の流通、または流通の永久自動機関［perpetuum mobile］としての貨幣の機能に現われる。変態列が中断され、売りが、それに続く買いによって補わなければ、貨幣は不動化され、また、ボアギュベールの言うところでは、可動物（meuble）から不動物（immeuble）に、鋳貨から貨幣に、転化する。（１の１－１７０）

つまり、貨幣流通は商品流通を媒介する機能をもっています。そこから、資本主義社会の貨幣流通量を経験則から予測することができますし、貨幣流通量が商品流通量にどのような影響を与えるのかも予測することができます。貨幣流通量を左右する権限をもつ中央銀行から金融政策が出てくるゆえんです。

そして、貨幣には、支払手段としの役割があります。しかし購買＝支払であることを考えますと、「支払猶予手段」と呼ぶ方が実情に合っているようにと思います。それはまた、「債権としての貨幣」と言うこともできます。手形に代表されるように三カ月後とか六カ月後とかに支払を猶予してもらう貨幣のことです。この手形は裏書きされて、あたかも現金と同じように流通します。その意味から、手形は小切手と同じように信用貨幣と呼ばれます。また、手形を振り出さなくても、信用取引で一五日後とか一カ月後とかに支払をする買掛金やその逆の売掛金も商売をする上で欠かせません。これらは、みな支払手段としての貨幣、「債権としての貨幣」です。資本主義が発達し銀行資本が発展するにつれて、この支払手段としての貨幣は大きな規模をもつようになりました。『資本論』では手形交換所の役割の重要性について詳細に述べ、銀行間で手形の債権債務の相殺が行なわれるため、現金の流通は最小限に抑えられると述べています。また、手形交換の仲介業をするビルブローカー（bill broker）の成功失敗談についても豊富な例を引いて書かれています。ビルブローカーはともかくとして、手形交換所が一つの役割を果たしていることは、現在の資本主義も変わりがありません。また、不渡り手形の振出し・金銭貸借証文の連帯保証人・手形の裏書人になったために、夜逃げしたとか倒産したとかは日常会話にも出て来ます。現代資本主義の支払手段としての貨幣は、機械・工場・事務所・土地・住宅・自動車・貴金属品などのローン（loan）や消費者金融ローンの支払いに最もよく現われています。カード支払いが日常茶飯事になったことは、それだけ支払手段としての貨幣が身近になった世の中で私たちは生きているということです。そして、反面において、「ローンとカード地獄の世界」と隣り合わせになった社会で生きていることを意味しています。

ところで、貨幣に本当に価値があるのでしょうか。貨幣そのものに本当に価値は存在するのでしょうか。一万円紙幣であっても、紙幣そのものとして見れば複雑に印刷され高級な紙片にすぎません。鼻紙やメモ用紙には使えるかもしれませんが、その用途ならばテッシュペーパーやチラシの裏紙の方が何倍も使用価値をもっています。したがって、一万円札は紙として見ればその使用価値はかぎりなく無価値に近いものです。それは他の紙幣や鋳貨にも同様に言えることです。但し一円玉は、一円以上のアルミニュームとしての商品価値があると言われていますが、アルミニュームに鋳戻すコストを考えるとどうでしょうか。このように紙幣や鋳貨は、その素材の使用価値や商品価値から見れば、無価値に近いものです。

それではなぜこのように商品そのものとみれば無価値な貨幣を、一万円・五千円・千円などと価値あるものとして私たちは崇めて使うのでしょうか。あるいは、あたかも貨幣を物神の如く崇めひれ伏すのでしょうか。この倒錯と転倒はどこから来ているのでしょうか。それは、貨幣が商品と交換できる唯一の手段だからです。個別的特殊的商品に対して、貨幣は一般的普遍的商品として位置するからです。貨幣はどんな実物商品とも交換できる抽象的普遍的な商品の性格をもっています。このことについて、『資本論』は次のように述べます。


他のすべての商品はただ貨幣の特殊的等価物でしかなく、貨幣は他の商品の一般的等価物なのだから、他の商品は、一般商品としての貨幣にたいして、特殊的諸商品として相対するのである。（1の1－120）

また、次のようにも述べます。

資本主義的生産の基礎は、貨幣が価値の独立な形態として商品に相対しているということ、または、交換価値が貨幣において独立な形態を受け取らなければならないということであって、このようなことが可能なのは、ただ一定の商品が材料になってその商品の価値で他のすべての商品が計られるようになり、またそうなることによって、この商品が一般的な商品になり、他のすべての商品に対立する特にすぐれた商品になるということによってである。（3の2－660～661）

さて、一九七七（昭和五二）年にテレビコマーシャルの「一〇〇円でカルビポテトチップスは買えますが、カルビポテトチップスで一〇〇円は買えません。悪しからず。」という広告コピーが流行りました。まさにそうだと思います。買ったコンビニに行ってすぐにポテトチップスを戻して一〇〇円のパンを買うことはできるかもしれませんが、まったく違うコンビニやスーパーに行ってポテトチップスを一〇〇円に換えてもらおうとしても、必ず拒否されるでしょう。また、自家菜園で立派な大根が一本できたから、近くのスーパーへ行って一〇〇円で買ってもらおうとしても断られるのは目に見えています。これは、ポテトチップスや大根が個別的特殊的商品の立場に、一〇〇円鋳貨が一般的普遍的商品の立場にあり、両者は同じ立ち位置にないことは現しています。個別的特殊的商品が一般的普遍的商品である貨幣へ転化させるためには、生産企業や商業企業に働く労働者サラリーマンが日々経験しているように、相当の手続と「命がけの飛躍」が必要です。読むよりも書くことが、買うよりも売ることが、需要サイドよりも供給サイドの方が何倍も苦労することは誰でも知っていることです。それは、物事に客体的に関わるのか主体的に関わるのかの本質的な違いです。もちろん例外はありますが。

さて、貨幣があれば、どんな商品でも買うことができます。貨幣がなければ商品を売ってもらうことはできないし、したがって買うこともできません。商品は貨幣を交換手段としてはじめて手に入れることができるものです。そうすると貨幣は商品と交換できるところに使用価値があるということになります。商品がなければ貨幣にはなんの価値もありません。商品と交換できなければ貨幣は無価値です。商品と貨幣との関係は、言ってみれば鏡に写った虚像と実体との関係のようなものです。もちろん実体は商品であり、虚像が貨幣です。貨幣は商品という実体の影であり、商品という実体があってはじめて発生する虚像です。貨幣は商品の実体が写す幻影であり、商品価値の現象形態です。商品価値が実体とすると、貨幣は価値そのものではなく商品価値を表現する価値形態にしかすぎません。商品価値を表現する虚像としての現象形態にほかなりません。商品価値とその価値を表現する価値形態とは混同されますが、実体と虚像の関係にあることを見失ってはならないのです。このことについて、『資本論』はこう表現しています。

> 商品の価格または貨幣形態は、商品の価値形態一般と同様に、商品の、手につかめる実在的な物体形態からは区別された、したがって単に観念的な、または想像された形態である。（１の１－126～127）

そして、表現するものと表現されるものとの間には齟齬があるものです。言語と実物、言語と現実の間にはギャップがあります。したがって、商品価値の実体とその価値を表現した価値形態、現象形態との間にはギャップがあります。そのギャップが極限まで小さかったのが、『資本論』時代の金本位制度です。そして、そのギャップが極限まで大きくなったのが、現代の管理通貨制度です。それはともかくとして、貨幣が現象形態であったとしても、価値形態であったとしても、商品交換のためにはなくてはならない必要なものです。商品交換の必要のために貨幣は誕生したと言うこともできます。すべて商品から構成されている産業の生産的消費にも商業の流通にも家庭の個人的消費にも、貨幣は絶対的に必要なものです。それは、生産手段・消費手段などすべて必要な生産物が商品生産を目的に生産される資本主義社会の世の中に私たちが生きているからです。すなわち「商品が支配する世界」に私たちは生きているから、貨幣はどうしても必要なものになります。また、そこから、貨幣を神の如く崇める貨幣物神、貨幣呪物が生まれることにもなります。これもまた、資本主義社会が生みだす「日常生活の宗教」です。貨幣の悪魔の如き物神的力について、『資本論』はシェークスピアの次のような文章を引用しています。

「黄金？ 黄色い、ギラギラする、貴重な黄金じゃないか？ こいつがこれくらいありゃ、黒も白に、醜も美に、邪も正に、賎も貴に、老も若に、怯も勇に変えることができる。……神たち！なんとどうです？ これがこれくらいありゃ、神官どもだろうが、おそば仕えのご家来だろうが、みんなよそへ引っぱってゆかれてしまいますぞ。まだ大丈夫という病人の頭の下から枕をひっこぬいてゆきますぞ。この黄色い奴めは、信仰を編あげもすりゃ、ひきちぎりもする。いまわしい奴をありがたい男にもする。白癩病みをも拝ませる。盗賊にも地位や爵や膝や名誉を元老なみに与える。古後家を再縁させるのもこいつだ。……やい、うぬ、罰あたりの土くれめ、……淫売め。」〈シェークスピア『アゼンスのタイモン』中央公論社、坪内訳、一三〇－一三二ページ〉（1の1－173）

ところで、海によって隔絶された孤島で暮らす住人にとっては、そもそも商品となる生産物は売っていませんから商品は存在しませんし、商品を買う貨幣も必要ありません。また、億万の貨幣をもっていたとしてもなんの役にも立ちません。買うべき商品がそもそも存在しないのですから。まさに宝の持ち腐れです。『資本論』も書いていますが、このような孤島に暮らす住人を描いた物語が、デフォーの『ロビンソン漂流記』です。彼は海に入り海藻・魚を取り、森に入り鳥・獣・果実を取る狩猟採集労働よって食料を確保します。また、木・葉・草を用いて住宅を建設します。後には森の獣を囲い牧場を作り、また畑作を行ない、食料の貯蔵も行なうようになりました。彼に必要な生産物はすべて彼自身の労働によって生産されたものです。そして、イギリス人らしく一年を単位として何の種類の労働にどれくらいの労働を割り振ったら効率的かも考え出します。このような暮らしでは貨幣も商品も必要ありません。必要なのはロビンソン自身の労働であり、彼を取り巻く自然の生産力だけです。但し、忘れてはならないことは、彼には彼を乗せて来た難破船の中に文明の諸道具が入っていたということです。これは、過去の労働が蓄積された生産手段・消費手段でした。その中でも重要なものは、銃・弾薬とペン・インク・紙でした。前者は狩猟のためにも防御のためにも必要でしたし、後者は記録・計算に必要なものでした。このようなロビンソンに似た原始的生活は、日本のアイヌ、北極圏のイヌイット、アメリカのインデアンなど原始共産制社会に共通するものです。もちろんロビンソンのような個人労働・個人生活ではなく、小さな集落を中心とした共同労働・共同生活でした。だが、このような共産制社会も外からやって来た「文明」の進んだ社会との商品交換が盛んになるにしたがって、急速に衰退の運命を辿ります。それは、商品交換が集落の商品生産を発展させ、貨幣経済に次第に巻き込まれて行き、集落の共同性を解体して行ったからだと考えられます。もちろん「文明」の進んだ社会からの政治的差別および弾圧も見逃すことはできません。

さて、貨幣にはもうひとつ重要な機能があります。それは、商品の価値表示手段としての機能です。価値尺度の機能とも言います。野菜が二〇〇円、ジーンズが五〇〇〇円、車が二〇〇万円、住宅が三〇〇〇万円など、貨幣は商品価値を価格で表示します。これによって、私たちは商品の価値が安いか高いかを認識することができます。このほうれん草は先週より値段が高いとか、高級ジーンズは一万円以上するとか、軽自動車ならば一〇〇万円ちょっとで買えるとか、住宅でも高級マンションは五〇〇〇万円するとか、そして同じ種類の商品の現在価値も過去の価値も比較することができます。もちろん今書いてきた違った使用価値をもつ商品との間の価値も比較することができます。さらには一カ月の我が家の家計費はいくらなのか、つまり単純に収入と支出のバランスが取れているのかも計算できますし、生産企業であれば、仕入・減価償却・労賃などを合計したコストがいくらかかっているのか、それに対して販売収入はいくらあるのか、そして利潤をいくら生みだしているのかと言った一年間の収支計算書が作成できるのも、貨幣が商品の価値表示手段としての機能をもっているからだと言うことができます。また、これらの一年間の計算書を過去に遡って累積すれば、将来の短期・長期の動向を予測する重要なデータの一つとして活用もできます。それは、貨幣が計算手段としての機能をもっているからです。これらはすべて、貨幣が商品価値を表示する機能を独立にもっているからです。貨幣は商品の価値を集中して独占的に表示する機能をもっていると言うことができます。そのため、あらゆる生産物・サービスが貨幣の表示する価値だけによって価値評価されることが起きて来ます。本来商品ではない土地も人間労働も貨幣価値の多寡だけによって評価判断されるという倒錯した現象も起きます。人間全体の価値が年収や資産の多い少ないだけによって判断されるという転倒した現実も生まれて来ます。そこから、資本家・経営者・資産家などの「金持ちの天国」が生まれ、低賃金労働者・低所得者・生活保護者などの「貧乏人の地獄」が資本主義社会の冷酷な現実として露になります。それは、貨幣が商品・労働の一方の側面である使用価値を捨象し排斥した当然の逆襲とも言えます。言い換えれば、貨幣という仮面に使用価値としての商品や人間の生命活動の発現である労働という素顔が完全に覆い隠され消し去れた結末とも見ることができます。これらはすべて、貨幣のもっている価値尺度手段としての機能が、極端に推し進められた結果と言うことができるでしょう。

ところで、貨幣そのものの商品価値と商品の一般的価値が直接にリンクする時代が過去にはありました。戦前の日本では金本位制が取られた時期があります。紙幣の裏面には金貨と交換するとしっかり印刷されていました。紙幣はただの紙ですが、紙幣額面の金額と同額の金貨をいつでも兌換・両替することができました。一〇〇円紙幣（あくまでも戦前の水準です。）は二〇円金貨五枚と兌換できたのです。しかも、その金貨はそれ自身二〇円の商品価値をもち、他の一般商品の価値と同等の位置に立っていました。それは、金商品と呼べる一つの希少な金属商品でした。紙幣は金貨によって保障され、最終的に金によって保障されていました。日本の金本位制は中絶の期間がありましたが、一九三一（昭和六）年の金輸出再禁止と銀行券金貨兌換停止令によって最終的に幕を閉じました。その年が、日中・太平洋戦争の始まった満州事変の年であり、政治と経済との間に深い関係があることは否定できません。また、江戸時代も金銀復本位制（江戸は金本位制、大坂は銀本位制）を取っていました。小判を除くすべての鋳貨が一定の比率をもって小判と交換することができました。また銭一文の鉄貨は、重量一文の実物の鉄と同じ商品価値をもっていました。ですから、鉄が不足した時は鉄貨を鋳潰したと言われています。

金本位制は国際収支の変動と密接な関係があります。国際収支が赤字だと金の支払いが増え、中央銀行の金準備が減少し、その結果、金の準備量によって定められている銀行券の発券量が規制されるため、市中に出回っている銀行券を中央銀行は回収することになります。逆に、国際収支が黒字になると金の準備量が増大し、市中の銀行券が増発されインフレ傾向をつくり出します。『資本論』の中でも金本位制を取っていたイギリスの中央銀行イングランド銀行が、国際収支の赤字に悩ませられる状況が克明に描かれています。『資本論』の時代は、名実ともに金が世界貨幣として支配する時代でした。ところで、一九三一年の日本における金輸出再禁止の措置は、国際収支の赤字が膨らんだこと、他の諸外国がすべて金本位制を取り止めたこと、そのため金を求めて諸外国の資本が日本に殺到したためでした。その結果は、短期間での金の支払いによる金の膨大な消失が生まれ、国民財産の大損失でした。幕末の開国直後にも同じようなことがありました。日本は金に対して銀が相対的に高い価値をもっていました。このため、金に対して相対的に低い価値をもっている中国の銀を買い日本にもって来て金に替え、その日本の金をもって中国に行き銀に替えるか商品を仕入れれば、為替差益だけで巨大な利潤をつくりだすことができます。こうして短期間に莫大な量の金が日本から消失しました。まさにそれは、「国富消失」でした。開国の恐ろしさと難しさを身をもって幕府当局が学んだ事件です。

戦後も金と紙幣がリンクする国がただ一つありました。それはアメリカです。紙幣一ドルは一ドル分の金と交換できたのです。金本位制をアメリカは取っていたのです。それがある日突然中止されたのが、一九七一（昭和四六）年の「ドルショック」でした。国際収支の赤字が嵩み、金の国外流出に耐えられなかったためです。こうして、世界貨幣としての金が終焉した劇的な記念すべき年になりました。世界経済は金の呪縛から解き放たれました。しかし、それで平和で安定した繁栄する世界経済を構築できたのでしょうか。それにはどうも今のところマイナスの答えしか出ていないような気がします。

貨幣については、もう一つ重要な問題があります。それは、インフレーションとデフレーションの問題です。インフレは、貨幣価値が相対的に商品価値より下がって行くことを言い、デフレは、その反対で貨幣価値が相対的に商品価値より上がって行くことを意味します。言い換えれば、インフレは貨幣が実体である商品との距離を伸ばし貨幣の虚像性を高めて行くことを意味し、デフレは貨幣が実体である商品の価値を超えて進んで行くことを意味します。このことについて、『資本論』も次のように述べます。

　商品価格が一般的に上がるのは、貨幣価値が変わらなければ、商品価値が上がる場合だけであり、商品価値が変わらなければ、貨幣価値が下がる場合だけである。逆に、商品価格が一般的に下がるのは、貨幣価値が変わらなければ、商品価値が下がる場合だけであり、商品価値が変わらなければ、貨幣価値が上がる場合だけである。（1の1－131）

すなわち、インフレの時には、なるべく速く貨幣を商品に替えることが有利になります。なぜなら、商品価格は日々上昇し貨幣価値が目減りして行きますから、一刻も早く貨幣を商品へ替えることが有利になるからです。また、借金をすることも有利になります。インフレとともにもし利子率が固定されていれば借金の貨幣価値は下落して行き、実質的な借金の負担が削減されるからです。デフレは、その逆で、貨幣をもっている、現金をもっていることがなにより有利に働きます。なにしろその価値が日々目減りしていく商品は現金をもっていれば有利に買うことができるからです。商品を売ってなるべく早く貨幣に替えたい売り手は、多少無理な買い手の値下げ交渉に応じてくれます。このことから、インフレの時代は商品主義者を育て、デフレの時代は現金主義者を育てるとも言うことができるでしょう。その結果、インフレの時代は思惑が絡んだ商品の売り惜しみと買い占めが横行するようになり、デフレの時代は商品の投げ売りと買い叩きが横行するようになります。

戦後の日本には超インフレ（ハイパーインフレーション）と呼ばれる時代が二度ありました。一つは、敗戦直後の一九四〇年代後半の超インフレでした。これは朝鮮・台湾・中国・東南アジア・太平洋諸島・樺太・千島列島など旧植民地から引き揚げて来た人々が一気に国内人口の膨張を押し上げたこと、戦争で産業の生産能力が破壊され、軍需に傾斜した産業構造を平和産業へ切り替えるのに時間を要したことが主な原因でした。そのため、「米よこせ！」と叫ぶ食料危機突破の大規模な集会やデモが幾度も開かれました。農村と都市を結ぶ列車は食料買い出しの人々で寿司詰め状態の有様でした。すでに戦時中から半ば常態化していた都市住民の所有する衣料品・貴金属など希少品と農村の農業者が所有する米などの食料品との物々交換がますます酷くなって行きました。これは、まさしく貨幣の否定であり、貨幣が虚像であることを曝け出した事実でした。人々が切実に求める商品を多量にもって売ることができる者の天下でした。それは、貨幣ではなく「商品の天下」でした。そして、農業生産者の暫しの間の「我が世の春」でもありました。もう一つこの超インフレが、国民に衝撃を与えたのは、「負けません、勝つまでは！」の号令の下に半ば強制的に買わされ預けさせられた戦時公債・戦時預金が跡形もない灰燼に帰したことでした。公債と預金はなんの価値もない紙くず同然のものになってしまったのです。まさに徹底した貨幣価値の解体であり、貨幣に対する信用の破壊でした。この超インフレ状態に終止符を打ったのは、一九四九（昭和二四）年に発表された「シャウプ勧告」よる超緊縮財政措置でした。これで、超インフレは超デフレへ階段を早足で下るように転換して行きました。その超デフレの苦悩を天啓のように救ったのが、一九五〇（昭和二五）年の朝鮮戦争が作り出した特需景気でした。自国の戦争で苦しめられた国民が、隣国の戦争によって救われるというなんとも皮肉な結果になってしまったのです。

次の超インフレの例は、一九七三（昭和四八）年一〇月に起きた「石油パニック」騒動でした。オペック（OPEC・石油輸出国機構）が原油公示価格を七〇パーセント値上げすると突然は表明したことから端を発したものでした。国内の灯油・ガソリンをはじめ石油関連商品、これらを原料・素材とする一般商品が瞬く間に値上がりしました。そうした中で起きたのが、トイレットペーパー騒動です。顧客がスーパーマーケットに殺到し、ペーパーを奪い合い、まさに、それは超インフレが起こした戦場でした。在庫は払い底になり、いつ入荷するか目処が立たない状況でした。それは、どこまで商品が値上がりするか予測できないことから、一瞬でも早く商品を手に入れなければ、という生活防衛の衝動の集中的表現でした。また、この騒動は流言飛語に煽られた側面も否定できませんが、その根底には私たちの日常性が貨幣と商品との安定した関係によって構築されており、超インフレはそうした関係を突然破壊することによって私たちを恐怖と不安に陥れ、騒動はその突発的対応だったと見ることができます。それは、非常事態に対する非常の行動を意味する点において、正常な反応と考えることもできるでしょう。このパニックの期間に、商品の便上値上げ・売り惜しみ・買い占めなど反社会的な行動が頻繁に起きました。建築依頼主は施工業者から工事価格の値上げを要求されて、その資金を捻出するために四苦八苦しました。また、賃金・給料・年金で生活する国民の大部分は、物価上昇にスライドして直に上がりませんから、生活費を切り詰めてやりくりする他に方法がありませんでした。賃金水準が三〇パーセントほど上がったのは、パニックも収まりかけた翌年のことです。ということは、このパニックの期間に物価水準は少なくとも三〇パーセントほどは上がったということを意味します。輸出が少なくない割合を占めている会社企業は、物価水準をそのまま商品価格に転嫁できませんから、コスト削減に苦労します。このパニックを契機に生みだされた生産技術の革新が、その後の日本商品の国際競争力を強めたと言われ、思わぬ副産物も生み出しました。いずれにしても、超インフレは貨幣への信頼の欠落であり、それと対応しての商品への信頼の増大であることは事実と経験が私たちに教えています。言い換えれば、貨幣の虚像化が強められ、それ比して商品の実体化も強められたと言うことができると思います。

さて、世界的に名高い超インフレの例は、第一次大戦に敗戦した直後のドイツの歴史です。一九二二年七月から翌年一一月の僅か一年四カ月間にマルクの価値は約八五億七千分の一へ天文学的数字で下落しました。これは超の三乗くらいの超インフレです。貨幣の完全なる崩壊です。貨幣は紙くずにもならほど貶められ辱められた存在になってしまいました。これでは貨幣と商品の交換は成立しません。物々交換が跋扈し支配する世界になってしまいます。売れる商品をもっている人はいいでしょうが、そうでない大部分の国民は塗炭の苦しみを避けることができません。それは生きるなと世の中から宣告されたようなものです。虚像としての貨幣も木っ端微塵に吹っ飛んでしまいました。実体としての商品は何十億倍の信じられない価値をもちます。それは、安定した日常性の完全なる否定であり、完全なる破壊です。価値の転倒であり、価値の紊乱です。清水幾太郎が『現代思想（上）』に書くように、ニヒリズムの現実化であり、ニヒリズムの大衆化そのものです。私たちは社会科の教科書の中で主婦が乳母車一杯に紙幣を積んで買い物に行く姿を撮った写真を見ますが、この写真ほどドイツの超インフレの狂気を雄弁に物語っているものはありません。この超インフレは、第一次世界大戦に勝利したイギリス・フランス・イタリア・日本などの連合国が、敗戦国であるドイツに対してベルサイユ条約に基づき一九二一年四月に戦時賠償金として一三二〇億金マルクというこれもまた天文学的数字の支払を命じたことに発しています。このベルサイユ条約の賠償案に対し、イギリスの大蔵省主席代表・大蔵大臣代理として主席していたケインズは、実施すべきでないと正面から鋭く批判し、その職を辞します。この賠償金を支払うため、神をも驚かすようなマルク価値の下落によって、ドイツの実質的負担をゼロに近づけるように計られた結果が、超弩級のマルク銀行券の発行による超インフレの出現でした。その後、一九二〇年代後半にドイツ経済は次第に回復して、小春日和のような季節を迎えます。しかし、それはつかの間の春模様でした。一九二九年のアメリカを震源とした大恐慌は、世界各国に瞬く間に波及し、ドイツも大量倒産と大量失業に悩まされます。それは、本格的な第二のニヒリズムの現実化と大衆化でした。その中から、国会議員選挙で議席数を伸ばして行ったのが、ヒットラーを指導者とするナチスでした。遂には一九三三年にヒットラー内閣が成立します。後は、差別と独裁と戦争の道であったことは言うまでもありません。ナチスは最も民主的と言われたワイマール憲法の中から、すなわち民主主義の中から生まれたのです。そして、先進資本主義国の中で最も強力な社会主義政党と言われたドイツ社会民主党との対決に勝利して生まれました。したがって、ナチスの政策は反民主主義・反資本主義・「反社会主義」・反ベルサイユ主義でした。それは裏を返せば、国家主義・民族主義・独裁主義・軍国主義であったことは言うまでもありません。このナチスの歴史は、私たちが忘れてはならない歴史の教訓です。経済におけるマイナスの大変動が、政治におけるマイナスの大変動を生んだ典型ではないでしょうか。経済の狂気が政治の狂気を生んだのです。

今、日本銀行はデフレ脱却のためインフレターゲットを設定し、二〇一五年中に二パーセントのインフレを実現すると確約しました。しかし、政府も二年で三パーセントの経済成長率を見込んでおり、これも実現の可能性があるか疑わしい側面がありますが、かりに実現したとしても、実質の成長率は一パーセントになり、政府の「成長戦略」は成功したとはとても言うことはできません。日本銀行のインフレターゲット政策は、実質的には僅かな効果しか生みだすことができないと言っていいと思います。基本的には金融政策にばかり当てにしないで、現実的で具体的な「成長戦略」ことこそが求められています。しかし、これが最も難しい課題です。前途不透明、見通しは立ちません。したがって、暫くは経済の停滞が続くものと考えられます。

なお、貨幣には蓄蔵手段としての意味があります。「金を儲けたい」「金持ちになりたい」という気持は、資本主義社会に生きる者であれば、誰でも持つ欲望の一つです。しかし、それを実現できるのは選ばれたごく少数の者であることも、冷酷な資本主義社会の現実です。貨幣蓄蔵の欲望は巨大であるが、その現実化は極小と言うことができます。金持ちは欲深い者ですから、さらにさらに大きな金持ちになることを望むものです。その欲望には限度がありません。制限がありません。欲望に限度と制限がないというのが金持ちの金持ちたるゆえんかもしれません。しかし、いかなる金持ちであろうとも、貨幣が特殊的具体的商品に対する一般的普遍商品に位置する以上、貨幣の量は汲めども尽きぬ井戸のように際限がないのです。したがって、その欲望の実現は、ギリシャ神話の人物シシュフォスがコリント王ゼウスに憎まれて、死後、地獄で絶えず転がり落ちる大石を山頂へ上げる刑に処せられたように、徒労に終わるしかないものです。金持ちがますます大きな金持ちになりたいという欲望は、まさに「いくら新たな征服によって国土を広げても国境をなくすことができない世界征服者のようなもの」なのです。このことについて、『資本論』はこう書いています。

貨幣蓄蔵はその本性上無際限である。質的には、またその形態からみれば、貨幣は無制限である。

すなわち、素材的富の一般的な代表者である。貨幣はどんな商品にも直接に転換されうるからである。しかし、同時に、どの現実の貨幣額も、量的に制限されており、したがってまた、ただ効力を制限された購買手段でしかない。このような貨幣の量的な制限と質的な無制限との矛盾は、貨幣蓄蔵者を絶えず蓄積のシシュホォス労働へと追い返す。彼は、いくら新たな征服によって国土を広げても国境をなくすことのできない世界征服者のようなものである。（１の１－１７４）

また、「金持ちはケチな者だ」と言われますが、ケチだから金持ちになることができたとも言うことができます。そして、なぜか概して労働者サラリーマンは「気前が良い」と言うことができます。だから労働者サラリーマンは金持ちになれないのだと言うこともできます。しかし、現代の金持ちである大資本家（企業家）は資本費用の局面では大節約家ですが、個人的消費の局面では大消費家です。その秘密を解く鍵は、資本蓄積が巨大になったことによります。節約家であると同時に浪費家であるという矛盾した性格を併存できるのが、現代の大金持ちなのです。ケチと気前の良さが両立しているのです。そして、蓄蔵貨幣の蓄積形態である資産（ストック）の視点から見るならば、資産家や資本家（企業家）と労働者サラリーマンとの間に銀行預金・有価証券・土地・建物・家具調度品・レジャーなどの在り方にいかに大きな格差があるかは、今さら言わなくてよいでしょう。一九六七（昭和四二）年の大学三年の夏休み、私は東京銀座千疋屋のお中元を配達するアルバイトをしましたが、豊島区目白の田中角栄邸、文京区音羽の鳩山一郎邸、港区南麻布の鹿島守之助邸などの豪壮さにカルチャーショックを受けました。私の田舎の地方都市では考えられない邸宅でした。東京にはとんでもない大金持ちがいるものだと正直思いました。そして、都市と農村、大都市と中小都市、大企業と中小企業、正規労働者と非正規労働者、正規労働者と年金生活者・生活保護生活者との格差にも同じことが当てはまります。そうした格差がなぜ生まれるのか、これから『資本論』から発せられたメッセージを元に考えて行きたいと思います。

また、金は金商品としての側面と同時に世界貨幣としての側面を『資本論』の時代にはもっていましたが、前にも述べたように一九七一（昭和四六）年の「ドルショック」以来、世界金本位制は崩壊しました。現在、金は金商品としての側面しかもっていません。世界的な金相場の動向が注目されますが、あくまでも貴金属商品としての金が問題になっているだけですから、世界金本位制の時代とは違っています。現在は金の束縛から解き放された世界管理通貨制度の時代です。世界為替変動相場制度の時代です。この点からも「資本主義は変わった」と言えるかもしれません。

第三章　資本の秘密

売るために買うこと、またはは、もっと完全に言えば、より高く売るために買うこと、G—W—G'は、たしかに、ただ資本の一つの種類だけに、商人資本だけに、特有な形態に見える。しかし、産業資本もまた、商品に転化し商品の販売によってより多くの貨幣に再転化する貨幣である。買いと売りとの中間で、すなわち流通部面の外で、行なわれるかもしれない行為は、この運動形態を少しも変えるものではない。最後に、利子生み資本では、流通G—W—G'は短縮されて、媒介のないその結果として、いわば簡潔体で、G—G'として、より多くの貨幣に等しい貨幣、それ自身よりも大きい価値として、現われる。（1の1-203）

資本とは何でしょうか。資本の秘密はどこにあるのでしょうか。

資本は最も単純に言えば、貨幣を使ってより大きな貨幣に殖やすことではないでしょうか。金の鶏が金の卵を生み、その卵が成長して金の鶏になる、この回転が永続して行くことが、資本の秘密ではないでしょうか。貨幣が利潤を生み、その利潤が貨幣に合体してさらに大きな利潤を生む、その繰り返しによって元金である貨幣が何倍、何十倍、何百倍の貨幣に変身する、貨幣が貨幣を生み、貨幣が貨幣を殖やすのです。それは、あたかも貨幣が自己増殖するように見えます。ここから資本に神の如き力があると信じる資本物神、資本呪物が生まれます。資本教が生まれます。そして、それは貨幣物神、貨幣呪物が転化した姿にしかすぎません。貨幣物神が資本の物神化を生み、貨幣呪物が資本の呪物化を生みます。この貨幣増殖の乗数効果が、資本の秘密です。

そのためには、貨幣を市場へ投下する必要があります。つまり、市場という存在があって始めて貨幣は資本へ転化できるのです。貨幣は市場へ投下することによって資本へ変身することができます。市場と無関係の貨幣は資本へ転化することはできません。とすれば、市場こそは資本の秘密を生みだす土壌です。このことについて、『資本論』はこう言っています。

> 貨幣を資本の最初の現象形態として認識するためには、資本の成立史を回顧する必要はない。同じ歴史は、毎日われわれの目の前で繰り広げられている。どの新たな資本も、最初に舞台に現われるのは、すなわち市場に、商品市場や労働市場や貨幣市場に姿を現わすのは、相変わらずやはり貨幣としてであり、一定の過程を経て資本に転化するべき貨幣としてである。（1の1－191～192）

そして、資本とは市場へ投下した貨幣が一定の過程を経て増殖した貨幣として回帰して来ることを意味します。つまり投下したGがG＋ΔGになって手元に戻って来ることです。したがって、市場へ投下した貨幣が減少して戻って来るようでは、貨幣は資本へ転化することはできません。この資本の本質は、この章の最初に掲げた『資本論』の文章が述べるように、商業資本（商人資本）、産業資本、金融資本（利子生み資本）でも本質的に同じです。

さて、利殖が投資と呼ばれるのは、利殖が貨幣を殖やす行為だからです。とすれば、資本は静止した貨幣や生産手段ではありません。資本は運動です。資本は価値増殖しようとする運動です。資本は行動的です。価値増殖する運動が止んだ時、それは、資本の死を意味します。お金儲けの欲望をただ欲望のままにして置かないで、状況判断し選択し行動する、それが資本の理性であり、資本の論理なのです。行動にはどんな行動もそうであるようにリスクが伴います。実践には危険が付きものです。だから、資本はどこか冒険や賭け事と似ています。ただじっと貨幣を握っていたのでは、貨幣は自己増殖しません。貨幣をタンス預金として眠らせていたのでは、貨幣は資本へ転化しないのです。だから、吝嗇家のただお金を貯めるだけのガリガリ亡者の貨幣蓄蔵者とは、資本家（企業家）は対局に位置します。資本家（企業家）は少なくとも何か市場で事をする人です。何か市場で事を始める人です。資本の額には、決断、行動、冒険、賭けの文字が刻まれています。成功者があれば、失敗者もいます。小企業から一代で大企業へ成長する企業もあれば、小企業のままで終わる企業もあります。その小企業を倒産させ失敗する者もあります。大企業になっても倒産したり、吸収合併されたりすることもあります。それは、資本が価値増殖の運動だからです。運動だから勝利の美酒に酔う成功者と敗者の慚愧に涙する失敗者が出て来ます。運動だから抽象的でない具体的目標が掲げられ、その達成の結果が問われ、責任が問われます。具体的目標を欠いた運動は運動に値しません。それは遊戯になってしまいます。遊戯に満足できる人ならばそれも良いでしょう。政治、戦争、経済、社会、文化、教育、スポーツなどいずれも運動になれば、勝者と敗者は明暗を異にします。資本の運動に限らず、運動とはそういうものです。それが嫌ならば、お金を離さずじっとしていることが一番です。

ところで、私たちは「身体が資本だから、健康には注意しろよ！」とよく言います。これはどういうことを意味しているのでしょうか。それは、身体が労働という人間活動の発現の場だからではないでしょうか。労働という活動の土台が身体にあるからではないでしょうか。病気や怪我をすれば、仕事はできません。会社内の評価も出世競争もありません。そもそも仕事を通した社会参加の根が断ち切られてしまいます。病気や怪我が長期間に及べば、失職ということになります。家庭の生計維持さえ覚束なくなります。だから、「身体が資本」なのです。特に労働者サラリーマンの場合は、資本家や資産家と違い何年も働かないで生活できる財産や資産をもっていませんから、身体を使って賃金を獲得するしか生活する術がありません。だから、労働者サラリーマンにとって労働を生み出し賃金を生みだすのは身体以外にはないのです。この日々新たなる活動、すなわち日々価値あるものを増殖する運動形態が資本に似ていることから、私たちは「身体は資本！」と呼ぶのではないでしょうか。そして、健康が何よりも大切なことは、サラリーマンに限らず生きている人間すべてに言えることです。

それはともかくとして、貨幣を使って貨幣を殖やす直裁な方法は、利子を稼ぐことです。銀行預金をすることです。何を言っているのだ、銀行預金をしても利子はゼロに等しいし、貨幣を殖やすことにはならないのではないかと言われそうです。たしかに現在は普通預金の利子は〇・一パーセント、定期預金一年ものでも〇・三パーセントしかなりません。これでは一〇〇万円預金しても、一年で一〇〇〇円か三〇〇〇円にしかならない計算になります。たしかに貨幣は殖えますが、微々たるものです。それでもタンス預金しているよりも銀行に預金している方が安心ですし、雀の涙ほどですが貨幣も殖えます。しかし、日本の高度経済成長が華やかし頃、一九七三（昭和四八）年には、定期預金六カ月もので七・二五パーセント、普通郵便貯金三・八四パーセントもありました。「石油ショック」で物価が大幅に上昇した年ですから相当割引いて考えなくてはなりませんが、それにしても今からでは想像できない預金利子です。先ほどの例に倣って言うと、一〇〇万円銀行に預けると六カ月で七万二五〇〇円、普通預金でも一年で三万八四〇〇円の利子が付きます。これは銀行預金が立派な利殖方法であることを物語っています。因みに一〇〇〇万円だと六カ月定期預金で七二万五〇〇〇円になり、一億だと七二五万円になります。これを一年預ける人はそれぞれ利子が倍になりますので、一〇〇〇万円の人は十分生活の足しになりますし、一億円の人は何もしないで寝ていても生活することができます。まさに「待てば海路の日和有り」です。

もちろん、銀行資本も貸出金利で稼ぎます。貨幣を使って貨幣を殖やします。資本の価値増殖の行為は銀行の本業です。銀行は単なる金貸業だと言われるのも無理がないのです。資本の資本たるゆえんは、銀行資本に如実に現われています。しかし、銀行資本は貨幣を貸すだけではありません。貨幣を借りて来るのです。預金者から貨幣を安く借りて、それを高く顧客に貸すところに、銀行資本の価値増殖の秘密があります。銀行資本は預金者から相対的に安い利率で貨幣を借りて、相対的に高い利率で顧客に貸す、その利鞘が銀行の利潤になっていることは誰もが知っていることです。預金者と銀行資本との違いは、預金者はただ貨幣を貸すだけですが、銀行は安く貨幣を借りて、高く貸すことを繰り返し行なうということです。言い換えれば、貨幣という商品を安く買って、貨幣という商品を高く売る、これが銀行資本の価値増殖方法なのです。貨幣商品という特殊な商品を売買して利殖する特殊な商業資本、それが銀行資本です。銀行資本の売り先すなわち融資先は会社企業が主たるものですが、住宅や自動車ローンなど個人消費者にも銀行資本は融資します。また特別の場合には銀行間で融資を行なうことがあります。それからカードローン会社や消費者金融ローン会社も銀行資本の良き顧客になっています。これらローン会社の金利が高いのは、もちろん無担保無保証のリスクの高い金銭貸借であることにありますが、銀行資本から融資を受ける貸出金利が元々高いことも要因になっています。この点、ローン会社も安く借りて高く貸す資本の価値増殖方法を実践していることになり、銀行資本と同じ性格をもっているということができます。ただローン会社の場合には、自分で預金者を集めることが法的に禁じられている点が、基本的に銀行資本とは違うところです。

ところで、闇金（闇金融機関）の金利はなぜあれほど高いのでしょうか。出資法に拠れば、最高金利は金融業で二〇パーセントです。一〇〇万円借りたとして二〇パーセントで二〇万円です。これは、消費者金融ローン会社の最高金利になっています。闇金は金融業の免許を取らないで金融業を営むから闇金と言います。また、その金利は二〇パーセントも超え、二倍、三倍の金利で貸出す違法行為をしているから闇金と言います。さらに、銀行はもちろんのこと消費者金融ローン会社も相手にしない不良債権者になる確率の高い顧客ばかりを餌食にするから闇金と言います。闇金の金利が高いのは、ハイリスクの顧客を相手にしているため、ハイリターンを取らざるをえないことに加えて、闇金と知って闇金に融資する銀行はどこにもないことによります。つまり、闇金は自己資金だけで運転することを余儀なくされていることから、資金的余裕がありませんのでハイリターンを取る結果になります。闇金は金融機関として社会に存在してはならないものです。しかし、闇金にしか相手にされない借り手があり、その借り手を餌食として喰いものにする者がいるかぎり、闇金の根絶はなかなか難しいように思います。闇金が裏社会の資金源になるゆえんです。闇金は資本の価値増殖の運動が極端まで行き着いた姿と見ることができます。

闇金と同じように忌み嫌われた存在として高利貸し商人がいます。高利貸し商人は古代の時代からありましたが、その発達を見たのは中世封建制社会でした。商品経済と貨幣経済が少しずつ社会へ浸透し始めたからです。日本では近世と呼ばれる中世封建制社会の江戸時代の高利貸し商人を見てみましょう。

借り手になったのは、主に農奴（百姓）と大名（武士）でした。農村の富農や城下町・町場の商人が高利貸し商人になっていました。江戸や大坂や京都の大都市では、両替商や札差商が高利貸し商人になり、大名や上級武士に金を貸していました。その金利は最低でも三〇パーセント、四〇パーセント、五十パーセントも当たり前でした。農奴は凶作、飢饉、火事、水害、病気、怪我、冠婚葬祭など不慮の災害や事故や事件があれば、カツカツのゆとりのない生活を送っていますから、高利貸しの富農や豪商から借金することになります。領主に納める年貢のほかに借金返済の農産物の収奪も重なりますから、文字通り水呑み百姓に転じてしまいます。実質上、富農や豪商の小作人になってしまいます。こうして、農村にも階層分化が進み、富農と貧農の格差が生まれました。大名や上級武士などの借金は虚礼と浪費が原因でした。江戸時代の借金が高利だったのは、農奴の年貢率が標準になっていたからです。四公六民や五公五民の年貢率だったため、借金も四〇～五〇パーセントの金利が標準になったのです。言わば、農奴の搾取率が金貸しの搾取率の基準になったので、高利が一般的になったと言えます。江戸後期に百姓一揆が多発し、どの藩も財政赤字で苦しむことになった要因の一つは、高利貸し商人に農奴も大名も首根っこを掴まれて身動きできない状況に陥ったことにあります。高利貸し商人が忌み嫌われたのは、もちろん高利の金貸しだったことにありますが、額に汗して働かないで、座って貨幣を右から左へ移すだけ巨額の利益を獲得するところにありました。額に汗して働かない点では大名も武士も同じですが、こちらは支配階級としての公的な権威と権力をもっていました。これに比し、高利貸し商人にはただ金の力という剥き出しの私的権力しかもっていません。それが、高利貸し商人が江戸時代の武士そして農奴や町人など庶民から忌み嫌われた理由だと思います。こうした高利貸し商人の強欲に対して、『資本論』は一六世紀のドイツの宗教改革者ルターの次の言葉を引用しています。

「聞くところでは、今では年々ライプツィヒの市では一〇グルデン、すなわち一〇〇について三〇も取られている。これにノイエンブルクの市を加えて、一〇〇について四〇になるとする人もある。もっと多いかどうか、私は知らない。なんということだ、いったいおしまいにはどうなるのであろうか？……いまライプツィヒで一〇〇フロリンもっている人は年に四〇フロリンも取っている。つまり一年間に農民か市民を一人食ってしまうわけである。もし一〇〇〇フロリンもっていれば、年に四〇〇とることになる。それは、一年間に騎士か富裕な貴人を一人食ってしまうことである。一〇，〇〇〇もっていれば年四〇〇〇取ることになる。つまり一年間に富裕な伯爵を一人食ってしまうことになる。もし一〇〇，〇〇〇もっていれば、大商人ならばこれくらいはもっているにちがいないが、年に四〇，〇〇〇取ることになる。つまり一年間で富裕な大公を一人食ってしまうことになる。もし一，〇〇〇，〇〇〇もっていれば年に四〇〇，〇〇〇取ることになる。つまり一年間で大王を一人食ってしまうことになる。しかも、身体にも商品にもどんな危険を受けることなく、なんの労をとらないで、ただ炉のそばにすわってりんごを焼いている。つまり盗人が家にすわっていて一〇年のうちに全世界を食ってしまうようなものだろう。」〈出典は一五四〇年の『牧師諸氏へ、高利に反対して』、ルター著作集、ヴィッテンベルグ、一五八九年、第六部、三一二ページ〉（3の2－788）

高利貸し商人は、中世封建制社会における領主と農奴の基本的生産関係があったからこそ、その生き血を吸うことができ、表通りを堂々と歩くことができました。近代になり銀行資本が発達するに従い、また資本主義の工業化が進むにつれて、高利貸し商人は次第に表通りから裏通りへ追いやられ、終には現代の闇金に変身したと考えることもできます。その点、高利貸し商人は本質的に資本の価値増殖運動の中世的形態、前期形態と見ることができます。そして、現代の銀行や消費者金融ローン会社は、その出自を高利貸し商人にもっていることは否定できません。高利貸し商人が近代的装いで変身した姿、その近代的転化形態が銀行や消費者金融ローン会社と言うことができます。このことについて、『資本論』は次の文献を引用します。

「ユダヤ人、金貸、高利貸、吸血鬼、これがわれわれの最初の銀行業者であり、われわれの最初の銀行商人だったのであって、かれらの性格はほとんど無恥と呼んでよいものだった。……それから次にロンドンの金匠がこの仲間にはいった。だいたいにおいて……われわれの最初の銀行業者たちは……非常に悪い仲間だった。かれらは貪欲な高利貸で冷酷な吸血鬼だった。」〈D・ハードカースル『銀行と銀行業者』、第二版、ロンドン、一八四三年、一九－二〇ページ〉（3の2－789）

さて、今もありますが、昔はもっと盛んだった金融機関に質屋がありました。商品を質に取り、お金を貸してくれる商人です。ほとんどが自宅兼店舗の自営業の商人でした。この質屋に私も学生時代にお世話になりました。たしか一九六七（昭和四二）年の大学二年生の時だったと思いますが、コッペパンも買うお金がなくなって、衣類や時計や小型カメラを質屋に預け、お金を借りたことがあります。なにせ親からの仕送りと僅かばかりの奨学金で生活しているものですから、下宿代、電車賃、風呂代、昼食代、たばこ代などを引くと自由になるお金はいくらも残りません。少し何か贅沢らしきことをするとすぐに足が出てしまいます。衣類は普通のものだったので、恥ずかしく感じたのを覚えています。果たしていくら貸してくれるかと思いましたが、五〇〇〇円余り貸してくれました。時計は外国製のブランド品だったらし〈三〇〇〇円ほど貸してくれました。これには私も驚きました。なにせ奨学金の月額に当たる金額だったからです。カメラは最新式でしたが二〇〇〇円の評価だったと思います。これは思っていたより安かったので意外でした。衣類は一〇〇円か二〇〇円かの評価でした。その後、衣類は受け戻しましたが、時計とカメラは結局流してしまいました。時計は兄からのプレゼントだったので、後で怒られ厭きられもしました。質屋の営業は請け出し期間までの借りたお金に利子がつきます。最短で三カ月、月九パーセントの利子が付きます。もし請け出し期日まで元金と利子が払えない場合は、利子だけ払えば質物の商品を請け出すことはできませんが、請け出し期間の延長をすることができます。請け出し期日に返済も延長もなければ、質流れになり、質物の商品は質屋の所有に転換します。質屋は質流れの商品を専門業者に売ってお金に換えます。質物の評価は当然売る場合を想定して決めますから、査定が厳しくなります。質流れは、質屋にとって安く仕入れた商品を高く売ることになりますから、儲かることになります。この点、質屋は普通の商人のような働きをしていることになります。質屋も人の子ですから、時には査定を間違って損することもあります。また、質屋に行く顧客も期限まで返済できなければ、質流れしてしまえば後の返済が追いかけてくることはありませんから、生活に不便を感じることはあるかもしれませんが、現在の「ローンやカード地獄」のようなことは発生しません。これが、最近になって貴金属やブランド品を質物にした質屋が見直されている原因ではないかと思います。それはともかくとして、質屋には、「一六銀行」と呼ばれるように銀行のような金貸し業の側面と一般商品を売買する商人の側面、この二つの顔をもっていると言うことができます。そして、私の学生時代には貧窮した労働者や自営業者など庶民を相手にした自治体などで運営する公益質屋（二〇〇〇年に廃止）もありました。高利貸商人はあっても消費者金融ローン会社のない時代でしたから、庶民には必要な金融機関だったのです。なお、質屋で扱えるものは一般的に動産質ですが、著作権・特許権・ゴルフ会員権・国債や株式の有価証券などの権利質も扱います。但し、土地・建物・機械・船舶などの不動産質は扱えないことになっています。『資本論』は一九世紀半ばのイギリスの質屋の状況について、次の文献を引用しています。

「質屋の利子がこんなに度を超えたものになるのは、同じ月のうちに頻繁に質の出し入れが行なわれる結果であり、また、ある品を受け出すために別の品を入質して、そのさいわずかな差金を受け取ることによるものである。ロンドンには二四〇の公認の質屋があり、地方には約一四五〇ある。充用資本は約一〇〇万と見積もられる。この資本が年に少なくとも三回転して、毎回平均三三1/2%をあげる。したがって、イギリスの下層階級は、質流れになる品物での損失を別としても、一〇〇万の一時的な前貸にたいして一〇〇%を支払っているわけである。」〈J・D・タケット『労働人口の過去および現在の状態の歴史』、ロンドン、一八四六年、第一巻、一一四ページ〉（3の2－776）

いずれにして、質屋はその規模は小さいですが貨幣を使って貨幣を殖やす資本価値の増殖行為をする金融機関です。

ところで、銀行資本が会社企業に融資する方法として、手形割引があります。貸出日から満期日までの貸出金利を割引いてお金を融資する方法です。銀行資本にとっては金銭債権を安く買って高く売ることによって、利鞘を稼ぐことになります。また、これは銀行資本も保険資本も資産家もやっていることですが、国債や社債を買って利子を稼ぐやり方もしています。また、株券や金融商品を買って配当を稼ぐやり方もあります。いずれも貨幣を使って貨幣を殖やす方法です。しかし、株券や金融商品は価格変動がありますから、証券の価格が低下した時は元金を減らすことも発生します。それだけ危険負担の大きい貨幣商品と言うことができます。いずれにしても定期預金よりも利子や配当は高いですから、遊休資本や遊休資産をもっている者は、こうした有価証券を買ってお金を増やそうとします。さらには、株券や金融商品の売買に投資して利殖しようとします。これはまったく金融商品を安く買って、高く売ることによって差額を利益として儲けようという行為です。しかし、先に述べたように証券価格は常に変動しますので、思惑通り利益を上げられるかどうかは不確定です。それだけ、危険率の高い投資ですが、当たれば利益率も高い、ハイリスク・ハイリターンの利殖方法です。マルクスは晩年の数カ月、ケインズは成人してから生涯、この株式投資をやって儲けたと言われますが、果たして実際はどうだったのでしょうか。もう一つ忘れてならないのは、為替への投資です。テレビで度々映像が写る上田ハローは為替取引の仲介業者です。銀行資本などからの売買の注文を受けて、ディーラーが取引する場面が映像で紹介されます。これも文字通り貨幣を商品として売買し、安く貨幣を買って高く貨幣を売ることによって利益を上げようとする資本価値の増殖行為です。この為替相場は日々変動しますので、リスクが大きく予想が当たった時の利益は莫大なものになります。いずれにして株式や金融商品などの有価証券や為替取引には国内資本は言うまでもなく世界資本の動向が価格形成を左右しますので、予測がますます難しいものになります。いずれにしても有価証券や為替の売買によって利潤を上げようとする行為は、紛れもなく資本価値の増殖運動から発せられたものでした。ただ為替や有価証券の取引には、為替取引所・証券取引所・証券会社・投資信託会社・銀行（但し現在の日本では銀行は投資信託のみ）が必ず介在します。これら金融資本は取引仲介の手数料を徴収します。これが意外に高いのです。株価が上がって喜んだとしても、手数料と所得税でもって行かれ、手元に予想したよりも僅かしか残らなかったという結果にもなります。インターネット証券が流行るのは、この手数料が他に比べて安いからです。また、為替や有価証券への投資は前にも述べましたが、銀行・保険会社・保険組合など機関投資家や個人投資家によってなされています。特に機関投資家の動向が価格形成に大きな影響をもっています。

さて「貨殖術」は、一、貨幣を流通（市場）へ投下して利子や配当を稼ぐ方法、二、貨幣を安く借りて高く貸す方法、三、貨幣で貨幣や金融商品を安く買って高く売る方法、この三つに限定されます。すなわち、貨幣を資本として流通の場に投下して貨幣価値を殖やす方法です。タンス預金や庭に埋めた金塊が富を自己増殖しないのは、富を流通の場に資本として投下しないからです。資本主義経済の圏外に位置しているからです。ただひたすら貨幣を溜め込むだけの貨幣蓄蔵者が、資本主義経済では「狂気」の沙汰と見られるのは、そのためです。「貨殖術」について、『資本論』は次のアリストテレスの言葉を紹介しています。

「貨殖術にとっては、流通が富の源泉である。そして貨殖術は貨幣を中心に回転しているように見える。というのは、貨幣こそはこの種の交換の始めであり終わりであるからである。それゆえ、貨殖術が追求する富にも限界はない。すなわち、目的のための手段を追求するだけの術は、目的そのものがそれに限界を設けるので限界のないものではないが、その目標を手段ではなく最終目的としているような術は、すべて、その目的に絶えず近づこうとしているので、その追求には限界がないのであって、それと同様に、この貨殖術にとってもその目標の限界はなく、その目標は絶対的な致富である。家政術は、貨殖術と違って、ある限界をもっている。……前者は、貨幣そのものとは違うものを目的とし、他方は貨幣の増殖を目的とする。……互いに重なりあう面をもつこの二つの形態の混同は、ある人々に、無限に貨幣を保持し増殖することが家政術の最終目標だと考えさせている。」〈アリストテレス『政治学』、ベッカー編、第一巻、第八、九章の所々／岩波文庫版、山本訳『政治学』、五〇－五五ページ〉（1の1－199）＊ラテン語表記の部分は省略しました。

そして、これまで述べた事例は、すべて金融資本としての価値増殖の運動でした。

ところで、貨幣市場、株式市場、為替市場は自由競争によって価格形成が行なわれる市場経済、すなわち資本主義経済を象徴するものですが、これは市場経済の一側面にすぎません。市場経済における金融市場の一側面を表現しているにすぎないのです。市場経済には、ほかに商品市場、労働市場の二つの重要な市場あります。金融市場と商品市場と労働市場の三つが、資本主義経済を支える三つの市場です。この三つの市場が市場として成立することによって、資本主義経済は初めて誕生したのです。金融市場は景気のバロメーターと言われ、毎日の為替や株式などの取引市況が報道されます。そして、金融市場は商品市場、労働市場の状況を反映するとともに、これらに直接に影響を与えます。それは、商品と労働と貨幣が資本の三要素であり、一つ要素の変動は他の要素の変動を生みだすからです。なぜならば、資本はこの三要素の結合と分離の運動によって生きているからです。

さて、商品を安く買って高く売る真っ当な商売は、具体的商品を扱う商業資本（商人資本）です。どこから見ても商品そのものである具体的商品を扱って商売をしています。このことについて、『資本論』は次のように述べます。

一〇〇ポンド・スターリングで買われた綿花が、一〇〇・プラス・一〇ポンドすなわち一一〇ポンドで再び売られる。それゆえ、この過程の完全な形態は、G－W－G'であって、ここではG'＝G＋ΔGである。すなわちG'は、最初に前貸しされた貨幣額プラスある増加分に等しい。この増加分、また最初の価値を越えた超過分を、私は剰余価値（surplus value）と呼ぶ。それゆえ、最初に前貸しされた価値は、流通のなかでただ自分を保存するだけでなく、そのなかで自分の価値を変え剰余価値をつけ加えるのであり、言い換えれば自分を価値増殖するのである。そして、この運動がこの価値を資本に転化させるのである。（１の１－１９６）

商業資本にはコンビニ、スーパー、百貨店、鮮魚・野菜・果物・衣料・書籍・貴金属・アクセサリー・映画・写真・居酒屋・レストラン・食堂・ガソリンスタンド等々の店舗があります。そして、専門店では多くの自営業者が頑張っています。私も写真屋に育ちましたが、自営業でした。父は自分の職業のことを自由業と言っていました。腕一本の自分が信じる技術だけで商売する職業だったからだと思います。また、一九三〇年代前半（昭和初期）に始めた当時の商売としては、ハイカラで格好良い職業だったからかもしれません。それはともかくとして、カメラ・フィルム・写真器材などの商品を仕入れて、店のケースや棚において売っていました。この面では一般商品を扱う商人と同じでした。他方、写真屋には記念写真や証明写真などの写真撮影という本業がありましたし、顧客から頼まれたフィルムを現像・焼付・水洗い・乾燥する仕事がありました。後者の仕事は商人というよりも製造業の職人の仕事でした。販売収入額に占める割合は後者の職人の仕事が圧倒的でした。店売りはいくらかでも利益が上がれば良いということと顧客へのサービスを目的にしたものでした。だから、私自身は商人と職人を兼営する家に育ったことになります。小さい時から側で見ていますから、商人の気持も職人の気持も何となく分かるような気がします。この製造業と販売業の兼営の仕事は、他の専門店でも多く見かけますし、百貨店のデパ地下が象徴するようにスーパーやコンビニでも見かけます。そして、商業資本は、資本主義社会の中で商品流通の要の仕事をしており、なくてはならない仕事です。商品流通の花形が、商業資本です。第一八章「資本の空費」で詳しく説明しますが、『資本論』は、商業資本は商品生産する産業資本が流通費用をできるだけ抑えるために、利潤を削って生産商品を商業資本に生産価格よりも安くして卸すのだと書いています。産業資本は生産した商品を売らないことには生産資本を貨幣資本に転化することができず、資本として回転することもできません。生産した商品を自分の手で売ることもできますが、資本の商品生産は極度に分業化・専門化・分散化していますから、流通の経費と時間と労力を省くために、これを商人及び商業資本へ任せた方が徳だと判断するのです。産業資本の立場からすれば、利潤が生まれるのは生産過程からですので、流通はただ「価値の実現」をするだけであり、利潤を生みだす「価値の増殖」するものではありません。しかし、産業資本にとって流通過程は不可欠なものですから、利潤を削って商品価格を安くして商人及び商業資本に引き渡すことになります。こうして、商人及び商業資本は安く商品を仕入れて高く売ることができるようになります。そして、商業資本で働く労働者サラリーマンは「価値増殖」の資本のためではなく「価値実現」の資本のために労働をしていることになります。そして、商業資本の利潤を生みだすのは労働者サラリーマンであり、その点は産業資本の労働者サラリーマンと少しも変わりません。ただ産業と商業という資本の役割に基本的に違いがあるだけです。商業資本には生鮮食品の卸売市場に見るように卸売商・仲買商を営む商事会社・商社あります。その代表するものが、丸紅・伊藤忠・住友・三菱などの総合商社です。海外と国内、海外と海外との大規模な商品流通を担う点において、これは世界資本あるいは国際資本としての商業資本であります。これらの世界を股にして走る商業資本は、近年にあっては石油・天然ガス・エレクトロニクスなどの産業資本へも投資するようになって来ています。

ところで、資本価値を増殖する方法として商品賃貸業があります。これも、結果的には商品を安く買って高く売る商売です。商品を時間数・日数・月数・年数の単位で貸し付けし、商品の所有権は手放さず、占有権・使用権を顧客に限定的に与え、その占有権料・使用権料を賃借料として分割的に取得するものです。この点、商品の所有権が売り手から買い手に移転する売買とは異なります。ビデオ・土地・駐車場・マンション・アパート・店舗テナント・建設機械・建設資材・自動車・コピー機・衣装・介護ベット等々数え上げたら切りがありません。現代はリース時代、レンタル時代と呼べるかもしれません。それだけ商品賃貸業は身近な存在と言えるでしょう。ところで、一九五五（昭和三〇）年前後の私の小学生時代、近所に貸本屋がありました。五円あるいは一〇円の鋳貨をもってよく漫画を借りに行きました。週に二回は行っていたのではないかと思います。武内つなよし『赤胴鈴之助』、福井英一『イガグリ君』、堀江卓『矢車剣之助』、横山光輝『鉄人28号』などよく借りたものです。その貸本屋は自宅から五分とかからない住宅街にあり、住宅の玄関を利用して店を開いていました。また、自宅から少し離れた所には、大人用の小説などを扱う貸本屋もありました。今で言うレンタルビデオ店のようなものですが、自営業でやっている店である点が違っています。これも立派な商品賃貸業です。しかも子どもが顧客になることができたのです。今考えると、のんびりした古き良き時代だったと思います。こうした貸本屋も経済の高度成長とテレビの普及につれて、いつの間にかなくなりました。

これまでの事例では、商業資本による価値増殖運動を見て来ました。いずれにして、商業資本は商品を安く買って高く売る売買行為を繰り返しながら資本価値の増殖行為を続けて行くことにおいて、大きかろうが小さかろうが共通しています。金融資本と比べると商業資本は、具体的な使用価値のある商品を扱っているためか存在感が感じられます。資本の健全性も増し、明るくなった印象を受けます。

さて、これまで金融資本と商業資本の価値増殖運動について見て来ましたが、その構造は貨幣商品であろうと一般商品であろうと、安く買って高く売る売買行為の繰り返しによる利潤（剰余価値）の創出と極大化の追求でした。商業資本が産業資本の生みだした利潤の一部を取得して発生するように、金融資本も産業資本の利潤の一部を取得して発生するものです。商業利潤も金融利潤も産業利潤の分化形態、転化形態に過ぎないのです。とすれば、産業利潤の解明こそ資本主義社会の資本の秘密を解く鍵になります。『資本論』も次のように言っています。

いまのところまだ資本家の幼虫でしかないわれわれの貨幣保持者は、商品を価値どおりに買い、価値どおりに売り、しかも過程の終わりには、自分が投げ入れたよりも多くの価値を引き出さなければならない。彼の蝶への成長は、流通部面で行なわれなければならないし、また流通部面で行なわれてならない。これが問題の条件である。ここがロドスだ、さあ跳んでみろ！（Hic Rhodus, hic salta！）（1の1-217~218）＊因みに「ここがロドスだ、さあ跳んでみろ！」は、訳注に拠れば、「イソップの寓話からとったもので、その話のなかでは、一人のほら吹きが自分はロドス島で非常に大きく跳んだことがあると言い張った。そこで、彼はこう言い返された。ここがロドスだ、さあ跳んでみろ！と」。

資本の所有者である資本家（企業家）は、労働力商品の所有者である労働者サラリーマンから正当な賃金で労働力商品を買ったにも関わらず、なぜ労働者の労働から利潤（剰余価値）が生まれると言えるのか、これが問題の本質です。生産手段商品の所有者と労働力商品の所有者、すなわち商品所有者と商品所有者との法律的に対等な売買関係であるにも関わらず、一方の資本家（企業家）には大きな富の蓄積が生まれ、他方の労働者サラリーマンにはなぜ小さな富の蓄積しか生まれないのか、これが問題です。

第二編　産業資本

第四章　労働と労働力との不等価交換

すでに一六九六年にジョン・ベラーズは次のように言っている。

「ある人が一〇万エーカーの土地と一〇万ポンドの貨幣と一〇万頭の家畜とをもっていようとも、もし労働者が一人もいなければ、この金持ちも、みずから労働者であるほかに、なんでありえようか？　そして、労働者が人々を富ませるのだから、労働者が多ければ多いほどそれだけ富者も多くなる。……貧者の労働は富者の宝庫である。」（1の2－801～802）

産業資本の利潤（剰余価値）はどのようにして生まれるのでしょうか。

まず産業資本の生産のためには、少なくとも生産手段（原料・補助材料・道具・機器・機械・建物・敷地など）と労働力、この二つが必要です。生産手段が欠けては、いくら労働力があっても生産を開始することはできません。また生産手段はあったにしても、労働力が欠けては生産を開始することはできません。したがって生産手段と労働力とは二つにして一つ、一つにして二つの関係にあります。どちらも欠けてはならないという点で相互依存の関係にある、と同時にどちらも生産過程でそれぞれ別の働きをする点において独立自主の関係にあります。なお、農林水産業や鉱工業では、労働対象である土地（川・湖・海なども概念的に土地に含まれます。）を生産手段から分離して独立に捉えることが一般的です。ここから、生産の三要素として土地と生産手段と労働力の三つをあげる考え方が出て来ます。しかし、工業の場合は、土地はなくてはならないものですが、原料貯蔵庫や機械置場や作業場やコントロール室など工場建物の敷地空間としてのみ利用されますから、労働対象としての独立性はなく、生産手段から分離する必要はありません。

生産手段があっても労働者の労働力がなければなんの役にも立たず、生産は開始されません。労働者の労働力がなければ、生産手段は無用の長物です。どんなに立派な工場建物や機械設備が調っていたとしても、労働者の労働力がなければ一つの商品さえ生産することができないのです。農地に一千万円積み上げても、工場に一億円積み上げても、農産物一つ、工業生産物一つ、生産することはできません。札束を積み上げて、そのまま数年も放置すれば、札束も風雨に当たり破損するとともに、農地は荒廃し工場は劣化するだけです。産業資本の生産過程に貨幣そのものを投入しても、金融資本と異なり資本が価値増殖することはないのです。産業資本では、貨幣そのものではなく貨幣資本で購入した労働力を投入しなければ、生産も開始されないし、資本を価値増殖することもできないのです。すなわち、労賃を生みだすこともできなければ、剰余価値（利潤）を生みだすこともできないのです。利潤（剰余価値）は労賃に表現される労働者の必要労働・必要労働時間を越える剰余労働・剰余労働時間の転化形態・貨幣形態にしかすぎません。利潤（剰余価値）の生まれる源泉は労働力以外にないのです。資本の増殖である利潤（剰余価値）のすべての始まりは、労働者の労働力にあるのです。このことについて、『資本論』はこんな風に述べています。

ウェークフィールドが植民地でまず第一に発見したことは、ある人が貨幣や生活手段や機械その他の生産手段を所有していても、もしその補足物である賃金労働者、すなわち自分自身を自発的に売ることを余儀なくされている別の人間がいなければ、この所有はまだその人に資本家の刻印を押すものではない、ということである。彼が発見したのは、資本が物ではなく、物によって媒介された人と人とのあいだの社会的関係だということである。（1の2－998～999）

ところで、長崎県瑞島は軍艦島で名高い海底炭坑でした。最盛期の一九六〇（昭和三五）年に約六．三ヘクタールの島に炭坑労働者とその家族などを含め五二六七人が暮らしていました。小中学校、病院、寺院、映画館、食料品・理髪・美容・スナック・パチンコなどの店舗がありました。しかし、石炭から石油への「エネルギー革命」によって、一九七四（昭和四九）年に閉山。約四〇年経過した今では、猫一匹住まない廃墟となってしまいました。近年は、産業遺産や観光資産として注目を集めています。これは、労働者の労働力の投入がなければ、生産手段も都市も朽ち果てて行くことの典型的な事例です。労働者の労働力がなければ、商品である石炭も労働者の賃金も資本家（企業家）の利潤も何一つ生みだすことができないことを証明する典型です。岩手県八幡平市には、嘗て東洋一を誇る硫黄鉱山の松尾鉱山がありましたが、「石油革命」の副産物である脱硫硫黄の登場によって、一九七二（昭和四七）年に閉山しました。現在では当時最新であった文化住宅アパート群が風化した姿で昔の隆盛をわずかに伝えています。九州や北海道の炭坑、全国の金・銅・鉄などの鉱山も、日本の高度経済成長の歩みとともに、廃鉱閉山に追い込まれました。国鉄（現ＪＲ）の廃線、耕作放棄のため荒れ地と化した農地、閉鎖になって荒廃とした工場跡など、生産手段があっても労働力の投入がなければ、どんな生産物も生みださないし、どんな労賃も利潤も生みださないで、朽ち果て廃墟になることを私たちの面前に突き付けます。

産業資本の価値増殖はどこから生まれるのでしょうか。産業資本の利潤（剰余価値）はどのようにして生まれるのでしょうか。

生産手段からでないことは、これまでの例からはっきりしています。生産手段はそのまま放置すれば、価値増殖ではなく価値劣化を生みます。労働生産物の物体が物体の価値をそのまま自動的に価値増殖することは、小説の世界ではあったとして現実の世界にはありえません。もちろん、労働生産物でない自然界で生きる動物や植物の場合はこの範疇に入りません。労働生産物の生産手段は黙って置いても、商品価値を増殖することはありません。生産手段はただ存在するだけです。生産手段に命の炎を灯すのは、労働力だけです。労働力だけが生産手段を生産手段として生かすことができるのです。労働生産物であり且つ商品である生産手段の価値も使用価値も、その価値を維持し保存して生かすのは労働力だけです。とすると、労働力だけが付加価値をつくりだし、利潤（剰余価値）をつくりだすことができることになります。このことについて、『資本論』は次のように書いています。

> ある商品の消費から価値を引き出すためには、われわれの貨幣所持者は、価値の源泉であるという独特な性質をその使用価値そのものがもっているような一商品を、つまりその現実の消費そのものが労働の対象化であり、したがって価値創造であるような一商品を、運よく流通部面のなかで、市場で、見つけ出さなければならないであろう。そして、貨幣所持者は市場でこのような独自な商品に出会うのである。―労働能力または労働力に。（1の1－219）

生産手段の価値を生産過程で生まれる新しい商品に移転させるのも労働力だけが行なうことができます。労働力の価値を新しい商品へ移転できるのも労働力だけです。そして、生産手段と労働力を合計した費用価格を越えて新たな商品に利潤（剰余価値）を付け加えるのも労働力だけです。生産手段と労働力の価値を新たな商品に移転させるという点に注目するならば、資本による生産過程は労働力による価値形成過程と見ることができます。また、生産過程が労働力による利潤（剰余価値）の形成という点に注目すれば、資本による生産過程は労働力による価値増殖過程と見ることができます。したがって、産業資本の生産過程は、労働力による価値形成過程と価値増殖過程が同時並行的に進んで行くということになります。

この生産過程における生産手段と労働力の働きの違いから、『資本論』は生産手段の価値部分を不変資本と名付け、労働力の価値部分を可変資本と名付けています。前者は価値を移転し保存されるだけで、価値増殖しないからです。他方、後者は価値を移転し保存するだけでなく、新しい価値を生みだし価値増殖するからです。このことについて、『資本論』はこう述べています。

生産手段すなわち原料や補助材料や労働手段に転換される資本部分は、生産過程でその価値量を変えないのである。それゆえ、私はこれを不変資本部分、またはもっと簡単には、不変資本と呼ぶことにする。

これに反して、労働力に転換された資本部分は、生産過程でその価値を変える。それはそれ自身の等価と、これを越える超過分、すなわち剰余価値とを再生産し、この剰余価値はまたそれ自身変動しうるものであって、より大きいこともより小さいこともありうる。資本のこの部分は、一つの不変量から絶えず可変量に転化して行く。それゆえ、私はこれを可変資本部分、またもっと簡単には、可変資本と呼ぶことにする。労働過程の立場からは客体的な要因と主体的な要因として、生産手段と労働力として、区別されるその同じ資本成分が、価値増殖過程の立場からは不変資本と可変資本として区別されるのである。（１の１－２７３）

そして『資本論』は、労働力の価値（労賃）を分母にし、利潤（剰余価値）を分子にして求められた率を剰余価値率と呼んでいます。別名搾取率といいます。また、生産手段の価値（不変資本の価値）プラス労働力の価値（可変資本の価値）の合計、すなわち費用価格を分母にし、利潤（剰余価値）を分子にして求められた率を利潤率と言っております。例えば、不変資本価値が六〇円、可変資本価値が二〇円、剰余価値（利潤）が二〇円の価値構成一個一〇〇円の商品の剰余価値率は一〇〇パーセントになります。しかし、利潤率は二五パーセント、四分の一にしかなりません。剰余価値率と利潤率が同じになるのは、不変資本価値がゼロの時だけです。他はすべて剰余価値率（搾取率）が利潤率より大きくなります。労働者の労働力が産出した付加価値、剰余価値（利潤）はどのくらいあるのか知るためには、剰余価値率が参考になります。また、資本家（企業家）サイドから会社が儲けているのかどうか、利益があがっているのかどうかを判断するのが利潤率です。また、不変資本価値にも可変資本価値にも価値変動は付きまといますので、剰余価値率も利潤率も固定したものではなく変化するものです。また、産業資本の費用価格の構成において、不変資本価値が可変資本価値に比して増大して行くと、剰余価値率は不変あるいは大きくても利潤率は低下して行くことになります。これを『資本論』は資本の有機的構成の高度化と言っております。これについては、第八章「資本構成の高度化」で述べます。

さて、たしかに利潤（剰余価値）が労働力の生産過程への投入によってしか生まれないことは分かりましたが、資本家（企業家）と労働者との間は法律的に対等で、労働者は労働力商品を資本家（企業家）

に売り、その代償として資本家（企業家）は労賃を労働者に支払ったのではないでしょうか。労働者は八時間分であれば八時間分の労働力を資本家（企業家）に提供して、その八時間分の労賃を労働者は資本家（企業家）から給付されたのではないでしょうか。どこに利潤（剰余価値）が生まれる根拠があるでしょうか。たしかにその通りです。資本の秘密はこの疑問に集約されます。資本が買うのは労働者の「労働」であり、労働者が資本に売るのは「労働力」です。なにが「労働」と「労働力」を区別するのでしょうか。資本家は労働者の「労働力商品」に対して等価として労賃を支払い、そして、労働者は「労働力商品」の等価として労賃の支払を受け取ります。資本家と労働者との関係は、「労働力商品」の売買を媒介とした等価関係です。何が不等価交換なのでしょうか。「労働力商品」は商品価値を決定する特殊な商品です。それでは、労働力商品の実質価値とはなんでしょうか。労賃はどんな商品とも同じように生産費によって規制されます。労働力商品の生産費は労働力商品を再生産するために必要な生活費のことです。個人的消費に使う生活費、家族を養育するための生産費です。この生活費を稼ぐために労働者は資本家（企業家）に労働力商品を売るのです。この生活費を稼ぐために、八時間労働の半分四時間しか実質的に必要ないとすれば、残りの四時間は剰余労働、不払労働になります。だから、労働者が提供する労働力商品の価値は四時間の必要労働、支払労働ということになります。また、こうした方法でしか、資本家（企業家）は剰余労働、剰余労働時間、剰余生産物、利潤（剰余価値）を生み出すことはできません。なぜならば、労働者の労働力からしか付加価値、剰余価値は生み出されないからです。その秘密を最もよく知っているのは、資本家（企業家）自身です。だから資本家（企業家）は労働力商品を労働者に労賃を支払って買うのです。資本家（企業家）は労働者の労働力に商品として価値どおり労賃を支払い、労働者から労働を買ったのです。具体的な使用価値を生産する労働であり、且つ価値を増殖する源泉となる労働を買ったのです。これは資本家（企業家）と労働者との間の労働と労働力との不等価交換です。等価交換ではなかったのです。結果的に資本家は、労働力商品を安く仕入れ、その労働力商品の生産的消費によって価値が高くなった商品を売ることによって、利潤（剰余価値）を生みだしていることになります。言い換えれば、産業資本も商品を安く買って高く売ることによって利潤をつくり出しているのです。ただその過程が商品の生産過程というブラックボックスに入っているため見え難くなっているところが、商業資本、金融資本と違う点です。

そして、いかなる時代であっても、剰余労働・剰余労働時間・剰余生産物と必要労働・必要労働時間・必要生産物との関係は存在します。これは人間一人が労働すれば、自分一人を養い生活する以上の労働生産物をつくりだすことができる人間労働の生産性から来ています。誰が労働しても自分一人養うだけで手一杯の状態では、剰余労働も剰余労働時間も剰余生産物も生まれません。このことについて、『資本論』は次のよう述べています。

もしも、およそ人間に、一労働日のうちに一人一人の労働者が自分自身の再生産に必要とするよりも多くの生活手段、つまり最も狭い意味ではより多くの農業生産物を生産する能力がないならば、すなわち、もしも一人一人の労働者の全労働力の毎日の支出がただ彼の個人的な必要にとって不可欠な生活手段を生産するに足りるだけならば、およそ剰余生産物も剰余価値も問題にはなりえないであろう。（３の２‐１００７）

この人間労働の生産性は、『資本論』が引用するフランクリンの言葉にあるように、人間だけが「道具を作る動物（a toolmaking animal）」であることに由来しているように思います。それはさておき、原始共産制社会では剰余生産物は共同分配されるか、災害などに備えて保険財源として蓄積されるかします。古代奴隷制社会では奴隷に必要な最低限の生活資料を除き、剰余農業生産物はすべて主人の所有物になります。また、中世封建制社会では農奴の労働が生産した剰余農業生産物は年貢として領主が搾取し、領主の所有物になります。近代資本制社会では労賃の名の下に剰余労働の収奪が行なわれ、利潤の名前で資本家（企業家）のポケットに入ります。この利潤を資本家は拡大生産のために再投資してもよいし、また自分の個人的消費のために使ってもよいことになります。いずれにしても、利潤は労働者が生みだした剰余労働・剰余労働時間の転化形態でしかないのは明らかです。未来の無階級社会では、剰余価値・剰余労働は人口の増加や欲望の拡大に対応して生産過程に再投入にして拡大再生産を進めることや自然及び社会災害の保険財源のために活用することになります。ただこの剰余価値の分配が社会の主人公である労働者の意志で決められることが、近代資本制社会と違っているところです。

ところで、資本家（企業家）は、労働者から買った労働力を生産手段と一緒に、生産過程に投入します。産業資本の生産過程は生産的消費と言われるように生産手段と労働力の消費過程です。まえにも述べたように、この生産過程は価値形成過程と価値増殖過程の統一でした。それと同時に具体的な使用価値をもつ商品を生産する具体的な使用価値をもつ労働の消費過程です。このように生産過程を使用価値のもつ生産物を生産する労働の消費過程として見るならば、生産手段と労働力の二つの要素で構成される社会的生産は、原始共産制社会から近代資本制社会まで、そして未来の無階級社会まで変わることなく続く普遍的なものであり、必要不可欠なものです。超歴史的、歴史貫通的な性格をもつ社会的生産の在り方です。それを資本主義社会は、商品と貨幣と資本の三要素の結合と分離を繰り返す運動をしながら、その基本的生産関係である資本家（企業家）と労働者サラリーマンとの社会的関係を再生産することによって進めます。

さて、商品の具体的な生産過程について、私の実家で営んでいた写真業を例にして説明したいと思います。元より自営業としての製造業ですから、大企業の生産過程には直接的に当てはまりませんが、個人企業が巨大化したものが大企業ですし、また使用価値のある商品を生産する点では、個人企業も巨大企業も等しい条件にありますから、産業資本の生産過程を理解するためには参考になると思います。

さて、写真業と言っても、現代のデジタル時代の電気的処理による生産過程ではなく、それ以前のアナログ時代の化学的処理による生産過程です。まず家族四人の記念写真をスタジオで白黒撮影する例で説明することにしましょう。生産工程は、顧客の写真撮影→現像液の調合→フィルム現像→定着→乾燥→フィルム修正→現像液の調合→写真焼付→写真現像→定着→水洗い→乾燥→しわ伸ばし→縁の裁断→写真修正→台紙と袋に入れる→顧客への引き渡しなど、細かく分別すると一六工程になります。（因みに顧客への完成した写真の引き渡しは、生産過程ではなく、流通過程に入ります。）そして、その工程に必要な原材料や機械などを列挙すると、写真撮影にはカメラ・大型フィルム・照明設備・撮影用椅子・背景となるバックシートが必要です。現在では照明はカメラのシャッターと同調する電気ストロボになっていますが、一九六〇（昭和三五）年前半まではマグネシウムを焚く照明が一般的でした。私も中学生時代何度かこの照明を手伝ったことがあります。カメラのシャッターとマグネシウムを焚くタイミングを合わせるのは、難しいものです。上手く合わせられなかった場合は、もう一度撮り直します。焚いた時のバッとする音も凄いですが、焚いた後のマグネシウムの臭いは強烈でした。父は左手にマグネシウムを焚く台を掲げ、右手にシャッターを押すゴム製のボールをもって撮影していましたが、なんかの拍子でマグネシウムが暴発したことがあり、顔に軽い火傷を負ったことがありました。大事に至らないで良かったと思います。今ならば労働災害でしょうが、個人企業ですから保障してくれる保険は元よりありません。その後出て来たのが、電球玉の内部を燃やすフラッシュです。これでカメラのシャッターと照明器具が同調できるようになり、そして現在の電気ストロボへ発展したのです。またフィルム現像にはハイドロキノンや亜硫酸ナトリウムなど薬品を調合して液体をつくるため、薬品・天秤計り・トレイ・現像タンク・液を温める電気コンロが必要になります。現像液は高価なので二、三日に一回つくります。現像の進捗を止める定着液の調合も必要です。変色しないようにするため水洗いは大事な作業でした。ですから水は大量に使います。一九五〇（昭和二五）年後半までは屋外の共同水道でしたので、冬の水洗いは父にとってきつい作業だったと思います。フィルム修正は中に電球を入れた台形の木製の修正台で曇りガラスから入って来る光を照明にして、硬筆の写真用鉛筆でフィルムのむらなどを修正する作業です。乾燥は自然乾燥です。一九六〇（昭和三五）年代前半、高度経済成長とともにカメラが一般に普及して、現像焼付だけを頼む顧客が増えて来ました。そのため電気の熱で写真を乾燥する乾燥機が導入されました。この時代は余りにも仕事が忙しくなったため、母も暗室や乾燥の作業を手伝うようになり、写真業が最も盛んな時代ではなかったかと思います。しかし、近所に競合店も増え、競争が激しくなりました。しわ伸ばしは自然乾燥した写真は凹凸がありますので、竹製のヘラで写真を痛めないように静かに滑らかにする作業です。縁の裁断は写真の余分な縁をカットして一定の縁をつくっていきます。これには方寸の線が描かれた専用の裁断機を使います。この後、極細の筆に墨を湿らせて写真のむらなどを修正します。そして、家族の記念写真ですので、要望枚数を台紙に入れ、さらに袋に入れて一つの商品が完成することになります。

このように商品の生産工程は何段階にも分かれます。写真業のモノクロ写真の場合は一六工程でしたが、もっと細かく分けることができるかもしれません。染色業・食品加工業・醸造業・缶瓶製造業・石油化学工業・時計製造業・メガネ製造業・半導体製造業・家電製造業・自動車製造業・電力製造業・医薬品製造業・印刷工業・航空機製造業・ロケット製造業等々、その工程は何十何百何千になる場合もあります。生産工程の組み方一つで生産効率も違いますから、産業資本は細心の注意を払います。分業と協業の関係がスムーズに行っているか常に点検を怠りません。職人とはこの何段階もの工程を一人だけの労働で行なって一つの完成商品をつくる技をもった労働者のことを言うのではないでしょうか。いずれにしても、使用価値のある労働生産物を生産する生産工程＝労働過程は単純か複雑かの区別はあるにしても、現在においても過去においても未来においても普遍的なものであり、歴史貫通的で超歴史的なものだと言うことができるでしょう。

なお、『資本論』は、原料・補助材料など価値が一度に生産商品に移転する不変資本を流動的不変資本と呼んでいます。他方、道具・機器・機械・建物・敷地など数年あるいは数十年にわたって、少しずつ減価消却した分だけ価値が生産商品に移転する不変資本を固定的不変資本と呼んでいます。写真業の例に戻して言えば、フィルム・印画紙・照明などの電気・水道・現像や定着の薬品・台紙・紙袋などが流動的不変資本に該当します。カメラ・照明器具・椅子・バックシート・天秤計り・トレイ・現像タンク・電気コンロ・焼付器・竹製トング・乾燥機・修正用鉛筆と筆・修正台・裁断機・建物・地代などが固定的不変資本に該当します。個人企業だから賃金は給付されませんが、労働者サラリーマンの平均賃金が営業主としての父の賃金部分に相当すると考えることができます。また、母も手伝っていましたので、家族従業員としての賃金も見込まなければなりません。年間の販売収入から不変資本（生産手段）

と可変資本（労働力）の価格を合計した必要経費（費用価格）を控除したものが、利潤（剰余価値）になります。このことからも、利潤（剰余価値）は剰余労働の転化形態でしかないことが分かります。私の実家の写真業では、父と母の労働からしか利潤（剰余価値）が生まれなかったことは明らかです。両親の労働以外に利潤（剰余価値）の源泉を見いだすことはできません。産業資本の利潤（剰余価値）の秘密は、個人企業の生産に置き換えて考えてみれば、白日のように露わになります。そして、父の商売の腕は、四人の子どもをすべて高校へ行かせ、一人（私）は東京の四年生の私立大学まで行かせ、また何度か店舗兼作業場兼自宅を改築改装し、借地であった土地を購入して自分の名義に変え、子どもたち四人全員が結婚して八人の孫にも恵まれたのですから、写真師としては上出来と言えるのではないかと思っています。

ところで、労働力商品は質的な労働が量的労働時間に転換する特別な商品ですから、労働が価値形成過程としても価値増殖過程としても展開されることは前に述べた通りです。したがって、資本家（企業家）は労働者の労働時間の一部を盗む時間泥棒なのです。だから、産業資本の生産過程は商品の生産過程である、と同時に労働者の労働時間の搾取過程になるのです。資本主義社会では、労働時間が現象としては全部が支払労働として現われますが、実体としては支払労働部分と不払労働部分に分かれる、これが産業資本に利潤（剰余価値）が生まれ、資本が価値増殖して行く秘密なのです。労賃という形態は、利潤（剰余価値）の秘密の素顔を覆い隠す貨幣仮面です。仮面に隠されて素顔がどうなっているか容易に辿り着けない仕組みになっているのです。仮面に現わされた表の顔とはまったく違う裏の素顔をもっているのです。資本家（企業家）と労働者サラリーマンとの間で行なわれる不等価交換の素顔を等価交換のように見せるのが、労賃という貨幣仮面なのです。このことについて、『資本論』は次のように述べています。

労賃という形態は、労働日が必要労働と剰余労働とに分かれ、支払労働と不払労働とに分かれることのいっさいの痕跡を消し去るのである。すべての労働が支払労働として現われるのである。（1の2－699）

これは、現象と実体の倒錯した関係です。現象があたかも実体のように表われ、実体が現象として表われない関係にあるのです。秘密の素顔は仮面の奥深く厚いベールに覆われているのです。そして『資本論』が書くように、この倒錯の秘密を暴くことが科学に課せられた役割なのです。

ところで、産業資本は貨幣資本をもっていたとしても、生産過程に必要な生産手段と労働力を商品として市場で見いだすことができなければ、産業資本としてスタートを切ることはできません。商品市場と労働市場がなければ、産業資本がいかに大きな貨幣資本をもっていたとしても、産業資本として誕生することはできないのです。商品市場と労働市場、この二つの市場があって始めて産業資本は自立的運動を開始することができます。産業資本の貨幣資本が自己資本であろうが他人資本であろうが、生産手段と労働力を商品として市場で買うことができなければ、産業資本としては何事も始まらないのです。そして、市場である以上、市場は商品の売り手と買い手の交換の場です。生産手段の商品所有者と労働力の商品所有者が、売り手として市場の舞台に登場しなければ、貨幣所有者である産業資本も商品の買い手として市場の舞台に立つことはできません。市場は商品と貨幣の交換の場ですから、自由と平等が支配する契約の世界です。商品所有者と貨幣所有者との間に意志の一致が成立したとき、すなわち両者の合意形成がなされた時に、始めて契約は成立し交換が成立します。強制も暴力も市場には必要ありません。売り手と買い手の合意だけが市場には必要なのです。自由意志のある所に市場ありです。市場あるところ自由意志ありです。

そして、労働力商品の所有者である労働者も「自由な労働者」として市場の舞台に登場します。ひも付きでも強制でもありません、自由意志の主体として労働者は市場に登場して来るのです。その「自由な労働者」について、『資本論』は次のように述べます。

貨幣が資本に転化するためには、貨幣所持者は商品市場で自由な労働者に出会わなければならない。自由というのは、二重の意味でそうなのであって、自由な人として自分の労働力を自分の商品として処分できるという意味と、他方では労働力のほかには商品として売るものをもっていなくて、自分の労働力の実現のために必要なすべての物から解き放たれており、すべての物から自由であるという意味で、自由なのである。（1の1-221）

換言すれば、「自由な労働者」とは二重の意味で自由なる存在だということです。一つは、自分の労働力商品を自分の意志で自立的に処分できる主体であること。すなわち労働力商品を売る行為が労働者の自由意志にのみよって決定できることです。もう一つは労働力を商品として売る以外に生活の術がないこと。すなわち貨幣資産や生産手段を持ち自分の生活を立てられる自由から解き放たれ、労働力商品を売る以外に自分の生活を再生産することが不可能な存在であることです。前者を自由意志の主体としての自由と呼ぶとすれば、後者は貨幣資産や生産手段という客体から解き放たれた自由と呼ぶことができるでしょう。こうした「自由な労働者」が大量に市場に登場することが、産業資本を資本として誕生させ発展させる原動力になるのです。産業資本が資本として自立する道が開かれるのです。

しかし、この「自由への道」は労働者にとって平坦なものではありませんでした。血と涙が詰まった道でした。『資本論』は、この道がいかに苦難に充ちた長い道程であったかを克明に描き出しています。一六世紀のイギリス、トーマス・モアは、「羊が人間を喰い殺している」と叫び、農地の囲い込み（エンクロージャー・enclosure）を批判しました。羊毛工業が発展して来て、大地主が小作農民へ農地として貸すよりも、牧場に変えて羊を飼った方が儲かったからです。このため大量の小作農民が農地から閉め出され路頭に迷いました。まだ一八世紀後期～一九世紀前期にかけて起った産業革命の前の時代ですから、賃金労働者として彼らを産業資本が吸収する力はなく、働く場を失った小作農民は自作農民（ヨーマン）の入会地（共有地）に小屋を建てることを許してもらい、入会地に薪や芝や泥炭など求めることやわずかばかりの自家菜園を切り開くことが認められ、やっと生活を維持することができたのでした。こうした貧農は、自作農民にとって農繁期に必要な労働力の供給源になるメリットがあったからです。入会地に入り込めなかった小作農民は、教会の受給貧民になるか乞食になって流浪するしか生きる術がありませんでした。農村にも都市にも乞食が余りにも多すぎたため、住所不定を繰り返す乞食に公権力は刑罰を課するほどでした。こうして、小作農民や貧農や受給貧民や乞食が農村に溢れるような時代が長く続きます。そして、やっと産業革命を迎え、産業資本が徐々に発展して行き、農村に沈殿していた労働力を商品として売る労働者が大量に生まれ、それを大量に買う産業資本が生まれ、こうして労働市場が誕生したのです。その労働市場の形成までにイギリスでは少なくとも二世紀を要したことになります。こうして、一九世紀半ばの『資本論』が描くように、まさに産業資本がすべての資本の中心になり、貨幣の中心になり、商品の中心になる時代が始まったのです。

日本では、明治維新から近代化・工業化・資本主義化がスタートしましたが、W・W・ロストウ『経済成長の諸段階』が書くように、軽工業として産業資本が自立できた明治中期の一八八〇〜一九〇〇年を経済発展の「離陸（take off）」期と位置付けています。また重工業として産業資本が自立できた昭和初期の一九三〇年代を経済発展の「成熟」期と位置付けています。イギリスに遅れること約六〇年、日本の資本主義は工業化に成功し、産業資本中心の時代に入ったのです。それが、日中・太平洋戦争という長い茨の道を踏むことになった一五年戦争が始まる時代と重なり合っているのは、決して偶然ではないと思います。日本の産業資本が形成されたのも、イギリスと同じように農村に大量の労働力が沈殿していたからです。小作農民・自作農民の二、三、四男・貧しい自作農民・嫁入り前の若い女性などが農村から都会へ労働力として大移動を起こしたのです。『窮乏の農村』（猪俣津南雄）、『女工哀史』（細井和喜蔵）の言葉が生まれました。産業資本が求める安くて若い労働力の市場が開かれ、買うことができたのです。戦後の高度成長は、さらにそのテンポを速め、産業資本が労働力を吸収して行きました。中学校を卒業したばかりの少年少女たちは「金の卵」と呼ばれ、関東や関西の工業地帯へ労働力として買われて行きました。こうして、農村から都市へ、中小都市から大都市へ、地方から中央へ労働力の大移動が起きたのです。その結果が、農業者労働人口の急激な減少であり、現在では就業人口の五パーセントを切ってしまいました。二ちゃん農業ではなく一ちゃん農業になってしまいました。そして、労働者サラリーマンが労働人口の九〇パーセント以上を占める「サラリーマンの時代」「会社員の時代」になったのです。中央・大都市の過密と地方・農村の過疎が深刻な問題として半世紀も続いています。これは、労働市場が中央と大都市に偏っている結果です。労働市場の偏在が過密過疎の社会問題の根底にありました社会問題です。産業資本、商業資本、金融資本などあらゆる資本が、中央と大都市に集積集中した結果が引き起こす。

さて、一九六二（昭和三七）年三月下旬、私が中学三年生を卒業して高校に入学する真際、岩手県盛岡駅で集団就職する少年少女たちを乗せて、東京の上野駅に向かう蒸気機関車が発車しようとしていました。私たちは戦後の第一次ベビーブーム世代で、中学は学年一一クラス、一クラス五二〜三人で一学年だけで約五七〇人がいました。その一割以上が就職組でしたから、約六〇〜七〇人は中学卒業と同時に就職したことになります。地元の定時制高校に通学しながら働く者や地元企業へ就職する者もありましたから、集団就職した者は三〇人くらいではなかったでしょうか。市内各中学から集団就職する者が一斉に集まりましたから二〇〇人は越えていたように思います。列車の中も混雑していましたが、プラットホームはごったがえすような人の群れでした。すべて東京を中心とした関東方面に就職する者たちです。紙テープが飛び交い、紙吹雪が舞い、頑張れのエールが高らかに叫ばれ、その中を少年少女たちは笑顔を浮かべて駅を離れて行きました。この年が最後の集団就職列車ということで、セレモニーも華やかだったかもしれません。卒業後、クラス会で集団就職した同級生の一人に三、四度会いましたが、屈託のない笑顔が印象的でした。そして、なんだか安心しました。就職した少年少女たちは、ほとんど貧困家庭の子どもたちでした。親が普通高校へ進学する資金の工面が付かないから子どもの就職を望んだのです。そして、向学心のある者は自分が稼いだ金で定時制高校に行きました。ただ貧困か貧困でないか、貧乏か貧乏でないか、それが一五歳の春に始まる人生の岐路を分けたことになります。ただそれだけのことでした。こうして地方から中央へ、中小都市から大都市へ、若すぎる「金の卵」という名の労働力の移動と吸収がなされたのです。まさに六〇年代の高度経済成長を象徴するような出来事でした。

ところで、労働力商品の労働市場が社会の隅々まで深く広く捕らえるようになると、労働生産物はほとんどすべて産業資本が生産する商品に転化されます。大資本であろうと中小資本であろうと、産業資本が生産手段も消費手段もすべて商品として生産するようになります。労働市場が支配的に形成されたことが、商品市場を支配的に形成させるのです。こうして「商品で商品をつくる」社会が全面的に開花することによって、商品が支配する世界、貨幣が支配する社会、そして資本が支配する社会が形成されたのです。それは、すべて労働力の商品化と貨幣化から始まったのです。このことを『資本論』は次のように表現しています。

資本主義時代を特徴づけるものは、労働力が労働者自身にとって彼のもっている商品という形態をとっており、したがって彼の労働が賃労働という形態をとっているということである。他方、この瞬間からはじめて労働生産物の商品形態が一般化されるのである。（1の1-223）

第五章　時間泥棒の方法

労働日の延長によって生産される剰余価値を私は絶対的剰余価値と呼ぶ。これにたいして、必要労働時間の短縮とそれに対応する労働日の両成分の大きさの割合の変化とから生ずる剰余価値を私は相対的剰余価値と呼ぶ。（１の１‐４１５）

資本家（企業家）が労働者の労働時間のうち賃金部分に相当する必要労働時間を越える剰余労働時間を泥棒することによって、利潤（剰余価値）生みだされることは、前の章で述べました。言い換えれば、利潤（剰余価値）は資本家（企業家）が労働者から時間泥棒することによって生まれるのでした。

その時間泥棒の方法には二つあります。一つは、『資本論』が絶対的剰余価値の生産と呼んでいる絶対的方法、もう一つは、同じく『資本論』が相対的剰余価値の生産と呼んでいる相対的方法です。前者は、労働者の必要労働時間を越える剰余労働時間をできるだけ長くするように労働時間そのものを引き伸ばす外延的方法です。後者は、労働時間を外延的に伸ばすのではなく、労働時間の一定の枠内で必要労働時間を削減することによって剰余労働時間を伸ばす内包的な方法です。前者では、あらんかぎりの長時間労働が資本家（企業家）の欲望になり、労働者にも労働時間が延長されたことが見えますから、直接的な方法と言えます。後者は、労働者の労働時間に変化はなく、必要労働時間と剰余労働時間の割合が変わっただけですから、労働者には労働時間の変化が目に見えませんので、間接的な方法と言えます。

この絶対的と相対的な方法の区分には、労働生産力の進歩という要因が根本的に関係しています。絶対的方法は労働生産力の進歩がなく一定とした場合の資本家(企業家)の時間泥棒の方法です。したがって利潤(剰余価値)を大きくするためには、労働時間を引き延ばして剰余労働時間を長くする他に方法がありません。これに対して、相対的方法は労働生産力の進歩によって労働時間は一定の枠内にあっても相対的に必要労働時間を減少させ、剰余労働時間の割合を増やす方法です。したがって、労働生産力の進歩は資本家(企業家)を動かす内的本性と言えます。この絶対的方法ついて、『資本論』は図式化して次のように述べています。

われわれは、線分a——bが必要労働時間の持続または長さ、すなわち六時間を表わすものと仮定しよう。労働がabを越えて一時間、三時間、六時間などというように延長されれば、それにしたがって次のような三つの違った線分が得られる。

労働日　Ⅰ　a——b—c
労働日　Ⅱ　a——b——c
労働日　Ⅲ　a——b——c

この三つの線分は、それぞれ七時間、八時間、一二時間から成る三つの違った労働日を表わしている。延長線bcは剰余労働の長さを表わしている。(1の1－300〜301)

同様に相対的方法について、次のように述べています。

> 今度は、一つの労働日の大きさが与えられており、その必要労働と剰余労働とへの分割が与えられているものと仮定しよう。線分acは、すなわち　a————————b——cは一つの一二時間労働日を表わしており、部分abは一〇時間の必要労働を、部分bcは二時間の剰余労働を表わしているとしよう。そこで、どうすれば、acをこれ以上延長することなし、またacのこれ以上の延長にかかわりなしに、剰余価値の生産をふやすことができるだろうか。言い換えれば、剰余労働を延長することができるであろうか？
>
> 労働日acの限界はあたえられているにもかかわらず、bcは、その終点c、すなわち同時に労働日acの終点でもあるcを越えて延長されることによらなくてもその始点bが反対にaのほうにずらされることによって、延長されうるように見える。かりに、a——————b'-b——cのなかのb'—bはbcの半分すなわち一労働時間に等しいとしよう。いま一二時間労働日acのなかで点bがb'にずらされれば、この労働日は相変わらず一二時間でしかないのに、bcは延長されてb'cになり、剰余労働は半分だけふえて二時間から三時間になる。しかし、このように剰余労働はbcからb'cに二時間から三時間に延長されるということは、明らかに、同時に、必要労働がabからab'に、一〇時間から九時間に短縮されなければ不可能である。剰余労働の延長には、必要労働の短縮が対応することになる。すなわち、これまでは労働者が事実上自分自身のために費やしてきた労働時間の一部分が資本家のための労働時間に転化することになる。変わるのは、労働日の長さではなく、必要労働と剰余労働への労働日の分割である。（1の1－411～412）

絶対的方法は資本家（企業家）の古典的な時間泥棒の方法です。相対的方法は時間泥棒の現代的方法です。資本主義が発展するにしたがって、資本家（企業家）の時間泥棒の方法は古典的方法から現代的方法へ移行する傾向にありますが、古典的方法が消滅したわけではありません。五～一〇年の短いスパンで見れば労働生産力には変化がなく一定していますから、資本家（企業家）は剰余価値（利潤）を大きくするために労働時間の延長を労働者に求めます。したがって、古典的方法も現代的方法なのです。また、相対的方法の上に古典的方法がかぶさることも、特に景気が良い時とか特別利潤が見込める時とかは普通に起こります。しかし、三〇～五〇年の長いスパンで考えれば、労働生産力の進歩は資本主義に負わされた十字架ですから、相対的方法が主流になって行きます。

『資本論』が書かれた時代のイギリスは、一日一〇時間労働の時代でした。一週六日間働いて六〇時間の労働でした。その一〇時間労働も法執行されたのは、一八四八年でした。それまでは一三時間労働が工場法の認める一日の労働時間でした。その時の少年と婦人の労働時間は、「最初は一二時間の労働、のちには一〇時間の労働」でした。したがって、一日八時間、一週四八時間の労働は、労働者にとって大きな夢であり、大きな目標でした。一八六六年のジュネーヴで開催された「国際労働者大会」（第一インターナショナルの大会）は、「われわれは八労働時間を労働日の法定限度として提案する。」を採択しています。これと同じような内容の決議を『資本論』は紹介しています。

われわれダンカークの労働者は次のことを宣言する。現在の制度のもとで要求される労働時間はあまりにも長すぎ、労働者のために休息や進歩のための時間を少しも残さず、むしろ、奴隷制度よりもわずかばかりましな隷属状態（"a condition servitude but little better than slavery"）に労働者を抑えつけるものである。それゆえ、一労働日は八時間で十分であり、また、法律によって十分と認められなければならないということ、われわれは、強力な槓桿である新聞に援助を求め、……そして、この援助を拒むすべてのものを労働の改革と労働者の権利との敵とみなすということが決議されるのである。〈一八六六年、ニューヨーク州ダンカークにおける労働者の決議〉（1の1-396）

また、『資本論』はこうも述べています。

イギリスの綿工業の最盛期、一八五九年と一八六〇年とには、何人かの工場主は、超過時間にたいする高い労賃という餌で、成年男子紡績工などに労働日の延長を承諾させようとした。手紡工や自動機見張工は、自分たちの雇い主にあてた覚え書によってこの実験をやめさせたが、そこにはなかんずく次のように述べられている。「率直に言って、われわれの生活はわれわれに重荷なのである。そして、われわれが他の労働者たちよりも週にほとんど二日」（二〇時間）「も長く工場に縛りつけられているかぎり、われわれは自分たちをこの国の奴隷にも等しいものと感じ、また、われわれ自身とわれわれの子孫とを肉体的にも精神的にも毒するような制度を永久化するものと心にやましく思うのである。……それゆえ、われわれは、新年からは、一時間半の法定の中休み時間の控除を含めて六時から六時まで、週に六〇時間よりも長くは一分間も労働しないであろうことを、ここに謹告する。」〈『工場監督官報告書』一八六〇年四月三〇日、三〇ページ〉（1の1-387～388）

現在はどうでしょうか。一日八時間労働は達成されました。労働基準法でも厳守項目になっています。中小企業では土曜日も平日勤務で一週四八時間になっているところも多いですが、労働者サラリーマンの半分は、週休二日制、一週四〇時間の労働時間になっています。一九九二（平成四）年に国家公務員の完全週休二日制が実施されてから、まだ二〇年しか経過していません。その前までは土曜日は「半ドン」と言われ半日勤務でしたから、一週四三・五時間の労働時間になっていました。『資本論』時代の労働者からは想像を絶するような進歩です。嘗て労働者の大きな夢であり、目標であった労働時間の短縮が実現したのです。この面からも「資本主義は変わった」と言えるかもしれません。

さて、『資本論』の時代に話を戻しますと、一日一三時間労働というと、朝の五時半から晩の八時半までが法定の労働日になります。この一五時間のうち午前に朝食のため三〇分、昼食のため一時間、夕食のために三〇分の休憩時間を合計すると二時間になりますので、一三時間労働になります。これを八時半の出勤に置換えて、昼食に一時間、夕食に一時間の休憩を取ることとしますと、晩の一一時半まで働かなければならないことになります。これを日曜日の休み以外、毎日一年を通して働くのですから、いかに過酷な労働条件か想像できると思います。これでは、家庭は帰って寝るだけの場所にしか過ぎません。「家庭の憩い」もなければ、「教養を育む」こともできません。「遊び」はせいぜい安酒を飲むのが精一杯です。日曜は疲れが溜まった身体を休めるだけで、家族と出かけたり、子どもと遊んだり、日曜大工をする気力もないでしょう。

私も一カ月半ですが殺人的残業の経験があります。一九七〇（昭和四五）年四月に市役所職員に採用されて、最初に配属されたのが選挙管理委員会でした。ここに一九七六（昭和五一）年三月までの六年間、勤めました。その間、衆参の国政選挙、知事・県議の県政選挙、市長・市議の市政選挙、市条例の直接請求審査、農業委員選挙、財産区議員選挙などあらゆる選挙を地方自治体の職員として経験しました。特に大変だったのは、国政選挙と地方選挙でした。一カ月の残業時間は一〇〇時間以上、時には一二〇

〜一三〇時間に及びます。もちろんその間、日曜の休日は返上です。たいてい晩の一〇時まで残業し、帰宅するのは一一時近くになります。時には一二時を回り、午前に入ることもありました。一度だけですが、投票日の前日の夜、不在者投票の最終確認をするため各投票区二冊づつの選挙人名簿に確認印を押す作業が必要で、そのために一二時を回ってしまいました。当時の選挙係長から女性のアルバイト職員を二人残して作業していたのですが、女性アルバイト職員を早く返すように怒られました。私も血気盛んな年頃ですから、それに反発して言い合いになりましたが、ほどなく作業は終了し帰宅させることができました。もちろんバスは走っていませんから、タクシーチケットをもたせて帰ってもらいました。今振り返りますと、選挙係長の言い分が正しかったと思います。理由の如何を問わず、女性の深夜労働は労働基準法違反だからです。それはともかくとして、自宅へ帰っても風呂に入りビールを飲み寝るだけの生活が、選挙の度に一カ月半続きました。それでも、選挙期間が終われば、比較的ゆとりのある平常業務に戻りますから、疲れが溜まることはありません。しかも、残業時間には二五パーセントの割増賃金が付きますから、残業代だけで月給を越えてしまいます。たしかに激しくきつい労働でしたが、金銭的には保障されていました。

『資本論』時代の一三時間労働は、私が経験した残業の最大値を越えて、一年中、死ぬまで生涯に亘って続くのですから、想像を越えるものです。しかも通常の労働時間が一三時間ですから時間外労働の割増賃金はありません。割増賃金なしに一四、一五時間労働も当たり前だった時代です。このような長時間労働が労働者に何をもたらすかについて、『資本論』は次のように書きます。

一二時間を越える労働日の延長は労働者の家庭的および私的生活の横領的侵害であり、また、一

人の男の家庭生活を妨害し、息子、兄弟、夫、父としての彼の家族義務の遂行を妨害することによって、有害な道徳的結果を招くものである。一二時間を越える労働は、労働者の健康を破壊する傾向があり、早老や若死にを招き、したがってまた労働者家族が家長からの世話や扶助をそれがもっとも必要な時期に奪い取られる（"are deprived"）という不幸を招くものである。〈一八六一年の『アイルランド製パン業調査委員会報告書』〉（1の1－329）

それが一〇時間労働に短縮されたのですから、労働者の喜びはひとしおだったと思います。例えば、朝の八時半の出勤とすると、昼食の一時間の休憩を除いても七時半には仕事は終了することになります。家庭に帰っても、家族団らんの時間が取れます

元来、一三時間労働が一〇時間労働へ転換できたのは、公権力の法律的力でした。それを背後から支えたのは労働監督官の報告書であり、告発でしたが、根本にあったのは国家が個別資本の要求を抑えても総資本の意志を貫いたことでした。若死や過労死に見られる平均寿命の減少、身長や体重の減少に現われる身体の一般的虚弱化、病気や怪我の多発と期間の長期化、道徳と家庭の荒廃、無気力と無知の蔓延、必要な栄養を補給する食事の不足、工場と住居の狭隘化と換気の悪さ、なかでもそれらは少年と婦人に顕著に現われました。それは、『資本論』が書く次のような悲惨な状況でした。

州治安判事ブロートン氏は、一八六〇年一月一四日にノッティンガム市の公会堂で催されたある集会の議長として、市の住民のうちレース製造に従事する部分では、他の文明社会には例がないほどの苦悩と窮乏とが支配的であると、明言した。……朝の二時、三時、四時ごろに九歳から一〇歳

の子どもたちが彼らのきたないベッドから引き離されて、ただ露命をつなぐだけのために夜の一〇時、一一時、一二時まで労働を強制され、その間に彼らの手足はやせ衰え、身体はしなび、顔つきは鈍くなり、彼らの人間性はまったく石のような無感覚状態に硬化して、見るも無残なありさまである。われわれは、マレット氏やその他の工場主があらゆる論議にたいして抗議するために現われたことに驚きはしない。……この制度は、モタギュー・ヴァルピ師が述べたように、無制限な奴隷状態の制度、社会的にも肉体的にも道徳的にも知的にもどの点でも奴隷状態の制度である。……男子の労働時間を一日一八時間に制限することを請願するために公の集会を催すような都市があるというのは、いったいどういうことであろうか！……われわれはヴァージニアやカロライナの農場主を批難する。だがしかし、彼らの黒人市場は、そこにどんな鞭の恐怖や人肉売買があろうとも、ヴェールやカラーが資本家の利益のために製造されるために行なわれるこの緩慢な人間屠殺に比べて、それ以上にひどいものなのだろうか？〈ロンドン『デーリー・テレグラフ』一八六〇年一月一七日〉（１の１－317～318）

こうした状況では、労働者の労働力は再生産できずに枯渇することを意味し、労働力の再生産が循環して行かないことを意味します。労働者の労働力の再生産があって、始めて資本の再生産が可能になり、利潤（剰余価値）の再生産も可能になります。したがって、労働力が枯渇して再生産が不能になれば、資本の死であり、イギリスの「文明社会」の凋落であり、イギリス国家の土台の崩壊に繋がります。だから、イギリス国家は総資本の意志として一〇時間法を個別資本の反対を押し切って実施したのです。だ一三時間法にイギリスは国家として総資本として存続の危機を感じたのです。

現在も過労死は続いています。過剰労働による自殺が後を絶ちません。新聞やテレビで何度取上げられても、過労死は止まりません。日本は「過労死の国」と言えるかもしれません。その分岐点は、月の残業時間が一〇〇時間を越えるところにあるように思います。こうした厳しい残業時間が数カ月続けば過労死の確率は格段に高まります。もちろん本人の性格、職場の人間関係、労働組合の不在などの要素はありますが、物理的肉体的要素としての異常な労働時間が主たる原因であることは否定できません。ですから過労死を少なくするためには、最低限として月の残業時間を削減するところから取組むことが必要です。次に引用する『資本論』の文章に書かれている婦人服製造女工メアリ・アン・ウォークリ二〇歳の過労死は、今から一世紀半前のイギリスのロンドンの出来事ですが、今日現在も他人事ではないのです。

一八六三年六月の最後の週に、ロンドンのすべての日刊新聞は、「単なる過度労働からの死亡」("Death from simple Overwork")という「センセーショナル」な見出しの記事を載せた。それは、ある非常に名声の高い宮廷用婦人服製造所に雇われていて、エリズというやさしい名の婦人に搾取されていた二〇歳の婦人服製造女工メアリ・アン・ウォークリの死亡に関するものだった。何度も語られた古い話が今また新たに発見されたのであって、これらの娘たちは平均一六時間半、だが社交季節にはしばしば三〇時間絶え間なく労働し、彼女たちの「労働力」がきかなくなると時おりシェリー酒やポートワインやコーヒーを与えられて活動を続けさせられるというのである。そしてそれはちょうど社交季節の盛りのことだった。新しく輸入された皇太子妃のもとで催される誓忠舞踊会のための貴婦人用衣装を一瞬のうちにつくりあげるという魔術が必要だった。メアリ・アン・ウォークリは、ほかの六〇人の娘たちといっしょに、必要な空気容積の三分の一も与えないような一室に三〇人ずつはいって、二六時間半休みなく労働し、夜は、一つの寝室をいくつかの板壁で仕切った息詰まる穴の一つで一つのベッドに二人ずつ寝た。しかも、これは、ロンドンでも良いほうの婦人服製造工場の一つだったのである。メアリ・アン・ウォークリは金曜に病気になり、そして、エリズ夫人の驚いたことには、前もって最後の一着も仕上げをしないで日曜に死んだ。遅ればせに死の床に呼ばれた医師キーズ氏は、「検屍陪審」（"Coroner's Jury"）の前で率直な言葉で次のように証言した。「メアリ・アン・ウォークリは詰め込みすぎた作業室での長い労働時間のために、そして狭すぎる換気の悪い寝室のために、死んだのだ。」

この医師に礼儀作法というものを教えるために、この証言にたいして「検屍陪審」は次のように言明した。

「死亡者は卒中で死んだのであるが、その死が人員過剰な作業場での過度労働などによって早められたのではないかと考えられる理由がある。」

われわれの「白色奴隷は」は、と自由貿易論者コブデン、ブライト両氏の機関紙『モーニングスター』は叫んだ、「われわれ白色奴隷は、墓にはいるまでこき使われ、疲れ果てて声もなく死んで行くのだ。（１の１－３３１～３３２）

過労死のことを考えると、『資本論』は現在も生きていると言うことができます。特に日本に生きているのではないでしょうか。

過剰労働、過度労働は人間の健康破壊、病気の併発に繋がります。『資本論』には次の文章があります。

一八六三年の委員の報告書のなかには次のような証言がある。ノース・スタフォードシャ病院の医長J・T・アーレッジ博士は次のように言っている。

「一つの階級として陶工は、男も女も……肉体的にも精神的にも退化した住民を代表している。彼らは一般に発育不全で体格が悪く、また胸が奇形になっていることも多い。彼らは早くふけて短命である。遅鈍で活気がなく、彼らの体質の虚弱なことは、胃病や肝臓病やリューマチスのような痼疾にかかることでもわかる。しかし、彼らがことにかかりやすいのは胸の病気で、肺炎や肺結核や気管支炎や喘息である。ある型の喘息は彼らに特有なもので、陶工喘息とか陶工肺病という名で知られている。腺や骨やその他の身体部分を冒す瘰瀝は、陶工の三分の二以上の病気である。この地方の住民の退化（degenerescence）がもっとずっとひどくならないのは、ただ、周囲の農村地方からの補充のおかげであり、より健康な種族との結婚のおかげである。」（1の1-320）

肺結核や肺病は、『資本論』時代の代表的な病気です。労咳と呼ばれたように過剰労働と栄養不足と睡眠不足が、この病気の要因でした。一九五〇年代までは日本でも死亡原因の上位を占めていました。私の父も四三歳の壮年時代に肺結核にかかって、一九五二（昭和二七）年から一九五六（昭和三一）年までの四年間、入院生活を送りました。それは、我が家の最大の事件でした。我が家の一番困難な時代でした。その頃、父の仕事は松尾硫黄鉱山（現岩手県八幡平市）の繁栄もあり、出張撮影などで最高に忙しかったと聞きます。寝る間も惜しんで仕事に励みました。身体に自信があった分、過剰労働と睡眠不足をなんとも思わなかったのでしょう。好きな酒は飲んだと思いますが、十分な食事を摂らなかったとも考えられます。とにかく父が倒れたため、我が家の家計は大変なことになりました。自営の写真業の大黒柱を失ったのですから、小学生の姉と兄、そして就学前の私と妹、小さな子ども四人を抱えて、母は途方に暮れました。市役所へ生活保護の申請をして、受給が認められました。比較的豊かな暮らしから最低限の貧乏な暮らしへの転落です。それでも、母は気丈にも二階の部屋を間貸しに出し、子ども相手の「一銭店」を開き、近くに家庭菜園を借り、なんとか家計の足しにしようと工夫しました。そして、奇跡的に父は帰還したのです。肋骨四本を切る大手術でした。助からないだろうと言われていました。父の背中と見ると、左胸の辺りに大きな傷があり、凹んでいます。その傷跡を見ると、よく助かったものだと思います。父が退院してからは、家業も順調に行き、普通の安定した暮らしを取り戻すことができました。退院後の父は、とにかく健康には人一倍注意するようになりました。やはり大病の経験からだと思います。もしあの時父が肺結核で亡くなっていたら、私は高校進学もできず、中学卒の「金の卵」として働いていたように思います。高校へ進学できたのも、大学で学ぶことができたのも、すべて父と母のおかげです。それにしても、生活保護制度で我が家は救われたと思います。もし、この制度がなかったらと思うとぞっとします。これは、戦後の民主主義と社会保障制度の恩恵の賜物です。もちろん『資本論』の時代には社会保障制度はありません。病気や事故で怪我した場合は、労働者になんの保障もなかったのです。家庭の大黒柱を失った労働者の家庭は、浮浪者になるか教会の受救貧民になるかしか生きる術がありませんでした。だから、過剰労働、過度労働は労働者自身の健康破壊である、と同時に労働者の家庭破壊なのです。そして、戦後の日本を始めとする欧米資本主義国の社会保障制度の発展は、「資本主義が変わった」と思わせるものでした。たしかにこの面では、「福祉国家」と呼ぶように「資本主義は変わった」と言えるでしょう。しかし、この社会保障制度も未曾有の国家財政の危機で、曲がり角に立たせられています。『資本論』の時代の資本主義に戻ることはないとは思いますが、危機的状況にあることは否定できません。この点について、労働者サラリーマンや年金生活者や生活保護受給者や「障害者」は十分に政府の政策を注視して行く必要があります。

鉄道事故に関する『資本論』の次の文章は、まったく超過剰労働が引き起した悲劇でした。

ロンドンの大陪審の前に三人の鉄道労働者が、すなわち一人の乗客車掌と一人の機関手と一人の信号手が立っている。ある大きな鉄道事故が数百の乗客をあの世に輸送したのである。鉄道労働者の怠慢が事故の原因なのである。彼らは陪審員の前で口をそろえて次のように言っている。一〇年から一二年前までは自分たちの労働は一日にたった八時間だった。それが最近の五、六年の間に一四時間、一八時間、二〇時間とねじあげられて、そして遊覧列車季節のように旅行好きが特にひどく押し寄せるときには、休みなしに四〇—五〇時間続くことも多い。自分たちも普通の人間であって巨人ではない。ある一定の点で自分たちの労働力はきかなくなる。自分たちは麻痺に襲われる。自分たちの頭は考えることをやめ、目は見ることをやめる。……〈『レノルズ・〈ニューズ〉ペーパー』一八六六年一月（二一日）〉。（1の1－329〜330）

鉄道機関手が一四時間、一八時間、二〇時間、そして繁忙期には休みなしに四〇—五〇時間も働き続けることは、人間の限界を越えており、注意散漫と睡魔から事故が起きることは目に見えています。その結果が数百人の乗客の生命を奪う大惨事になってしまったのです。「自分たちも普通の人間であって巨人ではない。ある一定の点で自分たちの労働力はきかなくなる。自分たちは麻痺に襲われる。自分たちの頭は考えることをやめ、目は見ることをやめる。」という機関手の証言は悲痛です。こうした殺人的スケジュールの労働は、機関手個人の事故責任が問われる、と同時に資本家（企業者）の事故責任も問われるものです。すべて資本家（企業家）の利潤追求の野望が、交通手段として鉄道が最も大事にすべき安全という使用価値を蔑ろにした結果に他なりません。最近の交通事故では、二〇一二（平成二四）年四月二九日に発生した関越自動車道高速バス居眠り運転事故が記憶に新しいです。金沢を出発して東京方面に向かって走っていた深夜バスが、群馬県の藤岡ジャンクション付近で防音壁に衝突して、乗客七人が死亡、乗客乗員三九人が重軽傷を負いました。ツアーバスとしては最大の交通惨事でした。運転手は中国残留孤児の子弟で日本国籍の河野化山と言い、睡眠不足による居眠り運転が原因と考えられています。事故の背景には、ツアーバスのバス運賃を廻る熾烈な値下げ競争や元請・下請・孫下請の複雑に入り組んだ関係がありますが、当日運転手は一万円で雇われた日雇運転手でした。前日も千葉から金沢まで運転し、当日は午前から午後まで仮眠を摂っていますが、眠れなかったようです。ふだんは昼の短距離運転をしていましたが、長距離の深夜バスをしかも初めての道路を、一人で運転するのは初体験でした。走行中の休憩時間には運転席のハンドルにうつ伏せになっていたという乗客の証言もあります。本人も運転すべきでなかったと述べたと言います。『資本論』が引用するような極端な過剰労働ではないですが、自分が経営するバス会社が苦境に立っていたこともあり、昼間の運転とは言えハードスケジュールの運転を休みなく続けて来たことで疲労が蓄積し、仮眠をとっても眠れないままに深夜バスの運転に切り替わったことが、居眠り運転の大惨事に繋がったように思います。運転手の事故責任はもちろん否定すべき何ものもありませんが、元請会社の使用者責任も問われなければなりませんし、ツアーバス資本の過当競争も見逃すことはできないでしょう。

ところで、『資本論』は昼間労働と夜間労働の交替制について、次のように述べています。

一日まる二四時間の労働をわがものにするということこそ、資本主義的生産の内的衝動なのである。しかし、同じ労働力が昼も夜も続けて搾取されるというようなことは、肉体的に不可能なので、この肉体的な障害を克服するためには、昼間食いつくされる労働力と夜間食いつくされる労働力の交替が必要なのである。……この二四時間生産過程は、今日もなお、大ブリテンの現在に至るまで、「自由な」多くの産業部門に、ことにイングランドやウェールズやスコットランドの溶鉱炉や鍛冶工場やその他の金属工場に、制度として存在している。（1の1－335）

この昼間労働と夜間労働の交替制による二四時間フル稼働の生産過程は、昼も夜も労働者の労働力を食いつくすことによって、機器・機械・設備など生産手段の固定的不変資本部分の減価償却費用を回収する回転を速め、生産過程の中断による生産力の落ち込みを防ぎ、生産する商品の価値をできるだけ引き下げるために、資本の内的衝動から生まれたものでした。それは、資本の価値増殖である利潤の極大化という欲望が生んだ労働制度なのです。

戦後、岩手県の釜石製鉄所が一番隆盛を極めた一九五五～六五年の昭和三〇年代、製鉄所は二四時間操業の八時間労働の三交替制で、製鉄所と目と鼻の近さに位置する「のんべえ」横丁は、朝も昼も夜もそして深夜も仕事を終えた労働者で足の踏み場もないほどごった返したと言います。工場も二四時間のフル稼働でしたが、「のんべえ」横丁も二四時間のフル稼働だったのです。それが日曜日もなく年中続きますから、女将さんの忙しさったらなかったのです。七～八年前に「のんべえ」横丁に飲みに行きましたが、店の看板のライトは明るいものの人通りはほとんどなく、店は閑散としていて、高齢の女性が経営するカウンターの居酒屋にしては値段がちょっと高めでした。昔の隆盛を伝える雰囲気がなかったのには、少々寂しい思いをしました。そして、企業城下町として発展して来た都市の転換の難しさを感じました。

ところで、『資本論』は少年の昼夜交替労働について、こんな事例を引いています。

一般に少年を昼夜交替で働かせる方法は、営業の繁忙な時にも事態の平常な時にも、労働日の法外な延長を招く。この延長は、多くの場合、ただ残酷であるだけでなく、まさに信じられないほどのものである。なにかの原因で交替の少年があちこちで欠勤しているということがないとはかぎらない。そういうときには、出勤している少年のうち自分の労働日をすませてしまったものの一人また何人かが不足を補わなければならない。この制度は一般によく知られているので、ある圧延工場の支配人は、交替の少年が欠勤しているときその席はどうして埋めるのか、という私の質問にたいして、それはあなたも私と同じようによく知っているはずだ、と答えて、事態を認めるのに少しもためらわなかったほどである。〈児童労働調査委員会『第四次報告書』ロンドン、一八六五年〉（１の１－３３７）

少年の深夜労働は禁止されているにも関わらず、公然と実施されている事実、そして少年をして昼夜一貫の労働に駆り立てる資本の惨さを感じます。このような昼夜交替労働が少年にも公然と行なわれていたことは、深夜労働を禁止されている婦人にも同様なことが行なわれていたのであり、ましてや成人にとっては当たり前だったことを物語っています。また、『資本論』は夜間労働の健康に及ぼす影響、特に少年少女に及ぼすそれについて、次のような医師の著述を引用しています。

身体の維持と発育とにとっての日光の重要性について、ある医師はなかんずく次のように述べている。「光はまた身体の組織に直接に作用して、これに抵抗力と弾力とを与える。動物の筋肉は、標準量の光を与えずにおくと、海綿質になって弾力がなくなり、神経力は刺激の欠乏のためにその緊張力を失い、そして発育中のものはすべて成熟を妨げられる。……子供の場合には、絶えず豊かな日光にあたっていること、また一日のある部分では太陽の直射光線にあたっていることが、健康上どうしても必要である。光は、食物を良好な成形的血液にすることを助け、また繊維が形成されてからはそれを強くする。光はまた視覚器官にも刺激として作用し、これを通じていろいろな脳機能のいっそう盛んな活動を呼び起こす。」この文句はウースター「総合病院」の医長W・ストレンジ氏の「健康」についての著述（一八六四年）から借りたものである……。（1の1－336～337）

保育園や幼稚園で子どもの部屋を南向きにつくり、晴れた日には直射日光に浴びさせるために園庭で遊ばせ散歩をさせるのも、日光の肉体的精神的影響の大きさを考えての配慮からです。また小学校や中学校の校舎が採光を考えて建設され、晴れた日の体育の時間は外で行なおうとするのも日光のもつ影響力を考えていることが分かります。『資本論』時代のイギリスの少年少女たちは、早ければ七～八歳から一般的には一〇歳頃から工場や鉱山で労働に従事していましたので、農場で労働する者を除くと直射日光に当たることなく、一〇時間労働が普通でしかも夜間労働に従事する者も多かったですから、日の光を見るのは朝の就業に付く合間だけということになります。身体と精神の成長が一番活発な時期に、このような生活をしていたため、身体虚弱、若死、早老、無気力、無関心、無知が労働者の日常になっていました。現在のイギリスでも日本でも考えられない状況に、少年少女たちは置かれていたのです。これは、資本による児童虐待の何ものでもありません。資本は成人労働者の剰余労働時間・不払労働時間を吸い取って肥え太っただけでなく、少年少女たちの剰余労働時間・不払労働時間を吸い取って肥え太ったと言うことができます。

さて、私にもささやかですが昼夜交替労働の経験があります。中央公民館に一九八七（昭和六二）年に勤務してから七～八年間は昼夜交替勤務がありました。とは言っても、一週間に一度か二度でしたが、午後一時から午後九時までの勤務でした。午後五時から六時までは一応夕食時間に当てられていました。というのは、公民館は午前九時から午後九時まで利用できましたので、職員がローテーションを組んで交替で夜間業務に当たったのです。夜間業務をするのは、原則として非常勤職員と常勤職員の二名でした。一週間に一回程度の夜間勤務でしたし、朝忙しくラッシュアワーの時に出勤することもなかったので、なんの抵抗もありませんでした。これは、恵まれた昼夜交替労働と言うことができます。それでも非常勤職員からは仕事によって朝から晩まで勤務する日も度々ありましたので、不満が出て夜勤専門の二名の非常勤職員に代えることになりました。私も仕事が立て込んだり、誰かが夜勤ができない状況になると、朝から晩まで勤務することがよくありました。昼夜交替労働は、『資本論』が例をあげているように昼夜継続労働に転換する性質をもっています。それでも、深夜を通して昼も夜も勤務することはありませんでしたし、晩の九時には宿直の警備員が館全体を閉めてしまいますので、帰らなければなりませんでしたから、余り抵抗なく仕事をすることができました。ついでに言いますと、公民館は月曜日と祝休日と年末年始だけが休館日でしたから土曜日と日曜日も原則として開館することになります。土曜や日曜は職員は完全週休二日制ですので、休日の調整を土曜と日曜と火曜で行なうことになります。職冠婚葬祭や学校行事で勤務日に当たっていても休まなければならない場合もありますから、勤務日の交替をお願いすることになります。誰も土日は休みたいし、すでにスケジュールが固まっている場合もありますから、この交替要員を見つけることが難しい時がありました。昼夜交替勤務や変則的な休日のローテーションなどは、サービス産業にはつきものですので、きっと経験している方も多いのではないかと思います。

昼夜交替労働は、製鉄所のような製造業やサービス業にかぎりません。航空・船舶・鉄道・バス・トラック・タクシーなどの交通運輸業の労働者サラリーマンも昼夜交替労働をしています。私が現職時代に飲み会の後に帰宅する時によく利用していたタクシー運転手は、夜勤専門の人でした。タクシー運転手は、昼夜継続の二四時間勤務をして二日休み、また二四時間勤務するパターンが一般的でしたので、夜勤専門のタクシー運転手は極めて珍しいということでした。この運転手は直射日光に当たってはいけない持病を抱えているということで、夜勤専門になったと聞きました。体調が良い時は、ほぼ毎日夕方五時から朝五時までの一二時間勤務をするということでした。体調が勝れない時は一週間も休むとも聞きました。大変だなあと本当に同情しました。世の中には直射日光が入らない夜でなければ活動できない人もいるのだと教えられました。とにかく人当たりが良く丁寧で親切且つ料金を少しだけサービスしてくれましたので、飲み会の後のタクシーは相手が遠距離輸送ですぐ来られない場合を除き、この運転手を指名していました。ここ五年ほどは夜の街で飲むこともありませんので、果たして元気で働いているか気になるところです。

次に、資本による労働時間のつまみ食いとサービス残業について述べたいと思います。ここに資本家（企業家）の利潤追求の飽くなき欲望が顕著に表われています。『資本論』時代の労働時間は、やっと一〇時間法が認められた時代でした。そして、休日は原則として週一回、日曜日だけでしたので、一年間の労働日は三一七日になります。今仮に始業時間より二〇分前に仕事を始め、昼食時間を二〇分縮め、終業時間の後も二〇分余計に仕事をすると、一日で六〇分、一時間の労働時間がサービス残業として浮くことになります。これを毎日三一七日間行なうとすると、三一七時間、三一・七日がサービス残業したことになり、資本家（企業家）は労働者にまるまる一カ月間労賃をまったく支払わずにタダ働きさせ、剰余労働時間・不払労働時間を盗むことができるのです。一日の小刻みな労働時間のつまみ食いが、一年という単位で集合すると巨大な利潤を生むのです。まさに「塵も積もれば山となる」のです。これを現代の労働者であるサラリーマンに置換えますと、完全週休二日制ですと年間の労働日は二四〇日になります。終業後に毎日一時間のサービス残業をすると、一年間で二四〇時間のサービス残業になり、一日の労働時間は八時間ですから三〇日間、一カ月まるまるタダで働くことになります。私もサラリーマンとして働いていたころは、一時間未満の残業は申請しませんでした。一時間を越えて一時間半くらいになれば申請したものです。残業手当がちゃんと付く職場の労働者も、一時間未満の残業は申請しないケースが多いのではないでしょうか。一時間未満の残業を几帳面に申請する労働者は煙たがれる職場風土が日本にはあるように思います。資本にとって日本は「サービス残業の天国」と言えるかもしれません。この労働時間のつまみ食いとサービス残業について、『資本論』はこんな風に語っています。

労働日が毎日五分ずつ標準の長さを越えて延長されれば、一年には二1/2生産日になる。〈『工場監督官報告書』一八五六年一〇月三一日、三五ページ〉。……あちこちでほんのわずかな時間をつかみ取ることによって得られる毎日一時間の追加は、一年の一二か月を一三か月にする。〈『工場

監督官報告書』一八五八年四月三〇日、九ページ〉（1の1－313）

一日じゅう少しずつ盗むことの累積（a multiplication of small thefts）によって追加時間が得られる場合には、それを立証することの困難は、監督官にとってほとんど克服しがたいものがある。（『工場監督官報告書』一八五六年一〇月三一日、三五ページ）。……このような労働者の食事時間や休息時間を資本が「少しずつ盗むこと」を、工場監督官たちは、〝petty pilferings of minutes〟（数分間のこそどろ）、〝snatching a few minutes〟（数分間のもぎとり）とも呼び、または、労働者たちが専門用語で呼んでいるように、〝nibbling and cribbling at meal times〟（食事時間のかじり取り）とも呼んでいる。（1の1－315～316）

さて、サービス残業の極限の形がブラック企業です。また、労働者が何時間残業しても残業そのものを認めず、残業手当を支給しない資本もブラック企業です。さらには、月に三〇時間というような制限時間を設けて、それを越えた残業には一切残業手当を支給しない資本もブラック企業です。この範囲までブラック企業の概念を広げれば、日本のかなりの企業がブラック企業に入るのではないでしょうか。特に酷いのが、ファーストフードやレストランや居酒屋に見られる店長や支配人の名前で、管理職扱いにする名ばかり管理職、見なし管理職の問題です。管理職ですから当然残業手当は付きません。わずかばかりの管理職手当で朝から晩まで、時には深夜まで、休日も取れずに働かせられます。こうした管理職の残業手当を正規に計算したならば、きっと月給の二倍乃至は三倍になると思います。一人分の労働が二人分或は三人分の価値になるところが、ブラック企業のブラック企業たるゆえんです。標準労働時間の枠内でも賃金に相当する必要労働時間・支払労働時間を越えて利潤に相当する剰余労働時間・不払労働時間が産出されるにもかかわらず、剰余労働時間を二倍にも三倍にも増やして利潤の極大化を実現しようとするのが、ブラック企業です。まさに資本による「時間泥棒」の最たるものです。それは、ブラック企業の資本蓄積を異常に高め、ブラック企業の急成長を促します。名ばかり管理職や見なし管理職の問題は、例にあげた飲食産業にかぎりません。製造業・サービス業・運輸通信業などあらゆる産業に存在しているのではないでしょうか。だから管理職労働組合が生まれる温床が、日本の企業にはあるのです。ブラック企業はその氷山の一角にすぎないと思います。ブラック企業は、まるで時計の針を一世紀半前の『資本論』時代のイギリス資本主義に戻すようなものです。ここにも『資本論』が今に生きていると言うことができます。ブラック企業は労働者やサラリーマンの労働権と人格権を踏みにじって成長する資本です。このような資本の成長を許してはならないと思います。日本を二一世紀の真っ当な資本主義にするためには、ブラック企業の衰退はあっても、ブラック企業の隆盛はあってはならないのです。

それでは最後に、資本による「時間泥棒」の相対的方法について述べたいと思います。相対的方法は労働生産力の進歩によって標準労働時間の枠内で賃金部分に相当する必要労働時間・支払労働時間を減少させ、利潤部分に相当する剰余労働時間・不払労働時間を増大させる方法でした。このことについて、『資本論』も次のように書いています。

　商品の価値は労働の生産力に反比例する。労働力の価値も、諸商品の価値によって規定されているので、同様である。これに反して、相対的剰余価値は労働の生産力に正比例する。それは、生産力があがればあがり、下がれば下がる。…………それゆえ、商品を安くするために、そして商品を安くすることによって労働者そのものを安くするために、労働の生産力を高くしようとするのは、資本の内的な衝動であり、不断の傾向なのである。（1の1－420）

今、仮に生産手段である不変資本は資本の「価値移転」「価値再現」には関係があっても、利潤の産出である「価値増殖」には関係ないので、話を分かりやすくするために不変資本をすべて捨象して、労働力の価値だけで商品が生産されることとします。そして、今、一個二〇〇円の商品のうちそれぞれ半分ずつ必要労働時間である賃金部分が一〇〇円、剰余労働時間である利潤部分が一〇〇円の価値構成の割合になっている商品を想定して下さい。これが労働生産力の進歩によって一個一〇〇円で商品を生産できるようになりました。商品の価値構成の割合に変化がなく、五〇円が賃金部分、五〇円が利潤部分になります。労働生産力が進歩して、今までの労働時間の半分の力で今までと同じ量の商品を同じ生産額で生産できるようになったのです。労働生産力は二倍になり、一個当りの商品の価値は二分の一になりましたが、総生産額は同じままです。そして、必要労働時間・支払労働時間と剰余労働時間・不払労働時間の価値構成の割合は変わっていませんので、賃金価値にも利潤価値にも変化はありません。ただ相対的に少量の労働力の投入によってより多くの商品を産出できただけです。これでは、資本家（企業家）は何のために生産の技術革新をして労働生産力を向上したのか分からなくなります。そうしますと、労働生産力の進歩とは、賃金部分と利潤部分との価値構成の割合を利潤部分の方に有利に展開できるものでなければなりません。先ほどの商品の例で言えば、五〇対五〇ではなく、四〇対六〇乃至は三〇対七〇になるような生産の技術革新でなければ、資本にとってメリットがありません。また、そういう労働生産力の進歩だけが資本によって採用されることになるのです。言い換えれば、一個二〇〇円の商品が一〇〇円に安くなり、その一〇〇円の価値構成の割合が五〇円と五〇円ではなく、四〇円と六〇円乃至は三〇円と七〇円の割合に転化する生産の技術革新だけが、資本とって意味のある労働生産力の進歩なのです。

しかし、今まで一個五〇円の賃金部分が、労働生産力が二倍になったので二個で一〇〇円が賃金部分に相当しましたが、ただ労働生産力が二倍になるだけでは、二個で八〇円乃至は六〇円に賃金部分を減らすことはできません。そうならないためには、この例で言えば、少なくとも労働生産力は二倍以上に向上する必要があります。そうなのです。賃金相当部分を引き下げずに且つ利潤相当部分を引き上げるには、一定以上の労働生産力の向上が必要となるのです。また、そのような生産の技術革新でなければ、資本は採用しないのです。この資本による「時間泥棒」の方法が、絶対的でなく相対的間接的且つ現代的方法と呼ばれるゆえんです。但し、条件があります。労働生産力の進歩の度合いに応じて消費需要も増大する必要があります。そうでない場合は、資本は労働賃金の引下げか労働者の首切り合理化を求めることになります。労働生産力の進歩が労働者サラリーマンの生活の向上と雇用の確保を破壊する元凶に転化する側面をもっているのです。

そしてまた、資本は「常在戦場」の競争状況に置かれていますから、前の例で言えば二倍の労働生産力の向上でも十分に闘える場合もあります。資本には個別的偏差があります。労働生産力の向上が進んでいる資本と遅れている資本があります。その偏差を相殺するのが、資本の競争です。その結果、一個二〇〇円でもなく一個一〇〇円でもなく、一個一五〇円に落ち着く場合があります。二倍の労働生産力をもつ資本は先行資本として特別利潤を稼ぐことができます。一個一〇〇円で生産できるところを、一個一五〇円で販売できるのですから、先行資本として一個五〇円の特別利潤を稼ぐことができます。そうしますと、この先行資本は賃金部分をそのままにして、しかも標準労働時間を変更せずに利潤部分が二倍に膨張することになります。これもまた、資本による「時間泥棒」の相対的方法の一つです。しかし、資本の競争は止むことはありませんから、商品一個の価値が次第に一三〇円、一二〇円と下がって行きます。価格競争に付いて行けなくなった資本は脱落して行きます。さらに競争が激しくなり、一個一〇〇円になると先行資本の特別利潤は消失して、新たな労働生産力向上の闘いが始まり、同じような事態が進行することになります。それはともかくとして、先行資本としての特別利潤を稼げることが、資本が労働生産力の向上に賭ける動機と魅力になっていることは否定できないでしょう。

さらには、社会の生産手段について労働生産力が進歩することは、当然のことながら社会の消費手段の生産についても労働生産力が進歩することを意味します。そして、労働者の賃金は労働力商品としての再生産費であり、言い換えれば労働者の生活費であり、労働者の個人的消費支出です。消費手段の生産について労働生産力が進歩することは、賃金が一定と仮定すれば、労働者の生活水準の向上、個人的消費支出の増大に繋がります。インフレを想定しなければ、労働生産力の進歩は、労働者に「相対的窮乏化」はともかくとしても「絶対的窮乏化」からの脱出、一九世紀半ばの『資本論』が描いたイギリス労働者の窮乏状況からの脱出を可能にします。それが、一九世紀末から二〇世紀初頭にかけて現われた欧米の資本主義の変化です。八時間労働への労働時間の短縮、労働者の賃金と所得水準の上昇、社会保障の発展、議会制民主主義の成長、初等教育の普及、レジャーの発生など新しい側面が資本主義に生まれてきたのです。『資本論』時代の資本主義と一九世紀末〜二〇世紀初頭のそれが変わったのかどうか、それがドイツ社会民主党のカウツキーとヴェルシュタインとの間で争われた「修正資本主義論争」でした。この問題は当然のことながら一九三〇年代の世界大恐慌と第二次世界大戦によって中断されます。しかし、第二次大戦後に日本や欧米資本主義が経験した大量生産・大量広告・大量販売・大量消費・大量廃棄の時代の到来によって、「資本主義が変わった」ことは明らかになりました。労働者の所得と生活の水準はさらに向上し、完全週休二日制の実施に見られるように、労働時間のさらなる短縮も実現しました。完全雇用が実現し、失業問題が解決されました。議会制民主主義が発展し、社会保障が充実しました。余暇時間、レジャーが社会の注目を集めるだけでなく、現実のものになりました。『資本論』時代のイギリス労働者には想像もできない夢のような社会です。この点から考えれば、たしかに「資本主義は変わった」と言えるでしょう。しかし、一九九〇年代から二〇一〇年代の今日までを「失われた二〇年」と呼ぶように、労働者の賃金と所得水準は低下し続けています。失業率は一向に下がる気配がありません。生活保護受給者も年々増加しています。医療や介護や年金の負担は増え給付は削減されています。富める者と貧しき者の格差は開きつつあります。「一億総中産階級化」は幻想になりつつあります。さらにもう一度、「資本主義は変わった」のではないでしょうか。否、変わりつつあるのではないでしょうか。バラ色に輝いていた戦後の資本主義は失われ、資本主義は苦境に立たされているのではないかと思います。その原因の大きな一つが、労働生産力の進歩が停滞していることにあるのは、間違いないでしょう。ところで、労働者やサラリーマンは、今現在、本当に幸福と感じているのでしょうか。統計によれば、日本人は先進国の中で幸福度が最も低い国だと言います。「発展途上国」の小さなアジアの国ブータンよりずっと日本の幸福度は低いのです。それはなぜなのでしょうか。その原因が「失われた二〇年」にあることは否定できませんが、さらにもう一つの原因を加えるならば、古くから言われていることですが、「日なたと日かげの二重構造への分裂」（長洲一二『日本経済入門』）の問題が背景にあるように思います。陽のあたる少数の大企業と日かげになる多数の中小企業、陽のあたる大企業の少数のサラリーマンと日かげになる中小企業の多数のサラリーマン、日なたの正規労働者と日かげの非正規労働者、日なたの年金生活者と日かげの年金生活者、日なたの「健常者」と日かげの「障害者」、日なたの非生活保護受給者と日かげの生活保護受給者など、こうした社会の二重構造への分裂がサラリーマンや労働者や生活者が共同化する関係を阻害し、『希望格差社会』（山田昌弘）を生み出し、幸福感の醸成を妨げているのではないでしょうか。いずれにしても、この問題については、これから『資本論』に学びながら考えて行きたいと思います。

第六章　工場的分業と社会的分業との相剋

資本主義的生産が実際にはじめて始まるのは、同じ個別資本がかなり多数の労働者を同時に働かせるようになり、したがってその労働過程が規模を拡張して量的にかなり大きい規模で生産物を供給するようになったときのことである。かなり多数の労働者が、同じときに、同じ空間で（または、同じ労働場所で、と言ってもよい）、同じ種類の商品の生産のために、同じ資本家の指揮のもとで働くということは、歴史的にも概念的にも資本主義的生産の出発点をなしている。（1の1－423）

右の『資本論』の文章は、工場的分業がなぜ資本主義の出発点になったのかを述べたものです。まさに資本主義の発展は工場的分業の成長する歴史でした。工場的分業は資本主義の発展を支え、これを促進し、これを成熟させて行ったのです。

それでは、分業とはそもそも何なのでしょうか。

古代ギリシャの軍人で歴史家であり、ソクラテスの弟子であったクセノフォンは、分業について次のように語ったと『資本論』は紹介しています。

クセノフォンは語る、ペルシャ王の食卓から食物を受けるのは、名誉であるだけでなく、この食物はほかの食物よりずっとうまい、と。「そして、これは何も驚くほどのことではない、というのは、大きな都市ではほかの技芸が特別に改良されているように、王の食物もまったく独特に調製されているからである。じっさい、小さな都市では寝台も扉も犁も机も同じ人間がつくり、しかもその上彼はしばしば家まで建てるのであって、こうして自分の生計を維持するだけの客さえあれば、彼は満足なのである。こんなにいろいろなことを一人でやる人がなんでもうまくやるということは、まったく不可能である。ところが、大きな都市では、一人一人に多くの買い手があるので、一人が食ってゆくのに一つの手工業で十分なのである。じつに、そのためには一つの手工業全体が必要でないことさえしばしばで、一人が男靴をつくり、別の一人は女靴をつくるということもある。場合によっては、一人はただ靴を縫うだけで暮らしており、別の一人はそれを裁つだけで暮らしていることもある。ある一人はただ衣服を裁つだけで、別の一人はただ布片を縫い合わせるだけのこともある。ところで、もっとも単一な仕事をする人はまた無条件にそれをもっともうまくやるということは、当然である。料理術でも同じことである。」（クセノフォン『キュロパエディア』、第八部、第二章）。ここではただ使用価値の所期の品質だけに着目している。もっとも、すでにクセノフォンは分業の程度が市場の広さによって定まるということを知っているのである。（1の1－481）

このような独立手工業者の職人としての分業は、現在でも料理、食品加工、箸、陶芸、鋳物、金工、彫金、扇子、和服、染色、和紙、刃物、竹細工、人形などいろいろありますが、それが最も盛んだったのは江戸時代ではなかったのかと思います。江戸時代は武士の時代であり、百姓の時代ですが、同時に独立手工業者の時代、職人の時代でした。例えば浮世絵は、版元があり、この版元の注文で絵師、彫師、摺師の職人が独立手工業者としてそれぞれ働き、完成品を版元に収めて版元が販売するシステムになっていました。喜多川歌麿、葛飾北斎、安藤広重などの浮世絵師は、現在では美術家としてまた芸術家として世界的に高い評価を受けていますが、江戸時代は絵を描く職人＝独立手工業者にすぎなかったのです。また、浮世絵が世界で高い評価を受けたのは、これら絵師たちの感性と技法と斬新さによるものであることは間違いありませんが、彫師と摺師の高い職人技があってつくられたことを見落してはならないのです。こうした浮世絵も明治に入り、写真という新しい技術が導入され、活版印刷が進むにつれて、急速に廃れて行きました。今では江戸時代と同じような浮世絵は再現できないと言われています。それは、絵師はいますが、江戸時代のような高い技術をもった彫師や摺師を見いだすことができないからです。

また、江戸時代の刀剣でも同じようなことが言えます。研師を兼ねた刀剣商が注文を受けて、それをまず刀鍛冶師に頼み、それから研師、鞘師、塗師、鍔師、紐師、金具師などいろいろな職人の手を経て一本の刀が完成し、刀剣商に収められることになっていました。職人はすべて独立手工業者で、そのあいだを結び付けているのは刀剣商だけです。江戸時代の刀は新刀と呼ばれ、鎌倉・室町時代の刀は古刀と呼ばれます。一般的に新刀よりも古刀の方の評価が高くなっています。それは鉄砲伝来以前において刀が武士にとって唯一の武器であり、まさに生死の分かれ目が刀の良し悪しにかかっていたからであり、しかも合戦が多かったので実戦に役立つものでなければならなかったからです。そうした刀にたいする武士の真剣な要求が数多くの名刀を生む温床になったのです。これに比して、鉄砲伝来以後の新刀は合戦の武器の主役は鉄砲に移ってしまい、刀は脇役に回ってしまいました。しかも江戸時代二六〇年は島原の乱を除けば、合戦のない平和な時代でした。刀が実戦のためではなく武士の地位の象徴になってしまったのです。刀剣に実戦的な高い質を求める温床は廃れたため、古刀よりも新刀は名刀が少なくなりました。敗戦後の現代刀でも新刀の段階まではつくれますが、古刀の名刀のようなものはなかなかつくれないと言われています。

浮世絵は絵師のみ、刀剣は刀鍛冶師のみは名前が残っていますが、他の職人の名前は容易に分かりません。一つの完成品も沢山の職人の恊働によって始めて生みだされたことを、得てして私たちは忘れている場合が多いと思います。多くの職人の影の努力を抜きには、名画も名刀も生まれて来ることはできなかったのです。

そして、江戸時代の城下町は、大名と武士の町であるとともに、町人の町すなわち商人と職人の町でした。クセノフォンが語るように、人口が密集し、ある程度大きな市場を城下町は有していたことが、浮世絵や刀剣に代表されるようなあらゆる職種の独立手工業者としての職人の分業を発展させたのです。城下町は職人の町でもあったのです。

さて、一九六〇（昭和三五）年頃までは、私が住んでいる城下町盛岡にもまだ江戸の香りと仕事と文化が残っていました。私は市の中心部から少し外れた商店街に育ちましたが、回りはすべて独立手工業者か独立商人か、またはこの混合形態が営む店舗でした。私の実家の写真屋を中心にして言うと、左手には薬屋、洋服屋、団子屋、文房具屋、豆腐屋、義足義手屋、少し離れて風呂屋があり、右手から角を曲がって行くと床屋、菓子屋、下駄屋、毛糸屋、蕎麦屋、桶屋、本屋などがあり、その向かいには郵便局、電器屋、魚屋、自転車屋がありました。また角を曲がって右手に進むと八百屋、寿司屋、御茶屋、洋服屋、魚屋、朝鮮料理屋、薬屋、肉屋、床屋などがありました。数人の労働者を雇う店もありましたが、そのほとんどは家族経営の独立手工業者と独立商人でした。魚屋、八百屋、蕎麦屋、豆腐屋、下駄屋、桶屋、風呂屋などは、江戸時代からあった商売です。その意味では江戸の香りが残り、江戸の仕事と文化がまだ残っていた時代でした。こうした職人と商人の商店街も日本の高度経済成長とともに技術革新が進み生活様式が変化するにつれて、一つ抜け二つ抜けしてほとんどが消えて行きました。現在残っているのは団子屋、床屋、そして近くに移転した自転車屋、魚屋、郵便局だけです。一軒の魚屋はその後スーパーへ転換し店舗数も拡大して成長していましたが、数年前に大型スーパーに吸収合併されて、今は実家から少し離れたところにある本店の店舗のみを残すだけとなってしまいました。また、朝鮮料理屋は発展して近くに移転すると同時に大きな朝鮮料理のレストランに変貌しました。商店街そのものは他の店が入り残っていますが、商店街の中身も外観もまったく変わってしまいました。半世紀で街の風景は一変したのです。なかでも大きな変化は、通り裏に広がっていた水田がすべて埋め立てられて住宅地になったこと、たばこ工場が郊外へ移転して県立の大病院ができたこと、コンビニができたこと、街角に接していた道路が歩道付四車線の幹線道路に変わったことです。この商店街の地域は、私の少年時代は新興住宅地であり、小学校・中学校・高校・大学が集まる文教地区であり、専売公社たばこ工場、キャラメル工場、鉄器工場、マッチ工場などが周辺に位置する準工業地区でした。これら周辺地域の商業環境の良さ、すなわち一定規模の市場の広さをもっていたことが、この地区の商店街が繁栄し、職人や商人の分業が発展する条件であったと言うことができます。

さて、分業について語る場合、アダム・スミスに言及しないわけにはいきません。アメリカ独立宣言が発布されたのと同じ年、一七七六年に彼の『国富論』がイギリスで発刊され、この本の第一編第一章は「分業について」から始まっています。それは、ピン作りマニュファクチャーを例に取ったもので、次のように書かれています。

そこで、ここに一例として、とるにたりない小さな製造業であるけれど、その分業がしばしば世人の注目を集めたピン作りの仕事をとってみよう。この仕事（分業によってそれはひとつの独立の職業となった）のための教育を受けておらず、またそこで使用されている機械類（その発明をひきおこしたのも、同じくこの分業であろう）の使用法にも通じていない職人は、せいいっぱい働いても、一日に一本のピンを作ることもできなかろうし、二〇本を作ることなど、まずありえないであろう。ところが、現在、この仕事が行なわれている仕方をみると、作業全体が一つの特殊な職業であるばかりでなく、多くの部門に分割されていて、その大部分も同じように特殊な職業なのである。ある者は針金を引き伸ばし、次の者はそれをまっすぐにし、三人目がこれを切り、四人目がそれをとがらせ、五人目は頭部をつけるためにその先端をみがく。頭部を作るのにも、二つか三つの別々の作業が必要で、それをとりつけるのも特別な仕事であるし、ピンを白く光らせるのも、また別の仕事である。ピンを紙に包むのさえ、それだけで一つの職業なのである。ピン作りという重要な仕事は、約一八の別々の作業に分割されていて、ある仕事場では、そうした作業がすべて別々の人手によって行なわれる。もっとも、他の仕事場ではそれらの二つか三つを、同一人が行なうこともある。私はこの種の小さな仕事場を見たことがあるが、そこではわずか十人が仕事に従事しているだけで、したがって、そのうちの幾人かは、二つか三つの別の作業をかねていた。かれらはたいへん貧しくて、必要な機械類も不十分にしか用意されていなかった。それでも精出して働けば、一日に一二ポンドのピンを全員で作ることができた。一ポンドのピンといえば、中型の物で四千本以上になる。してみると、これら十人は、一日に四万八千本以上のピンを自分たちで製造できたわけである。つまり各人は、四万八千本のピンの十分の一を作るとして、一人あたり一日四八〇〇本のピンを作るものとみなしてさしつかえない。だが、もしかれら全員それぞれ別々に働き、またたれも、この特別な仕事のための訓練を受けていなかったならば、かれらは一人あたり一日に二〇本のピンどころか、一本のピンさえも作ることはできなかったであろう。いいかえるとかれらは、さまざまな作業の適切な分割と結合によって現在達成できる量の二四〇分の一はおろか、その四八〇〇分の一さえも、まず作りえなかったであろう。〈大河内一男監訳『国富論Ⅰ』〉

アダム・スミスの郷里には釘マニュファクチャーがあり、少年のスミスはここを訪ねることを好んだと言われています。その少年時代の原体験が元になり、もっと細かな分業の例としてピンマニュファクチャーが取り上げられたと考えられています。

こうしたマニュファクチャーを『資本論』は、製品が**「相互に関連のある一連の諸過程や諸操作によってその完成姿態を与えられる」**（１の１‐４４９）ことから有機的マニュファクチャーと呼んでいます。その例として、縫針、製紙、活字、ガラス瓶などのマニュファクチャーをあげています。これに対して馬車マニュファクチャーのように製品が**「独立の部分生産物の単に機械的な組み立てによってつくられる」**（１の１‐４４９）ものを異種的マニュファクチャーと呼んでいます。この例として『資本論』があげているのは、ジュネーヴやロンドンの時計マニュファクチャーでした。そして、この異種的マニュファクチャーと有機的マニュファクチャーをマニュファクチャーの二つの基本形態と規定しています。この他に、私は多量で同質な労働対象を一つの指揮の下に同じ空間で同じ時間に多人数の労働者が処理する協業的マニュファクチャーがあるのではないかと考えています。

ところで、マニュファクチャーが誕生する前は、部分的か全体的かの違いはありますが、製品は独立手工業者の完成品でした。異種的マニュファクチャーは、いろいろな独立手工業者を一つの資本の指揮下に置き、労働者を同じ工場という空間で同じ時間に労働させることによって、部分的製品を組合せ全体的製品に完成させたものに他なりません。この例として、『資本論』は馬車マニュファクチャーについて次のように書きます。

たとえば一台の馬車は、車工、馬具工、指物工、錠前工、真鍮工、ろくろ工、レース工、ガラス工、画工、塗工、メッキ工など多数の独立手工業者の労働の総生産物であった。馬車マニュファクチュァは、これらのいろいろな手工業者をすべて一つの作業場に集め、そこで彼らは互いに助け合いながら同時に労働する。馬車にメッキすることは、たしかに、馬車がつくられてからでなければできない。しかし、たくさんの馬車が同時につくられるならば、あるものが生産過程の前のほうの段階を通っている間に、いつでも他のどれかがメッキされているということが可能である。そのかぎりでは、まだわれわれは、有り合わせの人と物とを材料とする単純な協業を脱していない。（1の1－441～442）

先に述べた江戸時代の浮世絵や刀剣の例で言えば、版元や刀剣商が工房を構えて、独立手工業＝職人を集め、彼らの指揮の下に同じ空間で同じ時間に働かせ、完成品である浮世絵や刀剣をつくるということになります。その方が労働生産力も進歩し、製品の値段を下げることができます。なぜそうしなかったのでしょうか。やはり、版元や刀剣商が職人を抱え込み、労働者として働かせる定常的需要がなかったということではないでしょうか。彫師や摺師にしても浮世絵だけでは食べて行かれませんから、依頼があれば草紙もの、漢籍、富くじなどの札類、瓦版などなんでも製作しなければなりません。また、研師にしても新作の刀剣を研ぐだけでは食べられませんから、旧作の刀剣を研ぐことによって生業は成立しています。これら職人を版元や刀剣商が資本家になって労働者として抱え込むことは、仕事があってもなくても賃金を支払わなければなりませんから、定常的な仕事が望めない状況では、それは資本家の危険負担になります。だから、版元や刀剣が独立手工業者＝職人のネットワークをつくり、浮世絵や刀剣は製作されたと考えることができます。

他方、有機的マニュファクチャーは部分的完成品ではなく、ピンや釘のような全体的完成品をつくっていた独立手工業者の生産工程を分解し分割し、それを結合することによって全体的完成品をつくりだして行くところにあります。同じ資本の指揮の下に多数の労働者が同じ空間で同じ時間に、まさにスミスが言うように「さまざまな作業の適切な分割と結合によって」有機的マニュファクチャーは成立すると言えます。この例として、『資本論』は次のように書きます。

ニュルンベルクの同職組合的製針業者は、イギリスの製針マニュファクチュアの基本要素になっている。しかし、ニュルンベルグの製針業者は、おそらく二〇種にのぼる一連の諸作業を一人で次々にやっていたのであるが、イギリスのマニュファクチュアでは、まもなく、二〇人の製針工が相並んでそれぞれ二〇種の作業のうちの一つだけを行ない、これらの作業は経験に従ってもっとずっと細分化され分立化されて、各個の労働者の専有機能として独立化されたのである。（1の1－443）

その結果は何百何千倍の労働生産力の進歩であり、製品価格の劇的な低下です。それによって、新しい需要が開拓され、マニュファクチャーが定着し、独立手工業者は没落して行きます。これはマニュファクチャーの影響ではありませんが、機械制大工業の発展によって、私の実家の回りにあった独立手工業の豆腐屋、菓子屋、洋服屋、毛糸屋、クリーニング屋、下駄屋、桶屋、風呂屋などが消えて行きました。

機械制大工業は異種的マニュファクチャーと有機的マニュファクチャーを機械という革命的労働手段で統合したようなものではないかと思います。その典型が、電化製品やカメラやパソコンや自動車の生産ラインではないでしょうか。各部品をラインの流れ作業で順々に組み立てて行き完成品をつくって行きます。一面から見れば、数々の部品の組み立てによる異種的結合ですが、他面から見れば、ラインの流れ作業で段階的に部品の組み立てをする有機的結合と言うことができます。そして、機械によって生産された部品を労働手段としての機械を使いながら完成品の機械を生産するところが、機械制大工業がマニュファクチャーと本質的に違う点です。まさに「機械による機械の生産」そのものです。

ところで、オフィスの労働は、異種的マニュファクチャーと協業的マニュファクチャーの混合のようなものではないでしょうか。先にも述べたように、私は一九七〇（昭和四五）年に市役所職員として採用され、選挙管理委員会（選管）に配属されました。六年間在籍しましたので、選管のほとんどの仕事に携わることができました。選管では平常時と選挙時の事務分掌が決まっています。平常時の私の担当は選挙人名簿の作成と「明るく正しい選挙」（現「明るい選挙」）の啓発事務でした。日常の主な仕事は、選挙人名簿の登載抹消するデータの元になる選挙人名簿カードの作成と除去でした。市民登録課で住民から受け付けた転入・転居・転出・死亡・氏名変更などのカーボンコピーのデータを元に、カードに住所・氏名・生年月日・異動年月日など必要なデータを黒色インクのペンで記入します。また、年一回の定時登録のときには、その準備のため市民登録課に出向いて全世帯の住民票を閲覧して一九歳と二〇歳の住民をピックアップして、カード作成をします。事務局の職員は事務局長（課長級）一人、係長一人、係員五人の七人でした。庶務係員の女性一人を除き、この選挙人名簿関係の事務は私を含め四人の係員で行なっていました。この点では共通の仕事をしていたことになります。大きな眼で見れば、協業的マニュファクチャーの中で仕事をしていたことになります。選挙時の担当は、平常時の選挙啓発事務の担当に加えて、選挙候補者ポスター掲示板の設置、投開票所の設営資材の調達などが主な仕事でした。各係員も全選挙人名簿の作成、投票用紙の受理・配送、不在者投票の事務、投票所入場券の作成、選挙公報の受理・作成・配送、立会演説会の開催（当時は制度としてありました）、公設演説会の届出受理、投開票管理者などにたいする説明会、選挙運動の法律的相談など、市長・市議会議員選挙では立候補受付事務も加わります。そして投開票日当日は、全員が投票開始前から出勤し、開票が終わる夜中まで仕事をしました。このように、選挙時の選管の仕事は、典型的な異種的マニュファクチャーと言うことができます。その後異動した国民健康保険課の給付係や賦課係でも、レセプトチェックや国保税の課税事務は協業的マニュファクチャーの仕事でしたし、受付や交通事故などの第三者行為による保険給付分の請求事務は異種的マニュファクチャーの仕事でした。中央公民館の事業第二係（後に学芸係と改称）が担当した文化財や図書室の仕事は、各々一人ずつ分担が決まっていて同時進行形で同じ仕事をすることはなかったので、異種的マニュファクチャーの中で仕事をしていたことになります。住民基本台帳と戸籍のデータが電算化された今日では、手書きで選挙人名簿カードや投票所入場券を作成することなど一昔も二昔も前のように感じられます。しかし、係という小集団の仕事は、一人ひとりにパソコンが配置された現在でも、異種的マニュファクチャーと協業的マニュファクチャーの混合形態であることに変わりはないように思います。そして、何よりも係長を小集団リーダーとするチームワークとコミュニケーションが大事なことは、昔も今も変わらないのではないでしょうか。

ところで、日本のマニュファクチャーはいつから始まったのでしょうか。日本の歴史区分に従うとすれば、中世末期から近世初期ではないでしょうか。スペイン、ポルトガル、オランダとの交易が盛んだった時代です。ヨーロッパの異国の文化がどっと入って来た進取な「開国」の時代です。この時代に近世の城がほとんど造られています。城郭ラッシュの時代です。城は巨大なマニュファクチャーの生産物ではないでしょうか。同じ大名（大資本家と見ることもできます）の指揮の下に多数の労働者（武士や職人や百姓）が同じ空間で同じ時間（二年乃至は三年、或は四年乃至は五年）に、機械を使わず道具と手作業で城郭や城下町を建設するという点で、これは巨大なマニュファクチャーだと思います。

さて、江戸時代に発展した本来のマニュファクチャーは、金・銀・銅・鉛などの鉱山でした。これを金鉱山に例をとってその大まかな工程を説明しますと、坑道の掘削、鉱石の採掘、地下水の排水、鉱石の搬出、不用土砂の搬出、鉱石の粉砕、水桶の中で揺り板や筵を使った金の選鉱、砂金や粒金の集積ということになります。機械をまったく使わないでする金鉱石の採掘は、鑿と金槌を主な道具として使う重労働でした。また、選鉱過程も金そのもの含有量が少ないですし、立ち仕事でしかも水仕事の長時間労働ですから、冬などは大変な労働だったと思います。金鉱石の採掘から砂金・粒金の集積までの工程は、すべて分業で行なわれ、一つの有機的マニュファクチャーになっていました。また各部分労働の量に対応してどの労働に幾人の労働者を配置すれば、最も効率よく全体の作業が進むか、経験則から割り出して行きました。最も多かったのは、選鉱過程の労働者ではなかったかと思います。それはまさに『資本論』が、次のように書く通りでした。

とはいえ、いろいろな作業は、等しくない長さの時間を必要とし、したがって等しい時間に等しくない量の部分生産物を供給する。だから、もし同じ労働者は毎日毎日いつでもただ同じ作業だけを行なうものとすれば、いろいろな作業にいろいろに違った比例数の労働者が充用されなければならない。たとえば、ある活字マニュファクチュアで鋳工一人では一時間に二〇〇〇個の活字を鋳造し、分切工一人では四〇〇〇個を分切し、磨き工一人では八〇〇〇個を磨くとすれば、このマニュファクチュアでは磨き工一人について鋳工四人と分切工二人が充用されなければならない。ここでは同種の作業する多人数の同時就業という最も単純な形態の協業の原則が再現する。といっても、今度は一つの有機的な関係の表現としてであるが。だから、マニュファクチュア的分業は、ただ社会的全体労働者の質的に違う諸器官を単純化し多様化するだけでなく、またこれら諸器官の量的な規模の、すなわちそれぞれの特殊機能を行なう労働者の相対数または労働者群の相対的大きさの、数学的割合をもつくりだすのである。マニュファクチュア的分業は、社会的労働過程の質的な編制とともにその量的な規準と均衡をも発展させるのである。（1の1－454）

この金は鉱山から城下町などの都市へ運ばれ、金粉や金箔や金像や金装飾品などに用いられるとともに、一両小判や一分金などの鋳造貨幣の原料として用いられました。この貨幣製造過程は一分銀や鉄の一文銭を含め、まさに有機的マニュファクチャーでした。また、造船も小型船は一人親方の独立手工業者が製作しておりましたが、五百石や千石の大型船は造船マニュファクチャーで製作していました。江戸時代の船舶については厳しい制限があり、船は木造であること、千石以上の船は造ってならないこと、マストは一本の帆掛けにすることが決められていました。この制限が解かれたのは、言うまでもなく幕末の開国以後のことです。また、酒造りもマニュファクチャーで行なわれていました。今でもそうですが、酒造りは新米が出た後に集中的に労働力を投入して冬期間に行ないます。それは農村の百姓たちの出稼ぎ労働に支えられていました。その生産過程はまさにマニュファクチャーそのものでした。武家屋敷や町家や寺社の建築は独立手工業者＝職人の労働を統合したマニュファクチャーによって造られました。現在の一般住宅の建築も、設計図、建築材料、建築規準、建築機械など現代的になっていますが、独立手工業者＝職人の「適切な分割と結合」から構成されるマニュファクチャー的仕事であることに変わりがありません。綿織機は江戸時代の中期から関西地方でマニュファクチャーによって造られていたようです。また、幕末の開国以後、欧米列強の生糸需要が急速に高まり、関東地方で生糸がマニュファクチャーで生産されたと言われます。しかし、織機は昔どおり単独の労働者が手と足を使う手動のものですし、糸を紡ぐのも単純な道具を使った手作業です。一つの作業場に紡ぎ手と織り手を集合させて作業する、どちらかと言えば異種的なマニュファクチャーだったと思います。作業の「適切な分割と結合」から生まれる有機的マニュファクチャーとはどうも違うようです。それでも協業がもつ労働にたいする集中度、競争精神の発揮、生産手段の節約などのメリットがあったから、このマニュファクチャーは誕生したのではないでしょうか。綿糸や綿織物、生糸や絹織物は、元々農村の副業として発展して来たものでした。綿糸については明治維新後に外国から輸入された製品との競争に敗れ、農村の副業としては消えて行きましたが、生糸については戦後まで農村の副業として桑畑を作り、蚕を飼い、繭玉を作る仕事が営まれていました。

さて、江戸時代に起ったマニュファクチャーで最大規模のものと言えば、幕末開国後の一八五七（安政四）年に、南部藩の洋学者大島高任が岩手県釜石市橋野に造った洋式高炉の製鉄マニュファクチャーでしょう。鉄鉱石精錬による銑鉄の大量生産は日本で初めてのことでした。その最初の出銑の日、一二月一日が「鉄の記念日」になっています。大橋鉱山での鉄鉱石の採掘と選鉱、橋野における精錬と出銑、栗林や佐比内における一文銭の鋳造や釜石における大砲の製造と、鉱業と製鉄業と製造業が一貫したネットワークを形成する鉄コンビナートであり、巨大なマニュファクチャーでした。二〇〇〇人余の労働者が働いていたと言われます。まさに日本の産業革命の始まりです。しかも製鉄所は西洋技術を応用していますが、材料はすべて石と粘土と木だけでつくられており、機械は使われていないのです。

ヨーロッパのマニュファクチャーが発達したのは、スペインやポルトガルやオランダを中心に一六世紀の大航海時代に世界市場と植民地が拡大してからです。『資本論』も次のように語ります。

社会のなかでの分業のための豊富な材料をマニュファクチュア時代に供給するものは世界市場の拡大と植民制度であって、これはマニュファクチュア時代の一般的存在条件に属するものである。（１の１－４６４）

イギリスのマニュファクチャーは、少年スミスが注目した一八世紀後期から一九世紀前期までかけてゆっくり進みました。そして、一八三〇年代の怒濤のような産業革命が始まります。『資本論』が書かれたのは一九世紀半ばであり、産業革命が社会の隅々まで浸透し、産業資本の中枢を機械制大工業が支配していた時代でした。そうした機械制大工業を推進する資本家とそうした体制の下で働く工業労働者との関係を基軸に、『資本論』は資本主義を分析したのです。したがって、ある面において、『資本論』は産業革命の産物であり、機械制大工業の産物と見ることができるでしょう。これに比すれば、スミスの『国富論』はマニュファクチャー時代の産物と言うことができると思います。そして、コンピューター革命が進んだとは言え、機械制大工業が産業資本の中枢を支配している点は、現代も『資本論』の時代も本質的に変わっていません。そこに『資本論』の現代性があると考えています。それに対し、日本のマニュファクチャーはこれまで見て来たように、開国後の幕末を除けば部分的な生産様式であったと思います。江戸時代の支配的生産様式は、やはり独立手工業者が主役であり、職人の仕事であり、農村の副業でした。江戸時代にマニュファクチャーが十分に発展しなかったのは、封建制社会の限界であり、「鎖国」の影響だったと考えられます。そんな状況下に明治維新後、解き放たれたように西洋の進んだ技術、西洋の進んだ生産様式の機械制大工業が入ってくるのです。イギリスのようにマニュファクチャーが十分に開花したところに自立的に産業革命と機械制大工業が接木され飛躍したのではなく、独立手工業が支配する世界に、外の西洋からしかも上から明治新政府が推進力になって産業革命と機械制大工業が導入されたのです。そのことが、日本資本主義の独特な近代化と工業化を生みだすことになったのではないでしょうか。半世紀、否、一世紀遅れで出発した日本の資本主義が西洋に追い付いたのは、一九三〇年代の昭和初期でした。明治維新から六〇年余を要したことになります。この時期に労働人口に占める農業人口が五〇パーセントを割り、非農業人口が初めて五〇パーセントを越えたのです。そして、その時期に、日中・太平洋年戦争が始まったのも決して歴史の偶然ではないように思います。

さて、『資本論』は、スミスの『国富論』と違って分業の問題を分業から始めていません。協業から始めています。マニュファクチャーは、これまで見て来たように分業そのものですが、同時に協業です。機械制大工業でも分業は同時に協業でした。オフィスのマニュファクチャーも、分業であると同時に協業です。それはいずれも、労働力と労働手段の「適切な分割と結合」によって成立しています。社会的協業はさておいて、作業所の中で分業のみが成立しているのは一人親方の独立手工業者＝職人だけです。

その独立手工業者も家族従業員や徒弟や労働者を使うようになると、協業の要素が入って来ます。

協業について身近な例を引きますと、防災訓練のバケツリレー、建築工事の煉瓦・瓦運びリレー、一九五〇年代までの日本の工事現場で行なわれていた「よいとまけ」労働、オフィスでの書類綴りリレー（今のコピー機は書類綴りを選択すると自動的に書類綴りの処理がされます）、一人では運べない荷物も四人、五人集まれば運ぶことができます。「三人寄れば文殊の知恵」と言われるように、一人ではなかなか解けない問題も、三人集まっていろいろ話し合っているうちに解決することもあります。ロシアの民話「大きなかぶ」は、協業の典型的な昔話です。おじいさんが植えたかぶはおじいさんが願ったように、甘く大きなかぶに育ちました。そこでおじいさんは抜こうとしますが、抜けません。そこでおばあさんを頼み二人で抜こうとしますが、抜けません。そこで、さらに孫娘、犬、猫、最後にネズミまで頼んで、みんな一斉に「うんこらしょ！　どっこいしょ！」と掛け声を合わせると、やっと大きなかぶが抜けるという話です。これはどんな大きなものであっても一致協力すれば負かすことができるという教訓であることはもちろんですが、人間だけでなくペットである犬も猫も、さらには人間に害を及ぼすネズミさえも必要な存在だというヒューマニティーの深さを教えています。さらに加えるならば、かぶに象徴される農産物が豊作であるようにという農民の切実な願いと祈り、そして、収穫時には一家総出の労働力でも足りない、それこそ猫の手も借りたいほど忙しい状況を表わしています。

この農産物の収穫時の忙しさは、西洋の小麦でも日本の米でも同じです。収穫の適時を逃すと、農産物は不良品が多くなり、収穫量が減少します。だから、一気呵成に多くの労働力を投入して収穫する必要がありました。現在は日本の稲作もコンバインが導入され、家族の労働力だけで稲刈り・脱穀ができるようになりました。田植機やコンバインが導入される前の一九五〇年代までの日本の稲作は手作業でしたから、田植えと稲刈りは一家総出、親戚総出の作業でした。この時期は、農村部の小学校や中学校は特別休暇に入りました。また、一人暮らしや老夫婦や病気を煩っている者がいる世帯では、村の相互扶助組織「ゆい」が活用され、村民が手伝いに行きました。こうした収穫時における一気呵成の多くの労働力投入は、桃・さくらんぼ・なし・みかん・ぶどう・リンゴ・柿などの果実の収穫にも言えます。

漁業にも漁獲期があります。機械が導入される一九五〇年代までの日本では、魚を捕るために船や網を使いながら手作業で行なわれていました。イカ・さんま・はたはた・さけ・にしんなどの漁獲期には、一気に短期間、多量の労働力が投入されなくてはなりませんでした。河川を遡上するさけの群れを捕獲する漁法では、現在でも漁業協同組合の協業による方法が行なわれています。この漁業における協業が最も発揮されたのは、一九五五（昭和三〇）年まで盛んだった北海道のにしん漁でしょう。一九〇〇年代前期の明治末期から大正期の最盛期には、北海道・サハリン沖を中心に一〇〇万トン近くの漁獲高があり、北海道ではにしん漁で財を成した漁師による「にしん御殿」が建ち並ぶほどでした。私は、以前、江差で「にしん御殿」の中村家住宅を見学したことがあります。また、歌謡曲にも唱われていますが、「ヤン衆」と呼ばれる出稼ぎ労働者が、漁獲期の二月中旬を目指して岩手・秋田・山形などからたくさん北海道に渡って行きました。まさににしん漁は、「宝の山」だったわけです。しかし、一九五五年以降、日本国内での水揚量は一〇〇トンにまで激減して、ロシアやカナダからの輸入品が大半を占めるようになりました。現在も、にしん漁は回復の兆しを見せていません。にしん漁の黄金時代は、昔の夢物語になってしまいました。

他に、協業には、作業空間や光熱費など生産手段を節約する効用があります。また「個々人の競争心を刺激して活力を緊張させる」側面があります。

協業のメリットについて、『資本論』は次のように書いています。

個々別々のいくつもの労働日の総計と、それと同じ大きさの一つの結合労働日とを比べれば、後者はより大量の使用価値を生産し、したがって一定の有効効果の生産のために必要な労働時間を減少させる。与えられた場合に結合労働日がこの高められた生産力を受け取るのは、それが労働の機械的潜勢力を高めるからであろうと，労働の空間的作用範囲を拡大するからであろうと、生産規模に比べて空間的生産場面を狭めるからであろうと、決定的瞬間に多くの労働をわずかな時間に流動させるからであろうと、個々人の競争心を刺激して活力を緊張させるからであろうと、多くの人々の同種の作業に連続性と多面性とを押印するからであろうと、いろいろな作業を同時に行なうからであろうと、生産手段を共同使用によって節約するからであろうと、個々人の労働に社会的平均労働の性格を与えるからであろうと、どんな事情のもとでも、結合労働日の独自な生産力は、労働の社会的生産力または社会的労働の生産力なのである。この生産力は協業そのものから生ずる。他人との計画的な協働のなかでは、労働者は彼の個体的な限界を抜け出て彼の種族能力を発揮するのである。（1の1－432）

いずれどんな理由があるにせよ、協業は資本が一銭の負担をしなくも労働生産力を向上させるものであり、資本の相対的剰余価値すなわち利潤の生産を高める原初的な方法です。『資本論』が言うように、「結合労働日の独自な生産力は、労働の社会的生産力または社会的労働の生産力なのである。この生産力は協業そのものから生ずる。他人との計画的な協働のなかでは、労働者は彼の個体的な限界を抜け出て彼の種族能力を発揮する」ものなのです。

さて、分業や協業には、労働生産力を進歩させ資本の生産力を増加するプラスの側面ばかりでなく、生産労働者の労働を部分化し細分化して、人間のもつ能力と可能性を退化させるとともに労働の意味と意欲を減退させるというマイナスの側面をもっています。このことについて、『資本論』はこう言います。

彼らの生来の特殊性が基礎となってその上に分業が接木されるとすれば、ひとたび導入されたマニュファクチュアは、生来ただ一面的な特殊機能にしか役だたないような労働力を発達させる。いまでは全体労働者がすべての生産的属性を同じ程度の巧妙さでそなえており、それらを同時に最も経済的に支出する。というのは、全体労働者は、特殊な労働者または労働者群に個別化されている彼のすべての器官をただそれぞれの独自な機能だけに用いるからである。部分労働者の一面性が、そしてその不完全性さえもが、全体労働者の手足としては彼の完全性になるのである。ある一つの一面的な機能を行なうという習慣は、彼を自然的に確実にこの機能を行なう器官に転化させるのであり、他方、全体機構の関連は、機械の一部分のような規則正しさで作用することを彼に強制するのである。（1の1－458）

異種的マニュファクチャーや短期間の協業的マニュファクチャーでは人間労働の部分化や細分化の影響は余りありませんが、有機的マニュファクチャーではもろに人間労働の分割化や細分化の問題が出て来ます。馬車や時計などの異種的マニュファクチャーは、独立手工業者が集合しただけのものですから、たしかに全体から見れば部分品の生産ですが、その部分品が職人仕事の完成された作品であるという点で、独立手工業の延長線にあるものです。これに比して、有機的マニュファクチャーはピンや針や金などの生産過程に見るように、一つの完成品を生産するための労働を分割し部分化し細分化したものですから、単純労働の集積そのものになります。『資本論』は、次のように書きます。

単純な協業はだいたいにおいて個々人の労働様式を変化させないが、マニュファクチュアはそれを根底から変革して、個人的労働力の根源をとらえる。それは労働者をゆがめて一つの奇形物にしてしまう。というのは、もろもろの本能と素質との一世界をなしている人間を抑圧することによって、労働者の細部的技能を温室的に助成するからである。それは、ちょうどラプラタ沿岸諸州で獣から毛皮や脂肪をとるためにそれをまるまる一頭屠殺してしまうようなものである。（1の1‐472）

と述べています。
また、次のような言葉も紹介しています。

一人の人を小分けにするということは、彼が死罪に値すれば死刑に処し、それに値しなければ暗殺する、ということである。労働の小分けは人民の暗殺である。〈D・アーカート『常用語』、ロンドン、一八五五年、一一九ページ〉（1の1‐477）

その結果、『資本論』が次に書くような状況が生まれます。

分業は経済的部面だけでなくそのほかにも社会のあらゆる部面をとらえて、どこでもあのような専門や専業の形成と人間の細分とのための基礎を置くのであって、この人間の細分こそは、すでにA・スミスの師のファーガソンに「われわれは奴隷ばかりの国民になった、われわれのなかに自由な人間はいない」とまで叫ばせたのである。（1の1‐464）

そして、マニュファクチャー的分業について、『資本論』は総括的にこう書きます。

マニュファクチュア的分業は、手工業的活動の分解、労働用具の専門化、部分労働者の形成、一つの全体機構のなかでの彼らの組分けと組合せによって、いくつもの社会的生産過程の質的編制と量的比例性、つまり一定の社会的労働の組織をつくりだし、同時にまた労働の新たな社会的生産力を発展させる。社会的生産過程の独自な資本主義形態としてはーそれは既存の基礎の上では資本主義的形態でしか発展しえなかったのであるがー、マニュファクチュア的分業は、ただ、相対的剰余価値を生みだすための、また資本ー社会的富とか「諸国民の富」とか呼ばれるものーの自己増殖を労働者の犠牲において高めるための、一つの特殊な方法でしかない。それは、労働の社会的生産力を、労働者のためではなく資本家のために、しかも各個の労働者を不具にすることによって、発展させる。それは、一方では歴史的進歩および社会の経済的形成過程における必然的発展契機として現われ、同時に他方では文明化され洗練された搾取の一方法として現われるのである。（1の1‐478）

そして、有機的マニュファクチャーの作業が、さらに一層細分化され部分化され、それを一つの機構に統合するところから機械が誕生したのです。有機的マニュファクチャーは機械誕生の母なのです。また、異種的マニュファクチャーの職人的仕事によって完成された部分品の生産工程を分割し細分化して、一つの機構の統合へ結び付けて、機械は誕生したのです。言い換えれば、マニュファクチャーの発達が機械の誕生を促したのです。『資本論』は言っています。

封筒を製造する近代的マニュフアクチャアでは、一人の労働者はへらで紙を折り、もう一人は糊をつけ、第三の一人は模様が押されるふたの面を折り返し、第四の一人は模様を押すということになっていて、これらの部分作業のそれぞれで一つ一つの封筒が人手を替えなければならなかった。ところが、たった一台の封筒製造機がこれら作業のすべてを一度にやってしまい、一時間で三〇〇〇以上の封筒をつくるのである。一八六二年の産業博覧会に陳列されたアメリカ製の紙袋製造機は、紙を裁ち、糊をつけ、折り目を折って、一分間に三〇〇枚をつくりあげる。マニュファクチュアのなかで分割されて一つの順序をなして行なわれる総過程が、この場合には、いろいろな道具の組合せによって働く一台の作業機によって完了されるのである。（1の1－494）

その結果は、マニュファクチャー労働者の大量の失業でした。そして、その不満と憤怒は機械そのものに向けられ、こうしてイギリス各地に工場の機械を破壊するラダイット運動が広がったのです。言うまでもなく、資本による機械制生産の導入は、先に述べたようなマニュファクチャー生産がつくりだす労働者の苦痛や退化を救い出すために用いられたものではありません。資本が資本間の価格競争に勝ち抜き、市場の占有率を拡大して、資本の相対的剰余価値すなわち利潤を増殖するために機械は導入されます。それは現代の資本による技術革新でも同じことが言えます。そして、機械制生産では新たな負担と緊張が労働者に課せられるのです。マニュファクチャーでは、なんだかんだ言ってもまだ労働の主体は労働者であり、労働手段の道具は客体でしたが、機械制生産の労働の主体は人間ではなく、労働手段の機械になるのです。人間は機械の補助者になるか、逆に機械に使われる客体になってしまうのです。これが、マニュファクチャー生産と機械制生産との本質的に違うところです。長時間の緊張を強いられる見張り監視労働やラインのスピードに人間の側が適応しなければならない密度の濃い労働が要求されるようになるのです。一九三六年のアメリカ映画、チャップリンの『モダン・タイムス（Modern Times）』は、そんな流れ作業の機械制生産と歯磨き機の機械制生活に翻弄される人間の在り方を風刺したものです。その点を考えると、この映画は現代そのものを写した『モダン・タイムス』とも見ることができます。

さて、これまでは、分業と言ってもヨコの分業、水平分業について述べて来ました。分業には、同時に他の側面、タテの分業、垂直分業があります。社会的労働が大規模になればなるほど、水平分業を統合する垂直分業が重要になって来ます。垂直分業とは、簡単に言えば組織の官僚制、ビューロクラシー（bureaucracy）のことであり、組織の階層的秩序のことです。この組織の階層的秩序は、社会的集団が大きいか小さいか、構成員の結び付きが強いか弱いか、官庁や軍隊のように公的なものか、それとも会社のように私的なものか、法定的なものか任意的なものかを問わず、あらゆる社会的集団に発生するものであり、必要なものです。小は高校のクラブや地域の町内会から、大は政府機関やグローバル企業や国際連合まで、組織は階層的秩序によって成立していると言って過言ではないでしょう。ヨコにばらばらに広がっている社会的集団に目標を設定し集団としての力を発揮させるためには、タテの階層的秩序が必要なのです。これは、生産様式の時代区分を越えた社会的集団の原理です。
原始共産制社会でも、もちろん古代奴隷制社会、中世封建制社会、近代資本制社会でも、そして未来の無階級社会においても、この組織の階層的秩序は必要です。ただ、古代、中世、近代の階級社会では、この秩序が抑圧的且つ支配的に働くのに比し、原始時代や未来の無階級社会では、自由意志的指導的に働くところが根本的に違いです。したがって、社会的労働の階層的秩序は、同じ階級社会と言っても、古代から中世へ、中世から近代へ生産様式が発展するにしたがって、抑圧的支配的な側面が薄められ、次第に自由意志的指導的側面が濃くなって行きます。その近代の成果を全面的に開花させたのが、未来の無階級社会と言えるのではないでしょうか。言い換えれば、社会的集団の階層秩序は抑圧と自由の二面性をもっているということです。このことについて、『資本論』は次のように述べます。

資本家の指揮は内容から見れば二重的であって、それは、指揮される生産過程そのものが一面では生産物の生産のための社会的な労働過程であり他面では資本の価値増殖過程であるという二重性によるのであるが、この指揮はまた形態から見れば専制的である。いっそう大規模な協業の発展につれて、この専制はその特有な諸形態を展開する。資本家は、彼の資本が本来の資本主義的生産の開始のためにどうしても必要な最小限度に達したとき、まず手の労働から解放されるのであるが、今度は、彼は、個々の労働者や労働者群そのものを絶えず直接に監督する機能を再び一つの特別な種類の賃金労働者に譲り渡す。一つの軍隊が士官や下士官を必要とするように、同じ資本の指揮のもとで協働する一つの労働者集団は、労働過程で資本の名によって指揮する産業士官（支配人、managers）や産業下士官（職工長、foremen,overlookers,contore-maitres）を必要とする。監督という労働が彼らの専有の機能に固定する。………資本家は、産業の指揮者だから資本家なのではなく、彼は、資本家だから産業の司令官になるのである。産業における最高司令が資本の属性になるのは、封建時代に戦争や裁判における最高司令が土地所有の属性だったと同じことである。（1の1－435～436）

すなわち、社会的労働の階層的秩序を軍隊組織に例えて、資本が大規模に発展すれば、最高司令官の資本家の下に資本家の役割を分担する産業士官や産業下士官が必要になってくると述べています。そして、資本家が直接ではなく産業士官や産業下士官が直接に産業兵士＝賃金労働者を管理指導する役割を担うようになります。一人のトップと少数のミドルと多数のボトムで構成されるピラミッド組織、すなわち官僚制が生まれます。これは、工場だけの組織に限りません。私が働いていた市役所のオフィスでも、係員↓係長↓課長↓部長↓副市長↓市長と言うような官僚的秩序が形成されていました。政令指定都市のような大きな市役所になると、部局制を取り部長と副市長の間に局長が置かれます。また、どこの市役所もサブリーダーとして課長補佐や次長を置いています。そして、なんと言っても大きな区別は、課長以上の管理職とそれ未満の非管理職の違いです。管理職は市役所の幹部職員として、課員の管理指導、人事評価、予算の適切な作成と執行、事業の指導助言と監督、法令遵守の徹底、非常事態の訓練と指揮、議会委員会での答弁など課のリーダーとして特別な仕事をするとともに責任も大きくなります。非労働組合員になり、残業手当がなくなり管理職手当が支給されます。下からは突き上げられ、上からは過大な要求を課せられる中間管理職としての悲哀を味わうことにもなります。

これは、職名にはいろいろ違いがありますが、社会的労働がピラミッド型の官僚組織になっている状況は、企業でも団体でも同じようなものだと思います。そして、パワーハラスメント（power harassment）は、管理職が部下に対してもっている抑圧的支配的側面、すなわち専制的側面が極端に表に出たものであり、管理職にそもそも内在している側面だと考えていいのではないでしょうか。小権力者が弱い者や意に従わない者にふるうイジメであり、嫌がらせの何ものでもありません。こんな上司に黙々と従い、泣き寝入りするのは、男がすたると同時に女がすたるというものです。弁護士や労働組合や労働基準監督署に相談して、上司を異動更迭してもらうことが、問題解決の対処法だと思います。

さて、これまでは主に社会的労働の内部、個別資本の分業について見て来ました。ここでは社会的労働の総体、社会総資本の分業について考えてみたいと思います。『資本論』も次のように述べています。

ある程度の文明に達した諸国民のあいだには三種の分業が現われる。われわれが一般的分業と呼ぶ第一のものは生産者を農業者と工業者と商人に分かれさせるもので、これは国民的労働の三つの主要部分に対応している。第二のものは、特殊的分業と呼んでいいもので、各労働部門のいろいろな種類への分割である。……最後に、第三の分業は、作業分割または本来の意味での分業と呼んでよいものであって、それは、個々の工芸や職業のなかでつくりだされ、……たいていのマニュファクチュアや作業場で行なわれているものである。〈スカルベク『社会的富の理論』八四－八五ページ〉（1の1－461）

すなわち、社会的総資本は三つの大きな産業に分類されます。農林水産業の第一次産業、鉱工業・製造業・建設業・交通運輸業、情報通信業などの第二次産業、そして商業・金融保険業・サービス業などの第三次産業です。資本主義が発展するにつれて第一次産業は次第に縮小して行き、第二次産業が成長拡大して行きます。さらには現代の都市の状況が示すように、第二次産業よりも第三次産業の方が成長言い換えれば、資本主義社会総体の分業は、第一次産業から第二次産業へ、第二次産業から第三次産業へ構造転換を遂げて行くということです。欧米の資本主義に倣って、明治維新後、日本の資本主義もこのような過程を踏みながら産業構造が変革されて来ました。

また、原始時代は狩猟採集社会、古代と中世は農業社会、近代は工業社会、そして現代は脱工業化社会すなわち情報社会と位置づけることも可能です。そして、工業社会以前の農業社会を前近代、工業社会を近代として区別する近代化論も嘗ては盛んでした。それは同時に、資本主義社会になったかどうかで社会の発展段階を差別する社会認識の方法でした。さらには、原始時代と古代を分けた農業革命、中世と近代を分けた工業革命、そして近代と現代を分けるのは情報革命と位置付け、農業革命を第一次産業革命、工業革命を第二次産業革命、情報革命を第三次産業革命と捕らえて、現代をこの第三次産業革命が吹き荒れる『第三の波（The Third Wave）』（アルビン・トフラー）の時代とする見方もあります。そして、『資本論』はこの第二次産業革命の真っただ中に書かれた本ということになります。第二次産業革命が、マルクスをして『資本論』を書かせたとも言うことができます。それでは、『資本論』はまったく古くなって、現代には役立たない本になったのでしょうか。たしかに一世紀半以上前に書かれた本ですから古くなった面はあります。しかし、資本主義が商品と貨幣と資本の三位一体の運動で構成されていることは少しも変わっていませんし、その資本主義がソ連崩壊後ますます世界に猛威を振るう資本主義へ発展している状況を考えると、『資本論』は古くなっておらず、日々新しくなっていると言うことができます。『資本論』は、現代を照射する鏡のような働きをする古典なのではないでしょうか。

そして、『資本論』は次のように述べています。

労働手段は、人間の労働力の発達の測定器であるだけでなく、労働がその中で行なわれる社会的諸関係の表示器でもある。（１の１－２３６）

とすれば、情報革命の主役であるコンピューターは社会の労働生産力の進歩だけでなく、新しい社会的諸関係の世界を準備するものではないでしょうか。資本主義を越えた新しい生産様式の未来社会を誕生させる梃子の働きをするのではないでしょうか。そうでなくては、第三次産業革命などとは言えないように思います。

ところで、個別資本内部の分業は、管理と統制と計画が支配するピラミッド型の階層的秩序が守られているとしても、それを集合した社会総資本の秩序はどのようにして維持されるのでしょうか。社会総資本の世界は、レッセフェール（laissez-faire）の世界、フランス語で「なすに任せよ」の自由放任主義の世界です。すなわち市場における競争だけが、個別資本に権威ある強制力を言わせる世界なのです。このことについて、『資本論』はこう述べています。

資本主義的生産様式の社会では社会的分業の無政府とマニュファクチュア的分業の専制が互いに条件になり合うとすれば、これに反して、それ以前の諸社会形態では諸産業の分化がまず自然発生的に発展し、次いで結晶し、最後に法的に固定されるのであって、このような社会形態は、一方では社会的労働の計画的で権威的な組織の姿を示しながら、他方では作業場のなかでの分業をまった

く排除するか、またはそれをただ矮小な規模でしか発展させないか、または散在的偶然的にしか発展させないのである。（1の1－468）

そして、資本主義社会では、お客が来るかどうか、より多く来るかより少なく来るか、商品は売れているかどうか、より多く売れているかより少なく売れているか、販売額は上昇しているか下降しているか、利潤は拡大傾向にあるのかそれとも縮小傾向にあるのか、これだけを頼りに個別資本は市場の動向をさぐる他に手はないのです。それは、社会的生産の無政府性が支配する社会です。市場価格メカニズムが「神の見えざる手（invisible hand of God）」（アダム・スミス）の如く働く世界です。このことについて、『資本論』はこう述べています。

マニュファクチュア的分業を特徴づけるものはなにか?それは、部分労働者は商品を生産しないということである。何人もの部分労働者の共同の生産物がはじめて商品になるのである。社会のなかでの分業は、いろいろな労働部門の生産物の売買によって媒介されており、マニュファクチュアのなかでのいろいろな部分労働の関連は、いろいろな労働力が同じ資本家に売られて結合労働力として使用されるということによって媒介されている。マニュファクチュア的分業は、一人の資本家の手中での生産手段の集積を前提としており、社会的分業は互いに独立した多数の商品生産者のあいだへの生産手段の分散を前提している。マニュファクチュアでは比例数または比例関係の鉄則が一定の労働者群を一定の機能のもとに包摂するのであるが、これに代わって、いろいろな社会的労働部門のあいだへの商品生産者と彼らの生産手段との配分では偶然と恣意とが複雑に作用する。たしかにいろいろな生産部面は絶えず互いに均衡を保とうとしている。というのは、一方では、商品生産者はそれぞれある一つの使用価値を生産しなければならず、つまりある一つの特殊な社会的欲望を満足させなければならないが、これらの欲望の大きさは量的に違っていて、一つの内的紐帯がいろいろな欲望量を結び合わせて一つの自然発生的な体系にするからであり、他方では、社会が自分を処分しうる労働時間の全体のうちからどれだけをそれぞれの特殊な商品の生産に支出しうるかを、商品の価値法則が決定するからである。しかし、このないろいろな生産部面が互いに均衡に近づこうとする不断の傾向は、ただこの均衡の不断の解消にたいする反作用として働くだけである。作業場のなかでのア・プリオリに（はじめから）計画的に守られる規則が、社会のなかの分業では、ただア・ポステリオリに（あとから）、内的な、無言の、市場価格の晴雨計的変動によって知覚される、商品生産者たちの無規律な恣意を圧倒する自然必然性として、作用するだけである。マニュファクチュァ的分業は、資本家のものである全体機構のただの手足でしかない人々にたいして資本家のもつ無条件的な権威を前提とする。社会的分業は独立の商品生産者たちを互いに対立させ、彼らは、競争という権威のほかには、すなわち彼らの相互の利害関係の圧迫が彼らに加える強制のほかには、どんな権威も認めないのであって、それは、ちょうど、動物界でも万人にたいする万人の戦い（bellum omninum contra omnes）がすべての種の生存条件を多かれ少なかれ維持しているのと同様である。それだからこそ、マニュファクチュア的分業、終世にわたる労働者の細部作業への拘束、資本のもとへの部分労働者の無条件従属を、労働の生産力を賛美するブルジョア的意識が、同様に声高く、社会的生産過程のいっさいの意識的社会的な統御や規制を、個別資本家の不可侵の所有権や自由や自律的「独創性」の侵害として批難するのである。工場制度の熱狂的な弁護者たちが、社会的労働のどんな一般的な組織に向かっても、それは全社会を一つの工場にしてしまうだろう、という以上にひどい呪いの言葉を知らないということは、まことに特徴的なことである。（1の1－465～457）

すなわち、工場的分業の統制と社会的分業の無統制、個別資本の専制的秩序と社会総資本の無政府的秩序、この矛盾と相剋は資本主義社会の支配的原理です。そして、「市場価格の晴雨計的変動」しか社会総資本に秩序を与えるものはないのです。

この市場価格メカニズムによって、資本主義社会は需要が上昇する方面へ資本を増加し、需要が下降する方面の資本を減少させ、社会総資本として必要な労働力と生産手段の資源配分を均衡させようとするのです。それはあくまでも不均衡の否定としての均衡であり、均衡の否定としての不均衡でしかない過程の連続です。成長する産業と成長する企業、衰退する産業と衰退する企業との明暗をつくりながら、自由競争の市場価格メカニズムが進むのです。それはまさに生きるか死ぬかの資本間競争であり、資本と資本との間、資本と労働との間、労働と労働との間で「万人にたいする万人の戦い」（トマス・ホッブス）が繰り広げられることになります。こうした冷酷な哲理のような競争原理によって、資本主義社会は産業構造の変革と再編成を行ない、技術革新による労働生産力の進歩を生み出し、経済の拡大再生産と成長をつくり出して行きます。そして、他方において、資本主義社会は繁栄と恐慌の景気循環を生み、少数の富める者と大多数の富めない者に社会を分断し差別し支配する格差社会をつくって行くのです。これもすべて社会総資本の均衡を「神の見えざる手」に委ねている結果ではないでしょうか。

第七章　資本蓄積の成長性

剰余価値の資本としての充用、また剰余価値の資本への再転化は、資本の蓄積と呼ばれる。（1の2-754）

資本蓄積とは、利潤（剰余価値）を資本の生産過程へ再投下することを言います。その結果は、資本規模の「累進的増大」であり、資本の拡大再生産をもたらします。利潤の資本への再転化を年々歳々繰り返す資本の行為そのものが資本蓄積です。その結果は資本価値の増殖であり、利潤（剰余価値）のさらなる増殖です。それはまた、資本の成長とも言えます。若芽が苗に育ち、その苗が幹や枝や葉を茂らせる若木に成長し、花を咲かせ実を結び、終には大木に成長して行くように、資本が成長することを資本蓄積と言うのです。それは、原則として、資本家が利潤（剰余価値）のうち個人的消費に使う部分を抑制して、できるだけ資本の生産的投資へ再転化する部分を増やすことによって可能になります。その合い言葉について、『資本論』は言います。

蓄積せよ、蓄積せよ！　これがモーゼで、予言者たちなのだ！「勤勉は材料を与え、それを倹約が蓄積する。」だから倹約せよ、倹約せよ！　すなわち、剰余価値または剰余生産物のできるだけ大きな部分を資本に再転化させせよ！　蓄積のための蓄積、生産のための生産、この定式のなかに古典派経

済学はブルジョア時代の歴史的使命を言い表した。（1の2－775）

その資本蓄積を実現するためには、少なくとも二つの社会的な前提条件が必要になります。一つは、市場の存在です。産業資本が生産した商品を売るためには、市場を見いださなければならないし、見いだす必要があります。そうでなければ、産業資本が生産資本を投入して産出した商品を貨幣に転化することができません。また、産業資本が貨幣資本を生産資本に転化させるためには、市場で生産手段と労働力を商品として買うことができなくてはなりません。そうしなければ、労働力商品から産業資本は利潤（剰余価値）を吸収することができないことになります。言い換えれば、産業資本は、生産した商品を売るためにも、生産のために必要な商品を買うためにも、市場が存在することが不可欠な条件になります。それはすなわち、貨幣資本として出発した産業資本が商品資本へ転化し、さらにこの商品資本が生産資本へ転化し、さらにこの生産資本が商品資本へ転化し、最後にこの商品資本が貨幣資本へ転化して、最初の資本形態に戻ることを意味します。この資本の循環がスムースに行くことが、資本蓄積の必須条件です。『資本論』もこう述べています。

蓄積の第一の条件は、資本家が、自分の商品を売ること、また、こうして手に入れた貨幣の大部分を資本に再転化させることをすでに済ませているということである。（1の2－735）

それはまた、産業資本の生産過程と流通過程との統一であり、資本の生産過程がスムースに進むためには資本の流通過程が必要ですし、流通過程がスムースに進むためには生産過程が必要になります。二つの過程の統一が、資本蓄積の前提条件です。したがって、この二つの過程の統一に障害が生じた場合は、資本蓄積の運動は停止することになります。例えば、生産した商品が売れなかったり、必要な労働力を確保することができなかったり、生産手段として使う原料が急騰したり、生産過程の機械が急に動かなくなり修理不能に陥ったりすると、資本の循環はスムースに行かなくなり、資本蓄積の運動はストップします。

もう一つは、第一の市場の存在とも関係するのですが、資本関係の再生産、それも拡大された規模での再生産が資本蓄積の前提条件です。資本関係、すなわち賃労働と資本との関係を拡大された規模で再生産することができることが、蓄積の前提条件になります。『資本論』もこう書きます。

> 資本主義的生産過程は、関連のなかで見るならば、すなわち再生産過程としては、ただ商品だけではなく、ただ剰余価値だけでなく、資本関係そのものを、一方には資本家を、他方には賃金労働者を、生産し再生産するのである。（1の2－753）

いつでも労働力商品としての労働者を市場で見つけ出すことができること、労働力以外に売る商品をもたない労働者が市場に供給されること、このことが蓄積の前提条件です。労働力不足こそ資本にとって恐ろしいものはないのです。資本蓄積の要件である労働力商品を産業資本が市場で見いだすことができないということは、資本蓄積の運動がストップすることを意味します。そして、資本蓄積の搾取源泉である賃金労働者を産業資本はいつでも市場で見いだすことができるように、賃金によってしか生活できない労働者を大量に資本主義社会はつくり出して行きます。この状況を『資本論』は次のように言っています。「資本の蓄積はプロレタリアートの増殖なのである」（1の2－801）と。すなわち賃金労働者という存在そのものが、市場に登場する前から資本に隷属しているのです。それが、資本関係の拡大された規模での再生産の社会的な意味です。まさに賃金労働者は資本家に「見えない糸」で繋がれているのです。このことについて、また『資本論』は次のように述べています。

社会的立場から見れば、労働者階級は、直接的労働過程の外でも、生命のない労働用具と同じに資本の付属物である。労働者階級の個人的消費さえも、ある限界のなかでは、ただ資本の再生産過程の一契機でしかない。併し、この過程は、このような自己意識のある労働用具が逃げてしまわないようにするために、彼らの生産物を絶えず一方の極の彼らから反対極の資本へと遠ざける。個人的消費は、一方では彼ら自身の維持と再生産とが行なわれるようにし、他方では、生活手段をなくしてしまうことによって、彼らが絶えず繰り返し労働市場に現われるようにする。ローマの奴隷は鎖によって、賃金労働者は見えない糸によって、その所有者につながれている。賃金労働者の独立という外観は、個々の雇い主が絶えず替わることによって、また契約という擬制によって、維持されるのである。（1の2－746～7）

ところで、資本蓄積の成長性は、資本蓄積が算術級数的ではなく幾何級数的に増えることを言うのではないかと思います。すなわち1、2、3、4と加法的に増えるのではなく、1、2、4、8というように冪《べき》法的に増えることを意味するのではないでしょうか。銀行の利子を例にすれば単利ではなく、複利で増えることではないでしょうか。今、二億円の資本が資本蓄積率（利潤率）毎年三〇パーセントで増加して行くとすれば、一年目は二・六億円となりますが、二年目は三・三億円、三年目は四・三億円、四年目は五・七億円になります。つまり二年目で一・五倍強、三年目で二倍強、四年目で三倍弱に増加することになります。これほどの急速な資本の成長はありません。まさに『資本論』が次に述べる通りです。

蓄積は、累進的に増大する規模での資本の再生産ということに帰着する。（1の2-757）

そして、資本の急速な増加は、すなわち生産手段と労働力の急速な拡大を呼びます。原料・補助材料・機械設備・工場建物などの生産手段の増大と労働力すなわち残業時間の増加や新規雇用の労働者の拡大、賃金総額の増大を生みだします。そしてそれは、生産者需要と消費者需要の急速な増大を招くことを意味します。言い換えれば、総需要の急速な拡大です。「投資が投資を呼び、消費が消費を呼ぶ」状況の出現です。全般的な景気の上昇であり、経済の高度成長です。このような繁栄の状況は、『資本論』が次に述べるような資本家の狂気を生みます。

クォータリー・レヴューの記者が言うところによれば、「資本は騒乱と闘争を避けるものであり、臆病な性質のものである。これは非常に真実に近いが、しかし完全な真理ではない。自然が空虚を恐れるように、資本は、利潤のないことを、利潤があまりにも小さいことを、恐れる。相当な利潤があれば資本は勇敢になる。一〇％が確実ならば、どこでも資本を使うことができる。二〇％が確実ならば、資本は活発になる。五〇％ならば、積極的になり冒険的になる。一〇〇％では、人間の定めたいっさいの法律を踏みにじる。三〇〇%ならば、どんな犯罪でも、断頭台の危険をかけてでも、資本は避けようとはしない。騒乱と闘争とが利潤をもたらすならば、資本はその両方を激励するであろう。その証拠は、密貿易と奴隷貿易である。」〈J・ダニング『労働組合とストライキ』三五、三六ページ〉（1の2‐992）

しかし、この資本の急速な成長も労働力の壁に突き当たると、賃金の上昇と労働力の不足で資本蓄積の循環がうまく行かなくなります。と同時に、労働者の賃金総額の上昇停止は個人的消費の上昇停止を招き、そこから総需要の上昇停止という結果になります。個人的消費の停滞から景気は反転して降下します。他方において、労働力不足によって資本蓄積の成長性は止まり、労働力の需給が合致する線まで低下して行きます。景気の後退、経済成長の鈍化となり、あまりにも資本蓄積の成長が急速であれば、繁栄は恐慌へ急降下して行きます。さらには、資本蓄積の急速な増大は生産手段と消費手段の生産力の急激な拡大を意味しますから、生産の供給力が消費の需要力をオーバーして進むことになります。景気が良いと資本家は将来にたいして強い期待感をもちますから、資本投下も強気になり、平常の資本蓄積率よりも高い資本投下をする傾向があります。その結果、生産の供給力はさらに拡大します。そして、全般的な生産の供給力の過剰になり、景気は後退局面に入り、恐慌が発生することになります。この労働力にたいする需要過剰と生産力の供給過剰が、景気後退と恐慌の二つの主な要因だと考えられます。それは、消費の需要力と生産の供給力との間に急激なアンバランスが発生したと言うことです。

こうして、資本蓄積の運動は「中位の活況、生産の繁忙、恐慌、沈滞」という資本主義社会に特有な景気循環をつくり出して行きます。『資本論』の時代は、この周期は概ね一〇年でした。「中位の活況、生産の繁忙」期では労働者の賃金が上昇し、失業者（産業予備軍）が解消され、完全雇用も実現されます。労働者の生活水準は上がり、生活必需品を越える贅沢品の消費も可能になります。銀行預金もできるようになります。労働者にとって明るい春のような生活が手に入るのです。この状態について、『資本論』は次のように書きます。

労働者たち自身のますます大きくなり、そしてますます多く追加資本に転化するようになる剰余生産物のうちから、以前より大きな部分が支払手段の形で彼らの手に還流してくるので、彼らは自分たちの享楽の範囲を広げ、彼らの衣服や家具などの消費財源をもっと充実させ、小額の準備金を形成することができるようになる。しかし、衣服や食物や取り扱いがよくなり特有財産が増えても、それは、奴隷の従属関係や搾取を廃止しないと同じように、賃金労働者の従属関係や搾取をも廃止はしない。資本の蓄積につれて労働の価格が上がるということが実際に意味しているのは、ただすでに賃金労働者が自分で鍛え上げた金の鎖の太さと重みとがその張りのゆるみを許すということでしかないのである。（1の2-807）

そして、ある日突然、労働者の春の夢は破裂し、「恐慌、沈滞」期に入ります。労働者の賃金は下がり、企業の倒産が増え、失業者が増大し、受救貧民（生活保護受給者）も増えて行きます。寒々とした冬の季節を迎えることになります。以前のような暖かい春の季節を迎えるには、また六〜七年かかります。長い冬の時代が始まるのです。

ところで、日本の戦後の高度成長は、一九五五（昭和三〇）年から一九七三（昭和四八）年九月までおよそ一七年半続きました。一九五六(昭和三一)年の経済白書は、「もはや戦後ではない」と書きました。この間、新三種の神器（白黒テレビ、洗濯機、冷蔵庫）と3C（カラーテレビ、クーラー、自家用車）の消費ブームが起こり、労働者サラリーマンの賃金水準は上がり、生活水準が向上しました。地方や農村から東京や大阪や名古屋などの中央や都市へ若い労働力が集中的に吸収され移動して行きました。第一次産業である農林水産業の就業人口は急激に減少し、第二種兼業農家と三ちゃん農業が増大して行きます。まさに「投資が投資を呼び！　消費が消費を呼ぶ！」投資と消費が相乗効果の好循環をもたらす時代でした。産業資本の圧倒的な蓄積と投資が高度成長の推進役になったのです。そして、「資本の蓄積はプロレタリアートの増殖なのである」ことを目の当たりに現出したのです。「労働者階級の絶対的窮乏化」は解消し、「一億総中流化」が叫ばれ、労働者サラリーマンの「ゆたかな社会」が実現します。「岩戸景気」や「神武景気」の名前が付され、空前絶後の好景気になりました。このような状況について、『資本論』は次のように書いています。

他の不変な諸事情といっしょに資本の構成も不変だということ、すなわち、一定量の生産手段または不変資本が動かされるためにはつねに同量の労働力が必要だと言うということを前提すれば、明らかに、労働にたいする需要と労働者の生活財源とは、資本の増大に比例し、資本が急速に増大すればそれだけ急速に増大する。資本は年々の剰余価値を生産し、剰余価値の一部分は年々原資本につけ加えられるのだから、また、この増加分そのものも、すでに機能している資本が大きくなって行くのにつれて年々増大するのだから、そして最後に、特別に致富欲を刺激するもの、たとえば新たに生じた社会的欲望による新たな市場や新たな投資部面の開発などが現われれば、蓄積の規模は、ただ資本と収入への剰余価値または剰余生産物の分割を変えるだけのことによって、にわかに拡大されうるのだから、資本の蓄積欲望が労働力または労働者数の増大を上回り、労働者にたいする需要がその供給を上回り、したがって労賃が上がるということがありうる。むしろ、前記の前提がそのまま存続する場合には、結局そうなるよりほかはない。（１の２－８００）

そして、永遠に続くと思われた高度成長の夢を打ち壊したのは、一九七三年一〇月の石油ショックでした。オペック（ＯＰＥＣ）による原油価格七〇パーセント値上げにより、「安い石油」の輸入で支えられていた日本の高度経済成長は一気に破綻したのです。トイレットペーパー騒動や洗剤パニックが物語るように強烈なインフレが日本経済を襲います。翌年の一九七四年の経済成長率はマイナスに転じました。資本蓄積論から見れば、産業資本は石油価格の急騰により生産手段の購入に障害を来たし、生産商品を値上げすることでしか苦境を乗り越えることができなくなり、その結果、生産商品の販売量の減少となり、貨幣資本を投入した価値で回収できないことになったのです。そして、利潤率の減少となり、資本蓄積率の下落を招いたのです。それは産業資本にとって、マイナスの資本蓄積、マイナスの資本の成長を意味します。資本蓄積の永久に続くと思われた膨張が、ある日突然急減な収縮に転じたのです。

こうして一九七四（昭和四九）年からインフレと不況が同時進行するスタグフレーション（stagflation）の時代に突入します。これは、『資本論』の時代とは違う新しいタイプの恐慌であり、世界同時不況でした。このスタグフレーションは一九七〇年代末まで続きます。したがって、この六年間は恐慌と不況の時代だと言えるでしょう。企業倒産が増大し、失業率が上昇し、減量経営とリストラが叫ばれ、経済は低成長の停滞期に入ったのです。一九七七（昭和五二）年の負債一〇〇〇万円以上の倒産は一万八四七一件、負債総額二兆九八〇六億円で史上最悪でした。しかし、多くの先進諸国が一九八〇（昭和五五）年一二月の第二次オイルショックでスタグフレーションから脱出できないでいる中、日本への影響は軽微に止まり一九八〇年代の好景気へ入っていったのです。これは産業資本の合理化、すなわちＭＥ（Micro Electronics）革命の普及により労働生産力の向上が進み、生産商品の引下げを実現したことや生産力と労働力に余裕があったことが要因と考えられています。さらには、その後は逆に石油価格がほぼ半値まで下落し、「物価安定と好景気」が日本を始め先進諸国を活気付けました。

こうして、バブル景気の時代に突入します。一九八六（昭和六一）年一二月から一九九一（平成三）年二月までの四年三か月間に起きた好景気と資産価値の上昇です。平成景気とも呼ばれました。その要因には諸説ありますが、第一に、一九七一（昭和四六）年八月のドルショック（ニクソンショック）以降、外国為替が変動相場制へ移行し、円安ドル高の傾向が進み、日本にとって自動車や家電などの輸出に好条件が揃いました。すなわち輸出ドライブによる国際収支の大幅な黒字が好景気をつくり出す要因になったのです。第二に、石油価格がスタグフレーション時代の半値近くに下がり、物価が安定し、インフレーションから脱却したことです。これで産業資本の生産にも労働者サラリーマンの生活にも安心感が出て来ました。第三に、ＭＥ革命が産業資本のＦＡ（Factory Automation）による技術革新を進め労働生産力の進歩を生みだしただけでなく、オフィスのＯＡ（Office Automation）や家庭のＨＡ（Home Automation）の普及となり、新しい生産者需要と消費者需要を掘り起こしたことです。第四は、歴史的な公定歩合の引き下げにより、金融緩和が極端に進み、「過剰流動性」の状態を引き起こしたことです。第五に、国鉄、電電公社、たばこ専売公社の民営化・株式会社化が実現されたことが、新しい資本需要を生みだしたと言えるかもしれません。以上の五つが、バブル景気の要因になったのではないかと思います。いずれにして、資本蓄積が増大し、生産手段と労働力に対する需要が拡大したことが、バブル景気をつくり出したと言えるでしょう。この時期には『ジャパン・アズ・ナンバーワン（ＪＡＰＡＮ　ＡＳ　ＮＵＭＢＥＲ　ＯＮＥ）』（エズラ・Ｆ・ヴォーゲル）の言葉がもてはやされ、日本人は有頂天になりました。日本が欧米に追い付き追い越し、世界一の国になったと感じた時代でした。世界に競争相手となるような国が存在しなくなったのです。

しかし、それは束の間の真昼の夢でした。厳しい金融引締めにより、土地や株式や美術品などの資産バブルが弾け、景気も下降して行きました。そして、「失われた一〇年」が「失われた二〇年」になり、今日に至っているのです。やや明るい兆しがないではありませんが、依然として先行き不透明です。本格的な景気回復にはまだまだ時間がかかるのではないでしょうか。

このような戦後日本の資本蓄積と成長の歴史を顧みると、次のような『資本論』の言葉が思い起こされます。

労働の価格の上昇は、ある限界のなかに、すなわち資本主義体制の基礎を単にゆるがさないだけでなく、増大する規模でのこの体制の再生産を保障するような限界のなかに、閉じ込められているのである。だから一つの自然法則にまで神秘化されている資本主義的蓄積の法則が実際に表わしているのは、資本関係の不断の再生産と絶えず拡大される規模でのその生産とに重大な脅威を与えるおそれがあるような労働の搾取度の低下や、またそのような労働の価格の上昇は、すべて、資本主義的蓄積の本性によって排除されている、ということでしかないのである。そこでは労働者が現存の価値の増殖欲求のために存在するのであって、その反対に対象的な富が労働者の発展欲求のために存在するのではないという生産様式では、そうであるほかはないのである。人間は、宗教では自分の頭の作り物に支配されるが、同様に資本主義的生産では自分の手の作り物に支配されるのである。（1の2－810）

ところで、資本蓄積は資本構成の高度化とともに進みます。資本構成とは生産手段＝不変資本と労働力＝可変資本との割合のことですが、この割合が可変資本から不変資本の方にシフトして行くことを意味します。それは、生産手段に投入する資本の相対的増大であり、労働力に投入する資本の相対的減少として現われます。また、労働生産力の進歩を意味し、製品単価の引下げが実現します。産業資本は好景気の中でも市場の支配力を高め、資本間競争を有利に展開するため、このような資本構成の高度化を進めますが、労賃が高騰し労働力の不足があらわになって来ると、想定した利潤率と資本蓄積率に赤信号が灯り始めますから、資本構成の高度化をはかり、利潤率を確保しようとします。すなわち産業資本は技術革新と産業合理化に本格的に取り組もうとします。しかし、産業資本がより実践的に資本構成の高度化に取り組むのは、「恐慌と沈滞」の時代です。この時期は、労働力の過剰が起こり、賃金水準も下降しますが、資本間の競争は生きるか死ぬかの厳しい環境におかれ、商品の価格競争がより一層激しさを増します。その価格競争に勝ち抜くには、資本構成を高度化し、労働生産力の向上が必須の条件になります。それとともに新しい商品を開発し新しい市場の開拓が求められます。そのためにも、産業資本の技術革新は欠かせないものになります。世界市場で外国資本と競争し、新市場を拡大するためにも、資本構成の高度化による労働生産力の進歩は必要な条件になります。

この資本構成の高度化は資本蓄積の増大とともに進みますから、労働者サラリーマンにとっては、就業人口の絶対的減少ではなく相対的減少として現われます。労働者サラリーマンの相対的過剰人口の発生であり、失業者層の停滞であり、産業予備軍の常態化ということになります。好景気の時は産業予備軍が減少して行き、労働者サラリーマンの相対的過剰人口は最低になります。他方、恐慌と不況の時は、産業予備軍は現役軍から遊離する層も増えますから増大し、労働者サラリーマンの相対的過剰人口は最大になります。換言すれば、産業予備軍すなわち労働者サラリーマンの相対的過剰人口は、労働の供給力の局面から考えますと、資本の景気変動を調節する貯水池と安全弁の働きをしていると言うことができます。したがって、労働者サラリーマンは、好況であっても不況であっても、繁栄の時であっても恐慌の時であっても、資本に引き回されてかき回され、自分自身で労働と生活の基盤を確立することはできないのです。まさに労働者サラリーマンは、資本の付属物であり、資本に支配される存在なのです。この状況を、『資本論』は次のように述べています。

工場労働者数の増大は、工場に投ぜられる総資本がそれよりもずっと速い割合で増大することを条件とする。しかし、この過程は産業循環の干潮期と満潮期との交替のなかでしか実現しない。しかも、それは、ときには可能的に労働者の代わりをしたときには実際に労働者を駆逐する技術的進歩によって、絶えず中断される。機械経営におけるこの質的変化は、絶えず労働者を工場から遠ざけ、あるいは新兵にたいして工場の門戸を閉ざすのであるが、他方、諸工場の単に量的な拡張は、投げ出された労働者のほかに新しい補充兵をも飲み込むのである。こうして、労働者たちは絶えずはじき出されては引き寄せられ、あちこちに振りまわされ、しかもそのさい招集されるものの性別や年齢や熟練度は絶えず変わるのである。（1の1－593）

さて、資本蓄積の恒常化は、資本規模のより一層の拡大を意味しますから、小資本が中資本へ変身し、中資本が大資本へ変身することを可能にし、ついには巨大資本へ成長することを可能にします。これが資本蓄積の累進的且つ加速的増大による「資本の集積」であり、資本規模の巨大化です。戦後の高度成長時代には、小さな町工場や商店から出発した資本が巨大なメジャー企業へ成長した事例をいくつも生みだしました。松下電器（現パナソニック）、ソニー、ホンダ、ダイエーなどは、その代表的企業です。それはまさに「生産手段と労働指揮との集積の増大」そのものでした。と同時に、それは同業他社の多数の個別資本との競争と反発にさらされながらも、勝利を獲得して成長を遂げた姿でした。このことについて、『資本論』は書きます。

蓄積とそれに伴う集積とが多数の点に分散されているだけでなく、現に機能している資本の増大と交錯して新たな資本の形成や古い資本の分裂が行なわれているのである。それゆえ、蓄積は、一方では生産手段と労働指揮との集積の増大として現われるが、他方では多数の個別資本の反発として現われるのである。（1の2－815～816）

したがって、巨大資本が誕生する裏には、無数の弱小資本の倒産と吸収と合併による屍が横たわっていると言うことができます。無数の中小資本の屍の上に巨大資本は聳えたっているのです。

この「資本による資本の収奪」によって資本規模を拡大して行くことを「資本の集中」と言います。このことについて、『資本論』は次のように書きます。

それは、すでに形成されている諸資本の集積であり、それらの個別的独立の解消であり、資本家による資本家からの収奪であり、少数のより大きな資本への多数のより小さい資本の転化である。この過程を第一の過程から区別するものは、この過程はすでに存在し機能している資本の配分の変化を前提するだけであり、したがってそれが行なわれる範囲は社会的富の絶対的増加または蓄積の絶対的な限界によって制限されてはいないということである。一方で資本が一つの手のなかで大きなかたまりにふくれ上がるのは、他方で多くの手のなかから資本がなくなるからである。これは、蓄積および集積とは区別される本来の集中である。（1の2－816）

この資本の集中が進むのは、好況や繁栄の時代ではなく、むしろ不況と恐慌の時代です。なぜならば、相対的に大きな資本は相対的に小さな資本より資本力が大きいですから、利潤率や資本蓄積率の減少にも耐え忍ぶ力をもっています。経済の冬の時代を乗り越えられる体力が、相対的に大きな資本はもっていると言うことです。ここにも、スケールメリット（scale merit）、「規模の経済」が働いています。そして、資本の集積と集中が相俟って、マイクロソフト、アップル、ソフトバンク、トヨタ、日産、ホンダなどの世界企業が生まれてくるのです。世界巨大資本が誕生してくるのです。それは、資本の集積と集中が生みだした資本の世界大まで成長した姿です。まさにグローバル企業、世界資本と呼ぶにふさわしい資本の巨人的な発展です。

ところで、資本蓄積の命題は、「蓄積せよ、蓄積せよ！」「倹約せよ、倹約せよ！」でした。資本家はできるだけ自分の個人的消費を削って、取得した利潤（剰余価値）を資本の生産的投資へ再転化しようとします。それが、資本を拡大し、資本を成長させることだからです。しかし、この資本家の行動は、小資本やせいぜい中資本の段階のものです。資本が大資本に発展すれば、またなおさら巨大資本に発展すれば、資本家・企業家の行動は、蓄積・倹約と消費・贅沢とを同時に充足することができるようになります。大資本や巨大資本が生みだす巨額な利潤のわずかな部分を占めるだけで、豪奢な個人的消費と贅沢な暮らしが可能になるのです。と同時に、巨額な資本蓄積も可能になるのです。倹約と贅沢の二律背反の感情に資本家・企業家は囚われる必要がなくなり、解放されます。このことについて、『資本論』は書きます。

蓄積の連続によって資本が増大すればするほど、消費財源と蓄積財源とに分かれる価値総額もますます増大するのである。それゆえ、資本家はますますぜいたくに暮らしながら同時にますます多く「節約する」ことができるのである。（1の2－794）

こうして、億万長者が世界に生まれるのです。労働者サラリーマンからは想像を絶する目も眩むような世界的大金持ちが誕生します。

第八章　資本構成の高度化

蓄積の進行につれて、不変資本部分と可変資本部分との割合が変わって、最初は1：1だったのに、2：1，3：1，4：1，5：1，7：1というようになり、したがって、資本が大きくなるにつれて、その総価値の1/2ではなく、次々に、1/3、1/4、1/5、1/6、1/8、等々だけが労働力に転換されるようになり、反対に2/3、3/4、4/5、5/6、7/8、等々が生産手段に転換されるようになるのである。労働にたいする需要は総資本の大きさによってではなくその可変成分の大きさによって規定されているのだから、それは、総資本の増大につれてますます減って行くのであって、前に想定したような総資本の増大に比例して増加するのではない。それは総資本の大きさに比べて相対的に減少し、またこの大きさが増すにつれて加速的累進的に減少する。（1の2－820）

右の『資本論』の文章は、資本構成の高度化について述べたものです。資本構成の高度化とは、不変資本（生産手段）と可変資本（労働力）との資本の構成割合が、資本主義が発展するにつれて前者の占める割合が増大して後者の占める割合が減少して行くことを言います。しかもその減少は「加速的累進的」に進むと『資本論』は言っています。この資本構成の高度化は労働生産力の進歩を示す資本主義的表現ですが、『資本論』が問題にしているのは、これによって利潤率の傾向的低下が法則として貫かれるということです。利潤率の傾向的低下の法則は、資本主義体制の死活に関わる問題ですから重大です。

この問題に入る前に、そもそも利潤とは何か考えることから始めましょう。

利潤とは剰余価値の別名であり、転化形態にすぎません。いずれも労働者サラリーマンの不払労働を指す言葉です。それでは利潤と剰余価値は何が違うのでしょうか。それは対比するものが違います。剰余価値（不払労働）は直接的に必要労働（支払労働）と対比されます。剰余価値率は搾取率と呼ばれるように、資本と賃労働との関係が直裁的に表現されたものです。資本と賃労働との関係が、剥き出しの関係として表現されます。これに対して、利潤は不変資本プラス可変資本の合計額に対比されて、出てくる表現です。したがって、利潤率は剰余価値率よりも常に小さい値になります。剰余価値率と利潤率が一致するのは不変資本がゼロであるような資本がある場合だけです。このため、利潤では資本と賃労働との搾取関係は間接的なものになり、どこから利潤が生まれるのかという問題が覆い隠されてしまいます。『資本論』も次のように述べています。

われわれの前にある利潤は、剰余価値と同じものであり、ただ、それが、神秘化された形態、といっても資本主義的生産様式から必然的に生まれてくる形態をとっているだけである。費用価格の外観上の形成では不変資本と可変資本との区別は認められないので、生産過程で起きる価値変化の根源は可変資本部分から総資本に移されざるをえないのである。一方の極で労働力の価格が労賃という転化形態で現われるので、反対の極で剰余価値が利潤という転化形態であらわれるのである。（3の1－45）

しかし、剰余価値率（搾取率）の概念をすでに知っている私たちは、賃金総額を分母して利潤総額を分子にして計算すれば、個別資本でも社会総資本でも剰余価値率はいくらなのか求めることができます。剰余価値が利潤に転化したことによって、不変資本（生産手段）プラス可変資本（労働力）の合計額は利潤を生みだすためにいくらかかったという費用価格に転化します。すなわち、生産手段や労働力にいくら費用を投下して、いくら利潤をあげたかという問題に転化するのです。これは常識的な資本の費用対効果の問題です。『資本論』も次のように説明しています。

> 商品の価値のうち、消費された生産手段と充用された労働力の価格とを補填するこの部分は、ただ、その商品が資本自身に費やせたものを補填するだけであり、したがって資本家にとって費用価格をなすものである。
>
> 商品が資本家に費やせるものと、商品そのものに費やされるものとは、もちろん、二つのまったく違った大きさである。商品価値のうち剰余価値からなっている部分が資本家にとってなんの費用もかからないのは、それが労働者に不払労働を費やさせるからにほかならない。とはいえ、資本主義的生産という基礎の上では、労働者自身も、生産過程にはいってからは、資本家のものとして機能している生産資本の一成分なのであり、したがって資本家が現実の商品生産者なのだから、必然的に商品の費用価格が資本家にとって商品そのものの現実の費用として現われるのである。費用価格をkと名づければ、定式 $W=c+v+m$ は、定式 $W=k+m$ に、すなわち、商品価値＝費用価格＋剰余価値に転化するのである。（3の1-34～35）＊cは不変資本、vは可変資本です。

したがって、資本にとって常に費用価格が問題であり、それに対比する利潤が問題なのです。資本が問題にするのは剰余価値率ではありません。資本が問題するのは利潤率です。言うまでもなく、剰余価値率がいくら大きくても利潤率は小さいことがありえるからです。反対に剰余価値率がいかに小さくても利潤率は大きいことがありえるからです。この資本の考え方は資本家（企業家）が囚われているだけでなく、労働者サラリーマンも自分の働く資本の業績を考える場合に囚われるようになります。

ここから、利潤極大化の追求が資本の至上命令になります。これは、資本の宿痾である、と同時に資本の存在意義そのものです。資本の価値増殖なくして資本は生存することはできません。そして、資本は利潤極大化を実現するために、分子である利潤を引上げることはもちろんですが、分母である費用価格をできるだけ低く抑えようとします。分子である利潤の極大化とその分母である費用価格の極小化を目指して進むのが、資本の行動原理ということになります。この極大化と極小化を両にらみしながら資本は行動しているのです。

費用価格の極小化のためには、不変資本（生産手段）の不断の節約、すなわちできるだけ安くて有利な原料・補助材料・機械設備などの仕入れ、そして可変資本（賃金）の抑制や労働強化などが、資本の本性になります。これに関連して、『資本論』は次のように述べています。

> 大規模生産が資本主義的形態ではじめて発展するように、一方では狂暴な利潤欲が、他方では商品のできるだけ安い生産を強制する競争が、このような不変資本充用上の節約を資本主義的生産様式に特有なものとして現われさせ、したがって資本家の機能として現われさせるのである。（3の1-108）

ここではケチケチすること、節約することが、資本の習い性なのです。資本のケチ臭い根性は、資本の利潤極大化欲求のメダルの裏側にすぎません。『資本論』は、わずか一ポンドに満たないお金を惜しんで、機械に安全装置を付けないために、指が切断され手が押しつぶされる労災事故が繰り返し起きているにも関わらず、平然としている工場資本家、鉱山や土木工事の現場などで借家から法外な家賃を取得し、売店では市価よりも格段に高い価格で商品を売る鉱工業・土木事業資本家のあくどさを告発しています。

また、分子である利潤の極大化を図るためには、ともかく生産した商品が売れなくてはなりません。できるだけ多くの商品を売ることが、資本の至上命令になります。一台でも多くの車、一台でも多くの新型テレビ、一本でも多くの飲料水を売り上げることが、利潤の極大化に繋がるのです。既存の市場を広げること、新市場を開拓することが、資本の本性なのです。商品が売れる見込みがあれば、資本は世界の果てまでも飛んで行きます。ここでは、もちろん品質と価格が最終的な資本の武器になりますが、広告宣伝・デザイン・ブランドなどの非価格競争も重要な働きをします。さらに、見逃せないのは、資本の回転率が、利潤の極大化に与える影響力です。小さな利潤で一年の回転率が二〇回と大きければ、大きな資本が一年に一回しか回転しない資本と同じかまたはそれを上回る利潤をあげることができます。資本が資本の回転率に注目するのは、利潤の極大化に直接関わってくるからです。この資本の回転率については、第一九章「小売商資本の高速回転」で取り扱います。

ところで、『資本論』が言う生産価格とは何なのでしょうか。それは、社会的に平均的な必要労働力の投入量によって規制された商品価値とは何か違ったものなのでしょうか。それとも、生産価格は商品価値の単なる転化形態にすぎないのでしょうか。商品の価格は同一品種の商品であれば、価格競争によって値段が決まるというのが、市場を支配する原理です。個別資本の費用価格がどのようなものであるか、個別資本の資本構成がどのようなものであるかに関係なく、市場が指し示す価格によって商品の値段が決まってきます。それは資本の側の供給サイドの状況と支払能力のある需要サイドとの力関係で決まって行きます。『資本論』は最初商品の価格には高いか安いかの偏差があったとしても、偏差が次第に相殺されて平均へ収斂していくという考え方を取っています。もちろんその平均価格もいずれ破られ新しい平均価格が形成されるようになるのですが。

さて、『資本論』は、生産価格と平均利潤率との関係について次のように述べています。

いろいろな生産部面のいろいろな利潤率が平均化されてこの平均がいろいろな生産部面の費用価格に加えられることによって成立する価格、これが生産価格である。生産価格の存在は一般的利潤率の存在であり、それぞれの特殊な生産部面の利潤率を別々に見たものがすでに生産部門と同じ数だけの平均率に還元されているということを前提する。…………だから、商品の生産価格は、商品の費用価格・プラス・一般的利潤率にしたがって百分比的に費用価格につけ加えられる利潤、言い換えれば、商品の費用価格・プラス・平均利潤に等しいのである。（3の1-200）

つまり、生産価格は費用価格+平均利潤（費用価格×平均利潤率）に等しいということになります。そして、一般的利潤率とは平均利潤率のことです。平均利潤率は資本間の利潤率競争から生まれるものであり、具体的にはそれは資本間の価格競争を通してしか実現されません。とすれば、生産価格とは資本間の価格競争から生まれた平均価格と同じことを意味していることになります。つまり、資本間の価格競争の中から生まれた平均価格を生産価格と言っているのです。そうしますと、内容としては社会的に平均的な必要労働力で生産された商品価値と少しも変わりません。ただ競争の原理が入って来たため少しややこしくなっているだけです。したがって生産価格は商品価値の転化形態なのです。さらに、『資本論』は市場価値という言葉も使っていますが、これも生産価格と同義のものです。また、市場価格という言葉も使っていますが、これは日々変動する商品の市場価格のことを指し、生産価格とは同義ではありません。しかし、市場価格は生産価格＝市場価値を中心にして動き、いずれこれらに収斂されて行く商品価格であることに変わりがないのです。このことについて、『資本論』は次のように書きます。

競争がさしあたりまずある一つの部面で、なしとげることは、諸商品のいろいろな個別的価値から同じ市場価値と市場価格を成立させることである。しかし、いろいろな部面での諸資本の競争が、はじめて、いろいろな部面のいろいろな利潤率を平均化するような生産価格を生みだすのである。このあとのほうのことのためには、前のほうのことのためよりも資本主義的生産様式のより高い発展が必要である。（３の１－２２７）

言い換えれば、商品価値＝生産価格＝市場価値という等価関係が成り立ち、市場価格はこれらを中心として廻りながらも、いずれこれらに収斂して行く商品価格ということになります。すなわち、商品価値＝平均労働時間＝商品の平均価格であり、生産価格＝商品の平均価格、市場価値＝市場価格の平均価格＝商品の平均価格ですから、この三つは商品の社会的平均価格を表わした点で同一のものであることが分かります。そして、資本の価格競争は市場価格の偏差を平均化して形成される生産価格が支配するようになると、『資本論』は言っています。それにしても、なぜ『資本論』は生産価格と表現するのでしょうか。それは供給サイドから見て規定したから生産価格という名称になったと思います。同じことを需要サイドから見て規定したので市場価値という名称になったのではないでしょうか。

この商品価値の生産価格への転化、生産価格から市場価値への再転化の問題は、『資本論』の「転化問題」と呼ばれ、古くから批判と論争が絶えない問題です。これはまた、『資本論』第一部と第三部との矛盾の問題として提起されて来ました。あるいは商品価値と商品価格の二元論として問題視されて来ました。しかし、これまで述べたように問題の核心は、商品価値と生産価格との関係にあります。『資本論』第一部の商品価値論は、そもそも価格競争論を前提としなくては、社会的に平均的な必要労働力の投入量によって商品価値が規制されると想定できないものです。この商品価値論に価格競争論を導入して商品価格論を展開したのが、生産価格論ということになります。さらに言うならば、価格競争論に利潤論、費用価格論を加えて、より具体的に展開した商品価格論が生産価格論だと言うことができます。したがって、『資本論』の第一部も第三部も本質的に変化していません。ただ表現が具体的現実的になり、形態が「転化」しただけだと考えることができます。

さて、個別資本の利潤が平均化するのは分かりましたが、社会総資本として、また産業資本一般として、『資本論』は資本の利潤率は平均化すると言っています。利潤率平均化の法則は、資本主義を自然法則のように強制する経済法則だとも言っています。これはどういうことでしょうか。どうしてこのような法則が資本主義の強制法則として成り立つのでしょうか。

資本が儲けているかどうかは、簡単には外部から判断できません。それよりも、商品が売れているかどうか、お客が増えているかどうかで、資本が儲けているかどうかを判断することができます。商品が売れてお客がどんどん増えている資本は儲けている資本です。反対に商品がさっぱり売れず客足も鈍っている資本は、儲けをどんどん減らしている資本です。社会総資本は前者の景気の良い資本へ資本をますます移動し、後者の景気の悪い資本から資本を遊離し、景気の良い資本の方へ移動します。この社会総資本の中の資本の移動によって、社会総資本の利潤率が平均化されることになります。同じ産業の内部はもちろん産業を越えた外部でも資本の流動化によって、利潤率の平均化が形成されるのです。これについて、『資本論』は次のように書いています。

もし諸商品がそれらの価値どおりに売られるとすれば、すでに述べたように、生産部面が違えば、それぞれの部面に投ぜられている資本量の有機的構成の相違にしたがって、さまざまに違った利潤率が成立する。しかし、資本は、利潤率の低い部面から去って、より高い利潤をあげる別の部面に移ってゆく。このような不断の出入りによって、一口に言えば、利潤があちらで下がったりこちらで上がったりするにつれて資本がいろいろな部面に配分されるということによって、資本は、生産部面が違っても平均利潤が同じになるような、したがって価値が生産価格に転化するような需要供給関係をつくりだすのである。与えられた国民的社会で資本主義の発展度が高ければ高いほど、すなわちその国の状態が資本主義的生産様式に適していればいるほど、資本は多かれ少なかれこのような平均化をなしとげるのである。（３の１－２４６）

また、資本主義社会は、この利潤の平均化作用によって、社会総資本の資源の再配分が適切に達成することができるようになります。資本の移動は、生産手段（不変資本）と労働力（可変資本）を利潤率の悪い資本分野から利潤率の良い資本分野へ流動化し、社会に必要な生産手段と労働力の社会的資源を再配分するのです。こうして社会総資本は社会に必要な資本を社会が必要とするだけ適切に配分する働きをすることになります。もちろんこの資本の移動は激痛を伴う場合もありますが、社会的資源配分のナビゲーターとしての決定的な役割を利潤率の平均化作用が果たしていることになります。

さて、最初の問題に戻ることにしましょう。利潤率の傾向的低下の法則について述べることにします。この問題は、スミスもリカードも悩んだ深刻な問題です。というのは、この資本の利潤率の傾向的低下が続くことは、究極的には利潤率がゼロになる社会を予告するものであり、将来の資本主義に死と暗黒を宣告するものだからです。それは資本主義の衰退と死滅を予兆するものです。利潤率がゼロに限りなく近づくことは、利潤極大化の追求を存在意義とする資本主義そのものの自己否定を意味します。経済学がまさに「暗い経済学」「陰鬱な経済学」と言われるゆえんです。スミスもリカードもこの問題に取り組みましたが、問題の本質の析出に成功することはできず、それゆえ具体的打開策を提起することもできませんでした。『資本論』はこの古典派経済学を悩ませた問題に独自に接近し、問題の本質を析出することに成功しました。この面でも、『資本論』は当時の経済学のなかでは傑出した斬新さをもっていたと言うことができます。

それでは、利潤率の傾向的低下の法則とは、どんな法則を言うのでしょうか。なぜこのような法則が生まれ、資本主義の未来を暗澹たるものに変えるのでしょうか。

その前に資本構成の概念について確認することにしましょう。『資本論』にはこう書かれています。

資本の構成は、二重の意味に解さなければならない。価値の面から見れば、それは、資本が不変

資本または生産手段の価値と、可変資本または労働力の価値すなわち労賃の総額とに分かれる割合によって、規定される。生産過程で機能する素材の面から見れば、それぞれの資本は生産手段と生きている労働力とに分かれる。この構成は、一方における充用される生産手段の量と、他方におけるその充用のために必要な労働量との割合によって、規定される。私は第一の構成を資本の価値構成と呼び、第二の構成を資本の技術的構成と呼ぶことにする。二つの構成のあいだには密接な相互関係がある。この関係を表わすために、私は資本の価値構成を、それが資本の技術的構成によって規定されその諸変化を反映するかぎりで、資本の有機的構成と呼ぶことにする。簡単に資本の構成という場合には、いつでも資本の有機的構成を意味するものと考えられるべきである。（１の１－７９９）

利潤率の傾向的低下の法則は、資本構成の高度化すなわち労働生産力の進歩を資本主義風に言い換えたものです。資本構成の高度化というのは、前にも述べたように不変資本の割合が相対的に可変資本の割合よりも増大して行くことを言います。言い換えれば、資本の費用価格に占める生産手段の割合が相対的に労働力の占める割合よりも増大して行くことを意味しています。これは、相対的剰余価値による生産方法の結果であり、機械制大工業の一般的普及の結果です。一単位当りの商品に投入される労働力量の減少であり、商品価格の低下をもたらす労働生産性の向上の結果です。

言うまでもなく、利潤は労働力の不払労働の中からしか生まれません。その不払労働の源泉である支払労働（可変資本）の割合が生産手段（不変資本）の割合よりも速いテンポで減少して行くのですから、資本の費用価格は増大するにしても、不払労働（利潤）は相対的に小さなものになり、結果として利潤率が傾向的に低下していくことになります。この法則の嫌なことは労働生産力の進歩という資本主義にとってプラスの明るい側面が、同時に利潤率の傾向的低下の法則というマイナスの暗い側面をもっているところです。このことについて、『資本論』は次のように述べます。

資本主義的生産は、不変資本に比べての可変資本の相対的減少の進展につれて、総資本のますます高くなる有機的構成を生みだすのであって、その直接的な結果は、労働の搾取度が変わらない場合には、またそれが高くなる場合にさえも，剰余価値率は、絶えず下がってゆく一般的利潤率に表わされるということである。（なぜ、この低下がこのような絶対的な形ではなくむしろ漸進的な低下への傾向として現われるのかは、もっとあとで述べるであろう。）だから、一般的利潤率の漸進的な低下の傾向は、ただ、労働の社会的生産力の発展の進行を表わす資本主義的生産様式に特有な表現でしかないのである。（3の1－267）

しかし、この法則に対して、『資本論』は法則と言い切っていません。法則の上に「漸進的」「進行的」「傾向的」という形容詞を必ず付けています。それだけ曖昧な法則で自信をもって断定できない法則だと言うことです。この法則は利潤率の低下を意味していますが、利潤量の低下を意味するものではありません。むしろ利潤量の絶対的増加こそ利潤率の相対的減少と並んで進んで行きます。それは、資本が利潤率の相対的減少を利潤量の絶対的増加によって打ち消したいという欲望の表現であり、資本主義の発展につれて資本の集積・集中が進んで行きますから必然的に利潤量の絶対的増加が生みだされて行きます。『資本論』もこう述べています。

資本主義的生産様式が進むにつれて、労働の社会的生産力の同じ発展が、一面では利潤率の進行的低下への傾向に表わされ、他面では取得される剰余価値また利潤の絶対量の不断の増大に表わされるのであり、したがって、全体としてみれば、可変資本および利潤の相対的減少に両者の絶対的増加が対応するのである。このような二面的な作用は、すでに述べたように、ただ、総資本の増大が利潤率の低下よりも急速に進むということに現われることができるだけである。（３の１－２８０）

それはともかくとして、『資本論』は、利潤率の傾向的低下の法則を拒み反対へ作用する要因として六つあげています。第一は「労働搾取度の強化」、第二は「労働力の価値以下への労賃の引下げ」、第三は「不変資本の諸要素の低廉化」、第四は「相対的過剰人口」、第五は「貿易」、第六は「株式資本の増加」です。この中で、私は、「労働搾取度の強化」や「労賃の引下げ」も大事な要因と考えますが、「不変資本の諸要素の低廉化」が最も重要ではないかと考えています。機械制大工業の発展は労働者サラリーマンが生活に使用する消費手段を低廉化する、と同時に資本が生産に使用する原料・補助材料・機械設備・建物などの生産手段（不変資本）も低廉化します。いわゆる「機械による機械の生産」により生産手段は驚くべき速さで低廉化します。また、大規模大量生産によってこれまで顧みられなかった産業廃棄物が不変資本として再利用されるケースも増えて来ます。こうした「不変資本の諸要素の低廉化」が、素材としての資本の技術構成は高度化して行ったとしても、商品価値としての資本の価値構成では反比例的に低廉化して行くのだと考えられます。これが、資本の傾向的低下の法則に緩衝剤として働くのではないでしょうか。このことについて、『資本論』は次のように述べています。

可変資本に比べて不変資本を増大させるのと同じ発展が、労働の生産力の増大によって不変資本の諸要素の価値を減少させるのであり、したがってまた、不変資本の価値は絶えず増大するにしてもそれが不変資本の物量すなわち同量の労働力によって動かされる生産手段の物量と同じ割合で増加するということを妨げるのである。しかも、個々の場合には、不変資本の価値は変わらないかまたは下がりさえしても不変資本の量は増加するということさえもありうるのである。（3の1－296）

ところで、利潤率の低下は、資本蓄積率の減少であり、経済成長率の低下を意味します。したがって、利潤率の傾向的低下の法則は、資本蓄積率の傾向的減少の法則であり、経済成長率の傾向的低下の法則と言うことができます。そして、資本蓄積率、経済成長率が問題であれば、逆もまた真ではないでしょうか。すなわち、利潤率の傾向的増加の法則、資本蓄積率の傾向的増加の法則、経済成長率の傾向的増加の法則があるのではないでしょうか。

このことについて、戦後日本の経済の動向を考えますと、一九四五（昭和二〇）年の敗戦の年から一九五四（昭和二九）年の戦後復興期はともかく経済復興を成し遂げたのですから資本蓄積率の傾向的増加の時代と言うことができます。一九五五（昭和三〇）年から一九七二（昭和四七）年の高度経済成長期は、さらに資本蓄積率の傾向的増加が顕著になった時代と見ることができます。一九七三（昭和四八）年から一九七九（昭和五四）年はオイルショックに発したスタグフレーションの時代であり、資本蓄積率の傾向的低下の時代と言うことができます。一九八〇年代後半は好景気からバブル景気の時代、資本蓄積率が傾向的増加を示した時代と見ることができます。そして一九九一（平成三）年から今日までのバブル崩壊から「失われた二〇年」の時代は、資本蓄積率の傾向的低下の時代に入っていると言うことができます。この傾向から抜け出す明るい兆しもないわけではありませんが、先行きに確かな光明は見えません。そして、「成長戦略」で最も重要な再生可能エネルギーへの舵取りは、政府与党が原発ゼロ宣言をしない状況では明るい展望が開けていません。政府与党の的外れの政策はますます多くなっています。資本蓄積率の傾向的低下の法則に日本経済は搦め取られていると言えるのではないでしょうか。ということは、日本の資本主義の未来は「死と暗黒」が支配する可能性があるということでしょうか。

第九章　賃金と失業の経済学

資本主義的生産様式における矛盾。労働者は商品の買い手として市場にとって重要である。しかし、彼らの商品―労働力―の売り手としては、資本主義社会は、その価格を最低限に制限する傾向がある。―もう一つの矛盾。資本主義的生産がそのすべての潜勢力を発揮する時代は、きまって過剰生産の時代となって現われる。なぜならば、生産の潜勢力は、それによってより多くの価値が単に生産されうるだけでなく実現されうるほどには、けっして充用されることができないからである。しかし、商品の販売、商品資本の実現、したがってまた剰余価値の実現は、社会一般の消費欲望によって限界を画されているのではなく、その大多数の成員がつねに貧乏でありまたつねに貧乏でなければならないような社会の消費欲望によって限界を画されているのである。（2の387）

右の『資本論』の文章は、資本主義社会では労働者階級の賃金は最低限の生存に必要なものに制限される「生存限界賃金」「貧乏賃金」であることを述べたものです。いわゆる資本主義社会の絶対的窮乏化法則について具体的に論及したものです。果たしてこの法則は現代資本主義でも生きているのでしょうか。この賃金論の問題に入る前に、もう一度自由な労働者の二重の意味について再考することから始めることにしましょう。

自由な労働者の意味の一つは、労働力商品の所有者としてそれを売るか売らないかは労働者の意志決定の自由に委ねられているということでした。言い換えれば、労働者は契約自由の主体であるということです。したがって、この自由意志の主体として労働者は何ものにも拘束されないし、強制されることはないのです。労働者は就職する自由も離職する自由ももっています。しかし、この自由は、もう一方の自由、資本家の自由、資本の自由と合致しなければ実現できない自由です。資本の側は採用する自由、そして法的に正当な理由があれば離職させる自由をもっています。したがって、労働者の自由と言っても、それは資本の自由と合致する範囲の制約された自由ということです。また、労働者の自由意志で離職したとしても、資産や生産手段を所有していなければ、また資本との契約を求めて就職する他に生きる方法がありません。それは取りも直さず、労働者が資本の自由に自分の身を委ねることを意味します。

自由な労働者のもう一つの意味は、あらゆる資産や生産手段から自由な存在として労働者はあるということでした。換言すれば、自分の生活手段を生産する生産手段や自分の生活を支える資産をもつことから労働者は解き放たれている存在だということです。農業をするための十分な土地をもっているとか、自分で商売を始める資金や技術や機械設備をもっているとか、或は預金や有価証券や貴金属をもっているから二〜三年は働かなくても暮らせるとか、そうした生産手段や資産から見放されているというのが自由な労働者のもう一つの意味でした。

とすると、労働者はたしかに契約自由の主体ですが、自分の労働力を商品として資本家に買ってもらわなくては生活ができませんし、生きて行けない存在だということになります。労働者の置かれている状況が、資本家に労働力商品として買ってもらわなくてはならないという「事情の強制」が働くのです。このことについて、『資本論』は次のように述べています。

元来は、労働者が自分の労働力を資本に売るのは、商品を生産するための物質的手段が自分にないからであるが、今では彼の個人的労働力そのものが、資本に売らなければ用をなさないのである。その労働力はそれが売られた後にはじめて存在する関連のなかでしか、つまり資本家の作業場のなかでしか、機能しないのである。マニュファクチュア労働者は、その自然的性質からも独立したものをつくることはできなくなっているので、もはやただ資本家の作業場の付属物として生産的活動力を発揮するだけである。エホバの選民の額には彼がエホバのものだということが書いてあったように、分業はマニュファクチュア労働者に、彼が資本のものだということを表わしている焼き印を押すのである。（1の1－473）

すなわち、資本主義社会の極度に細分化された分業は、労働者の額に「彼が資本のものだということを表わしている焼き印」を押すのです。『資本論』は、このことを次のようにも表現しています。

さっきの貨幣所持者は資本家として先に立ち、労働力所持者は彼の労働者としてあとについて行く。一方は意味ありげにほくそえみながら、せわしげに、他方はおずおずと渋りがちに、まるで自分で自分の皮を売ってしまってもはや革になめされるよりほかになんの望みもない人のように。（1の1－231）

このように、労働者が契約自由の主体であるというのは、資本主義社会がつくり出した形式的なもので、幻想にすぎません。そして、今述べて来たような二重の意味で自由な労働者を大量に創出することによって、資本主義社会が誕生し発展して来たのです。なぜならば、一つの工場という同じ空間に同じ時間帯で多数の労働者が組織的に生産労働するところから、資本主義は出発しているからです。自由であるが無産の労働者の大量発生が、資本主義社会の基礎です。また、そうした労働者の増殖と再生産が資本主義社会の発展となるのです。

さて、労働者サラリーマンにとって賃金とはどのようなものでしょうか。それは、労働者サラリーマンの人間労働の結晶化されたものであり、資本に売り渡した労働力商品の代償です。そして、資本が労働者サラリーマンの人間労働から利潤（剰余価値）を絞り出すかぎりにおいて支払われる労働力商品の対価です。資本が労働者サラリーマンの人間労働から利潤を絞り出すことができなくなれば、労働時間の延長や賃金のカット、果ては企業の縮小倒産ということになります。それは、労働者サラリーマンの唯一の収入源である賃金を減額することであり、喪失することを意味します。言い換えれば、資本の利潤の低下は労働者サラリーマンの生活水準の切り下げや生活費の喪失として表われて来ます。

このように賃金は労働者にとってなくてはならないものです。労働者サラリーマンの命そのものであり、生活を根底から支える糧です。賃金がなくては労働者サラリーマンの生活は一日も成り立ちません。そして、その賃金は、労働者サラリーマンの汗と涙と忍耐と努力に充ち満ちた人間労働の結晶化されたものです。高度経済成長時代までの労働者サラリーマンの家庭では、お父さんが稼いできた月給袋をお母さんが神棚に上げて家族で拝んでから使ったと聞きます。家庭にとっては月給が家庭生活を支える尊い命綱だったからだと思います。それは月給という賃金に対する感謝の気持の表われであり、それを苦労して稼いできたお父さんへの感謝の表現だったのです。言い換えれば、賃金もお父さんも家庭にあっては神的存在だったと言うことができます。今は「合理化」の時代ですから、月給は銀行振込になり、このような儀式と習慣は家庭からなくなってしまいました。その分、月給もお父さんもありがた味が薄くなって来たのではないでしょうか。

さて『資本論』は、労働者サラリーマンの賃金を労働力商品の「生産費」と規定しています。この「生産費」とは何を意味するのでしょうか。思うに労働者サラリーマンが今日と同じように明日も元気で健康に働くことができるために必要な費用ということではないかと思います。言い換えれば、労働力商品の再生産費を指しているのではないでしょうか。そのためには少なくとも、飲食費、衣料費、光熱水道費、住居費、その他日常生活に欠かせない用品機器類、そして若干の教養娯楽費も、労働力商品として肉体的にも精神的にも健康を保ち、明日も今日と同じように働くためには必要になります。つまり、ここで言う「生産費」とは、労働者サラリーマンの生活費のことであり、個人的消費を指しています。逆に言えば、労働者サラリーマンを肉体的にも精神的にも健康を保持することに値しないような賃金は、労働力商品の再生産費に値しないものであり、賃金の名前に値しないものだと言うことができます。

ところで、『資本論』は労働力商品の再生産費に労働者サラリーマン個人の再生産費はもちろんですが、子供の養育費も再生産費に含めています。というのは、子供は未来の労働者サラリーマンであり、資本が永続するためには現在の世代の労働者サラリーマンが亡くなったとしても、それを引継ぐ将来の労働者サラリーマンは必要だからです。資本は前にも述べたように資本と賃労働という社会関係が永続しなくては、一日も維持発展することはできませんし、そもそも利潤（剰余価値）そのものを生みだすことができないのです。とすれば、未来の労働者サラリーマンを養育する費用は、資本にとって必要な経費であり、賃金に当然含まれるべきものになります。そうでなければ、労働力商品の再生産費として必要な賃金とは言えないことになります。

そうしますと、労働力商品の再生産費とは、労働者サラリーマンの家族が再生産するために必要な家族の生活費であり、家族の個人的消費に必要な費用ということになります。したがって、労働者サラリーマンの家族を再生産することができないような賃金は、賃金の名前に値しないのだと言うことができるでしょう。この労働者サラリーマンの賃金について、『資本論』はこう書いています。

労働力の価値は、他のどの商品とも同じに、この独自な商品の生産に、したがってまた再生産に必要な労働時間によって規定されている。それが価値であるかぎりでは、労働力そのものは、ただそれに対象化されている一定量の社会的平均労働を表わしているだけである。労働力は、ただ生きている個人の素質として存在するだけである。したがって、労働力はこの個人の存在を前提とする。この個人の存在が与えられていれば、労働力の生産は彼自身の再生産または維持である。自分を維持するためには、この生きている個人はいくらかの量の生活手段を必要とする。だから、労働力の生産に必要な労働時間は、この生活手段の生産に必要な労働時間に帰着する。言い換えれば、労働力の価値は、労働力の所持者の維持のために必要な生活手段の価値である。だが、労働力は、ただその発揮によって実現され、ただ労働においてのみ実証される。しかし、その実証である労働によっては、人間の筋肉や神経や脳などの一定量が支出されるのであって、それは再び補充されなければならない。この支出の増加は収入の増加を条件とする。労働力の所有者は、今日の労働を終わったならば、明日も力や健康の同じ条件のもとで同じ過程を繰り返すことができなければならない。だから、生活手段の総額は、労働する個人をその正常な生活状態にある労働する個人として維持するものに足りるものでなければならない。食物や衣服や採暖や住居などのような自然的な欲望そのものは、一国の気象その他の自然的な特色によって違っている。他方、いわゆる必要欲望の範囲もその充足の仕方もそれ自身一つの歴史的な産物であり、したがってだいたいにおいて一国の文化段階によって定まるものであり、ことにまた、主として、自由な労働者の階級がどのような条件のもとで、したがってどのような習慣や生活要求をもって形成されたか、によって定まるものである。だから、労働力の価値規定は、他の諸商品の場合とは違って、ある歴史的な精神的な要素を含んでいる。とはいえ、一定の国については、また一定の時代には、必要生活手段の平均範囲は与えられているのである。

労働力の所有者は死を免れない。だから、貨幣の資本への連続的な転化が前提するところとして、彼が市場に現われることが連続的であるためには、労働力の売り手は、「どの生きている個体も生殖によって永久化されるように」、やはり生殖によって永久化されなければならない。消耗と死によって市場から引上げられる労働力は、どんなに少なくとも同じ数の新たな労働力によって絶えず補充されなければならない。だから、労働力の生産に必要な生活手段の総額は、補充人員すなわち労働者の子供の生活手段を含んでいるのであり、こうしてこの独特な商品所持者の種族が商品市場で永久化されるのである。（1の1－223～225）

ところで、日本では、現在、『資本論』が規定するような家族の再生産に必要な賃金、すなわち「家族再生産賃金」が労働者サラリーマンに支払われているのでしょうか。

日本の賃金は「単身者賃金」と言われています。つまり労働者サラリーマンの個人独りしか生活できないような賃金水準だということです。特に青年層や非正規雇用の労働者サラリーマンの賃金はその傾向が強く表われています。欧米に比べて初任給が低い水準に抑えられていること、年功序列型賃金で青年層の賃金が最も低い水準に置かれていることなどが、その要因として考えられています。正規雇用でも「単身者的賃金」の要素が濃いですから、住宅ローンや教育ローンや不慮の出費或は多少の生活のゆとりを得たいために夫だけでなく妻も働く共稼ぎ世帯が多くなるのは、当然のことになります。女性の就業率は既に五〇パーセントを越えています。女性が働くこと、母親が外に出て働くことが当たり前の時代になりました。しかし、女性の就業は男性に比べて非正規雇用が大きな割合を占めていますから、低賃金の労働が常態と化しています。この場合、女性労働者の賃金は、「単身者的賃金」にも相当しないような、まさに文字通り「家計補助的賃金」である場合が多いのです。

我が家も結婚以来ずっと共稼ぎをして来ました。今考えると眼の回るような忙しさで、子供の成長をじっくり見るようなゆとりもなく過したなと思います。若いから、体力もあり気力も充実していたから、子供を育てながら働くことができたのではないでしょうか。我が家の共稼ぎの理由は、もちろん夫婦各自の労働のやり甲斐感はあったでしょうが、それ以上に一戸建ての持ち家のローンを返すために、共働きが必要だったのです。この共稼ぎをして腹が立ったのは、保育料の高さです。世帯の収入状態によって保育料に高低があるのですが、いつも最高額でした。このため、妻の給料の手取額が、三人の子どもの保育料でほとんど消えて行きました。私の世帯の保育料の一〇分の一にも届かない保護者が、高級車で保育園の送り迎えるに来るのを見ると一体どうなっているのだと腹が立ちました。子育て支援と言いながら、今でも保育料は保護者世帯の所得が規準になって決められています。子育て支援と言うのならば、小中学校の義務教育のように、原則として無料にするべきです。この保育料の高さも保育園数の不足とともに人口減少に歯止めがかからない一つの要素になっているのではないでしょうか。

ところで、『資本論』は、共稼ぎ家庭の状況について次のように書いています。

家族の機能の或るもの、たとえば子供の世話や授乳などは、まったくやめさせてしまうことができないから、資本に押収された家庭の母は、多かれ少なかれ代理人を雇わなければならない。家族の消費のために必要な労働、たとえば裁縫や修理などは、既製品の買い入れによって補わなければならない。だから、家庭労働の支出の減少には、貨幣支出の増加が対応するのである。したがって労働者家族の生産費は増大し、それが収入の増加分を相殺してしまうのである。そのうえ、生活手段の消費や調達にさいしての節約や合目的性は不可能になる。（1の1‐516）

この文章は、そのまま現代の共稼ぎ家庭の実態を活写しているのではないでしょうか。

さて、このように日本の労働者サラリーマンの賃金は、「単身者賃金」「家計補助的賃金」が中心になっていて、『資本論』が書くような「家族再生産賃金」になっていません。さらに問題なのは、日本の賃金は二重構造へ分裂していることです。大企業と中小企業の労働者サラリーマンとの間には賃金の格差があります。大企業の労働者サラリーマンの賃金総額の七〇パーセントくらいにしか中小企業のそれは相当しないと言われています。しかもこれは、正規雇用の場合の賃金水準比較です。同じ大企業で働いていたとしても、臨時・嘱託・派遣などの非正規の労働者サラリーマンの年収は、正規雇用の二分の一、三分の一にしかならないと聞きます。同じ労働者サラリーマンといっても、その賃金収入には雲泥の差があるのです。このような賃金の二重構造は、結局のところ大企業の資本蓄積を増大し、大企業がますます大きく太るバネになっていることはもちろんですが、不況の時の雇用調整に大企業の非正規雇用や中小企業の労働者サラリーマンが利用されていることを意味します。この日本独特の賃金の二重構造への分裂は、欧米には見られない現象です。もちろん欧米でも企業規模や正規・非正規の違いによる賃金格差はありますが、日本のように極端に酷くはありません。非正規雇用でも正規雇用の八〇パーセントの年収は稼ぐことができると言われます。これは大企業と中小企業との賃金比較にも言えることです。

そして、このような所得格差を、資本家（企業家）を含めた社会問題として考察するならば、『資本論』が引用するJ・S・ミルの次の言葉は、今日でも真実ではないでしょうか。


J・S・ミルは彼の『経済学原理』第二編第一章第一節のなかで次のように言っている。「労働生産物は今日では労働に反比例して分配される――最大の部分は少しも労働しない人々に、その次に大きな部分はほとんど名目的にしか労働しない人々に分配され、こうして労働が激しくなり不快になるにつれて報酬はますます小さくなってゆき、最後に最も骨の折れる最も疲れのひどい肉体労働では生活必需品を手に入れることさえおぼつかないことになる。」〈岩波文庫版、末永訳、(2)、二八ページ〉（1の2―797）

すなわち少数の余り労働しない金持ちと毎日のように汗水流して一生懸命労働する相対的に貧しい多数の労働者サラリーマンに社会は二極分解していると。そして、その底辺では「最も骨の折れる最も疲れがひどい肉体労働では生活必需品を手に入れることさえおぼつかないことになる」労働者サラリーマンが多数存在するということです。

賃金の二重構造への分裂には、もう一つの側面があります。これまで賃金総額という量的な格差を見て来ましたが、賃金体系がそもそも大企業と中小企業、正規と非正規雇用では違うのです。大企業や官公庁の賃金体系は年功序列型賃金が中心になっています。これに対して、中小企業の賃金体系は非年功序列型賃金が中心になっています。言うまでもなく、年功序列型賃金とは年齢が上がるにしたがって基本給の賃金も上昇して行き、定年時が最も高くなるような賃金体系を言います。これに対して、非年功序列型賃金と言うのは、就職から年齢が上がるにしたがって一〇年程度までは基本給は上昇して行きますが、それ以後は横ばいに停滞し定年まで同じ基本給がずっと続くような賃金体系を言います。したがって年功序列型賃金は、中途採用はともかくとして、初めて就職した時の基本給が最も低く、定年の時の基本給が最も高いということになります。

誤解のないように言いますと、年功序列型賃金と言っても職務職階制がとられているということです。私が勤めていた市役所でも職務給として、運転手・清掃員・用務員などの現業職、行政事務を担当する一般行政職、医師・看護士などの医療職、高校教員などの教職の四つの職務給に大きく分かれていました。これは職務の内容によって大枠の給料表そのものが違うということです。ブルーカラー、ホワイトカラー、専門職によって給料表が違っているのです。

それから一般行政職の職階給では、係員、係長職、課長補佐職、課長職、次長職、部長職によって基本給が階層的秩序を形成しており、基本給の等級がそもそも違います。なお、行政職であっても市長、副市長、教育長などは特別職ですから、独自の給料表を使うことになります。一般行政職の例で言いますと、係長職に就任しそのまま定年まで係長職に留まった職員は、係長職の給与等級を使い続け、何年間は給与の号級は上がりますが、それも行き止まりになると、定期昇給（ベアアップ）の時にしか給与は上がらないということになります。したがって、基本給を上げようと思えば、職階の階段を順調に飛び越えて行く必要があります。いわゆる出世のスピードが速い職員ほど給与が上がるのも速いという賃金体系になっているのです。単に年齢だけではなく職階の功績も加味されてつくられているのが、年功序列型賃金なのです。年功序列型の賃金体系の中にも、労働者サラリーマンの間に激しい出世競争が働いているのです。

このような官公庁における職務職階給の年功序列型賃金体系は、職務の区分や職名職階の違いはあっても、大企業の場合も本質的に変わりないと思います。大企業の場合は、成果主義や年俸制などが取り入れられ、賃金体系に変化が出て来ていますが、年功序列型賃金が中心になっていることに変わりはありません。この賃金体系にたいしては「悪平等」との批判もありますが、労働者サラリーマンの人生設計を考えた家族生活給の側面があることは否定できないように思います。子供が誕生し、子供が増え子供が成長するにしたがって教育費もかかります。借家から持家の暮らしに変化していくと、住宅ローンの負担も大きくなります。さらに定年も近くなると老いた親の面倒を見るという扶養費も膨らんで来ますし、定年後の貯えも必要になります。こうした労働者サラリーマンの人生設計と生活の変化に年功序列型賃金がマッチングしていることが、この制度が日本の労働環境に根付いた要因ではないでしょうか。『資本論』が言うように、賃金は労働者サラリーマンの家族再生産費であるという要求に対応した賃金体系の側面を年功序列型賃金がもっていると見ることもできます。

さて、『資本論』はマニュファクチャー経営では、次のように賃金の格差が生まれると言っています。

> 全体労働者のいろいろな機能には、簡単なものや複雑なもの、低級なものや高級なものがあるので、彼のいろいろな器官である個別労働力は、それぞれ非常に違う教育を必要とし、したがってそれぞれちがった価値をもっている。だから、マニュファクチュアは労働力の等級制を発展させるのであり、これに労賃の等級が対応するのである。（1の1‐459）

これはマニュファクチャー経営の手工業労働ですから、年齢とともに経験も積み知識が増え労働技量が向上して行き、技量の格差が生じ、それが賃金に反映することになります。しかし、機械制大工業経営では、労働が機械化・合理化されて行きますから、最初の数年は技量の格差が生じるとしてもわずかなものであり、年功序列型賃金よりも同一労働・同一賃金がふさわしいように思います。実際、欧米の賃金体系は日本の中小企業のように非年功序列型の賃金体系をとっています。すなわち、就職してから一〇年くらいは賃金が徐々に上がって行きますが、そのあとは賃金が一定の線を描き定年を迎えるというように、同一労働·同一賃金の側面が強いようです。とすれば、日本では圧倒的多数の労働者サラリーマンが、中小企業で働いていて、しかも欧米の労働者サラリーマンのほとんどが非年功序列型賃金ですから、先進資本主義諸国では同一労働·同一賃金の方が一般的性格をもっていると言うこともできます。他面から言えば、日本の大企業や官公庁が慣行する年功序列型賃金というのは、きわめて日本的な特殊な賃金体系と言うことができます。しかも、この年功序列賃金と終身雇用と企業別組合がワンセットになっていますから、ますます日本独特の労働慣行となっていると言えます。このことが、会社の外の社会も自分の家庭も顧みない、ただ自分の会社だけの利益のために奉仕する「社蓄」(佐高信)が生まれる温床になっているのです。企業一家主義が労働組合も含めて形成されることになります。

付言すれば、欧米の労働組合が企業の壁を越えた横断的産業別組合が一般的であるのは、同一職務・同一労働によって公共団体でも私企業でもほぼ同一賃金が形成されていることが、一つの要因になっているのではないでしょうか。たとえば、バス運転手ならば公共団体と私企業、或は大企業と中小企業などの経営の形態や規模の違いに関係なく、同一労働・同一賃金が一般的で、賃金格差が小さいことが横断的な産業別組合の形成をしやすくしているように思います。これは、自動車や家電の工場労働者にも、またホワイトカラーのサラリーマンにも同じことが言えると思います。また、そうした横断的な同一労働の産別組合だから、ほぼ同一の賃金水準を保つことができるとも言うことができます。とすれば、日本の年功序列賃金と終身雇用と企業別組合の三位一体の労働慣行は、ある局面において労働者サラリーマンを差別し分断し、その団結と連帯を妨げて、資本が統治支配しやすくするシステムだとも言うことができます。

ところで、日本の賃金は基本給と特別手当で構成されています。特別手当には、配偶者手当、扶養者手当、住居手当、通勤手当、特殊勤務手当、ボーナスと呼ばれる夏期・冬期の季節手当、残業手当、管理職手当などがあります。そのほか、会社企業によってなんだか分からないような手当がいっぱいあります。日本の賃金構成は欧米と比較して、特別手当の種類が多いこと、賃金総額に占める特別手当の割合が大きいことに特徴があると言われています。つまり、賃金総額に占める基本給の割合が相対的に小さいということです。特別手当は基本給と違って、資本の側にとって増減の操作可能なものですから、資本にとって好都合な賃金構成と言うことができます。聞くところによると、初任給が一般企業より高いと思って入社したら、その賃金は一カ月一〇〇時間近い残業を強いられる残業手当と基本給のセットになったものというブラック企業があるということです。これなどは労働者サラリーマンに対する詐欺的行為であり、基本給をできるだけ引き下げて特別手当を異常に大きくする資本の側に都合のよい賃金構成になっている常識を逸脱した賃金と言えるのではないでしょうか。こうしたブラック企業或はブラック的企業が増殖している現状を、労働者サラリーマンは決して見逃してならないと思います。それは、明日は自分の身に降り掛かる火の粉だからです。労働者サラリーマンにとって対岸の火事と暢気に構えてはいられないのです。

さて、日本の賃金制度は欧米と違い額面賃金と手取賃金の落差が大きいと言われています。日本の賃金は、支給された賃金額から所得税、住民税、健康保険料、年金保険料、失業保険料、介護保険料、共済組合費、労働組合費などの控除額が多種にわたり、実際に自分が手にする賃金額と額面額との間に大きな落差があるのです。したがって、労働者サラリーマンの賃金額を尋ねる場合には、額面額であるのか手取額であるのか確認する必要があります。手取額が小さくても額面額が大きい場合があるからです。額面額と手取額の賃金落差について欧米との違いが生じるのは、賃金から税金を控除する源泉徴収制度が日本では徹底しているからです。欧米の賃金制度には原則として源泉徴収の制度はありません。みんな年度末に確定申告をして自分で税金を収めます。自主納税が徹底しているのです。日本は徴税費用をできるだけ削るために雇用主（資本家）に源泉徴収制度を義務付けています。ここでは資本家が政府の肩代わりをさせられていることになります。日本の労働者サラリーマンが自主申告するのは、生命保険料、損害保険料、家族の国民年金保険料、医療費、扶養家族の異動など税金控除の対象になる年末調整の場合だけです。私は年金受給者になって自分で確定申告するようになりましたが、もともと所得税がかからないほどの収入ですから難しいものではありません。写真業を営んでいた父や兄は、確定申告の時期である三月が来ると、忙しくしていたことを思い出されます。自営業の場合は収入も多岐にわたりますが、それ以上に費用支出が多岐にわたります。毎日きちんと帳簿を付けていれば良いのでしょうが、日々の仕事に追われ、ついつい確定申告の時期まで伸びてしまい、一気に一年の収支決算書を作成することになりますから、大忙しの事態になってしまうのです。労働者サラーマンの源泉徴収制度が日本で導入された理由は、給与収入は一〇〇パーセントの所得補足率を達成できるという税徴収の確実性にあります。一九六四（クロヨン）と俗にいわれるように、労働者サラリーマンは九割、商工等自営業者は六割、農林水産業者は四割と所得補足率に落差があることを言い表したものです。これは、政府が税金を取りやすい所から取るという姿勢を表わしたものです。労働者サラリーマンも自分で確定申告して自分の手で税金を収める自主申告制度に切り替えれば、税金に対する意識も違ってくるのではないでしょうか。その結果、政府の歳入歳出の財政政策にも関心が高まり、政治意識も変わってくるように思います。労働者サラリーマンの政治意識を変えるためにも、自主申告制度に切り替えるべきではないでしょうか。しかも、今はインターネットで確定申告できる時代ですから、政府の徴税費用が嵩むようなことはありません。そして、なにごとも変革は小さな一歩から始まります。

さて、賃金には名目賃金と実質賃金の違いがあります、賃金は労働者サラリーマンの家族再生産費、すなわち家庭の生活費、家庭の個人的消費でした。いかに高い賃金を稼いでいたとしても、個人的消費の物価水準が高くては、実質賃金は相対的に低いものになります。逆に賃金はそれほど高くなくても、消費者物価の水準が低ければ、実質賃金は相対的に高いものになります。言い換えれば、インフレの時代には名目賃金が上昇したと喜んではいられないということです。名目賃金の上昇率と物価水準の上昇率とを比較する必要があるからです。言うまでもなく、名目賃金の上昇率が物価水準のそれを上回っている場合には実質賃金が上昇したと言えます。反対に、物価水準の上昇率が名目賃金の上昇率を上回れば、実質賃金は低下したことになります。概して賃金水準の上昇は物価水準の上昇を追うようにして後で上がるのが普通ですから、労働者サラリーマンの名目賃金の上昇は物価水準の上昇に吸収されてしまい、実質賃金の上昇はわずかなものになるかマイナスになるケースも出て来ます。高度経済成長時代のインフレーションやその後のスタグフレーションでは物価値上げ反対運動が大きな社会問題になりましたが、それは労働者サラリーマンの家庭がなんとか実質賃金の引下げだけは食い止めたいという切実な欲求から発した声だったのではないでしょうか。そして、デフレの時代には名目賃金に変化がなくても物価水準は低下していますから、実質賃金は上がることになります。名目賃金の低下率が物価水準の低下率を下回っている場合も、実質賃金は上がることになります。それでは、「失われた二〇年」の現在はどうでしょうか。名目賃金の下落率が物価水準の下落率を上回り、実質賃金の低下を招いたと言うことができます。投資・賃金・物価・消費との間にマイナスのスパイラルが働く状況が続いたのです。ますます景気が低迷し、労働者サラリーマンの名目賃金ばかりでなく実質賃金が下がる時代が続きました。いずれにしても、賃金の実質は物価水準との関係を考えなければ即断できないということです。そして、インフレかデフレかは問わず、労働者サラリーマンの実質賃金は下がる傾向にありますから、物価値上げ反対や賃金引上げの運動は労働者サラリーマンの生活を支えるための重要な柱になります。

さて、『資本論』は時間賃金と出来高賃金の区別について論じています。時間賃金は、労働者サラリーマンであれば誰でも知っているように一日の標準労働時間を単位にして時給、日給、週給、月給で賃金が支払われる形態を言います。今日では時間賃金が普通であり、一般的です。これに対して、出来高賃金とは一日の標準労働時間を単位として一個いくらの完成製品が一人の労働者で何個つくることができたか、その個数で賃金が支払われる形態です。労働者個人の体力、集中力、技能が生産する商品に直接的に反映する賃金形態です。これは有機的分業や協業的分業ではありえず、一人の労働者が独りで完成製品をつくるという点を考えると、異種的分業でのみ可能となる賃金形態です。『資本論』の時代には、機械制大工業の工場でも時間賃金と並んで出来高賃金が一般的でした。今日の工場では、大企業でも中小企業でも出来高賃金が適用されているところはほとんどないのでないでしょうか。嘗ての家庭における内職は、出来高賃金でした。また、今日では、新聞配達、自動車や生命保険のセールス、ヤクルト販売員、タクシー運転手など、工場ではありませんが、商業・交通分野で出来高賃金が見受けられます。配達数、契約額、販売額の高低によって賃金の高低に違いが出て来ます。もちろん基本給が設けられている場合がありますが、きわめて低く抑えられています。この出来高賃金について、『資本論』は労働者サラリーマンの競争力が高められ、資本の労働生産力を向上させる一つの手法と書いています。資本にとっては、労働者個人に支払う賃金に高低はあっても、平均すれば賃金総額の支払は変わらず、しかも労働生産性は向上するのですから、資本にとってメリットの大きい賃金形態と言うことができます。また『資本論』は、出来高賃金は標準労働時間内の生産物の数量を問題にしているだけだから、本質は時間賃金と変わらず、時間賃金の変形したものだと言っています。

この出来高賃金で有名なのは、一九二〇年代にアメリカの工場で発明されたテーラー・システムです。テーラーは一人の労働者が一個の製品を生産するために、何分かかるかを標準化し、標準個数より上回る製品を生産した労働者の賃金は引上げ、それを下回る労働者の賃金を引き下げました。そのため彼は、一個の製品を生産する作業工程を細分化し、細分化された作業をストップウォッチで計測し、一単位製品当りの標準労働時間を割り出したのです。テーラー・システムが、時間管理法と呼ばれるゆえんです。その結果、労働生産力は驚異的に向上し、産業資本に大きな利潤をもたらしました。これに対して、資本の側からは当然賞賛する声があがりましたが、労働の側からは人間労働を細分まで管理するものだと批判の声があがりました。シモーヌ・ヴェイユも『労働と人生についての省察』の中で、自らの工場労働の体験に基づき、テーラー・システムを非人間的な管理法だと鋭く批判しています。

いずれにしても時間賃金か出来高賃金かの区別に関係なく、どちらにしても資本が労働者サラリーマンの人間労働を搾取する賃金形態であることに違いはありませんし、要は、その搾取形態がどちらの方が巧妙かという問題だけだと思います。

さて、賃金は景気循環と密接な関係をもっています。言うまでもなく景気が良ければ賃金は上昇しますし、景気が悪ければ賃金が下降します。これは中学生でも知っている資本主義社会の一つの法則です。と同時に、景気循環は失業率との密接な関係をもっています。景気が良ければ失業率が低下し完全雇用が達成されることもあります。そして、景気が悪ければ失業率が上昇し、大量失業が発生する場合もあります。これもまた、資本主義社会の一つの法則です。

『資本論』は、景気循環と失業者＝産業予備軍＝相対的過剰人口との関係について、次のように述べています。

人間の大群が、突発的に、しかも他の面で生産規模を害することなしに、決定的な点に投入されうるようになっていなければならない。過剰人口はそれを供給するのである。近代産業の特徴的な生活過程、すなわち、中位の活況、生産の繁忙、恐慌、沈滞の各時期が、より小さな諸変動に中断されながら、一〇年ごとの循環をなしている形態は、産業予備軍または過剰人口の不断の形成、その大なり小なりの吸収、さらにその再形成にもとづいている。この産業循環の変転する諸局面は、またそれ自身、過剰人口を補充するのであって、過剰人口の最も精力的な再生産動因の一つになるのである。（1の2－824）

いずれにしても、ほぼ一〇年を周期にして「繁栄と恐慌」を繰り返して発展して行くのは、資本主義社会の内的な運動法則だということになります。資本家も労働者サラリーマンも天国を経験したと思えば、地獄の底に突き落とされるということです。賃金が上昇して喜んでいると、しっぺ返しを喰い賃金が下降するということです。活況と繁栄の時期に貯えた金は、恐慌と沈滞の時期に跡形もなく消失してしまいます。そうであれば、資本家（企業家）も労働者サラリーマンも中位の活況が永続することを望むはずです。そうならないのが、資本主義の資本主義であるゆえんであり、資本主義の宿命と言うことができます。その原因は、資本の利潤極大化の欲求と社会的生産の無政府性にあることは否定できないでしょう。

さて最初に提起した問題を考えることにしましょう。資本主義社会の中で労働者サラリーマンの生活は、絶対的窮乏化の法則に支配されているのでしょうか。それとも相対的窮乏化の法則に支配されているのでしょうか。賃金論に言い換えれば、労働者サラリーマンの賃金は家族が生きるだけやっとのカツカツの極貧生活しか送れないものなのでしょうか。極貧と貧乏は労働者サラリーマンに付いて離れない運命なのでしょうか。『貧乏物語』（河上肇）は、労働者サラリーマンの普遍的な物語なのでしょうか。それとも、労働者サラリーマンの賃金は、景気循環の変動があったとしても、労働生産力の進歩によってその平均的実質水準は資本主義が発展するにつれて徐々に上昇して行き、豊かになって行くのでしょうか。「ゆたかな社会」が労働者サラリーマンにも訪れ、『貧乏物語』から解放され、極貧と貧乏は昔話になるのでしょうか。そして、労働者サラリーマンの窮乏は、資本家（企業家）の豪奢な生活と比べての相対的なものでしかないのでしょうか。

『資本論』は、どちらかと言うと、前者の絶対的窮乏化の法則に傾いているように思います。しかし、『資本論』の景気循環論、資本蓄積論、資本構成論を見るかぎり、後者の相対的窮乏化の法則が正しいように思います。これは、『資本論』が一九世紀半ばのイギリス資本主義の現実、特に労働者階級の労働と生活の現実に『資本論』が制約されていたからではないでしょうか。そこでは、労働者階級の『貧乏物語』は余りにも日常的でした。資本主義の発展が、労働者サラリーマンに豊かな生活を導き出すとは、とても想像できなかったのです。『資本論』も時代の子です。時代に制約されています。しかし、古典としては現代を照射する面をもっています。この時代に制約される面と時代を越えた普遍性をもっている面を併せもっているのが、古典の古典たるゆえんであり、私たちが古典を学ぶ価値もそこにあると思います。

労働者階級の窮乏化が相対的なものでしかないという現実は、『資本論』が出版されてから三〇年後の一九世紀末、イギリス資本主義の成長発展によって現実のものになりました。ドイツ社会民主党のベルシュタインは、生前マルクスにも会い、エンゲルスにも師事した革命家ですが、労働者階級の窮乏化は相対的なものであり、絶対的なものではないと主張しました。イギリスの労働者階級における労働時間の短縮、実質賃金の上昇、スポーツを始めとしたレジャーの普及などの現実を彼は見聞して、絶対的窮乏化論から相対的窮乏化論へ宗旨を変えたのです。これに対して、同党のカウツキーは「鉄の賃金法則」を主張して、絶対的窮乏化法則を曲げようとしませんでした。この二人の党内論争はカウツキーの勝利に終わりましたが、ベルシュタインの主張は第二次大戦後の先進資本主義諸国の成長発展によって、その正しさが証明されました。

労働者階級の相対的窮乏化の現実は、日本でも大正時代の第一次世界大戦（一九一四〜一九一八年）が招き寄せた戦争好景気、一九二〇年代のアメリカの好況とバブル景気によっても部分的に現実のものとなりました。しかし、その後の昭和恐慌と世界大恐慌は、かえって絶対的窮乏化法則を現実化し、相対的窮乏化法則は後退して行きます。そして、昭和恐慌は日本の軍国主義化を推し進め、日中・太平洋年戦争を誘発し、また世界大恐慌は第二次世界大戦の原因になりました。したがって、労働者階級の相対的窮乏化が永続的現実として否定できなくなったのは、第二次世界大戦後の高度経済成長と「高度大衆消費社会」が登場してからと言うことになります。

ところで、「失われた二〇年」の現在はどうでしょうか。貧しい労働者サラリーマンはますます増え、少数の資本家（企業家）など支配者層の富だけがますます大きくなってはいないでしょうか。中流にいた労働者サラリーマンはますます下流へ流れ、中流階層が痩せ細って来ていないでしょうか。下流の労働者サラリーマンでは絶対的窮乏化が支配的になり、中流の労働者サラリーマンは相対的窮乏化が支配するという、賃金・生活の二重構造化が現実になっているように思います。これは、日本だけの現象ではなく、アメリカでもより怜悧に表出しています。『プレカリアート』（雨宮処凛）、『反貧困』（湯浅誠）、『貧困大国アメリカ』（堤未果）が注目を集めるゆえんです。これは、一面において労働者階級の絶対的窮乏化法則が真であり、他面において相対的窮乏化法則が真であるという相矛盾した状況を現わしています。これが一九三〇年代の世界大恐慌のような状況が再来して、再び資本主義社会の振り子が絶対的窮乏化の方へ大きく傾くのか、それとも相対的窮乏化の方へ揺れ戻すのか、予断は許さない状況にあるのではないでしょうか。それはともかくとして、労働者サラリーマンの下流貧困層が厚くなり且つ停滞していること、そして労働者サラリーマンが中流安定層から下流貧困層へどんどん流動化して行っていること、この二つがとても気がかりです。それが悪夢への変化の兆しでなければよいのですが……。

さて、失業も完全雇用も資本主義社会の景気循環に規制され制約されていることは、前に述べました。景気循環の波動によって、好況の時は失業者を吸収し、剰え労働力不足まで生み出し、反対に不況の時は失業者を大量に排出し、受救貧民（生活保護受給者）を増大させると言いました。その好況から不況へ変わる潮目は、繁栄から恐慌への急激な転落でした。

この景気循環による雇用変動と並んで、『資本論』は労働者階級の失業者＝産業予備軍＝相対的過剰人口は資本蓄積によって生みだされ、資本主義社会に特有な人口法則を形成すると言っています。すなわち、資本蓄積が増大すれば雇用者は増大し失業者は減少し、資本蓄積が減少すれば雇用者は減少し失業者は増大します。そして、資本蓄積と雇用者・失業者の関係は前者が独立変数、後者が従属変数の関係にあります。言い換えれば、雇用者・失業者の人口は資本蓄積の数量によって規制される相対的なものであり、絶対的なものではないということです。そして、資本蓄積が巨大なものに成長すればするほど、雇用者・失業者の満潮と干潮の落差は大きなものになり、完全雇用の後に大量失業が発生することにもなります。このことについて、『資本論』はこう述べています。


労働者人口は、それ自身が生みだす資本蓄積につれて、ますます大量にそれ自身の相対的過剰化の手段を生みだすのである。これこそは、資本主義的生産様式に特有な人口法則なのであって、じっさい、どの特殊な歴史的生産様式にも、それぞれ特殊な歴史的に妥当する人口法則があるのである。抽象的な人口法則というものは、ただ動植物にとって、人間が歴史的に干渉しないかぎりで、存在するだけである。

しかし、過剰労働者人口が蓄積の、言い換えれば資本主義的基礎の上での富の発展の、必然的産物だとすれば、逆にまたこの過剰人口は、資本主義的蓄積の槓杆に、じつに資本主義的生産様式の一つの存在条件に、なるのである。（1の2－821～823）

これは、『資本論』のマルサス『人口論』に対する反論です。ご存知のように、マルサスの人口論は、人口が幾何級数的に増加するのに比して、食糧は算術級数的にしか増加しないと主張します。その結果、人口の増加を放置すれば、人口の貧困や飢餓や餓死は避けられなくなると言うのです。そのため、彼は人間の道徳的抑制による産児制限が必要だと訴えました。これに対して、『資本論』は、アイルランドの実例を引きながら、アイルランドでは短期間でアメリカなどへの人口流出が一〇〇万人単位で減少したにも関わらず、アイルランド農民と労働者の飢餓と貧困は一向に改善されず、ますます状況は酷くなっていると反論します。したがって、食糧と人口との関係だけで人口問題を解決しようとするのは間違っていると主張します。そして、人口問題にはマルサスの言うような絶対的法則はなく、異なる時代の異なる社会に特有な法則しかないと言うのです。マルサスの人口法則は動植物が生きる自然界にだけ通用する抽象的な人口法則であり、人間社会の具体的な人口法則でないと否定します。

そして、資本主義社会に特有な人口法則は、資本蓄積の内部矛盾が労働者階級の失業者＝産業予備軍＝相対的過剰人口をつくり出すことにあると言うのです。しかし、『資本論』は資本主義社会に特有な人口法則については論じていますが、近代資本制社会以前の時代の社会における人口法則については一切触れていません。中世封建制社会、古代奴隷制社会、原始共産制社会の人口法則はいかなるものかまったく暗示もしていません。そして、未来の無階級社会の人口法則はどうなるのが望ましいのか、この問題にもなに一つ答えていません。したがって、労働者階級の相対的過剰人口がなにゆえ資本主義社会に特有な人口法則なのか、その特有性が浮かび上がって来ないのです。

それはともかくとして、なぜ資本主義社会に労働者階級の失業者＝産業予備軍＝相対的過剰人口という現象が普遍的に発生するのでしょうか。それは、どんな要因の組合せから起るものなのでしょうか。

その第一の要因は、前にも述べた通り景気循環の変動です。好景気の時には完全雇用や高賃金が実現されるのに対し、不況の時に失業者の大量発生と賃金の低下が現出します。この繁栄と恐慌を繰り返す資本主義社会の景気循環が、失業者＝産業予備軍＝相対的過剰人口の流動化をつくり出す要因だと言うことができます。言い換えれば、資本蓄積の増殖と収縮の運動が景気循環の満潮と干潮の運動をつくり出すのです。そして、景気循環の安全弁としてまた調整池として産業予備軍は、資本主義体制にとって欠かせない存在なります。

その第二の要因は、資本構成の高度化です。前にも述べたように資本構成の高度化とは、総資本の中で不変資本が占める割合が可変資本のそれよりも大きくなることを言います。それは言い換えれば、労働生産力向上の資本主義的な表現形態です。このため、景気が良くなってもそれ以前の生産様式の時代に比べて、労働者階級の雇用は相対的に上昇したとしても、絶対数では増大しないという結果を生みます。これが、労働者階級の相対的過剰人口をつくり出すのです。言い換えれば、技術革新は労働者階級の雇用量を増大する方向に働かないで、減少させる方に働き失業者を増大させるということです。

その第三の要因は、資本の集積と集中が進むことです。資本のますますの大資本化、大企業化、大規模化が、資本にスケールメリット、「規模の経済」の利益をもたらし、これまで雇用していた労働者階級よりもさらに少ない人数で資本の展開ができるようになることです。これもまた、資本主義社会が意識せず労働者階級の雇用機会を奪い、相対的過剰人口を創出する要因になっているのです。

その第四の要因は、資本構成の高度化と密接な関係がありますが、資本の利潤率が長期的に傾向的低下の性格をもっていることです。言うまでもなく、利潤率の低下は資本蓄積率の低下を意味しますから、労働力に対する資本の需要も低下して行くことなります。『資本論』は利潤率の傾向的低下の法則については慎重に扱い、単純に法則とは書かず、法則の上に傾向的という形容詞を付けています。いずれにして、資本利潤率の傾向的低下は、労働者階級の相対的過剰人口を恒常的に増大させるものだと言うことができます。

以上、四つの要因が複雑に絡み合って、労働者階級の失業者＝産業予備軍＝相対的過剰人口の法則が資本主義社会を貫くということだけは確かだと思います。そして、相対的という意味は、マルサスの絶対的人口法則を批判する意味、さらには時代を異にする社会に特有な人口法則があるという点から相対的という言葉を用いていることはもちろんですが、特に資本主義社会の人口法則は資本の内的運動に規制される法則ですから、絶対的ではなく相対的と表現したのではないかと思います。

ところで、日本の「失われた二〇年」は人口減少社会を生みだしました。その重要な要因は、中流安定層の下級貧困層への流動化と下流貧困層の増大、失業率の高止まりにあると思います。言い換えれば、労働者サラリーマンの雇用と所得の減少が人口減少を生みだした重要なファクターの一つと考えられるということです。労働者サラリーマンの雇用・所得の増減と人口の増減との間には密接な関係があるように思えてなりません。この問題について、『資本論』は次のように述べています。

過剰資本がそれを指揮する労働者人口に比べて一時的に過剰になっていることは、二重の仕方で作用するであろう。それは、一方では、労賃を引上げることによって、したがって、労働者の子女を減らし滅ぼす諸影響を緩和し結婚を容易にすることによってしだいに労働者人口を増加させるであろうが、しかし、他方では、相対的剰余価値をつくりだす諸方法（機械の採用や改良）を充用することによって、もっとずっと急速に人為的な相対的過剰人口をつくりだし、これがまた―という

のは資本主義的生産では貧困が人口を生むのだから――現実の急速な人口増殖の温室になるのである。（3の1‐274）

すなわち、『資本論』は、雇用と労賃の上昇によっても、またその反対に失業と貧困の増大によっても長期的に人口は増大すると捉えています。とすれば、今の日本の人口減少は、資本主義社会の人口法則から考えても、いかに異常な事態か理解できるのではないでしょうか。それは、また「失われた二〇年」が、単に資産や所得が失われただけでなく労働者サラリーマンの希望が「失われた二〇年」だったことを示しているように思います。子供は「未来への希望」そのものです。子供の出生数が減少したということは、労働者サラリーマンの「未来への希望」が失われていることの直裁的な表明に他なりません。言い換えれば、労働者サラリーマンの「未来への希望」が失われているから、子供の出生数が減り、人口減少社会になったのではないでしょうか。そして、ルソーは『社会契約論』の中で次のよう述べています。

政治的結合の目的は何か？それは、その構成員の保護と繁栄である。では、彼らが保護され繁栄していることを示す、もっとも確実な特長は何か？それは、彼らの数であり、人口である。だから、論争の的になっているこの特長をよそへさがしに行く必要はない。他のすべての条件が等しいとすれば、外からの方策、帰化、植民などによらずに、市民が一だんと繁殖し増加してゆくような政府こそ、まぎれもなくもっともよい政府である。人民が減少し、衰微してゆくような政府は、最も悪い政府である。〈桑原武夫／前川悌次郎訳〉

とすれば、この「失われた二〇年」の政府は「最も悪い政府」ということになります。それは、国民の大部分を占める労働者サラリーマンの「保護と繁栄」を阻害して来た政府であり、彼らの未来への希望を喪失させて来た政府であると言うことができると思います。

さて、『資本論』は産業予備軍を流動的、潜在的、停滞的の三つの層に分類しています。流動的産業予備軍とは、景気の好不況に最も敏感に反応する層です。少し景気が良くなれば、資本はこの層から予備軍を吸い上げて現役労働者軍へ編入させます。景気が悪ければ、この層は資本から排出され予備軍へ逆戻りさせられます。まったく資本の景気循環の直接的な調整池になっているのが、流動的産業予備軍です。これに対して、潜在的産業予備軍とは本来的には失業者なのですが農村や都市家庭の家族労働者として働いていて、表に失業者として出て来ない層を言います。失業状態が農村や都市家庭の壁に覆われて、表に顕在化されない潜在的な失業者を言います。戦後の日本の高度成長は、「民族の大移動」と呼ばれたようにこうした地方や農村の潜在的失業者を資本が吸引することによって生みだされたという側面をもっていました。その結果が、都市の過密と農村の過疎という矛盾でした。地方や農村にはもはや資本が強力に吸引するような魅力をもった潜在的な産業予備軍は、現在の日本には存在しません。代わって日本資本はアジアの潜在的産業予備軍の安い労働力を狙って進出しているのが現状です。最後の停滞的産業予備軍とは、好不況の景気循環にも影響される人々も含まれていますが、その多くは産業予備軍の状況から脱出できず、産業予備軍として社会の底辺に沈殿している層を言います。その大部分は受救貧民（生活保護受給者）です。この層について、『資本論』は次のように述べています。

最後に、相対的過剰人口のいちばん底の沈殿物が住んでいるのは、受救貧民の領域である。浮浪

者や犯罪者や売春婦など、簡単に言えば本来のルンペンプロレタリアートを別にすれば、この社会層は三つの部類から成っている。第一は労働能力があるものである。イギリスの受給貧民の統計にざっと目を通しただけでも、その数が恐慌のたびに膨張し、景気の回復ごとに減少しているということがわかる。第二は孤児や貧児である。彼らは産業予備軍の候補で、たとえば一八六〇年のような大興隆期には急速に大量に現役労働者軍に編入される。第三は堕落したもの、零落したもの、労働能力のないものである。ことに、分業のために転業できなくなって没落する人々、労働者としての適正年齢を越えた人々であり、最後に、危険な機械や鉱山採掘や化学工場などとともにその数を増す産業犠牲者、すなわち不具者や罹病者や寡婦などである。受給貧民は、現役労働者軍の廃兵院、産業予備軍の死重（運搬具自体の重み）をなしている。（1の2－838〜839）

すなわちこの層は、四つに分類されます。一つは、景気循環の好不況によってその員数が増減する部分。二つ目は、「孤児や貧児」です。「彼らは産業予備軍の候補で」、好景気の時には「急速に大量に現役労働者軍に編入」されます。三つ目は、「堕落したもの、零落したもの、労働能力のないもの」です。高度の分業化社会のため転業が不可能な者、「労働者としての適正年齢を越えた」高齢者。そして四つ目は労災犠牲者などです。そして、停滞的産業予備軍＝受救貧民は「現役労働者の廃兵院、産業予備軍の死重」としか表現しようのない存在になっていると言います。そして、この停滞的産業予備軍の四つの分類は、現代の日本やアメリカやヨーロッパなどの先進資本主義諸国にそのまま当てはまる現実ではないでしょうか。

失業者＝産業予備軍や受救貧民（生活保護受給者）は、陰に陽に現役労働者軍に社会的圧力をかけ、彼らの足を引っ張り、現役労働者軍の賃金や労働時間などの労働条件を引き下げる方向へ無意識的に機能します。したがって、産業予備軍と受救貧民が拡大する社会では、現役労働者軍の労働条件は悪くなっても良くなることはありません。このことについて、『資本論』は次のように書いています。

> **労働者階級の就業部分の過度労働はその予備軍の隊列を膨張させるが、この予備軍がその競争によって就業部分に加える圧力の増大は、また逆に就業部分に過度労働や資本の命令への屈従を強制するのである。労働者階級の一方の部分が他方の部分の過度労働によって強制的怠惰という罰を加えられるということ、またその逆のことは、個々の資本家の致富手段になり、また同時に、社会的蓄積の進展に対応する規模での産業予備軍の生産を速くする。**（1の2－829）

現役労働者軍は、産業予備軍と受救貧民を「他山の石」としないで、彼らを意識し、その問題解決に何が自分としてできるか考えることが大事だと思います。というのは、それが結局は、自分たちの労働条件の維持と改善に繋がるからです。現役の労働者サラリーマンが産業予備軍と受救貧民の問題は自分とは何の関係もないと見放すのは、明日は我が身であることを忘却しているとしか言いようがありません。そして、『資本論』も**「労働者階級の極貧層と産業予備軍とが大きくなればなるほど、公認の受救貧民層もますます大きくなる。これが資本主義的蓄積の絶対的な一般的な法則である。」**（1の2－839）と言っています。

そして、今の日本は少数の上流富裕層が富み栄え、多数の労働者サラリーマンが相対的窮乏化へ向かい、その底辺では絶対的窮乏化の貧困が拡大しているのではないでしょうか。貧富の格差社会、「希望格差社会」が生まれているのではないしょうか。『資本論』が引用する「人民の消費力が減退し、労働者階級の窮乏や貧困が増大しているのに、それと同時に上層階級では不断の富の蓄積と資本の不断の増大とが行なわれているということは、この国の社会状態の最も憂鬱な特徴の一つである。」〈一八四三年二月一三日の下院におけるグラッドストンの演説〉（1の2－849）ことを、今の日本を始め先進資本主義諸国は完全に否定することができるでしょうか。この疑問は私独りのものであるならば幸いなのですが……。

そして、失業は極貧と餓死を生み落すことを忘れてはならないと思います。一八三〇年代のイギリスにおける機械制大工業の登場は、独立手工業者である綿布手織工から仕事を奪い、失業の奈落に突き落としました。その結果、『資本論』をして次のように言わしめる状況が現出したのです。

機械が一つの生産分野をだんだんとらえてゆく場合には、機械はそれと競争する労働者層のうちに慢性的な貧困を生みだす。この推移が急速な場合には、機械は大じかけに急性的に作用する。イギリスの綿布手織工の没落は徐々に進行して数十年にわたって長びき一八三五年にやっと終止符をうたれたが、世界史上にこれ以上に恐ろしい光景はない。彼らのうちの多くのものが飢え死にし、多くのものが家族も含めて一日に二ペンス半で暮らした。これと反対に、イギリスの綿業機械は東インドには急激に作用し、東インド総督は一八三四－一八四五年には次のことを確認した。「困窮は商業史上にほとんど比類のないものである。綿織物工の骨はインドの野をまっ白にしている。」（1の1－563～564）

一九世紀前期の機械制大工業の登場、それが生みだす労働生産力の著しい進歩が社会的破壊力へ転化し、その結果がいかに凄まじいものであるかを、この文章は私たちに教えています。そして、失業が極貧と飢餓と餓死への道に直結していることを再認識させます。ここには、資本主義社会が生みだす特有の人口法則、相対的過剰人口の法則が、中世封建制社会が抱えていた飢饉と餓死の問題を違った形態で現実化させたものだと考えることができます。そして、中世封建制社会に特有な人口法則は、飢饉と餓死であると見ることもできます。

最後に纏めを述べたいと思います。

『資本論』の経済学は、嘗て社会主義革命のイデオロギーが盛んだった二〇世紀には、「低賃金と失業と恐慌」の経済学と呼ばれ、かつ考えられていました。一九世紀半ばまでのいわゆる「古典派経済学」は、これらの問題をまったく捨象して顧みることがなかったのですから、当時としては『資本論』は画期的で斬新な経済学だったと言うことができます。なお、「古典派経済学」の中からこの「低賃金と失業と恐慌」の問題に真正面から初めて取組んだのが、ケインズの経済学です。彼の『雇用・利子および貨幣の一般理論』が発表されたのは、一九三〇年代の世界恐慌のまっただ中で苦しむ一九三六年のことでした。彼の経済学を「近代経済学」と呼ぶゆえんです。しかし、『資本論』を「低賃金と失業と恐慌」の経済学と決め付けるのは、かなり一面的すぎます。『資本論』全三部を丹念に読んだ人なら分かっていただけると思いますが、『資本論』は他面において「高賃金と完全雇用と繁栄」の経済学です。『資本論』のこの二面性は、資本主義経済の二面性そのものを反映したものです。資本主義経済自身が、一方において「低賃金と失業と恐慌」の局面をもち、他方において「高賃金と完全雇用と繁栄」の局面をもつことから、その内的法則を分析した『資本論』が二つの矛盾した顔をもつようになったというわけです。これは、資本主義経済に特有な景気循環と景気変動を反映したものでした。「低賃金と失業と恐慌」

の時期と「高賃金と完全雇用と繁栄」の時期を、『資本論』の時代はほぼ一〇年周期で繰り返しながら、経済が成長発展して行ったのです。山あれば谷あり、谷あれば山あり、の軌道を描きながら成長発展して行ったのが、『資本論』時代の資本主義経済であったと言うことができます。因みに景気循環の問題にまともに正面から取り組んだのも、『資本論』が初めてでした。

そして、資本主義経済の二つの局面、二つの顔、一方は短所で醜い顔、悪玉と恐怖の顔、他方は長所で美しい顔、善玉と微笑の顔、この二律相反する矛盾した顔を一つの顔に統合する暗示と示唆を提示したのが、『資本論』の経済学であり、『資本論』の未来論だと思います。言い換えれば、「低賃金と失業と恐慌」の問題を解決し、「高賃金と完全雇用と繁栄」が支配する新しい未来社会への具体的で現実的な道程の可能性を示唆しているのです。「高賃金と完全雇用と繁栄」が持続して行くような社会の構築に向けて、なにが必要なのか、なにをどう変えればよいのか、その現実的処方箋を示唆しているのです。そのヒントはすべて私たちが働き暮らすこの現実の資本主義経済にあるからこそ、『資本論』は資本主義経済の内的法則の分析に集中したのだと思います。これはある意味、弁証法で言う「否定の否定」なのかもしれません。否定するものの内的法則を掴まえないかぎり、本当の否定はできません。「彼を知り、己を知れば、百戦殆《あや》うからず」（孫子）との格言もあるように、資本主義経済、その経済を動かしている資本という「彼」をよく知ること、より広く深く知ること、そのことこそが取りも直さず「己」である賃金労働者をよく知ること、より広く深く知ることに繋がるからこそ、マルクスは『資本論』を書いたのだと思います。資本こそが資本主義経済を動かす中心であるからこそ、彼の経済学は「資本論（Das Kapital.）」と命名されたのではないでしょうか。

ところで、日本の労働者サラリーマンはなぜ他人から月給や年俸を尋ねられた場合、正直に答えないのでしょうか。或は低めに言うのでしょうか。ヨーロッパのある国では、この質問に実にあっけらかんと答えていました。そのお国柄の違いを見て、驚きました。と同時に、日本の文化と習慣について考えさせられました。この問題については、私が答えを出すよりも、みなさんで考えてみて下さい。いくつも正解があるかと思います。因みに私が働いていた市役所では所属課ごとに全職員の給与明細一覧表が回覧され、各自が自分の給料明細の箇所に給与の受領印を押すことになっていましたので、他課は除き所属長を含めて全職員の給与明細書を見ることができました。しかし、私も市役所以外の他の人から給与額を尋ねられても、別に隠す必要はないのですが漠然としか答えませんでした。やはり、私も日本の労働者サラリーマンだったということです。

第一〇章　新しい企業家の登場

財産はないが精力も堅実さも能力も事業知識もある一人の男がこのようにして資本家に転化することができるーじっさいおよそ資本主義的生産様式のもとでは各人の商業価値が多かれ少なかれ正しく評価されるものだーということの事情は、既存の個々の資本家にたいしては絶えずありがたくない新たな射幸騎士を戦場に連れ出すとはいえ、資本による支配そのものを強固にし、この支配の基礎を拡大して、それが社会の下層からの新鮮な力によって補充されることを可能にするのである。それは、ちょうど、中世のカトリック教会が身分や素性や財産を問題にしないで人民のなかの最良の頭脳でその教階制を形成したという事情が、聖職者支配と俗人抑圧とを強固にするための主要な手段だったようなものである。被支配階級の最もすぐれた人物を自分のなかに取り入れる能力が支配階級にあればあるほど、その支配はますます強固でますます危険なのである。(3の2-775)

一九六〇(昭和三五)年は、戦後日本の大きな分水嶺の一つであったということは間違いないように思います。政治面では、日米安保条約改正に反対する学生・市民・労働者などの大衆運動が空前の盛り上がりを見せました。そして、「安保反対」が子どもの流行語さえなりました。経済面では、石炭から石油へエネルギー源を転換する「石油革命」が始まろうとしていました。そのため、九州の三池炭坑では首切り合理化に反対する労働者の争議運動が大きな盛り上がりを見せました。「去るも地獄、残るも地獄」の名言は運動の苦境を表わしています。「資本」の側はもちろん政治面の安保闘争にも関心がありましたが、より一層の関心を示したのは経済面の三池争議だったと言われます。それは、日本のエネルギー革命が国内でたくさんの炭坑を抱える状況の中で、スムースに進行できるかどうかの試金石だったからです。たしかにこの革命は炭坑労働者の反対運動の連鎖を生みましたが、炭坑は廃鉱され、炭坑都市は年を追うごとに衰退して行きました。この年を契機にして、その後、石炭ばかりでなく硫黄・鉄・金・銀・銅などの隆盛を極めていた鉱山が廃鉱になりました。そうした資本家（企業家）が衰滅して行ったばかりでなく、そこで働く労働者サラリーマンが解雇され転職を余儀なくされました。その意味で、一九六〇年は日本の鉱工業の分岐点であり、曲がり角と言うことができます。果たして、今、日本にどんな鉱工業が操業しているのか、まったく検討が付かない状態になってしまいました。

さて、一九六〇年前後の成長産業は、石炭・製鉄・造船・繊維などでした。映画も花形産業でした。しかし、一九六〇年に池田首相が発表した「所得倍増論」は、高度経済成長の波に乗って、一〇年で「国民所得」を二倍にするという目標を七年で達成しました。この「所得倍増論」の所得は国民総生産（GNP）のことでしたが、それでも一人当たり国民所得も一・七倍に増えました。労働者サラリーマンを始めとする国民の所得水準が上昇して行ったのです。貯蓄ではなく「消費が美徳」と叫ばれ、空前の消費ブームが巻き起こりました。一九五〇年代後半の新三種の神器（白黒テレビ・洗濯機・冷蔵庫）は神器ではなく現実のものとなり、3C（カラーテレビ・クーラー・カー〈自家用車〉）が新たな神器になって行きました。この高度経済成長とともに日本に新しい成長産業が登場しました。石油精製・石油化学・家電・自動車・スーパーなどが花形産業としてもてはやされました。それは、新しい企業家のカリスマ的指導によって発展したものでした。トヨタの豊田英二、ホンダの本田宗一郎、松下電器（現パナソニック）の松下幸之助、ソニーの井深大、ダイエーの中内功などは、それを象徴する新しい時代の企業家でした。そのほとんどが、『資本論』が書くように「財産はないが精力も堅実さも能力も事業知識もある一人の男がこのようにして資本家に転化」したものでした。そして、日本の資本主義は、これらの人物の企業家としての「商業価値」を「正しく評価」したと言えます。それは、「昭和の太閤物語」と言ってもよいと思います。

たしかに高度成長は、国民総生産という量の変化でした。しかし、それは同時に産業構造という質的変化によって齎され、推し進められて行きました。それはまた、旧い資本家（企業家）を資本主義の舞台から退場させ、新しい企業家（経営者）が主役を勝ち取る舞台にさせました。言い換えれば、新旧の成長産業の交替という構造変化が、新旧の資本家（企業家）の交替を生み推進したのです。それは、文字通り資本主義の産業革新であり、資本家（企業家）の革新でした。前にも述べたように、絶えざる産業革新と産業進歩は、資本主義の「宿命」です。それは、労働生産力の進歩と商品開発の推進が産業競争に勝ち残るために企業に自律的に強制されることから来ています。産業革新と産業進歩が止まった時、それは資本主義が健全性を失い、病気に罹ったことを意味します。現在の日本はそんな病気とは無縁だと果たして言い切れるでしょうか。その産業革新を人物の面から見れば、「被支配階級のもっともすぐれた人物を自分のなかに取り入れる能力があればあるほど、その支配はますます強固でますます危険なのである」ということになると思います。それにしても、この「危険なのである」ということは、どんなことを意味しているのでしょうか。階級支配の正統性をより高めることの意味なのでしょうか。確かに太閤秀吉は、百姓農民に刀狩りと検地を強制した点において、また「文禄の役」「慶長の役」で朝鮮国を侵略した点において、「危険な男」と言えるのですが……。

第一一章　資本主義と技術革新

彼の労働の生産条件に、すなわち彼の生産様式に、したがってまた労働過程そのものに革命が起きなければならない。われわれが労働の生産力の上昇と言うのは、ここでは、一般に、一商品の生産に社会的な必要な労働時間を短縮するような、したがってより少量の労働により大量な使用価値を生産する力を与えるような、労働過程の変化のことである。そこで、これまで考察してきた形態での剰余価値の生産では生産様式を与えられたものと想定されていたのであるが、必要労働の剰余労働への転化による剰余価値の生産のためには、資本が労働過程をその歴史的に伝来した姿または現にある姿のままで取り入れてただその継続時間を延長するだけでは、けっして十分ではないのである。労働の生産力を高くし、そうすることによって労働力の価値を引き下げ、こうして労働日のうちこの価値の再生産に必要な部分を短縮するためには、資本は労働過程の技術的および社会的諸条件を、したがって生産様式そのものを変革しなければならないのである。（1の1－414～415）

技術革新とは何でしょうか。

技術革新という言葉が日本で一般化したのは、戦後の高度経済成長の時代に発行された経済白書が、一九五六（昭和三一）年と一九六〇（昭和三五）年の二度に亘りこの言葉を使ったことによります。時代が「投資が投資を呼び！」「技術革新が技術革新を呼び！」「消費が消費を呼ぶ！」時代でしたから、経済白書のこの言葉は時宜に適ったものでした。高度経済成長以前には、技術革新という言葉は一般に使われていませんでした。その語源は、シュンペーターが一九二六（昭和一）年に出版した『経済発展の理論』で提唱したイノベーション（innovation）に由来します。シュムペーターはこの発想を『資本論』から得たと言われています。イノベーションは、当初「新結合」（new combination）とも言われていました。シュンペーターの提唱したイノベーションの概念は広く、単に生産技術の革新だけでなく、新商品の開発、新市場の開拓、新資源の開発、企業組織の刷新の五つに亘っており、次のよう述べています。

この概念は次の五つの場合を含んでいる。

一　新しい財貨、すなわち消費者の間でまだ知られていない財貨、あるいは新しい品質の財貨の生産。

二　新しい生産方法、すなわち当該産業部門において実際上未知な生産方法の導入。これはけっして科学的に新しい発見に基づく必要はなく、また商品の商業的取扱いに関する新しい方法をも含んでいる。

三　新しい販路の開拓、すなわち当該国の当該産業部門が従来参加していなかった市場の開拓。ただしこの市場が既存のものであるかどうかは問わない。

四　原料あるいは半製品の新しい供給源の獲得。この場合においても、この供給源が既存のものであるか、――単に見逃されていたか、その獲得が不可能とみなされていたかを問わず――あるいは始めてつくり出されねばならないかは問わない。

五　新しい組織の実現、すなわち独占的地位（たとえばトラスト化による）の形成あるいは独占

の打破。〈塩野谷祐一／中山伊知郎／東畑精一訳〉

この章では、技術革新の意味をシュムペーターほど広義に用いないで、『資本論』が言う「生産様式の革命」を中心としながら、交通通信技術の革新、新商品の開発を含めた狭義の意味で使用したいと思います。

さて、技術革新には二つの段階があります。「技術の発展には、原理的発展と部分的改良の二通りのありかた」（星野芳郎）があります。つまり同じ技術革新と言っても、原理的発展のものと部分的改良のものと発展段階を異にする二つのものがあるのです。前者は一般的に発明・発見と呼ばれるものです。後者も画期的な部分的改良は発明・発見と呼ばれる場合がありますが、技術的原理の革新がない以上、やはり部分的改良の範疇に入ります。『資本論』が出版された一九世紀半ばの技術革新の原理的発展を象徴するものは、製鉄製鋼、蒸気機関車、蒸気船、電信、写真、避雷針、種痘などでした。近現代であれば、電気機関車、ジーゼル船舶、電話、映画、ラジオ、ブルドーザー、ストレプトマイシン、自動車、テレビ、プラスチック、ジェット機、コンピューターなどが原理発展になります。写真技術は一九世紀半ばに銀板写真が発明され、その後二〇世紀末まで湿板写真、乾板写真、フィルム写真と技術革新の部分的改良を積み重ねて来ましたが、終に二一世紀に入りデジタル写真に取って代わられました。これはアナログの化学的処理がデジタルの電気的処理へ写真技術が原理的発展を遂げたことを示しています。第二次大戦で日本の軍隊が開発した零式艦上戦闘機（ゼロ戦）は、当時世界一の戦闘機で発明・発見と呼ばれる場合もありますが、それまであった艦上戦闘機を画期的に変革した部分的改良の産物でした。部分的改良だからやさしいと勘違いしないで下さい。たくさんの相矛盾した要求をかなえる実用機をつくるまでは設計図を何枚も書き直し、新しい部品を調達し、テスト飛行を何回も繰り返し、試作機を作り変えるという困難な作業過程を経て、一つの完成品が誕生します。この部分的改良の難しさは、新商品の開発に担当している産業資本の労働者サラリーマンであれば、日々経験していることです。その部分改良には少なくとも二~三年、長ければ一〇年近くも要する場合があります。また部分的改良の積み重ねが原理的発展に跳躍する場合も希にはありますが、原理的発展はある日突然に外からやってくる場合が多いようです。この意味で、技術の原理的発展は生物学で言う突然変異に近いかもしれません。

さて、次の『資本論』の文章は、産業資本が生産期間を大幅に短縮し、労働生産力の向上を達成した二つの例について紹介したものです。

生産期間を短縮するための主要手段は労働の生産性を高くすることであって、これは通常産業の進歩と呼ばれるものである。もしそのために同時に高価な機械の設備などによる総資本投下のはなはだしい増大がひき起されないならば、したがってまた総資本にたいして計算される利潤率の低下がひき起こされないならば、利潤率は上がるにちがいない。そして、冶金業や化学工業の最近の進歩の多くでは、はっきりそれが見られるのである。近ごろ発見されたベッセマーやジーメンスやギリクスト=トーマスなどの製鉄・製鋼法は、比較的わずかな費用で、以前は非常に長かった工程を最小限まで短縮する。コールタールからのアリザリンすなわちあかね染料の製造は、以前は数年もかかってできた結果を、わずか数週間で、しかもすでに以前からコールタール染料に用いられていた工場の設備で、生みだしている。あかね草の成長には一年が必要だったし、それからさらに数年間その根を成熟させてからやっとそれを染料として用いていたのだった。(3の1-90)

「ベッセマーやジーメンスやギリクスト＝トーマスなどの製鉄・製鋼法は、比較的わずかな費用で、以前は非常に長かった工程を最小限まで短縮する。」技術革新は、すでにあった製鉄・製鋼法を改良したものに過ぎませんから部分的改良になります。しかしあかね染料の生産は、自然的伝統的な生産方法を化学的人工的生産方法に変えたものですから、技術革新の原理的発展に該当します。この技術革新の段階的差異を表わしている『資本論』の文章をもう一つ紹介しましょう。

旧式のブリックプリンティングすなわち更紗の手染めが機械捺染によって駆逐されたところでは、たった一台の機械が一人の男または少年の助けによって一時間で以前には二〇〇人の男がやったのと同じ量の四色更紗を捺染する。一七九三年にイーライ・ホイットニが繰綿機を発明するまでは、一ポンドの綿を綿実から分離するには一日の平均労働日が必要だった。彼の発明によって、一日に一〇〇ポンドの綿が一人の黒人女工によって得られるようになったが、それからのちにも繰綿機の効果はもっとずっと大きくされた。一ポンドの綿繊維は、以前は五〇セントで生産されたがのちにはもっと大きな利潤をあげながら、すなわちもっと多くの不払労働を含めて、一〇セントで売られるようになる。インドでは繊維を実から分離するのにチュルカという半機械的な用具が用いられており、これを使って男一人と女一人とで一日二八ポンドの綿を繰る。数年前ドクター・フォーブスが発明したチェルカを使えば、男一人と少年一人とで一日に二五〇ポンドを生産する。（1の1‐510〜511）

更紗染色が手作業から機械作業へ変わったこと、繰綿作業が手作業から機械作業に変わったこと、この二つは技術革新の原理的発展です。半機械的なチェルカの改善は部分的改良です。言うまでもなく三つとも、産業資本の生産期間を短縮し労働生産力の向上に画期的役割を果たしたことは言うまでもありません。

では、技術革新の目的とは何でしょうか。なんのために産業資本は技術革新に投資するのでしょうか。第一の目的は、これまでも触れて来たように、産業資本の生産期間を短縮して労働生産力の向上を図ることです。そして、この章の最初に掲げた『資本論』の文章が書くように「われわれが労働の生産力の上昇と言うのは、ここでは、一般に、一商品の生産に社会的に必要な労働時間を短縮するような、したがってより少量の労働により大量な使用価値を生産する力を与えるような、労働過程の変化のことである。」と言うことができます。現代風に言い直しますと、最少の費用で最大の効果をあげることが産業資本にとっての技術革新の目的です。その状況を『資本論』は、こう言っています。

『一八五六年の最近の報告』（政府統計）…によって確認された事実は、工場制度が急速に広がっているということ、機械にたいする割合では職工が減って来てきたということ、蒸気機関が力の節約やその他の方法によっていっそう大きな機械重量を運転するということ、そして、作業機の改良や製造方法の変化や機械の速度の増大やその他多くの原因によって製品量の増加が達成されるということである。…各種機械に加えられた大きな改良は機械の生産力を非常に高くした。労働日の短縮が……これらの改良に刺激を与えたということには少しも疑う余地はない。これらの改良と労働者のいっそう強い緊張とは、…（二時間すなわち六分の一）短縮された労働日に、以前はもっと長い労働日に生産されたものと少なくとも同量の製品が生産される、という結果を引き起したのである。〈『工場監督官報告書』一八五八年一〇月三一日、一〇ページ、『工場監督官報告書』一八六〇

年四月三〇日、三〇ページ以下参照〉（1の1－542）

第二の目的は、資本間の競争に勝ち抜くことです。資本は常に競争の中で生きています。競争は資本に負わされた十字架であり、資本の生活条件です。資本の競争は国内の同業他社に限りません。国外の同業他社とも競争しなければなりません。競争にはデザインや広告など非価格競争もありますが、その中心に位置するのは価格競争であり品質競争であり新商品開発競争です。この資本間の競争に産業資本は勝ち抜くため、技術革新に取り組むのです。技術革新に負ければ、価格競争に敗れ品質競争に敗れ新商品開発競争に敗れ、個別資本は資本の競争場裡からはじき出され、二度と競走場裡に戻れなくなるからです。そして、その勝敗を根本的に決定するのは、技術革新なのです。このことに関連して、『資本論』は次のように書きます。

労働手段の大部分は産業の進歩によって絶えず変革される。したがって、それは、元の形ではなく変革された形で補填される。一方では、大量の固定資本が一定の現物形態で投下されていてその形態のままで一定の平均寿命だけを持ちこたえなければならないということが、新しい機械などが徐々にしか採用されないことの原因になっており、したがってまた、改良された労働手段の急速な一般的な採用を妨げる障害にもなっている。他方では、競争戦が、ことに決定的な変革にさいしては、古い労働手段が自然死の時期に達する前にそれを新しいものと取り替えることを強制する。このように事業規模をかなり大きな社会的規模で早期に更新することを強要するものは、おもに災害や恐慌である。（2の208）

この文章はどういう意味でしょうか。固定資本とは機器、機械設備、建物などの生産手段を言います。固定資本は生産過程の商品にその価値を少しずつ移転して行く生産手段ですから、三年とか五年、一〇年あるいは二〇年という長期の更新期間すなわち減価償却期間が必要です。しかも固定資本の買い替えには大きな費用を要しますので、新しいものが出て来たというので直に取り替えることが難しい性格をもった資本です。それが、「新しい機械などが徐々にしか採用されないことの原因になっており、したがってまた、改良された労働手段の急速な一般的な採用を妨げる障害にもなっている。」ということになります。しかし、同業他社が画期的な技術革新を取り入れると、産業資本も競争戦に勝ち抜かなければなりませんから、固定資本の平均寿命に関わりなく技術革新を導入することになります。それが後段の「決定的な変革にさいして」の意味です。そして、火事、洪水、地震、津波などの災害が発生した場合は固定資本も破壊的影響を受けますので、再建する時には最新の固定資本を導入して産業資本は経営を再開することになります。また、恐慌の時は商品の価格水準が最も低下する時ですから、既存の固定資本で競争戦に勝ち抜くことは困難になります。そのために技術革新を導入して固定資本を更新し、さらに労働生産力の向上を図る必要が出て来ます。繁栄時に溜め込んだ資本蓄積の量の大きさによって、こうした苦境の時期に産業資本が技術革新を実行できるかどうか決まって来ます。もし技術革新を導入できなければ、その産業資本は競走場裡から去ることになり、吸収合併されるか倒産するか、いずれにしても自然淘汰されることになります。恐慌の時こそ技術革新が進むと同時に産業資本の集積と集中が進む時期はないと言われるのはそのためです。

第三の目的は、利潤の極大化を実現することです。利潤の極大化と資本価値の増殖は産業資本の目的であり、推進動機です。技術革新の目的は単に労働生産力の向上や資本の競争戦に勝利することにのみあるのではなく、利潤の極大化に究極の目的があります。ある意味、労働生産力の向上や競争戦の勝利は、この利潤の極大化を実現するための手段と見ることもできます。

前にものべたように利潤（剰余価値）の生産には二通りあります。労働者サラリーマンの一日の労働時間を外延的に拡張して必要労働時間（支払労働＝賃金）は据え置き剰余労働時間（不払労働＝利潤）を拡大する絶対的方法、労働者サラリーマンの一日の労働時間はそのまま据え置き、その内包の区分を変え、必要労働時間を収縮させ剰余労働時間を拡張する相対的方法の二つです。言うまでもなく技術革新は相対的方法による利潤（剰余価値）の生産です。この章の最初に掲げた『資本論』の文章「労働の生産力を高くし、そうすることによって労働力の価値を引き下げ、こうして労働日のうちこの価値の再生産に必要な部分を短縮するためには、資本は労働過程の技術的および社会的諸条件を、したがって生産様式そのものを変革しなければならないのである。」とは、このことを言ったものです。

ここで、利潤率には関係しますが利潤（剰余価値）量の生産に直接関係しない不変資本（原料、補助材料、機械設備、建物など）をゼロと仮定して、労働生産力の向上と相対的剰余価値の生産との関係を見て行くことにしましょう。必要労働（支払労働＝賃金）と剰余労働（不払労働＝利潤）との関係は、一対一の比例とします。つまり一〇〇パーセントの剰余価値率（搾取率）ということです。この時の生産額は一プラス一ですから二になります。そこで技術革新が導入されて労働生産力が二倍になり生産額も二倍になったとします。生産額は二掛ける二ですから四になります。しかし、必要労働の一は変わりませんから剰余労働は三になります。剰余労働（利潤）は一から三へ三倍に増えたのです。同じように労働生産力が三倍に向上し、さらに生産額も三倍に拡大したとすると生産額は六になり、必要労働（賃金）の一は変わらないので、剰余労働（利潤）は一から五へ五倍に増加することになります。これが、技術革新による相対的剰余生産の基本形です。

しかし、ここで問題を単純化するために重要な問題を意識的に捨象していました。それは一単位当りの生産した商品の価格がどうなったかという問題です。資本間の競争は前に述べたように価格競争が基本になります。労働生産力の向上によって一単位当りの商品価格が安くなることを条件にして前の計算式を見直す必要があります。必要労働一、剰余労働一、生産額二の商品生産が、今生産量が二倍になったが、商品価格が二分の一になったので、生産額は二になり必要労働、剰余労働の比例一対一も変わらないとすれば、なんのために産業資本は苦労して技術革新したか分かりません。しかし、労働生産力は三倍に上昇して生産量が六になり生産額はその二分一とすると三になります。必要労働の一は変わりませんから剰余労働は一から二へ二倍に増加することになります。これでやっと産業資本は技術革新をした意味を発見することになります。これが四倍に労働生産力が上昇すると、生産量は八で生産額が四ですから必要労働は一で変わらず、剰余労働は一から三へ三倍に増加することになります。産業資本は技術革新を進め、資本間の競争に打ち勝ち、しかも利潤を極大化する欲望を充たすことができたということになります。

しかし、それだけでしょうか。こうした技術革新が資本主義社会総体に起きるとすれば、労働者サラリーマンの賃金水準は変わらなくても、労働生産力の上昇によって物価水準は低下して行きますから、労働者サラリーマンの実質的な生活水準は上昇することになります。一九世紀末期から、特に二〇世紀後半の高度経済成長時代から現代資本主義社会の労働者サラリーマンの賃金水準が上昇し所得水準が向上した大きな要因は、絶えざる技術革新による労働生産力の進歩にあったことは否定できないでしょう。

『資本論』も次のように語っています。

資本主義的生産が進展し、それに対応して社会的労働の生産力が発展し、生産部門も、したがってまた生産物も何倍にも増えてゆけば、同じ価値量がますます増加する使用価値や享楽の量を表わすようになる。（3の1-275）

しかし、技術革新の目的は利潤の極大化にありますから、技術革新を導入すれば人間労働の軽減に役立つことがたとえ分かっていたとしても、資本にとって金儲けに結びつかなければ、残酷な労働でも資本はそのまま利用するという冷たい吸血鬼のような側面をもっていることを、『資本論』は指摘します。

工場法は、児童を二組に分けて、一方を六時間、他方を四時間労働させるか、またはどちらも五時間ずつ労働させるということを強制した。ところが、親たちはこの半日工（half-timer）を以前の全日工(full-timer)より安く売ろうとはしなかった。それだから、半日工は機械によって代わられたのである。鉱山での女や子供（一〇歳未満）の労働が禁止されるまでは、はだかの女や少女を、しばしば男といっしょにして炭坑やその他の鉱山で使用する方法が、資本から見ればその道徳律にも、またことにはその元帳にもあっていたので、それが禁止されてからのちにはじめて資本は機械に手を出したのである。ヤンキーは石を割るための機械を発明した。イギリス人がそれを使わないのは、この労働を行なう「哀れな人」（“wretch” は農業労働者を意味するイギリスの経済学の術語である）は自分の労働のほんのわずかな部分に支払を受けるだけなので、機械は資本家にとって生産を高価にするおそれがあるからである。イギリスでは川舟をひいたりするには今でも馬の代わりに女が使われることがあるが、そのわけは、馬や機械を生産するのに必要な労働は数学的に与えられる量であるが、これに反して、過剰人口の女を養うのに必要な労働は、どのようにでも計算できるからである。それだから、つまらないことに人力が恥知らずに乱費されることは、まさにこのイギリスで、この機械の国で、他のどの国よりもひどいのである。（1の1-513）

ところで、産業資本の技術革新の導入は、一様に同時に実施されるものではありません。個別資本の間にはバラツキが必ず生じます。言い換えれば、技術革新を導入する個別資本の間に先端と後続の差異がつくり出され、先端を行く個別資本は社会的平均価格よりも高い水準で生産することができますから、先端的な個別資本の生産する商品価格と平均価格の間に格差が生まれ、それが先端的な個別資本の超過利潤を形成することになります。この超過利潤を求めて産業資本は技術革新を積極的に導入する側面があるのです。その超過利潤をさらに大きなものにしようと先端的な産業資本は、労働者サラリーマンを超過労働に駆り立てるのです。その短い先端的な個別資本の蜜月のような時期を「初恋の時代」と揶揄して、『資本論』は書きます。

機械が相対的剰余価値を生産するというのは、ただ、機械が労働力を直接に減価させ、また労働力の再生産に加わる諸商品を安くして労働力を間接に安くするからだけでなく、機械が最初にまばらに採用されるときには機械所有者の使用する労働を何乗もされた労働に転化させ、機械の生産物の社会的価値をその個別的価値よりも高くし、こうして資本家が一日の生産物より小さな価値部分で労働力の日価値を補填することができるようにするからでもある。それゆえ、機械経営がまだ一種の独占となっているこの過渡期のあいだは、利得は異常に大きなものであって、資本家はこの「初恋の時代」をできるかぎりの労働日の延長によって徹底的に利用しようとするのである。利得の大きいことは、より以上の利得への熱望をそそるのである。（1の1-530～531）

これもまた、産業資本が技術革新を導入して利潤の極大化を図ろうとする行動の赤裸々な表われです。以上、労働生産力の向上、資本間競争に勝つこと、利潤の極大化の三つが、産業資本がなぜ技術革新に取り組むかという目的です。

ところで、技術革新の必然的作用とはどういうものでしょうか。技術革新はどんな必然的作用を資本主義社会に及ぼすのでしょうか。

その一つは、休止することのない技術革新の連続です。前に述べたように産業資本は競争戦に勝ち残ろうとするならば、技術革新を繰り返し、労働生産力の向上を実現する他は道がありません。私が今使っているパソコンは六年前に生産されたものですが、もはや旧式に属します。パソコンはだいたい二年ごとにモデルチェンジしますので、私が使っているパソコンは三世代前のものと言うことができます。また、我が家には軽自動車と普通車と併せて二台ありましたが、どちらも一〇年以上使っていました。去年の夏は軽自動車が車検を通らないということで、止むなく廃車にしました。自動車も二年ごとにモデルチェンジをしますから五年ぐらいしたら買い替えが必要となります。これは家庭の個人的消費財の技術革新について述べたのですが、企業の生産財の技術革新についても同じようなことが言えると思います。それだけ技術革新のスピードが速くなっているのが、現今の私たちが置かれている状況ではないでしょうか。『資本論』も資本主義社会が近代以前のどの社会とも違うところは、近代工業が革命的なところだと、次のように述べています。

近代工業は、一つの生産過程の現在の形態をけっして最終的なものとは見ていないし、またそのようなものとしては取り扱わない。それだからこそ、近代工業の技術的基礎は革命的なのであるが、以前のすべての生産様式は本質的に保守的だったのである。機械や化学的工程やその他の方法によって、近代工業は、生産の技術的基礎とともに労働者の機能や労働過程の社会的結合をも絶えず変革する。(1の1-633~634)

言い換えれば、技術の永続革命、それが資本主義の宿命と言うことができるのではないでしょうか。もう一つは、労働密度の強化です。技術革新は前に見たように相対的剰余価値の生産方法ですから、与えられた労働時間をいかに有効に使い労働生産力を向上させて行くかが問題になります。そのためには絶対的剰余価値の生産よりも格段に厳しい労働密度が労働者サラリーマンに課せられることになります。労働時間を外延的に伸ばす代わりに、内包的に労働の密度を上げ、実質的に労働時間を伸ばしたと同じ効果を産業資本はつくり出そうとするのです。『資本論』もこの状況について、こう述べています。

生産力の発展と生産条件の節約とに大きな刺激を与える強制的な労働日の短縮が、同時にまた、同じ時間内の労働力の支出の増大、より大きい労働力の緊張、労働時間の気孔のいっそう濃密な充塡、すなわち労働の濃縮を、短縮された労働日の範囲内で達成できるかぎりの程度まで、労働者に強要することになれば、事態は変わってくる。このような、与えられた時間内により大量の労働が圧縮されたものは、いまや、そのとおりのものとして、つまりより大きい労働量として、数えられる。「外延的な大きさ」としての労働時間の尺度と並んで、今度はその密度の尺度が現われる。今では一〇時間労働日の密度の濃い一時間は、一二時間労働日の密度のうすい一時間に比べて、それと同じか、またはそれよりも多い労働すなわち支出された労働力を含んでいる。したがって、その一時間の生産物は、密度のうすい一 1/5 時間の生産物と同じかまたはそれより大きい価値をもっている。（1の1－535）

さらにもう一つは、相対的過剰人口の創出です。失業者の発生であり、産業予備軍の増加です。技術革新の資本間競争に敗れ倒産した個別資本の労働者サラリーマンは当然のことながら失業して産業予備軍の仲間に入ります。また、技術革新の波に付いて行けなくなった労働者サラリーマンも失業して産業予備軍へ入ることを強要されます。そして、もっとも大きな要因は技術革新による労働生産力の向上が、既存の労働力を産業資本が必要としなくなり、労働者サラリーマンの人減らし・合理化・リストラを強行することです。労働者サラリーマンを雇って賃金を支払うよりも、産業資本は新しい機械設備を購入して経営を展開した方が、資本間競争にも勝つことできるし利潤も確保できると判断すれば、労働者サラリーマンに離職退職の強要を迫ります。これが、技術革新が失業者＝産業予備軍＝相対的過剰人口を創出する最も大きな要因です。そして、たとえば中高年のお父さんが失業してしまえば、暫くは失業保険で食いつなぐことができたとしても退職時の労働条件で再雇用されることは難しくなります。その結果、これまでの生活水準をできるだけ維持しようとお母さんはパートに出ることになります。大学進学を目指していた高校生の息子と娘もアルバイトをするようになり、二人とも大学や専門学校に進学することを断念して、高校を卒業したら就職することに進路変更を余儀なくさせられます。こうして今まではお父さんだけが資本の支配に包摂されていましたが、家族全員が資本の支配に包摂され、そうしなければ生活水準を維持できないという状況に陥ります。この状況について、『資本論』はこうように書きます。

機械の資本主義的充用は、一方では、労働日の無制限な延長への新たな強力な動機をつくりだし、そして労働様式そのものをも社会的労働体の性格をも、この傾向にたいする抵抗をくじくような仕方で変革するとすれば、他方では、一部は労働者階級のうちの以前は資本の手にはいらなかった諸層を資本にまかせることにより、一部は機械に駆逐された労働者を遊離させることによって、資本の命ずる法則に従わざるをえない過剰な労働者人口を生みだすのである。こうして機械は労働日の慣習的制限も自然的制限もことごとく取り払ってしまうという近代産業史上の注目に値する現象を生ずるのである。こうして、労働時間を短縮するための最も強力な手段が、労働者とその家族との全生活時間を資本の価値増殖に利用できる労働時間に変えてしまうための最も確実な手段に一変する、という経済的逆説が生ずるのである。（1の1－532）

この失業者＝産業予備軍＝相対的過剰人口の問題について、先に述べた相対的剰余価値の生産方法に基づいて考えることにしましょう。利潤率には関係しますが利潤量の産出に直接関係がない不変資本は同じようにゼロと仮定します。必要労働（支払労働＝賃金）と剰余労働（不払労働＝利潤）との比例は一対一ですので、剰余価値率は一〇〇パーセントです。そうすると生産額は二になります。この状態から生産力が二倍となり、しかし生産額が同じならば、必要労働、剰余労働、生産額の関係は変わらず一プラス一合計二のままです。ここで生産力が四倍になり、しかし生産額は変わらないとすれば、必要労働、剰余労働、生産額の関係は〇・五プラス一・五合計二になってしまいます。つまり産業資本の生産量は上昇しているのですが、一単位当りの商品価格が安くなったため、生産額が上昇せず頭打ちになっている状態です。産業資本の利潤量は増加しますが、労働者サラリーマンの賃金は半減します。労働者サラリーマンの賃金を半減する強攻策を実施することはできませんから、労働者サラリーマンの半分を合理化の名目で首を切ることになります。もちろん産業資本も利潤増大分を労働者サラリーマンの賃金に振り替えて、雇用を確保することも想定としてありますが、利潤削減の経営は資本として行動の自己否定ですから、しわ寄せと犠牲は労働者サラリーマンの肩にかかってくることになります。

先に技術革新と労働者サラリーマンの好循環な関係を述べましたが、それはあくまでも生産量も上昇するが生産額も上昇するという条件が満たされた時に可能となるものでした。今日の日本が「失われた二〇年」から脱出できないのは、技術革新による労働生産力の向上が進み、生産量は上昇するが生産額が頭打ちになり、失業者＝産業予備軍＝相対的過剰人口が発生していることに、大きな要因があるのではないでしょうか。さらには、労働者サラリーマンの賃金水準の低下やデフレを招く要因にもなっています。

以上、技術の永続革命、労働密度の強化、相対的過剰人口の創出、この三つが技術革新の資本主義社会に及ぼす必然的作用です。

そして、技術革新と労働者サラリーマンの二律背反の関係を呪詛するかのように、『資本論』はこう述べています。

機械は、それ自体として見れば労働時間を短縮するが、資本主義的に充用されれば労働日を延長

し、それ自体としては労働を軽くするが、資本主義的に充用されれば労働の強度を高くし、それ自体としては自然力に対する人間の勝利であるが、資本主義的に充用されれば人間を自然力によって抑圧し、それ自体としては生産者の富をふやすが、資本主義的に充用されれば生産者を貧民化する。（1の1－577～578）

これは、資本主義の技術革新が内在的にもっている暗黒面を表白したものではないでしょうか。そして、技術革新がつくり出す矛盾、その明朗面と暗黒面との相剋を解決するためには、資本主義社会の技術革新がもつ明朗面を伸ばし、暗黒面を縮小する新しい社会の構築が必要だと『資本論』は訴えます。そして、資本主義はそうした新しい社会の土台を自らつくり出し、それを引き寄せる傾向をもっていると、『資本論』は言います。

一定量の剰余労働は、災害にたいする保険のために必要であり、欲望の発達と人口増加とに対応する再生産過程の必然的な累進的な拡張のために必要なのであって、この拡張は資本主義的な立場からは蓄積と呼ばれるのである。資本の文明的な面の一つは、資本がこの剰余労働を、生産力や社会的発展のためにも、また高度な新形成のための諸要素の創造のためにも、以前の奴隷制や農奴制などの諸形態のもとでよりもより有利な仕方と条件とのもとで強要するということである。このようにして、資本は、一方では、社会の一部分が他の部分を犠牲にして行なう社会的発展（その物質的な利益も知的利益も含めて）の強制や独占がなくなるような段階を引き寄せる。また他方では、それは、社会のより高度な形態のなかでこの剰余労働を物質的労働一般に費やされる時間のより大

きな制限と結びつけることを可能にするような諸関係への物質的手段と萌芽とをつくりだす。（3の2-1050）

言い換えれば、技術革新によって少数の資本家や企業家などの有産者階級のみが繁栄し、大多数の無産者階級すなわち労働者サラリーマンや年金生活者や生活保護受給者が相対的に窮乏化する資本主義社会を変革し、労働者サラリーマンの失業の解消と賃金水準の上昇を実現し、労働時間を短縮して自由時間を拡大するような新しい社会の萌芽とそのための手段が、資本主義社会に内在する技術革新の運動によってもたらされると『資本論』は言うのです。

第一二章　発明・発見・科学

ついでに言えば、一般的労働と共同的労働とは区別されなければならない。どちらも生産過程でそれぞれの役割を果たし、互いに入り交じってはいるが、しかし両者のあいだには区別がある。一般的労働というのはすべての科学的労働、すべての発見、すべての発明である。それは、一部は、生きている人々との協業を条件とし、過去の人々の労働の利用を条件としている。共同的労働は、諸個人の直接的協業を前提するものである。（3の1-131）

発明発見とは何でしょうか。発明と発見は併称されますが、両者の違いは何なのでしょうか。発見は、英語のディスカバー（discover）が意味するように、覆われているものを取り除き、その内部にある存在をあらわにすることを指します。古文書の発見、埋蔵金の発見、新大陸の発見、浮力の発見、引力の発見、電気の発見など、いずれも覆われているものを取り除き、内部の隠れていた存在を明るみに引き出したものです。これに対し、発明は今までないものを新しくつくり出すことを意味します。帆船の発明、写真の発明、蒸気機関の発明、電信の発明、飛行機の発明、テレビの発明など、これまでの世の中にまったくなかったものを新しくつくり出すことを意味します。発見の機能は「顕示」ですが、発明の機能は「創造」です。このように発見と発明とは本質的に違う意味をもっています。

それではなぜ両者は併称して呼ばれるのでしょうか。それは、これまでまったくなかった新しいことをするという点で両者は共通しているからだと思います。新しいことをするという点で発明も発見も共通しています。発明も発見もアドベンチャー（adventure）すなわち冒険である点において共通しています。冒険は成功する確率が極度に低いから冒険です。だから発見者と発明者は称賛を浴び尊敬を受けることになります。そればかりでなく、両者は対立の関係ではなく相互補完の関係、すなわちお互いに助け合う関係にあります。羅針盤と大型帆船の発明がなければ、新大陸の発見はありませんでした。電気の発見がなければ電信の発明はありえません。引力の発見がなければ、地球の周回軌道に人工衛星を打ち上げることなど考えられなかったでしょう。このように発明と発見は相互補完の関係にあることからも、両者が併称して呼ばれる理由だと思います。

それでは科学と技術は何が違うのでしょうか。なぜ発明発見と同じように科学技術と併称して呼ばれるのでしょうか。そこにどんな相違点と共通点があるのでしょうか。

技術は実に広い意味をもった言葉です。私たちの日常生活は技術で溢れています。育児の技術、料理の技術、整理の技術、会話の技術、テニスの技術、釣りの技術、ゴルフの技術、家庭菜園の技術、文章の技術など、数え上げたら切りがありません。私たちの日常生活は、技術がなければ一日も立ち行きません。それだけ私たちの生活環境に密着しているのが技術です。しかし、狭義には、技術は何らかの有用な物を生産する技術を意味します。狩猟をする技術、農業をする技術、建築する技術、電化製品を生産する技術、自動車を生産する技術、飛行機を生産する技術など有用な物を生産する技術を指します。それは道具や機械を使って物を生産することはもちろんですが、道具や機械それ自身をつくることも意味します。言い換えれば、生産手段を使って物をつくることばかりでなく、生産手段それ自身をつくることが技術であると言うことができます。人間と動物の違いは、人間が道具をつくる点にあると言われますが、それが技術の核心だと思います。その意味で「生産の概念と道具の概念は技術の概念にとって定義的要素である」（三木清『構想力の論理』）というのは正鵠を得た表現ではないでしょうか。そして、技術が生産の技術であることを考えると、技術は実践的なものだと言うことができます。実践との関係で技術は常に考えられています。形にならない空想的なものは、技術の準備であることはあっても技術ではないのです。実践的であるという点で、日常生活の技術も生産の技術も共通しています。

それでは科学というのはなんでしょうか。技術と科学はどうように違うのでしょうか。

科学の目的は、現象の本質、因果関係、法則性を認識にすることにあります。実験や事実を累積して現象の本質を掴む理論を構築することが科学の目的です。なぜ電気は流れるのか、なぜ電気は熱を発するのか、なぜ電磁波は起きるのか、なぜ雪や雨は降るのか、なぜ地震や津波や火山爆発は起きるかなど、なぜ（Why）の疑問に答えるのが科学です。それは技術のように何らかの有用な物を生産することを直接の目的にしていません。あくまでも自然界に起きる謎を解明するための理論構築を目的としています。しかし、科学にも応用科学と純粋科学の相違があると、バナールは『歴史における科学Ⅰ』の中で、次の言葉を紹介しています。「かつてJ・J・トムソンが言った言葉を使えば、〝応用科学における研究は改革をもたらし、純粋科学における研究は革命をもたらす。〟」と。純粋科学は今日の言葉でいえば基礎科学に相当します。そして、この基礎科学における研究から革命的な発見が生みだされることになります。

さて、現象と本質との関係についてこれは経済学のことについてのことですが、『資本論』は面白いことを言っています。

経済的諸関係の疎外された現象形態、そこではこの諸関係が一見してばかげたものであり、完全な矛盾であるような現象形態――そしてもし事物の現象形態と本質とが直接的に一致するものならばおよそ科学は余計なものであろう――まさにこのような現象形態のもとでこそ俗流経済学はまったくわが家にある思いがするのだとしても、そしてまたこの諸関係の内的関連がおおい隠されていればいるほど、といってもこの諸関係が通常の観念にとってなじみやすくなっていればいるほど、ますますそれは俗流経済学にとって自明に見えるとしても、そんなことはわれわれにとっては驚くにはあたらないのである。（3の2－1047）

つまり、現象と本質は必ずしも一致するものではなく、現象と本質は倒錯した関係にある、だからその解明には科学が必要だと言うのです。『資本論』は貨幣の秘密に挑戦して、貨幣は商品の転化形態であり、商品の交換過程から発生したものであることを証明しました。また利潤の謎に挑戦して、利潤は剰余労働・剰余価値が転化したものであり、労働者サラリーマンの必要労働（支払労働）を越えた剰余労働（不払労働）が転化したものであることを証明しました。

この現象と本質の倒錯した関係を自然科学で表わしているのは地動説ではないでしょうか。私たちが日常見る風景は太陽が東から登り西に沈む現象ですから天動説が正しいように思えます。しかし、地球が太陽の周りを自転しながら運動していることから、太陽が東から登り西に沈み、昼と夜の区別が生まれ、夏と冬の季節が生じるという地動説は、私たちの日常経験から生まれて来ません。天体の観測を累積し科学のメスを入れて初めて可能になった理論でした。まさにコペルニクス的転回だったのです。また、相対性理論の一つである運動の相対性についても同じようなことが言えます。私たちが動いていると認識するのは、電車に乗っている私たちが電車とともに動き外の風景が変化するから動いていると感じるのが普通です。しかし、電車が止まり私たちも止まっていても、もし外の風景が次々に変化するならば、私たちは動いていると感じることができます。したがって、運動は相対的なものだと言うことができます。ここでも現象と本質は倒錯した関係にあります。

いずれにしても、科学は現象の本質、因果関係、法則性を認識することを目的としたものであり、そのための客観的な立証可能性のある理論を構築するのが科学の目的です。それでは科学と技術はいかなる関係にあるのでしょうか。科学がつくり出した前提を否定しては技術も成立しません。むしろ科学が提示する客体的認識を前提として取り込み、その上に立って実践的目的に適うように応用するのが技術だと言うことができます。科学の理論と生産の実践を結びつけるのが技術ではないでしょうか。この理論と実践という対立するものを結び付けるために、技術に必要されるものは構想力であり、想像力であると言うことができます。構想力と想像力なくして技術は生まれて来ません。特に新しい技術は科学の理論と生産の実践を結びつける構想力と想像力がなくては不可能です。

科学と技術の関係は発明と発見の関係に似ています。どちらも対立の関係ではなく相互補完の関係です。科学上の発見は技術の発明に繋がり、技術上の発明は科学の発見に繋がります。両者は相乗効果の関係にあります。科学が目的とするものは発見です。技術が目的とするものは、これまでにない新しいものつくるという意味で発明です。科学と技術が併称されて科学技術と呼ばれるのは、理論・認識と実践・生産とその活動ジャンルは異にしていますが、新しいものをつくり出すという点では共通しているからではないでしょうか。そして、それは発明・発見と併称される同じ理由が科学技術にもあるということです。

ところで、『資本論』はこの章の最初に掲げた文章に見るように、一般的労働と共同的労働を区別すべきだと言い、「一般的労働というのはすべての科学的労働、すべての発見、すべての発明である。」と言っています。そこでは発明と発見は区別されておらず、また科学と技術も区別されておりません。そして、発明と発見の両方を含んだ労働を科学的労働と規定しています。しかし、これまで述べたことを前提とするならば、このような労働は科学的労働であると共に技術的労働であり、科学的技術労働と呼ぶべきものだと思います。科学上の発見も技術上の発明も一緒にして、『資本論』は科学的労働と規定しているのです。科学は現象の本質、因果関係、法則性を認識することが目的でした。そして、新しい認識と理論を構築することが発見でした。また、技術はなんらかの形で有用なものを生産するものであり、そして、これまでにない新しいものをつくることが発明でした。そして理論と実践の違いはありますが、新しいものをつくるという点で発明発見も科学技術も共通していました。これまでにない新しいものをつくるには理論でも実践でも構想力と想像力が必要になります。これまでの常識に囚われない発想の転換が必要になって来ます。科学的労働は、このような構想力と想像力を必要とする創造的普遍的労働だから、『資本論』は一般的労働と言ったのではないでしょうか。

さて、『資本論』は、一般的労働と共同的労働との区別は、産業資本の生産過程で起るものだと言っています。今日に言い換えると、産業資本における研究所の労働と工場の労働との区別と考えることができます。工場の労働は直接的な共同的労働であり、組織的肉体労働です。そこでは、研究所で必要とするような構想力と想像力を用いる創造的労働に乏しいと言うことができます。工場の共同的労働に求められるのは、分業で定められ労働を間違いなくこなすことです。もちろん工場の労働者から提案されたことが、研究所の労働に反映されることはあるでしょう。しかし、両者は産業資本の生産過程で別々な役割を果たし、分離して結合されるものです。

ところで、『資本論』は一般的労働である科学的労働についてこうも言っています。「それは、一部は、生きている人々との協業を条件とし、過去の人々の労働の利用を条件としている。」と。これはどういう意味でしょうか。科学的労働者が生きている人々と協業するという意味は、研究所内の生きている労働者と直接的な協業するのはもちろんですが、研究所外のあらゆる科学的労働者と直接間接に協業することも含まれていると考えられます。研究所内、産業資本内に止まった労働であれば特殊的労働とは言っても、一般的労働とは言わないでしょう。「過去の人々の労働の利用」というのは、言うまでもなく、これまで積み重ねられた科学技術の知識と経験を活用することを意味します。とすると、一般的労働というのは、生きている人々と限りなく空間的に広い実践的協業と過去に生きた人々との時間的に限りなく深い理論的協業が求められる労働だと言うことになります。協業において空間的時間的にも無限の広さと深さをもった労働だから、科学的労働を一般的労働と『資本論』は呼んだのではないでしょうか。

科学的労働をこうした性格をもった一般的労働とするならば、一般的労働は個人的色彩の強い労働ということになります。産業資本の研究所内の生きている人々との直接的な協業は必要であったとしても、科学や技術を創造する労働は個人の主体性が尊重され、既成の理論や技術に疑問をもち批判し闘う自由闊達な個人でなくては発明も発見も生まれて来ません。そうした個人の自由度がどのくらいあるかが、産業資本の研究所から発明発見が生まれるかどうかの分岐点だと思います。産業資本が巨大化し研究所も巨大化すれば、組織の官僚化と分業化が進行して、個人の自由と主体性を抑圧する傾向がありますから、このことは特に重要です。『資本論』も産業革命を呼び起こした発明が、自由と主体性をもった個人から生まれたと、こう述べています。

「〃靴屋は靴以外のことに手を出すな〃！」（〃Ne sutor ultra crepidam〃！）この、手工業的な知恵の頂点（nec plus ultra）は、時計師ウォットが蒸気機関を、理髪師アークライトが縦糸織機を、宝石細工職人フルトンが汽船を発明した瞬間から、ばかげきった文句になったのである。〈1の1－635〉

そして、近現代の発明の多くが自由と主体性に富んだ個人によって達成されたものだと、次のように言われます。

事実、アメリカのジュークスたちは、二〇世紀の代表的発明と見なされる五〇の事例をとりあげて、その発想がどこからどのようにして生じたかを追求したところ、その多くが大企業の中から生まれておらず、小企業の片隅や大学の小研究室や専門外の素人の書斎などから生まれていることを発見した。〈星野芳郎『もはや技術なし』〉

そして、一つの発明発見の成功の裏には、何千何万の失敗が隠されています。発明発見は試行錯誤の繰り返しで終わった科学技術の氷山の一角に過ぎないのです。一つの発明発見はごく少数の限られた確率でしか成功しないのです。だから発明発見は偉大だと言えます。大企業や大学の研究室における数え切れないほどの失敗の連続、小企業や個人の無数の破産、その上に一つの発明発見は生みだされるのです。ベンチャー企業が成功するのは五〇社に一社、或は一〇〇社に一社ではないでしょうか。ベンチャー企業がすべて成功するのであれば、ベンチャー（冒険）企業と呼ぶ必要はありません。単に一般企業と呼べば済むことです。まさに発明発見の世界は、「一将功成りて万骨枯る」の冷酷な世界なのです。だからその成功者には惜しみない賞賛と最高級の名誉が贈られることになります。その屍と遺骨の中から将来性のある科学や技術を買って、発明発見の花を咲かせるのは、貨幣資本としての産業資本です。まさに産業資本は他人のふんどしで相撲を取るのです。このことを『資本論』は、次のように語っています。

およそ新たな発明にもとづく事業を経営するための費用は、あとにその廃墟の上にその遺骨から(ex suisossibus)起こされる事業の場合に比べずっと大きいということ。そのために、最初の企業家たちはたいてい破産してしまって、あとからあらわれて建物や機械などをもっと安く手に入れる企業家たちがはじめて栄えるということにもなる。それだから人間精神の一般労働や結合労働によるその社会的応用のすべての新たな発展から最大の利潤を引き出すものは、たいていはもっともくだらない最もみじめな種類の貨幣資本家なのである。(3の1-132)

さて、産業資本はなぜ科学技術を導入し、発明発見を利用するのでしょうか。一つは生産技術を革新して労働生産力の向上を図るため、もう一つは商品の品質向上を図るため、最後の一つは新商品を開発するためです。その最終目的は、生産コストを下げ、資本間の品質価格競争に勝利し、新しい市場を開拓し、利潤の極大化を実現することです。そのためであれば、産業資本は科学技術の成果を貪欲に吸収し利用します。「人類の福祉」に貢献するために産業資本は科学技術を導入するのではないのです。自己の個別資本の利益のために産業資本は科学技術を利用するのです。その結果は、「人類の福祉」に貢献する場合もありますし、労働者サラリーマンの利益が損なわれる場合もあります。そして産業資本家が科学技術に知識や経験をもつことは必須条件ではありません。産業資本が科学技術を利用する判断は、それが商品化できる可能性があるかどうか、そして利潤の極大化を図ることができるかどうかだけです。科学技術の知識や内容は、産業資本家が雇用する科学的技術労働者がもつべきものであり、彼らに任せれば商品生産は可能になります。このことに関して、『資本論』はこう言っています。

科学は資本家にとっておよそ「少しも」費用のかからないものであるが、このことは彼が科学を利用することをけっして妨げないのである。「他人の科学」が他人の労働と同じように資本に合体されるのである。しかし、「資本主義的」取得と「個人的」取得とは、科学のそれであろうと物質的な富のそれであろうと、まったく別な事柄である。ドクター・ユアでさえも、自分が愛する機械利用工場主たちの機械学にたいするひどい無知を嘆いたのであり、また、リービヒも、イギリスの化学工場主たちの化学にたいする恐ろしいまでの無知について語ることができるのである。（1の1－505）

さて、産業資本による科学技術の導入は、労働者サラリーマンの利益を損なう側面をもっていると述べましたが、これについて、『資本論』はイギリスの一八三〇年代の産業革命における自動ミュール機の発明の事例を引いて、こう述べています。

彼は自動ミュール機の発明について次のように言っている。

「それは勤労階級のあいだに秩序を回復とする使命を帯びていた。……資本は、科学を自分に奉仕させることによって、つねに労働の反逆的な手に服従を強要する、というわれわれがすでに展開した説を、この発明は確証している。」
ユアの著書が刊行されたのは一八三五年、すなわち工場制度が比較的低い時のことだったにもかかわらず、……（1の1－571）

これはどういうことかと言いますと、紡績マニュファクチャーの工場主は熟練労働者との間に賃金など労働条件を廻り労働者の反抗とサボタージュに悩まされていました。そこで工場主は新しい機械の発明を依頼し、こうしてできたのが、紡績の最後の工程を機械的に処理する精紡機すなわち自動ミュール機だったのです。これによって反抗的な労働者は首切り合理化され、工場主が望む秩序を工場に回復することができたのです。ここでは機械の発明は、労働者の反抗を挫き労働者を服従させる資本の要請に奉仕する道具として考案されたのです。

さて、前の章で技術革新は両刃の剣だと言いました。資本主義社会の科学技術の革新は、一方において労働生産力を進歩させ、労働者サラリーマンの生活水準を向上させ、完全雇用を実現するプラスの側面をもっていますが、他方において労働生産力が進歩したことが、相対的過剰人口の失業者を増大させ、労働者サラリーマンの生活水準を低下させるマイナスの側面をもっています。より具体的に言えば、科学技術の革新は労働者サラリーマンの労働密度を強化し、首切りリストラを合理化するための資本の道具として使われる側面をもっているということです。科学技術の革新は、産業資本の固定資本の更新時期を予定された減価償却期間よりも速め、産業資本はその損害を埋めるため、その犠牲を労働者サラリーマンの肩に負わせます。『資本論』は書きます。

ただ単に労働力の緊張度を高めることによって自然の富の利用を増進することと同様に、科学や技術は、現に機能している資本の与えられた大きさにはかかわりない資本の膨張力をつくりあげる。同時に、科学や技術は、原資本のうちのすでに更新期にはいった部分にも反作用する。原資本は、その新たな形態のなかに、その古い形態の背後で行なわれた社会的進歩を無償で取り入れるのである。もちろん、このような生産力の発展には、同時に、現に機能している諸資本の部分的な減価を伴う。この減価が競争によって痛切に感じられるかぎり、おもな重圧は労働者にかかってくる。すなわち、労働者の搾取を強めることによって、資本家は損害を埋め合わせようとするのである。（1の2-789～790）

さて、最後にこれからの発明発見と科学技術の在り方について、三つのことを述べたいと思います。一つは、科学技術にも市場性が強いものと公共性が強いものがあるのではないかと言うことです。社会の財には大きく分けると公共財と市場財があります。公共財は原則として税金で賄われます。福祉、教育、治安、災害救助、道路、上下水道、ダム、公共建築などは公共財として政府や公共団体によって供給されます。他方、市場財は私的企業によって生産供給されるあらゆる商品サービスを意味します。市場財は生産手段の生産財と消費手段の消費財に大きく二つに分かれます。そして、私たちの生産と生活は、公共財と市場財の二つを消費することによって成立しています。しかし、公共財として需用される多くの物は、市場財によって占められています。とすると私たちの生産と生活を支配するものは市場財すなわち商品ということになります。私的企業によって生産され供給する商品によって、私たちの生産と生活は支配されているのです。言い換えれば、市場性のある商品が社会を支配しているということです。科学技術は私的企業である産業資本で開発されますが、それは詰まるところ商品の開発と革新に尽きるのではないでしょうか。生産技術の革新も商品品質の改良も新商品の開発も、資本主義社会では商品の開発と革新です。換言すれば、資本主義社会の科学技術は私的企業によって支配されているため、市場で売れるもの、市場性の強いもののみが成長拡大する傾向があるということです。市場では売れないもの、そもそも市場には馴染まないもの、すなわち公共性の強い科学技術は進歩の度合が遅いという傾向をもっています。例えば、災害に関連する火山爆発、地震、津波、台風、集中豪雨、大雪などの予知はどれだけ進んだと言えるのでしょうか。生態系についても熊の出没回数が増加した、鹿が増殖している、トンボが見えなくなったという現象面は話題になりますが、それが生態系全体の中でどんな意味をもっているかは把握できていません。こうした公共性の強い科学技術は人間の生命と安全と財産、人間の生産と生活に根源的に関わるものであるにもかかわらず、私的企業の科学技術の革新に対する投資に比べれば、圧倒的に少ない投資で賄われています。この科学技術の公共性と市場性のアンバランスを解消することが、今日の科学技術の課題だと思います。

もう一つは、自然科学と社会科学、自然の科学技術と社会の科学技術のアンバラスです。科学技術と言えば、一般的には自然の科学技術を指し、社会の科学技術を意味することはまずありません。そして、市場調査、金融分析、経済動向調査、会計分析、経営診断など市場性と関連が深い社会の科学技術は盛んですが、政治制度、社会制度、人権、貧困、環境、軍縮、平和、歴史など公共性の強い社会の科学技術の進歩について予算が増えたという話は聞いたことがありません。自然の科学技術の進歩は一八世紀後期〜一九世紀前期の産業革命以来目覚ましい進歩を遂げているのですから、社会も政治も法律もそれにふさわしいものに変化しなければならない時代に来ていると思います。しかし、公共性の強い社会の科学技術が旧態依然たる状態では社会制度や政治制度の変革に大きな希望をもつことはできません。したがって、自然の科学技術と社会の科学技術のアンバランスを解消することが、今日の科学技術の重要な課題だと思います。

最後の一つは、産業革命以来の機械文明は行き着くところまで発展し、その機械文明に加えて新しい文明が求められているということです。換言すれば、今日の機械文明すなわち科学技術は大きな曲がり角を迎えているということです。このことについて、星野芳郎は『もはや技術なし』の中で、次のように語っています。

技術者たちは、工場の内部から、自然そのものの世界へ引きだされ、自然の複雑微妙なふるまいと従来の機械装置のふるまいとをふくむシステムを、何らかの形で、数量的にとらえなければならなくなるだろう。人間―機械系に加えて、自然―機械系をどうとらえるかということが、ますます重要な課題となるであろう。

気象や海洋や地質や生態系などの自然は、さまざまの次元で多面的な観測や観察を無数に必要とする。住民の日常的な大規模な協力なしには、そのような観測も観察も不可能である。自然―機械系をとらえるためには、物理学や化学や数学や工学などとは全く違った研究開発体制が必要であり、科学者や技術者は自然―機械系の現場に密着していなければならないであろう。他方、高度の実験機器や観測機器を駆使した水準の高い科学理論や工学理論が必要であり、現場体験と科学理論との統一が根本的な問題となるであろう。

ところで、現在の日本の科学技術の水準は欧米と完全に肩を並べ、一部は欧米の水準を追い越しています。しかし同時に、韓国、台湾、中国などアジアの新工業国・地域に追い付かれ、一部は追い越されています。このような状況が生まれたのは機械文明が停滞し、先発国が後発国を引き離すような新しい飛躍的な機械文明を生みだすことができないところから来ています。現代の科学技術が曲がり角を迎えている証左です。

自然―機械系の科学技術については、二つの課題があると考えています。

一つは、地球の環境変化の問題です。地球の温暖化は、現代の機械文明が大量の化石燃料を使用し、その排出する炭酸ガスが地球の大気圏を温暖化したことに主要な原因があります。世界各国は炭酸ガスの規制目標値を設定していますが、実現される目処は立っていません。その間に北極の氷河が解け、海水面が上昇し、太平洋諸島では水没する危険に曝された島嶼まで発生しています。今後、発展途上国の工業化が進めば、ますます化石燃料の排出する炭酸ガスは増大することが予想されますから、地球の温暖化は進み、海抜の低い地域が水没する面積も拡大すると考えられます。この地球の温暖化は地球の気象状態にも大きな影響を与え、気象予測を困難にし、気象災害の発生を促します。また、機械文明から排出された微粒子や廃棄物は、地球の大気と海洋を汚染し、動植物の生態系を壊し、ひいては人間の生存に影響を与えることは必然になっています。

もう一つは、自然エネルギー推進の問題です。地球の温暖化を軽減し、化石燃料にも原子力にも依存しない新しいエネルギー文明を構築するためには、自然エネルギーすなわち再生可能なエネルギーの推進が欠かせません。現在、太陽、風力、地熱、潮力、小水力、木材など多様な発電が実施されていますが、現在のエネルギー消費量を維持するためには、より一層の科学技術の革新を実現して、エネルギー生産と消費の効率を高めることがどうしても必要になります。

地球の環境変化と自然エネルギーの推進の二つの課題を解決するためには、これまでの機械文明に加えて、自然―機械系の科学技術の革新と革命がどうしても不可欠です。そして、機械文明の隆盛は同時に資本主義文明の繁栄でした。したがって、機械文明に加えて新しい自然―機械系の文明を発展させるためには、資本主義文明に変革のメスを入れることが必要でしょう。

第一三章　運輸・通信・サービス資本の生産性

資本価値がその流通過程でとる二つの形態は、貨幣資本と商品資本という形態である。生産段階に属するその形態は、生産資本という形態である。その総循環の経過中にこれらの形態をとっては捨て、それぞれの形態でその形態に対応する機能を行なう資本は、産業資本である。――ここで産業と言うのは、資本主義的に経営されるすべての生産部門を包括する意味で言うのである。（２の６６）

産業資本とは何でしょうか。それは、商業資本、金融資本と何が違うのでしょうか。

産業資本は流通過程では貨幣資本と商品資本の形態をとり、生産過程では生産資本の形態をとり、この三つの資本形態をとっては捨て、捨ててはとる形態転化を繰り返す資本だと、前掲の『資本論』の文章は定義しています。これはどういう意味なのでしょうか。

これは、産業資本が貨幣資本として市場で生産手段と労働力を商品として買うことによって、貨幣資本は商品資本へ転化します。この転化した商品資本、すなわち生産手段と労働力を生産要素として生産過程に投入することによって生産要素とは異なる新しい使用価値をもった商品を生産します。この過程では同時に労働者サラリーマンの不払労働によって利潤（剰余価値）が生産されます。こうして生産資本は商品資本に転化されます。この生産された商品を今度は市場で販売することによって、商品資本は貨幣資本へ転化し、最初の資本形態である貨幣資本へ復帰します。しかも、利潤（剰余価値）の分だけ膨らんで大きくなった貨幣資本として資本家に戻ってくるのです。そして、資本は同じような軌跡を描きながら資本の循環を繰り返して行くのです。こうした形態転化を繰り返すのが､産業資本であると『資本論』は言っているのです。それは、産業資本が流通過程と生産過程の統一であることを表わしています。と同時に、新しい使用価値をもった商品と利潤（剰余価値）を生産するものであることを表わしています。

それでは、産業資本は商業資本や金融資本と何が違うのでしょうか。商業資本には商品の仕入・販売過程はありますが、商品の生産過程はありません。貨幣資本と商品資本の形態転化と循環だけで形成される資本、資本の流通過程のみに生存するところが産業資本と違っています。もちろん商業資本にも生産手段と労働力は投入されますが、それは流通過程で商業利潤を獲得するために使用されるものです。金融資本は貨幣の賃貸借・信託・売買などの商取引だけで形成され、貨幣資本から貨幣資本へ転化循環する流通過程のみに生存する点が、産業資本とも商業資本とも異なっています。もちろんこれにも生産手段と労働力は投入されますが、それはあくまでも流通過程で金融利潤をあげるために使われるものです。

したがって、こうした商業資本や金融資本を除いたものが産業資本ということになります。そして、産業資本の産業とは、「資本主義的に経営されるすべての生産部門を包括する意味」ですから、かなり広い意味をもっている概念だと言うことができます。

これまでの各章では、物として立体的な形をもった商品を生産する産業資本のみを前提として述べてきました。この章では、物として立体的な形をもたない商品を生産する産業資本について述べたいと思います。物としての立体的な形をもたない商品の生産というのは、どういう意味でしょうか。人や物や情報の「場所の変換」、情報の製造・加工・販売、生産過程の人間労働そのものが商品になるような産業資本を言います。このことについて、『資本論』もこう述べています。

独立の産業部門でも、その生産過程の生産物が新たな対象的生産物ではなく商品ではないような産業部分がある。そのなかで経済的に重要なのは交通業だけであるが、それは商品や人間のための本来の運輸業であることもあれば、単に報道や書信や電信などの伝達であることもある。（2の68）

すなわち、具体例として運輸業、「書信や電信」の通信業、「報道」のメディア業をあげています。ここではさらに枠を広げて、サービス業についても論じたいと思います。

まず運輸業、運輸資本について考えて行きましょう。

運輸資本について、『資本論』は書きます。

運輸業が売るものは、場所を変えること自体である。生みだされる有用効果は、運輸過程すなわち運輸業の生産過程と不可分に結びつけられている。人や商品は運輸手段といっしょに旅をする。そして、運輸手段の旅、その場所的運動こそは、運輸手段によってひき起こされる生産過程なのである。その有用効果は生産過程と同時にしか消費されえない。それは、この過程とは別な使用物として存在するのではない。すなわち、生産されてからはじめて取引物品として機能し商品として流通するような使用物として存在するのではない。（2の69）

運輸資本の使用価値は、人や物の「場所の変換」であり、「時間の短縮」による事実上の「距離の短縮」です。Aという出発地点からBという到着地点まで運輸手段を使用して人と物を運搬することが、運輸資本の売るものであり、使用価値になります。

人と物は運輸手段の旅とともに旅をします。運輸手段の旅は乗客や貨物の旅でもあるのです。したがって「運輸手段によってひき起こされる生産過程」は、乗客や貨物が運搬されるという消費過程と時間的に一致しています。この生産過程は、「生産からはじめて取引物品として機能し商品として流通するような使用物として存在するものではない」のです。資本の生産過程が生みだす「場所の変換」という商品が、乗客や貨物によるその商品の消費過程と同時に進んで行くのが、運輸資本です。商品の生産過程と消費過程が時間的に一致し、商品の生産過程は商品の消費過程であり、商品の消費過程は商品の生産過程であるという関係が運輸手段と乗客・貨物との間に形成されます。この生産と消費の同時性に、一般商品を生産する産業資本とは違う運輸資本の特異性があります。

それでは、運輸資本の利潤（剰余価値）はどこから生みだされるのでしょうか。『資本論』が出版された一九世紀半ばの蒸気列車を例に取って考えることにしましょう。駅舎、改札口、プラットホーム、機関車庫、軌道、線路、機関車、列車などは不変資本ですから新しい剰余価値を生みださず、それらの交換価値を「場所の変換」という運動に移転させるだけです。機関手、機関助手、乗務員、駅員、保線区員、清掃修理員などの労働者サラリーマンが投入した労働力から不払労働を取得して剰余価値を産出し、運輸資本は利潤を獲得することになります。この原理は一般商品を生産する産業資本と同じですが、運輸資本の場合は機械・設備・建物などに投入される固定的不変資本が大きな割合を占め、原料・補助材料などの流動的不変資本がわずかな割合しか占めないという特徴をもっています。また、生産するものが物的商品ではなく、「場所の変換」運動である点にも、運輸資本の著しい特徴があります。このことに関連して、『資本論』は言います。

生産物の量はその運輸によってふえはしない。また、運輸によってひき起こされるかもしれない生産物の自然的性質の変化も、ある種の例外を除けば、もくろまれた有用効果ではなく、やむをえない害悪である。しかし、物の使用価値はただその消費においてのみ実現されるものであって、その消費のためには物の場所の変換、したがって運輸業の追加生産過程が必要になることもありうる。だから、運輸業に投ぜられた生産資本は、一部は運輸手段からの価値移転によって、一部は運輸労働による価値付加によって、輸送される生産物に価値をつけ加えるのである。このような、運輸労働による価値付加は、すべての資本主義的生産でそうであるように、労賃の補塡と剰余労働とに分かれるのである。（2－183）

ところで、資本主義的生産の発展は商品流通を活発にし商品販売を活発にします。そして、この商品流通の発展と拡大にとって重要な要素となるのが運輸業です。資本主義的生産の発展に伴って運輸業も発展し、また運輸業の発展が資本主義的生産の発展を促して行きます。

その第一の変革は、一六世紀の「大航海時代」に起きました。ポルトガル、スペイン、オランダ、イギリスの西欧列強が七つの海を支配し、アジア、アフリカ、アメリカの大陸を植民地化し、人間の歴史始まって以来最初の世界市場を誕生させたのです。その世界大陸を席捲した運輸手段は帆船でした。そこで重要な働きをしたのが、天文術と羅針盤でした。そして、キリスト教と火縄銃と大砲を結合させて西洋列強は海外の植民地を拡大して行きます。その拡大する世界市場に適応するため、西洋列強にマニュファクチャーによる資本主義的生産が発展して行きます。また、そうした生産方法の変革がなければ、急激に開かれた世界市場の需要に対応できなかったのです。日本の安土桃山時代が、この「大航海時代」に対応します。豊臣秀吉が朝鮮国を侵略し、さらに中国の明も侵略して、「アジアの王」となろうとした「大いなる野望」を抱いたのも、「大航海時代」の西洋列強の行動を自己学習した結果だと見ることができるかもしれません。

第二の変革は、『資本論』が出版された一九世紀の半ばです。産業革命による機械制大工業は、資本主義的生産様式の大量生産、大量流通、大量消費を生みだしました。その大量流通を担った運輸手段が蒸気列車と蒸気船でした。それは、イギリス資本主義が世界の覇権を掌握しようとした時代です。文字通り七つの海にイギリス国旗をたなびかせ、アジア、アフリカの植民地を拡大して、世界市場の覇者になろうとした時代でした。この時代は、日本では幕末の開国から明治維新の時代に対応します。アメリカのペリー艦隊による四隻の蒸気船から発射された大砲の威力が、日本に開国を強要したのです。それは、欧米列強の資本主義が極東に残った未知なる環を引きちぎり、日本を近代化、資本主義化するものでした。

この二つの運輸業の変革に関連して、『資本論』は次のように述べています。

> 工業や農業の生産様式に起きた革命は、社会的生産過程の一般的な条件すなわち交通・運輸機関の革命を必要とした。家内的副業をともなう小農業や都市の手工業を、フリエの言葉を借りて言えば、その主軸（Pivot）としていた社会の交通・運輸機関は、拡大された社会的分業や労働手段と

労働者との集積や植民地市場をもつマニュファクチュア時代の生産上の要求に応ずることは最早まったくできなかったし、したがってまた実際に変革されもしたのであるが、同様に、マニュファクチュア時代から伝えられた運輸・交通機関もまた、生産の激烈な速度や巨大な規模や大量の資本と労働者との一生産部面から他の部面への不断の投げ出しや新たにつくりだされた世界市場的関連をともなう大工業にとっては、やがて堪えられない束縛となったのである。それゆえ、完全に変革されてしまった帆船建造は別としても、交通・運輸事業は、河川汽船や鉄道や海洋汽船や電信の体系によって、しだいに大工業に適合するようにされたのである。（1の1－500～501）

現在の運輸手段は、『資本論』が出版された一世紀半前に比べると想像を絶するような驚異的な進歩と変革を遂げています。特に一九七〇代以降の進歩と変革が著しくなっています。まず蒸気機関車は電気機関車に変化し、高速鉄道の「新幹線」が開発され普及しました。さらに高速のリニアモーター鉄道の実用化が現実になって来ています。蒸気船はディーゼル船に変化し、高速で大容量の船舶が世界を駆け巡るようになりました。自動車が業務用は言うまでもなく自家用も一般に普及するようになりました。一家で二台、三台の自家用車をもっているのも珍しくなくなりました。道路が田舎の隅々まで舗装され、高速道路が全国に網の目のように張り巡らされ、高速バスや高速トラックが走り、「距離の短縮」が急速に進みました。今日、宅配便は全国どこでも二、三日あれば配達される便利な社会になりました。飛行機が登場し、プロペラ機がジェット機に変わり、世界のあらゆる都市を高速且つ大容量で結ぶ交通手段に成長しました。さらには、ロケットの開発が進み、月や火星への宇宙旅行も現実的な可能性を帯びて来ています。これは、一九世紀半ば以来の運輸手段の第三の変革と呼べると思います。国内が空間的にきわめて近くなるとともに世界が空間的に格段に近くなった状況に私たちは生きているのです。

これに伴い運輸資本が巨人的に成長し、産業資本全体の中で運輸資本が占める割合が次第に大きくなり、運輸資本に投入される生産手段も労働者サラリーマンも嘗ては考えられないほど巨大なものになりました。運輸資本の蓄積が成長し、資本の集積と集中も進んでいます。これはまた、資本主義的生産がますます発展し全国市場や世界市場に向けた生産が普遍的なものなり、商品流通も全国化し世界化していることを物語るものです。それだけでなく観光や帰省で旅行する人々、すなわちレジャーで交通運輸手段を利用する人々が一世紀半前にはまったく想像できない大人数にのぼっていることも、交通運輸手段の発展に拍車をかけています。こうした状況を一部予測するかのように、『資本論』はこう書いています。

資本主義的生産様式は、運輸交通機関の発達によって、また運輸の集中ー規模の大きいことーによって、個々の商品の運輸費を減少させる。この生産様式は、まず第一にあらゆる生産物の大多数を商品に転化させることによって、その次には局地的な市場に代わる遠隔の市場をつくりだすことによって、生きている労働も対象化された労働も含めての社会的労働のうちから商品運輸に支出される部分を増加させる。（２ー１８５〜１８６）

そしてさらに、こうも書いています。

一方では資本主義的生産の進歩につれて運輸交通機関の発達が与えられた量の商品の流通機関を

短縮するとすれば、この同じ進歩と、運輸交通機関の発達とともに与えられた可能性とは、——逆に、ますます遠い市場のために、一言で言えば世界市場のために、仕事をする必要をひき起こすのである。旅行中の商品、そして遠隔の地に向かって旅行中の商品の量は非常に増加し、したがって社会的資本のうちでいつでもかなり長い期間商品資本の段階にあり流通期間にある部分は絶対的にも相対的にも増大する。それと同時に、社会的富のうちの、直接的生産手段として役立つのではなく運輸交通機関に投ぜられる部分、また運輸交通機関の経営に必要な固定資本と流動資本とに投ぜられる部分も、増大する。（2の307）

換言すれば、運輸手段の進歩による「距離の短縮」の現実化が、より遠い市場である世界市場の開拓をひき起こし、かなり長い期間に亘り産業資本が商品資本に滞留する段階、すなわち流通期間にとどまる時間が絶対的にも相対的にも増大すると言っています。その産業資本の流通期間を短縮するため、さらなる運輸手段の変革と進歩が社会総資本として運輸資本に求められることになります。ところで、『資本論』は、運輸資本の性格について、次のように述べています。

流通、すなわち商品が実際に空間を走り回るということは、商品の運輸に帰着する。運輸業は一面では一つの独立な生産部門をなしており、したがってまた生産資本の一つの特殊な投下部面をなしている。他面では、それは、流通過程のなかでの、そして流通過程のための、生産過程の継続として現われるということによって、区別される。（2-185~186）

このように、運輸資本は、商品の「流通過程のなかで、そして流通過程のため」に働く資本ですが、商品流通を直接媒介する商業資本ではありません。それは人や物の「場所の変換」運動を生みだす生産資本であり、産業資本です。運輸資本は商品の流通過程に関わっていることから、商業資本と見誤れますが、商業資本とは基本的に範疇を異にする産業資本なのです。生産性をもった資本、それが運輸資本です。このことについて、『資本論』も次のように注意を促しています。

たとえば現実の運輸業や発送業は商業とはまったく別な産業部門でありうるし、また事実そうである。また、これから売買される商品が埠頭やその他の公の場所に積んであることもありうる。そして、このようなことから生ずる費用は、商人がそれを前貸ししなければならないかぎり、第三者によって商人の勘定として計算される。すべてこのようなことは本来の卸売商業に見られることであって、そこでは商人資本が最も純粋、他の諸機能ともっとも混合されずに現われるのである。運輸業者や鉄道経営者や船舶運航業者は「商人」ではない。（3の1－361）

さて、運輸手段の変革と進歩は、思いがけない変化を地域に生みだすことがあります。新しい運輸手段が開設されなかったために、これまで消費地として栄えていた街が衰退し、新しいターミナルが設けられたために不毛の地が新市街地に変貌するような変化をつくりだします。また、新しく工場地帯が建設されると、その工場地帯に通じる運輸手段が開発され交通が便利になるのに反し、工場地帯から外れた地域はますます交通が不便になり、「陸の孤島」になることもあります。運輸手段の変革と進歩は、地域開発すなわち地域の繁栄と衰退に密接な関係をもっているのです。このことについて、『資本論』

は書いています。

一方では、ある生産地がより多く生産するようになり、より大きな生産中心地となるにつれて、まず第一に、運輸機関の機能する頻繁度、たとえば鉄道の列車数が増加して、その増加は既存の販売市場への方向に、つまり大きな生産中心地や人口集中地や輸出港などに向かって行なわれる。しかし、他方では、これと反対に、このような交通が特別に容易であることや、それによって資本の回転が(流通期間によって制約されるかぎり)速められることは、一面では生産中心地の集積を促進し、他面ではその市場地の集積を促進する。このように与えられた地点での人口と資本量との集積が促進されるにつれて、少数の手のなかでのこの資本量の集積が進行する。同時に、交通機関の変化につれて生産地や市場地の相対的な位置が変化することによって、再び変転や移動が生ずる。かつては、その位置が国道や運河に沿っていることによって特別に有利な地位を占めていた生産地が、今では、相対的に大きな間隔をおいて運転されるただ一本の支線に沿っているのに、他方、かつては主要交通路からまったく離れていた別の地点が今では何本もの鉄道の交差点にあたっている。あとのほうの地方は盛んになり、前のほうの地方は衰える。こうして、運輸機関の変化によって、商品の流通期間や売買の機会などについて場所による相違が生みだされ、または既存の場所的相違の配分が変わってくる。(2の306~307)

ところで、東北本線が東京の上野と盛岡との間が開通したのは、一八九〇(明治二三)年でした。当初の計画では、鉄路を旧奥州街道に沿った盛岡の市街地を通し、市街地の中に盛岡駅を開設する予定でしたが、疫病がやってくるとか、騒音がうるさいとか、排煙が身体に害を及ぼす、旧城下町の佇まいを壊したくないなどの理由で世論の反発を受け、新しい鉄路と駅舎は北上川河岸の西側の市街地から遠く離れた場所に設けられました。その結果、今では駅舎東側は駅前地区として繁栄を謳歌し、駅舎西側も新市街地として開発が進んでいます。これに対して、駅舎予定地であった旧奥州街道の商店街は繁栄から取り残された街になってしまいました。この鉄道の開設に伴う鉄路と駅舎の位置決定は、盛岡の地域開発の上で甚大な影響力をもったということになります。このような事例は、鉄道、港湾、自動車道、空港などの開発に関連した地域では、全国のどんな地域でも似たような歴史があるのではないでしょうか。

次に通信資本について考えてみたいと思います。

通信資本とは何でしょうか。通信資本と運輸資本とは何が違うのでしょうか。先に見たように、運輸資本は人と物を運ぶものです。これに対して、通信資本は情報を運ぶものです。人や物ではなく、情報を運ぶという点が通信資本と運輸資本が異なっているところです。記号、文字、音声、図形、映像などの情報を運ぶのが、通信資本です。「場所の変換」運動が資本の売りであり、使用価値であることにおいて、通信資本でも運輸資本でも同じですが、その運動の対象が情報である点に通信資本の特異性があります。

『資本論』ではわずかに書信と電信が通信資本の例としてあげているだけですが、現在ではその他に電話、ファックス、インターネットが加わってきます。インターネットの登場によって、通信資本は本質的に変化しました。なお、『資本論』は報道も通信資本と同じように扱っていますが、これは情報の製造と加工に関わることですから、次のメディア資本の中で述べたいと思います。

まず書信すなわち郵便について見てみましょう。

郵便は江戸時代にも飛脚という制度がありました。しかし、これは時間がかかり過ぎる、しかもすごく高額な料金が取られる、ほんとうに配達されたが確認できないなどの欠点があり、飛脚を利用するのは大名か大商人に限られていました。小商人、職人、百姓農民などの大衆にとっては縁遠い存在でした。また、大名は独自の資金で参勤交代に利用する宿駅に飛脚を置いておく場合もありました。江戸時代、盛岡と江戸との間、約五六〇キロメートルを南部藩の参勤交代では、普通一三泊一四日を要しました。もちろん、すべての行程が徒歩です。それでも一日四〇キロメートルを歩きます。これが、飛脚だと半分の六泊七日で完走します。したがって、文字通り飛ぶような脚（足）をもっている意味で、「飛脚」だったのです。この飛脚が宿駅で文書（情報）の引き渡しをして継走するところから、「駅伝」という言葉が生まれ、駅伝レースが日本の競技として誕生しました。

郵便制度が根本的に変革したのは、明治維新後の一八七一（明治四）年に前島密によって、東京―大阪―京都の東海道を結ぶ郵便制度が発足したことでした。東海道の宿駅はもちろんですが、その周辺まで配達されるようになりました。料金は江戸時代の飛脚に比べて格段に安くなり、しかも所要時間も明示され、確実に郵便が届くようになりました。こうして、文書（情報）を安く、速く、確実に運ぶ近代郵便制度が誕生したのです。郵便制度はたちまち全国に普及し、郵便局が全国津々浦々の村まで建つようになり、数多くの郵便ポストが設置されるようになりました。明治初期の郵便が速く届くようになったのは、郵便馬車の活用によります。これが、鉄道の普及につれて郵便列車になり、今日では自動車とトラックとバイクによる集配・配送・配達へと進歩しております。郵便番号制度の導入により郵便の選別が自動化され、郵便の配達は驚くほどスピードアップされました。なお、郵便局では小包や宅配も取り扱っていますが、これは運輸資本の仕事です。また、現金書留や電信為替や郵便振替も取り扱っていますが、これは金融資本の仕事です。現在、郵政制度は民営化され、郵便局や郵便配達などは株式会社の仕事になってしまいましたが、郵便局で働く労働者サラリーマンを見ると、ノルマが厳しくなり、忙しくなり、どことなく心のゆとりがなくなっていると感じるのは、私だけでしょうか。これは、会社や団体などのダイレクトメールが民間の宅配会社でも取り扱うことができるようになったのも、少し関係があるかもしれません。

次に電信について考えたいと思います。

『資本論』が出版された一九世紀半ばは、まだ電話は登場していません。電信は、有線の指字式電信機かモールス式電信機を使って送受信されました。指字式電信機は送信側でアと打電すれば、受信側の文字盤がアと指示することによって情報を交信するものです。二〇一四（平成二六）年の二月に京都で発見された岩倉具視宛の電信文は、一八七七（明治一〇）年の西南戦争時の九州の政治的状況を現地から伝えたものですが、これは明らかに指字電信機が使われたと思われ、しかも簡単な暗号表を使っています。モールス電信機は、いわゆるツーツートントンのモールス信号を使い情報を交信するものです。この通信の革新によって日本では一八六九（明治二）年に東京と横浜間に電信局が開設され、電報業務を扱うようになり、数年で全国各地に電信局が普及しました。緊急の用務の時は依頼人が電信局に出向き、電文を作成し電信局へ依頼すれば、電信文は相手先に近い電信局に送信され、そこから電信文が直接相手先に送り届けられるようになったのです。電報は郵便よりも高額でしたが、緊急の用務の時には何かと便利でした。公務だけでなく会社用務や私的用事のためにも電報が使われるようになり、普及して行きます。ところで、この時代、電信は有線ですから国内に電信線を張り巡らすことはもちろんですが、海外へ有線を設置するためには、海底ケーブルが必要になります。一八五〇年にイギリスとフランスを結ぶドーバー海峡横断ケーブルが開設され、一八六六年には大西洋横断ケーブルが、一九〇三年には太平洋横断ケーブルが開通しています。こうして世界中の国々と情報を交換する電信が開かれたのです。太平洋横断海底ケーブルの開設前、一九世紀後期にはイギリスとインドとの間は陸上ケーブルで結ばれていましたが、故障や雑音が多く電信状況はよくなかったと言われています。この海底ケーブルはインターネット時代に対応して高速且つ大容量の情報を運ぶことができる光ケーブルに変わって来ています。言うまでもなく日本国内の電信線も光回線に変わりました。

電話が実用化されたのは、グラハム・ベルが発明した一八七六年の二年後の一八七八年に、アメリカ各地で電話会社が開業したことに始まります。日本では一八九〇（明治二三）年に東京と横浜間で電話サービスが開始され、その後、全国に普及して行きました。しかし、戦前は官公庁や会社や大商店や金持ち階級など加入者は限られていましたが、戦後になって一九六〇年代の高度経済成長とともに一般家庭も加入するようになり、現在では電話がない事業所や家庭は皆無という状態になっています。電話機も黒一色のダイヤル式からカラーのプシュホン式に変わり、現在ではファクスとコピーとスキャナ機兼用のコードレス電話になりました。事業所や家庭から国別番号を入力すれば、世界どの国とも通話できるようにもなりました。そして、携帯電話が登場したのです。有線でなく無線で電話することができるようになったのです。電話は一家一台の時代が去り、一人一台の時代になり、携帯してどこにも持ち運べるようになったのです。携帯電話で電子メールが交換することもできるし、図形や写真や動画も交信できるようになりました。さらにはスマートホンの時代に入り、インターネットのあらゆる機能が利用できるようになりました。ゲームやテレビやラジオや音楽や書籍や漫画も利用することができるようになり、必要ならばダウンロードすることもできます。テレビ電話も可能です。電話は単なる電話ではなく、マルチメディア機能をもった新しい通信機器に変貌を遂げたのです。黒のダイヤル式電話の時代と比べますと、現在のスマートホンの時代は隔世の感があります。しかもスマートホンが登場したのはこわずか一〇年くらいのことです。その意味でスマートホンは、二一世紀のマルチメディア時代の予兆と言えるかもしれません。一〇年か二〇年後には、現在のスマートホンを越えるマルチメディア通信機器が登場するのではないでしょうか。

さて、現在の日本では、このマルチメディア機器を使用するためには、NTT、au、ソフトバンクの三つの通信資本のどれかと契約する必要があります。三つの通信資本の市場占有率をめぐる競争は熾烈です。テレビコマーシャルの本数も多いし、その内容も奇抜です。我が家にも何回も繰り返し同じ会社から勧誘の電話がかかってきました。これは、一九八五（昭和六〇）年に独占資本だった電信電話公社が民営化され、株式会社NTTが誕生するとともに通信分野への民間資本の参入が認められ、通信資本の市場競争が発生した結果です。しかし、少子高齢化社会、人口減少社会、超低成長社会にあっては、電話契約加入者の自然増加は望めず、既存加入者を自分の会社の方へ鞍替えさせるしか市場占有率を高める方法がないため、この通信資本の激烈な競争は生まれて来たのです。幸というか不幸というか分かりませんが、この競争の熾烈さは国内市場に限られていますが、いずれ世界市場での競争になるのではないでしょうか。そのターゲットは、言うまでもなくアジア、アフリカ、中南米の発展途上国だと思います。この市場は日本だけでなく、欧米、中国、韓国の資本も狙っていますから、世界市場での競争に勝ち抜くことは並大抵の努力ではないと思います。

次に無線通信について考えてみましょう。

無線通信が発明されたのは一九世紀後期であり、その実用化が始まったのは二〇世紀に入ってからです。日本では一九〇〇（明治三三）年に、松代松之助が船舶無線の実用化に成功したのが最初でした。無線通信は、その後、航空無線、防災無線、漁業無線、気象無線、新聞無線、軍事無線、アマチュア無線など多方面で使われるようになりました。第二次世界大戦は暗号無線の解読に躍起となった時代でした。現在、無線通信は携帯電話とスマートホンにはなくてはならない通信手段です。日本の無線通信は、現在、先に述べた三つの資本、ＮＴＴ、ａｕ、ソフトバンクの独占に掌握されている状態です。無線通信ですから本来資本の独占は成立しないはずですが、大衆の無線通信の利用状況を見るかぎり、大資本の独占に支配されていると言うことができると思います。最近は人工衛星を活用した無線、ＧＰＳ機能が携帯電話、スマートホン、カーナビに登載され、位置確認のために利用されています。無線通信で画期的事業は一九二〇年代に始まったラジオ放送ですが、これはメディア資本の中で述べたいと思います。

ところで、一九七一（昭和四六）年の真夏のある日、東京の新聞社のカメラマンが実家の写真館に暗室を貸してくれと飛び込んで来ました。それは同年七月三〇日に岩手県雫石上空で起きた全日空機と自衛隊機との衝突事故を取材するために来ていたカメラマンでした。当時の日本国内で起きた最大の航空機事故で、全日空機の乗客乗員一六二名は全員死亡、衝突した自衛隊機のパイロット一名だけ生存という悲惨な事故でした。私は動員を受けませんでしたが、多くの市役所職員が遺体収容などに動員されました。後でそれらの職員から話を聞くと、遺体は散乱して目も当てられない状態だったと言います。この事故現場を撮影するために、このカメラマンは派遣されて来たのです。彼は自分で暗室に入り、現像焼付をして、撮って来た写真を乾燥していました。するとリュックサックから中型の機械を取り出して、撮影した写真を新聞社に送信する作業を始めました。結構機械音がうるさかったように思います。しかも写真を送るのに相当時間がかかっていたように記憶しています。それから、数日間、そのカメラマンは実家に通い暗室を借り、写真を新聞社に機械で送っていました。これが、私が初めて写真電送すなわちファクシミリというものを見た経験です。今考えると写真電送は短波無線で送られたのではないかと思います。もちろん自分が書いた写真のキャプションも送ったのでしょう。

ファクシミリは英語で facsimile と表記し、ラテン語の fac simil（同じ物を作れ）に由来しています。ファ英語圏では短縮語である fax が使われ、日本語でもファクスという語が一般的に使われています。ファクシミリ開発の大きな目的は写真、図形、文章を電送することでした。その原理は一九世紀半ばに発見されましたが、写真電送が実用化されたのは、真空管と光電管が発明された二〇世紀の前期でした。日本での実用化は、一九二八（昭和三）年一一月一〇日に京都御所で行なわれ昭和天皇の即位礼を大阪毎日新聞社が京都から東京へ写真電送したことに始まります。一九三六（昭和一一）年に開催されたベルリンオリンピックでは、ベルリンと東京間に施設された短波通信回線を使って電送された写真が新聞紙面を飾りました。一九三七（昭和一二）年には携帯端末機が開発され、折から激化していた日中戦争の報道に使われ、陸軍や海軍でも使用されました。戦後は郵政省、電電公社、気象庁、国鉄、警察、新聞社などで、写真だけでなく図形や文章も電送できることから、ファクシミリが業務用として普及して行きました。一九七一（四六）年には一般電話回線にファクシミリ端末機を自由に接続できるようになり、ビジネス用とし活用され始め、一九九〇（平成二）年頃に家庭用の電話でも使用できるファクシミリ複合機が開発されました。二〇〇〇年代には電話回線がデジタル化されると、電話機もデジタル化され、電話やファクシミリだけでなくコピーやスキャナもできるようになり、現在の一般家庭で使われるデジタル複合機になっています。しかし、ファクシミリ機能は、インターネットで写真だけでなく動画、アニメ、複雑な図形も手軽に送れるようになったため、その使用頻度は減少傾向にあります。

インターネットは、原則的に有線通信です。インターネットを起動するには、パソコンを所持していることはもちろんですが、まずいずれかの通信資本と電話加入契約をしている必要があります。その上でさらにプロバイダーと加入契約を結ぶ必要があります。プロバイダーはれっきとした通信資本です。プロバイダーの資本状況は、現在は大中小の企業が入り乱れている状態ですが、将来は大資本が市場の独占化を握る状況になるのではないでしょうか。さらに電話線にルータを取付け、無線ランを設定する必要があります。こうしてやっとインターネットを起動することができるのです。スマートホンはこの面倒な設定手続を通信資本との契約一本だけでインターネットと接続できるように簡略化したものです。しかも、無線通信でインターネットと接続できるようにした点が、画期的です。こうしたインターネットの普及と拡大から見ても、日本では三つの大きな通信資本の独占支配が強くなって行くと見ることができるでしょう。

今まで述べて来たことから分かりますように、郵便、電信、電話、無線、ファクシミリ、インターネットなどの通信資本に投入される生産手段と労働力は巨大なものに成長しました。この通信資本の生産・修理・販売に関わる労働者サラリーマンも膨大な人数に及びます。『資本論』が出版された一九世紀半ばの資本主義には、まったく想像ができない変化です。それは、確かに『資本論』が言うように資本主義的生産の発展が商品流通と商品販売の巨大な発展を生み、その結果、通信資本の巨大な成長が生まれたことは否定できない事実です。ただ、この通信資本に対する需要は、資本主義的生産に関連する生産者需要だけから生まれたものではありません。消費者需要も大きな役割を担っています。この需要には、「高度大衆消費社会」の成長と発展を抜きには考えられないと思います。一九世紀半ばの資本主義には考えられないような経済の地殻変動が起きているのではないでしょうか。

次に、メディア資本について考えたいと思います。

メディア資本とは何なのでしょうか。メディア資本と通信資本とはどこが違うのでしょうか。メディア資本は始めから不特定多数を対象にして情報を製造加工して伝達することが、資本の目的であり、使用価値になっています。これに対して通信資本はただ特定の対象に情報を運ぶことが、資本の目的であり、使用価値です。通信資本は運ぶ情報を加工したり製造したりしません。そんなことをしたら犯罪になります。言い換えれば、メディア資本にとって情報は商品なのです。メディア資本はこの情報を商品として生産し供給することによって、利潤（剰余価値）を獲得することが、この資本の推進動機になっています。その利潤は情報の生産過程に生産手段とともに投入した労働力から、すなわち労働者サラリーマンの不払労働から産出されることは言うまでもありません。メディア資本が商品として生産した情報は、ラジオやテレビのように放送と同時に個人の消費過程に入っていくメディアもありますし、新聞、雑誌、書籍のように生産物の情報商品が個人の消費過程と分離されているものもあります。そして、送り手のメディア資本と受け手の個人的消費者の関係は、あくまでもメディアを媒介としたフォーマルな間接的接触です。家族や地域や職場のインフォーマルな直接接触の関係とまったく違っています。メディア資本が使用する情報伝達手段は、文字、音声、図形、絵画、写真、映画・ビデオなどの動画映像、アニメ、ゲーム、クイズなどあらゆる表現手段が使われます。そして、メディア資本は、情報の送り手として個人的消費者の現実的と想像的を問わず、あらゆる人間的欲望に訴えようとします。すなわち、ニュース性、話題性、知識欲、好奇心、猟奇性、冒険譚、暴力性、勧善懲悪、セックス、金銭欲、健康欲、美意識、賭博性、民族意識などです。メディア資本は個人的消費者の欲望意識に働きかけることを目的としている意味で、『意識産業』（エンツェンスベルガー）と規定することもできます。そして、メディア資本は、情報産業であることはもちろんですが、知識産業、教育産業、娯楽産業でもあります。

このメディア資本には、出版、雑誌、新聞、写真、映画、ラジオ、テレビ、インターネットなどがあります。そして、近現代史は「メディア資本の時代」「マスコミの時代」「インターネットの時代」と言うことができますし、キェルケゴールが『現代の批判』で語ったように「現代は広告の時代であり、ニュース宣伝の時代である。」と言うこともできます。このメディア資本の異常なほどの成長と発展は、近現代史に特有なものです。近代以前の近世や中世では考えられない社会現象です。特にインターネット時代の現代では、メディア資本がつくり出す疑似環境が日常生活の隅々まで浸透し膨張を遂げ、「疑似環境の現実化」と「現実の疑似環境化」が進んでいます。スマホ中毒はその典型ですし、スマホゲームをめぐって犯罪まで起きています。その社会的背景には、『孤独な群集』（リースマン）と化した現代の大衆の生活状況があることは否定できないように思います。この問題の解決には遠くて長い道程ですが、家族、職場、地域のインフォーマルな直接的接触の人間関係を再構築するしか方法がないのではないでしょうか。

さて、江戸時代でも小さいですがメディア資本はありました。それは、書籍、浮世絵、錦絵、瓦版を出版する版元です。人気のある浮世絵や錦絵は何万と刷られたと言います。大衆小説を行商する貸本屋まで江戸にはありました。しかし、なんと言ってもメディア資本が爆発的に成長したのは、明治維新以後のことです。福沢諭吉の『学問のすすめ』は一〇〇万部売れたと言います。明治初期は文明開化の波がどっと押し寄せ、欧米の書籍を意訳・翻訳した本が大量に出版されました。また、自由民権運動が活発になると、全国各地の政治結社が新聞や雑誌を次々に発行します。その中から万朝報、大阪毎日新聞、朝日新聞、平民新聞などの日刊紙が成長して行くとともに全国各地にも日刊の地方紙が発行されるようになります。それに対して政府は新聞紙条例や出版法を制定して、書籍・雑誌・新聞の弾圧規制に乗り出します。戦前と戦後の大きな違いの一つは、マスメディアの検閲があったかどうかということです。戦前のメディア資本は国家権力の検閲規制の中で書籍・雑誌・新聞を発行していたことが、戦後と違うところです。

この紙媒体中心のメディア資本に根本的に衝撃を与えるメディアが登場しました。映画とラジオ放送です。

映画が日本で最初に公開されたのは、一八九六（明治二九）年に神戸でキネトスコープが上映されたことに始まります。キネトスコープとは、エジソンが発明した箱型のぞき式で映画を観る装置を言います。この上映を記念して一二月一日が「映画の日」に設定されました。翌一八九七（明治三〇）年にスクリーン投射型の映画、シネマトグラフが日本で最初に大阪で上映され、キネトスコープをスクリーン投射型に改良したヴァイタスコープが東京で上映されました。一八九九（明治三二）年に東京で日本最初の国産映画が上映興行されます。一九〇三（明治三六）年に東京浅草に日本で最初の常設映画館が開業します。一九一二（大正元）年に日本活動写真株式会社（日活）が設立され、本格的な国産映画の製作が始まります。一九一七（大正六）年、尾上松之助とチャップリンの人気が上昇。一九二〇（大正九）年、松竹蒲田撮影所が製作を開始。

こうして、映画製作の環境が整い、全国に映画の常設館が増加して、映画は大正末期から昭和初期（一九二〇～一九三〇年）にかけて第一次のブームを迎えます。この時期は農民運動、労働運動、社会主義運動が空前の盛り上がりを見せた時代で、ニヒリズム反逆映画や左翼傾向映画が盛んにつくられました。そうした社会状況の影響もあったのか、一九二〇年代後半にはスターの独立プロダクションが次々に誕生します。阪東妻三郎、嵐寛寿郎、片岡千恵蔵、市川右太衛門など。しかし、これらの独立プロダクションも一九三〇年代後半には財政問題などいろいろな問題が絡み合い解散して行きます。そして、もう一つ注目しなければならない問題は、一九三一（昭和六）年に日本最初の本格的トーキー映画が上映されたことです。無声映画で活動弁士が活躍する時代が去ろうとしていたのです。時は、昭和恐慌の時代です。大学は出たけれど就職できない時代、活動弁士もその失業者の群れに入って行きました。そして、一九三七（昭和一二）年に日中戦争が始まると、映画の検閲規制は次第に厳しさを増し、一九四一（昭和一六）年に太平洋戦争が開始されると、検閲規制はますます厳しくなり、戦意高揚の映画しか認められない状況になります。映画監督の表現の自由は、軍国主義によって完全に圧殺されました。

敗戦後も、映画は、一九五一（昭和二六）年の対日講和条約発効までは、GHQ（連合国最高司令官総司令部）の検閲規制を受け、占領政策に反する映画製作は認められませんでした。一九五一年には日本で最初のカラー映画が製作され、次第にモノクロ映画を圧倒して行くようになります。連合国の占領政策が終焉した一九五〇年代から高度経済成長時代の一九六〇年代までが、日本映画の第二次のブームでした。一九五八（昭和三三）年の年間映画観覧回数は国民一人当たり一二・三回を記録し、史上最高でした。この間、映画はシネマスコープの横広の大画面に変わって行きます。しかし、その後、テレビの攻勢に押され、じりじり観客動員数は下がって行きます。この映画ブームの中から、三船敏郎、鶴田浩二、中村錦之助、東千代之介、大川橋蔵、市川雷蔵、勝新太郎、石原裕次郎、小林旭、高倉健、山本富士子、吉永小百合、藤純子などのスターが生まれ、黒沢明、小津安二郎、木下恵介、新藤兼人、増村保造、大島渚、吉田喜重、篠田正浩、山田洋次など多くの傑出した監督が誕生しました。その後、映画産業は斜陽産業といわれ、映画会社も縮小整理され、観客動員数は最盛期の一〇分の一以下まで減少し、当然のことながら映画館も減少しました。二〇一三（平成二五）年には映画フィルムの製造が停止され、デジタルでしか映画は制作することができなくなり、完全にデジタル時代に突入しています。

さて、私にも撮影現場を見学したささやかな経験があります。

一つは、一九五七（昭和三二）年に松竹大船で製作された『花くれないに』が盛岡を中心にロケが行なわれ、そのロケ撮影の現場を小学生の頃に見学したことです。この映画は夏目漱石の小説『坊ちゃん』をモデルしたもので、東北の地方都市の高校が舞台となったのですが、それが盛岡だったのです。高橋貞二、小山明子、笠智衆などが出演しました。見学した撮影現場は実家近くの商店街裏の路地でした。俳優が駆け足で走り、家の陰に隠れて台詞を言う一分に満たないようなシーンでした。これでもかと言うほど何回もリハーサルが繰り返され、やっと本番の撮影に入りオーケーが出ました。俳優の仕事も大変だなと子供心に思いました。

もう一つは、一九八四（昭和五九）年に松竹で制作された山田洋次監督の『男はつらいよ』シリーズ第三三作『夜霧にむせぶ寅次郎』の撮影現場でした。寅さんが旅回りで訪れた盛岡の祭りでテキ屋の商売をしているシーンです。ロケ現場の岩手公園に昼休みに来ていて、偶然遭遇したのです。祭りの客が坂道を登って来て、テキ屋の寅さんが声をかけるシーンです。エキストラの客たちは登ったり下りたり何度もリハーサルが繰り返され、やっと本番になりオーケーがでました。寅さん役の渥美清のリハーサルはほとんどありませんでしたが、客役のエキストラはこれでもかと思うほど何度もリハーサルが続けられました。これも一分に満たないシーンですが、監督はじめスタッフが総掛かりで撮影していました。いかに映画が手間ひまをかけてつくられているか充分に納得させられました。

最後の一つは、一九八七（昭和六二）年に国立民俗歴史博物館の事業で岩波映画が製作したドキュメンタリー『南部杜氏』です。これは見学したと言うよりも協力したものです。諏訪淳監督とスタッフが撮影当日の昼過ぎに中央公民館に来て史料を撮影しました。史料は『増補行程記』と言い、江戸時代の南部藩の参勤交代の行程風景を色彩鮮やかに肉質画で描いた厚い和綴じの冊子です。石鳥谷（現花巻市）と盛岡の町にある杉玉の酒造店が描かれている四～五頁を撮影するものでした。私は一時間ぐらいで撮影は終わるだろうなと思い、史料を出しましたが、閉館時間の午後九時になっても終わらず、一〇時近くまで結局かかってしまいました。史料所蔵者の担当者ですから撮影現場に立ち会いましたが、何回もカメラや照明のテストを嫌というほど繰り返し、やっと本番の撮影になります。テレビの史料撮影には何度も立ち会いしましたが、これほど丁寧な根気のいる撮影現場は、後にも先にもこれが最初で最後でした。照明の強さや角度、カメラのアングルや撮影部位をもう良いのではないかと言いたくなるほど何回も変えて、撮影は続きます。やはり映画がワンカット、ワンシーンにかけるエネルギーは並大抵のものではないなと感じました。後で試写会に呼ばれて、完成した作品をみましたが、使われた部分は映写時間三四分のうち二分にも満たないものでした。しかし、これが映画とテレビのもの作りにかける集中力の違いではないかと、現実をもって体験することができたました。

これら映画の撮影現場を見聞して思ったのは、監督が撮影スタッフや俳優の職人的な力量を引き出し、一つの作品として完成させるエネルギーの集中度の凄さでした。職人主義、完璧主義、集中主義が映画作りには流れています。それが映画の芸術性、娯楽性、美意識を高めていると思いました。こうしたもの作りの伝統と精神性が失われないかぎり、映画は観客を感動させる作品としてテレビとは違ったメディアとして生き続けるのではないでしょうか。

なお、映画より前に誕生した写真も、芸者や映画スターのブロマイド、風景などの絵はがき写真はメディア資本の商品生産物です。

次は、ラジオについてです。

ラジオは、一九二〇年にアメリカで大統領選挙について放送したのが、世界最初でした。日本では一九二五（大正一四）年に東京放送局が開局し放送したのが最初です。翌年、名古屋放送局、大阪放送局が開局して、三つの放送局が統合され、日本放送協会（ＮＨＫ）が開局しました。次第に全国各地に放送網が広がって行きます。当時の植民地である台湾、朝鮮、南樺太にも放送局が設置されました。特に画期的なことは、一九三六（昭和一一）年のベルリンオリンピックの女子水泳競技を同時中継し、「前畑頑張れ！」「勝った！　勝った！　勝った！」のアナウンサーの絶叫が感動を呼んだことです。二〇〇メートル女子平泳ぎで前畑秀子選手がデッドヒートの末、金メダルを獲得した瞬間でした。日本のラジオにおける世界同時中継の走りでした。しかし、ラジオ受信機は高額でしたので、一世帯一台までは普及しませんでした。一九三七（昭和一二）年に日中戦争が激化すると、軍国主義が次第に強まって行き、ラジオは最も社会的影響力のもつメディアとして検閲規制は強化され、一九四一（昭和一六）年の太平洋戦争が始まると、軍部の報道統制は厳しくなり、ラジオは戦時色一色に染まり、戦況については大本営発表のニュースしか報道されなくなりました。しかも次第に国民の間には大本営発表はウソと受けとられるようになり、ラジオの報道と国民の意識の間に乖離が生じ、様々な流言蜚語が生まれました。一九四五（昭和二〇）年八月一五日の昭和天皇の「終戦の詔勅」は、植民地を含めた国民全員がラジオ放送を緊張して聴いた空前絶後の例ではないでしょうか。

戦後は連合軍総司令官総司令部（ＧＨＱ）の報道管制下におかれ、占領政策を批判する言論の自由はありませんでしたが、戦争が終わった解放感から様々な番組が製作されました。一九五一（昭和二六）

年に講和条約が発効すると、ラジオの言論表現の自由は開花し、公権力を批判する番組を制作することも可能になりました。それと同時に同年に民間放送の開局が認められ、各地方に民間放送局が誕生して行きます。私も一九五〇年代の小学生時代には、『八幡船』『紅孔雀』の少年活劇ドラマに熱中し、相撲の実況中継に興奮しました。今はほとんどありませんが、当時はラジオドラマが大きな影響力をもっていたのです。安部公房も前衛的小説をラジオドラマのために多く書いています。また、鉱石ラジオキッドを組み立て、小さなラジオからイヤホーンで聴くこともしました。そして、木箱の真空管ラジオがトランジスタラジオに変わって行き、一九五〇年代には一家一台の時代を迎え、携帯ラジオが開発されて、一九六〇年代には一人一台の時代になりました。しかし、一九五九（昭和三四）年に皇太子殿下と美智子様の結婚パレードがテレビ中継されたのを契機に、テレビ受像機が普及し始め、ラジオは斜陽化の時代を迎えます。その間、短波放送が開始され、それから音楽番組を中心に放送するＦＭ放送局も開局されました。さらに一九九〇年代にはコミュニティ放送が制度化され、今日ではインターネットラジオ、地上デジタルラジオの時代に入っています。今、ラジオはニュース、スポーツ中継、音楽、演芸などを放送していますが、テレビに圧倒され、生放送の情報バラエティー番組に活路を見いだそうとしているように思います。聞き手の声をすぐに放送に反映するスタイルが定着して来ました。東日本大震災の時は外の情報を知ることができるのはラジオだけでしたから、ラジオの震災関連情報に助けられた人も多かったのではないでしょうか。このように一方通行ではなく、聞き手との同時双方通行的な番組づくりがラジオの真骨頂かもしれません。

それはともかく、ラジオは大量な受け手に同時に情報を伝達することができる初めてのメディアでした。受け手の大量性と情報伝達の同時性が、ラジオメディアの特徴です。これに加えて、聴くだけで情報を受け取れる情報取得の安易性・簡便性がラジオにはあります。新聞のように読む手間がかからないのです。これに受け手の参加性が強くなって来たのが、今日のラジオと言うことができるかもしれません。因みにヒットラーは政権の支持を強固にするために大衆宣伝の道具として大衆集会と集団行進、そして映画とラジオを多用したことは有名です。一九三〇年代においては、ラジオは最も強いマスメディアだったのです。なお、ラジオは電波放送ですからアンテナや発信機などの通信設備をもち、通信資本としての側面をもっていることは言うまでもありません。

音声メディアを考える場合に忘れてはならないのが、二〇世紀に入って生産されるようになったレコードです。戦前のレコードは蓄音機が高価なこともあって少数の金持ちのものでしたが、戦後の高度経済成長とともにステレオやプレーヤーが安価になると、レコード鑑賞は大衆的なものになりました。その後、カセットテープが登場し、一九七九（昭和五四）年に発売された音源を携帯しながら聴けるウォークマンは空前のブームをつくり出しました。一九八〇年代からはCDの時代に入り、ラジオやカセットテープと一体化したCDラジカセで鑑賞するようになります。今日ではインターネットから音源をダウンロードしてパソコンで鑑賞することもできるようになりました。レコード、CDの主流は、クラシック、民謡、歌謡曲、フォーク、ジャズ、ポップスなどの音楽です。音楽の複製化、大衆化を抜きにしては、これらメディア資本の発展は考えられません。

次は、テレビです。

テレビ放送は、一九三五（昭和一〇）年にナチスドイツが世界に先駆けて定時放送を開始したことに始まります。しかし、テレビの本格的放送は、一九四一（昭和一六）年アメリカで開始されました。日本での放送開始は、一九五三（昭和二八）年でした。しかし、テレビ受像機はサラリーマンの月給の二〇～三〇倍する高価な商品でした。一九五四（昭和二九）年に実況放送された力道山・木村政彦とシャープ兄弟との三日間に亘るプロレスの試合は、街頭テレビに群がる大群衆を興奮の坩堝に陥れました。新しいメディアとしてテレビの恐ろしい力が発揮されたのです。一九五五（昭和三〇）年頃、テレビ放送局が仙台に開設されていましたが盛岡にまだ開設されていない時代、私は近所の子供たちとテレビのある電器屋や自転車屋に夜間集まって、仙台から送られて来た電波をキャッチして雨がザアザア降るような画面でプロ野球中継をよく見た思い出があります。一九五九（昭和三四）年の皇太子殿下ご成婚の実況中継はテレビの普及を飛躍的に伸ばしましたが、私の家族は近所のテレビをもっている家庭に伺って見せてもらいました。我が家にテレビが入ったのは、私が高校へ入学した一九六二（昭和三七）年でした。戦後の高度経済成長とともにテレビ受像機の値段が下がって行ったからです。もちろん当時はすべて白黒テレビです。日本のカラーテレビ放送が始まった一九六六（昭和四一）年です。しかし、まだ短時間のカラー放送で大部分は白黒放送でした。一九七二（昭和四七）年にNHK総合テレビが全番組カラー化します。因みに私は一九七三（昭和四八）年に結婚しましたが、しばらく実家からもらった白黒テレビを見ていました。我が家のテレビがカラー化したのは、ニュータウンへ家を建て引っ越した一九七九（昭和五四）年でした。その間、一九六八（昭和四八）年にUHF局が開設され、民放二局体制になって行きます。一九八八（昭和六三）年にハイビジョン放送が開始され、ソウルオリッピックで我が国初のハイビジョン生中継が実施されました。一九八九（昭和六四）年には衛星（BS）放送がスタートし、二〇〇〇（平成一二）年にはBSデジタル放送が開始されます。二〇〇二（平成一四）年に新CS（通信衛星）放送がスタート。二〇〇三（平成一五）年に地上波デジタル放送の開始。二〇〇六（平成一八）年、携帯端末向け地上波デジタル放送「ワンセグ」が開始。二〇一二（平成二四）年には地上アナログ放送が廃止され、全国的に完全地デジ化になります。テレビのデジタル化とともにパソコンやスマートホンでテレビが見られる時代になりました。現在、テレビは画像のさらなる高密度化と立体（３Ｄ）化に取り組んでいますが、新しい需要を掘り起こすことができるかは定かではありません。

テレビ放送と同時に考えなくてならない機能は、録画機能です。テレビは当初すべて生番組で放送されていましたが、一九五八（昭和三三）年にＶＴＲが導入されると、次第に録画した番組が増えて行きます。今では録画方式もテープではなくＣＤのデジタルに変わって来ています。また、時代劇などは映画で撮影していましたが、これもテープそしてＣＤで録画したものを使用するようになりました。家庭のテレビ録画機もテープからＣＤへ変化していきました。一九六〇年代の私の高校時代には８ミリ撮影機、フィルム、映写機も高価なもので、なかなか持っている人はいませんでしたが、それがビデオカメラの登場により安価なものになり、家庭のビデオデッキでテレビ画面に簡単に再生できるようになりました。ただし、編集するのに難点がありました。それを簡単にしたのがデジタルカメラの登場です。パソコンに画像を取り込めば、如何様にも簡単に編集することができるようになったのです。また、ビデオレンタルショップが全国に生まれ、新作や旧作の映画を家庭で楽しむことができるようになりました。これらビデオやＣＤの制作する資本は、紛れもなくメディア資本です。

これまで見て来たように、テレビの技術は、白黒からカラーへ、生放送から録画放送へ、疎密度画像から高密度画像へ、アナログ放送からデジタル放送へ変化してきました。それによって、テレビメディアの送り手も受け手も大きな技術的変化を経験しました。その変化は、便利で美しく且つ安価な映像をつくり出したと言うことができます。しかし、その内容はどうでしょうか。本当に大衆の欲求に応えているのでしょうか。

テレビは、ラジオと同じように生産加工した情報を同時に大量の受け手に伝達できるメディアです。情報伝達の同時性と大量性がテレビのメディアとしての特徴になっています。ただラジオと違うところは、ラジオは聴覚を奪うだけですが、テレビは言うまでもなく受け手の視聴覚を奪います。ラジオは何か他の活動をしていても聴くことができますが、テレビは画面を視なければ鑑賞できませんので、他の活動しながら視るということが難しいのです。この受け手の行動の制約性と集中性の度合がラジオとは本質的に違います。テレビは視聴覚に訴えるメディアですから、目で見て聴いて分かるという意味理解の簡便性と安易性が、ラジオよりもさらに強まっています。さらに視覚と聴覚に同時に訴えるところから、刺激性が高く社会的影響力が一番大きなメディアではないでしょうか。このテレビの同時性、大衆性、集中性、安易性、刺激性がテレビのメディアとしての特質です。そこから、「一億総白痴化」(大宅壮一)の議論も出て来たのだと思います。これは、テレビのもつ集中性と安易性と刺激性、さらには番組内容の低俗化に対する憂慮から吐かれた言葉でした。この現状は今日でも少しも変わっていません。現在ではメディアの多様化が進んでいますから、スマホによる「一億総白痴化」を憂えなければという状況にあります。

なお、テレビもラジオと同じように、通信放送設備を生産手段として使っていることから、通信資本の性格をもっていることは言うまでもありません。ただし、不特定多数を対象に情報を加工生産し伝達することがメディア資本の売りであり、使用価値になります。そして、この情報を加工生産し伝達するために通信放送設備などの生産手段と労働者サラリーマンの労働力が生産過程に投入され、労働者サラリーマンの不払労働から利潤(剰余価値)が産出されることも、テレビも他のメディア資本と本質的に同じです。

ところでニュース報道について情報の加工生産と言うと変に感じられる人もあるかもしれませんが、ニュース報道も新聞、ラジオ、テレビなどのメディア資本による情報の生産加工そのものなのです。先ず第一に、収集したニュースの中からどれを報道するかという選択の問題が出て来ます。次に選択したニュースのうちどれを大きく扱うのか、どれを小さく扱うのか、さらに、そのニュースの表現をどうするのか、加害者の立場から表現するのか被害者の立場から表現するという問題が出て来ます。こうしてメディア資本の意識的操作の加工過程を通ってニュースは生産され報道されているのです。このメディア資本の意識的操作の加工過程について、ドイツの詩人エンツェンスベルガーは一九六二年に出版された著作の中で、ニュース映画について厳密な実証的分析を加えた後、ユネスコ（国連教育科学文化機関）の次のような報告を紹介しています。

イギリス、アメリカ、フランスの大きなニュース・フィルム制作者は、いつでも世界のあらゆる出来ごとに接することができる状態にある。というのもカメラマンの巨大な網と、世界のあらゆる地域に配置された出先機関を意のままにあやつれるし、経済的ならびに技術的な利益をかれらにもたらす相互交換契約を結んでいるからである。かれらの経済・技術機構はきわめて高度に発達しているので、映画報道の世界独占を達成している。……この相互契約を基盤にして、かれらは、ある程度まで競争を排除した。それにかわって協業があらわれ、それが市場にたいする共同支配を強化する。……製品を平均的消費者の願望とぴったり一致させようとする、これらまったく少数の会社による独占が、ニュース映画を、ますますステレオタイプ化した規格品のパターンに同化させる結果に導いたのである。〈石黒英男訳『意識産業』〉

これは約半世紀前の文章ですが、ニュース映画を新聞、ラジオ、テレビのニュースに置換えれば、世界の「少数の会社による独占」がニュースを支配している現実は、現在も本質的に変わっていないように思います。

現代のメディア資本の中で大きな影響力をもっているのは、インターネットです。グーグル、ヤフー、楽天などのポータルサイトは、検索エンジンを使って情報を入手しようとする場合になくてならないツールです。その意味で、これらの資本はインターネットを使う者を支配しているメディアです。これらのメディア資本が大きな産業として成長していることは、その利潤が莫大な額にのぼっている現実を見れば分かります。ホームページなどは会社企業の広報紙や商品紹介のチラシと同じ役割を果たしますから、資本にとって必要ですが利潤を直接生みださい必要経費である資本の空費に属します。ただし、ホームページを制作する会社は情報の加工生産を目的としているものですから、産業資本としてのメディア資本に属します。スマホゲームなどを制作販売する会社もメディア資本です。このようなゲームを多くの消費者が利用していることも、現代のインターネット社会の特徴の一つです。インターネットは普及してまだ間もないメディアです。どのようなメディア資本が今後登場してくるのか目を離せない状況です。

メディア資本を考える場合に、忘れてはならない二つの重要な点があります。

一つは、プロデューサー・編集者・監督・演出家・ディレクターの存在です。新聞・映画・ラジオ・テレビなどの情報はこれらの人の指揮監督の元に生産され、情報商品として消費者に提供されます。情報商品の生産と消費を媒介する上でこれらの人ほど影響力をもった重要な存在はありません。情報商品の使用価値としての質は、これらの人に決定されていると言って過言ではないのです。資本としてのメディアにとって重要であるばかりでなく、情報商品の消費者にとっても重要な存在です。資本がこれらの人を注視することは当然ですが、情報商品の消費者である私たちもこれらの人を注視する必要があります。

もう一つは、広告代理店です。広告代理店はテレビ・新聞・ラジオ・ポスター・チラシの広告の企画製作、商品即売会・展示会・コンサート・冠婚葬祭など各種イベントの企画制作、地域ブランド・ゆるキャラ開発などのイメージ戦略、調査票の作成から集計分析まで行なう市場調査、さらには商品デザインの企画制作、新商品の提案などの商品開発と、広告代理店は多岐に亘る事業を展開しています。博報堂がアサヒスーパードライの商品開発や熊本県のゆるキャラ「くまモン」の開発に関わったことは広告業界では有名な話です。

次はサービス資本について述べたいと思います。

サービス資本とはなんでしょうか。商業資本でもなく金融資本でもない産業資本としてのサービス資本とはどんなものでしょうか。そのヒントは、前に『資本論』の文章として紹介した次の言葉にあると思います。「独立の産業部門でも、その生産過程の生産物が新たな対象的生産物ではなく商品でないような産業部門がある。」「その有用効果は生産過程と同時にしか消費されえない。それは、この過程とは別な使用物として存在するのではない。すなわち、生産されてからはじめて取引物品として機能し商品として流通するような使用物として存在するのではない。」。この文章は、『資本論』が運輸資本について述べたものですが、そのままサービス資本にも適用されると思います。

たとえば医療資本はどうでしょうか。医科・歯科・はり・きゅう・マッサージなどの医療行為は、医療行為という生産過程そのものが患者の治療を受ける個人的消費行為になります。ここでは資本の生産過程と個人の消費過程が時間的に一致しています。医療資本の生産過程に投入された医師、歯科医師、看護士、理学療法士、検査技師などの医療従事者の人間労働そのものが、同時に患者の個人的消費過程になっているのです。これは物的商品を生産して販売する産業資本とは本質的に異なります。なお、介護や理美容についても医療と同じことが言えます。

また、公的資本あるいは私的資本で運営されるかを問わず教育資本はどうでしょうか。ここでは教室で教師が生徒に知識や経験を教授することによって成立します。教師の人間労働による生産的行為の所産である教授が生徒の学習という個人的消費過程になって完結します。ここでも資本の生産過程と個人の消費過程は時間的に一致しています。そして、医療と同じように生産者と消費者の直接的接触が必要になって来ます。保育園、幼稚園、小学校、中学校、高校、大学、学習塾、スポーツクラブ、習い事教室など教育に関わる資本はみなこのような性質をもっています。

旅館・ホテル資本はどうでしょうか。ポーター・受付・客室係のサービス、板前・シェフなど料理人の腕、宿泊する部屋の日当り・清潔さ・雰囲気・眺望、温泉であれば風呂、ここでは人的サービスと物的サービスが一体となって、旅館・ホテルのサービスが顧客に提供されます。物的サービスはこの資本の生産手段であり、人的サービスはこの資本の労動力です。資本が生産過程に投入した生産手段と労働力が同時に顧客の個人的消費過程に入って行きます。

次に、クラブ、バー、スナック、居酒屋などの飲食資本はどうでしょうか。クラブ、バー、スナックは酒を売ることはもちろんですが、女性のサービスを商品にしているものです。容姿、仕種、態度、人間性、教養、愛嬌、ユーモア、セックスアピールなど女性の全体性が顧客の評価の対象になるのです。それは、女性の人間労働そのものが、顧客の個人的消費過程だからです。しかも生産の供給者と消費の需要者との関係が一時的にせよ直接的コミュニケーションを媒介とした人間関係を形成します。居酒屋は料理が命です。速い、安い、旨いの三つが求められます。料理は客の注文に応じて直ぐ作られなければなりません。そして、主人や女将や中居の愛想の良さも大事です。ここでも資本の生産過程は同時に個人の消費過程を構成し、両者は時間的に一致しています。

以上、サービス資本について見て来ましたが、その特徴は、資本の生産過程と個人の消費過程が時間的に一致していること、生産過程に投入される人間労働が重要な位置を占め、個人消費者から人間らしさを求められる度合が強いことです。これらの産業資本で働く労働者サラリーマンには、ジョン・アーリーが『観光のまなざし』で述べているように「飛行機の客室乗務員の顔に浮かぶ笑み、ウエートレスの振る舞いの好感度、看護婦の目のなかの同情など」（加太宏邦訳）のような感性溢れる人間的対応が求められるのです。

最後に賭博資本、これも現代の資本主義では見逃せない産業資本です。宝くじ・ロト6・サッカーくじ・パチンコ・競馬・競輪・競艇・カジノなど。消費者の射幸心・冒険心・金銭欲を掻き立て能動的参加と自己実現を満足させるものです。ある意味、株式投資もこの賭博資本に入れてもよいような側面をもっています。この資本の本質は、一攫千金の夢を追う消費者を狙うところにあります。大部分の消費者はこの賭けに無残にも敗れる構造になっているにもかかわらず、それでも賭博をやるのは、人間の本性かもしれません。そして、そこに賭博資本が栄える根深さがあります。

ところで、日本の産業分類では、運輸・通信・メディア・サービス産業は第三次産業として一律に分類されていますが、これらのなかには、その生産性を考えると第二次産業に分類されてもおかしくないものが多くあります。そうすれば、第二次産業の就業人口は統計的にはもっと増えて来るでしょう。それはともかくとして、産業構造の高度化と言われ、「産業の第三次産業化」「経済のソフト化」が進んでいます。今日では就業人口の最も大きな部分を占めるのは、第三次産業です。なぜこのような変化が起きたのでしょうか。言うまでもなく、第一次産業と第二次産業の労働生産力が著しく進歩して、新しい需要が第三次産業に発生し、就業人口が第三次産業へ流動化していった結果にほかなりません。そして、医療・福祉・教育・レジャーが産業資本の中で大きなウエイトを占めるようになったのは、「高度大衆消費社会」の現代資本主義の特徴です。それは、現代資本主義が「福祉国家」、「教育国家」、「レジャー社会」になっていることの反映でもあります。

第一四章　資本主義の中の農業

資本主義的生産様式の場合には前提は次のようなことである。現実の耕作者は、資本家すなわち借地農業者に使用されている賃金労働者であって、この借地農業者は、農業を、ただ資本の一つの特殊な搾取部面として、一つの特殊な生産部面での彼の資本の投下として、経営するだけである。この借地農業者―資本家は、この特殊な生産部面で自分の資本を充用することを許される代償として、土地所有者に、すなわち自分が利用する土地の所有者に、一定の期間ごとに、たとえば一年ごとに、契約で確定されている貨幣額を支払う（ちょうど貨幣資本の借り手が一定の利子を支払うように）。この貨幣額は地代と呼ばれ、それが耕作地や建築用地や鉱山や漁業や森林などのどれに支払われようとも一様にそう呼ばれる。それは、契約によって土地の所有者が土地を借地農業者に貸した全期間、つまり賃貸した全期間にわたって支払われる。だから、地代は、この場合には、土地所有が経済的に実現され利用される形態である。さらに、ここでは、近代社会の骨組をなしている三つの階級がみないっしょに互いに相対して現われている。――すなわち賃金労働者と産業資本家と土地所有者である。（3の2－798～799）

右の文章に見るように『資本論』が資本主義社会の中で前提としている農業は、大地主農業であり、大規模農業であり、大借地農業であり、資本家的経営の農業です。そして、農業がまだ社会の中で主要な位置を占め、工業と並び重要な産業であった時代です。さらには、農業は工業と同等に競争する資本家的事業として捕えられています。

さらに凄まじいイギリスの大土地所有者への土地の集中状況についても、次のように記します。

『国勢調査』一八五一～六一年、二九ページ。イングランドの土地の半分は一五〇人の地主が所有しており、スコットランドの土地の半分は一二人の地主が所有している、というジョン・ブライトの主張は反駁されなかったのである。（1の2－848）

このような農業形態は、『資本論』が書かれた時代のイギリスでは一般的であったかもしれないが、明治維新から始まった日本近代の農業とはまったく違うものです。そこでは小規模の家族経営的自作農が中心であり、それが日本の近代化・資本主義化とともに大地主農業が農業生産力の半分近くを占めるように変わって行ったのです。しかし、この大地主農業は『資本論』が書くような大地主農業とはまったく異なっていました。借地農業者は小作農（又は小作人）と呼ばれ、相変わらず小規模な土地を地主から借りて家族的経営で農業を営むものでした。小作農は確かに借地農業者であったが、同時に生産的農業労働者であり、大規模農業でも資本家的経営でもありませんでした。しかも土地の賃貸料は金納（貨幣納）ではなく、ほとんどが江戸時代の年貢のように物納（現物納）で収穫した農産物の一定割合を小作料として支払うものでありました。小作料は時には収穫量の五〇パーセントにも上るものがあって、この小作料を廻って大正から昭和初期にかけて地主と小作農との間に小作争議が頻発しました。地主は資本家・経営者の側面をもっていましたが、その大部分は在地地主として「封建領主」のように村に君臨し、地主の家の家事は小作農の手伝い労働によって無償で賄われる場合が多かったのです。こうした側面から、日本の地主制は「封建時代の遺制」や「封建制の社会的源泉」と呼ばれました。しかし、他方において地主が土地評価額に対して一定率を賦課され納入する税金（地租税）は金納であったこと、そして土地は商品として自由に売買できる客体であったこと、また地主が小作農から小作料として搾取する剰余生産物のほとんどは商品として販売するものであったことなどから考えますと、日本の農村は近代化・資本主義化していたと見ることもできます。としますと、日本の地主制は前近代と近代の中間形態、混合形態として捕らえるのが正鵠に近く、日本独自の「近代的」農業形態と言っても良いように思います。そして、地主は村に必ずしも在地する必要はなかったので、地方都市や東京に居宅を構え、一年に数回必要な時に村を訪れる不在地主も少なからずいました。ところで、なぜ地主は物納にこだわったかと言えば、もちろん「封建時代の遺制」としての歴史的側面は否定できませんが、要は物納の方が地主にとって得だったという経済的理由があったからでした。と言いますのは、米など食料品の価格は長期的に上昇する傾向があり、米など食料品の商品販売者でもある地主は、小作料率は変わらないとしても販売収入と販売収益を増やすことができたからです。当時は慢性的な米不足から植民地である台湾や朝鮮から日本国内へ米を輸入する状況でした。もちろん米など食料品の価格が下がる場合もありましたから、その場合は小作料率が一定であれば、地主の減収減益になることは言うまでもありません。

戦時中は優秀な兵士を育てる基盤は農村の自作農家にあるという考えもあって、自作農創設に取り組みましたが、それを完成したのはアメリカを中心にした連合国占領軍が遂行した戦後の農地改革でした。これによって、日本の大地主制は完璧に崩壊し、大地主や不在地主は日本の農村から消えました。明治維新直後の日本のように小規模の家族経営を中心とした自作農が圧倒的多数を占める農業形態に変わったのです。この農業形態は戦後の食料不足と人口増加の好条件に恵まれて順調に成長して行きました。一九四〇年代後半～一九五〇年代前半（昭和二〇年代）において、就業人口の五〇パーセント近くが農業を始めとする第一次産業によって占められていたのです。農業生産力も耕地面積の拡張と生産性の向上によって拡大しました。米は作れば作るほど売れる時代でした。安定した価格で米を買い上げてくれる政府の食料管理制度も幸いしました。この時代が今から振り返ると日本の農業と農村にとって一番良い時代だったかもしれません。

一九六〇年代（昭和三五～四四年）、日本の高度成長とともに農業も変わって行きます。その大きな変化は、馬や牛を使って作業をしていたものが、耕耘機・田植機・コンバイン・乾燥機など機械を使って作業するようになったこと、また人糞・牛馬糞・堆肥など有機肥料を使っていたものが、化学的な無機肥料を使うようになったこと、灌漑用水など水管理の整備が進んだことなどです。これによって、農業労働に対する３Ｋ（汚い・きつい・危険）イメージが変わりました。しかし、それと同時に農村から都市へ労働人口が吸い取られて行き、やがて農村の過疎と都市の過密という人口偏在の問題が生じるようになります。そして、専業農家よりも兼業農家が過半数を占めるようになり、農業は労働者サラリーマンなど他の職業と兼業して営むものになりました。さらに大きな変化は、一九七〇（昭和四五）年に政府が実施した米の減反（生産調整）政策でした。減反した水田には、麦・豆・牧草・園芸作物など作付けするようにと転作奨励金が補助金として出されましたが、半ば強制的なものでした。これは米余り現象によって政府の食料管理会計が悪化し、その赤字を削減するために取られた措置です。そして、高度経済成長とともに下がり続けて来た我が国の食料自給率（カロリーベース）は、一九八九（平成一）年に遂に五〇パーセントを切ってしまいました。食生活の洋風化が進み、国民の米離れに歯止めがかからなくなったのです。そして、一九九四（平成六）年には食料管理法が廃止され、「食糧法」が施行されました。これによって、米の価格は原則として市場の動向すなわちマーケットメカニズム（market mechanism）に委ねられることになったのです。政府はただ備蓄米の調整を担うだけになってしまいました。また、転作奨励金制度も財源確保の面から限界を迎え、その結果、休耕地・耕作放棄地が増大する悲惨な状況に変わりました。休耕地の水田に水を張って土地を維持保存しようとしているのは、減反政策に対する止むに止まれない抵抗の一つの姿ではないでしょうか。

今、日本の農業は本当の曲がり角に立っています。少子高齢化がその最も大きな要因であることは言うまでもありません。農業就業者の高齢化は進み、平均年齢が六五歳までに上がってしまいました。後継者不足・担い手不足・嫁不足は深刻です。三ちゃん農業（じいちゃん・ばぁちゃん・かぁちゃん）は一ちゃん農業（じいちゃん又はばぁちゃん）になろうとしています。農産物価格はコストがかかった分に比例して上がらないし、時によってコスト割れになってしまうことも多いのです。政府はＴＰＰ（環太平洋戦略的経済連携協定）を推進しようとしていて、米など食料品の関税措置を「聖域」として守るとは表明しているものの、先行き不透明であり、交渉がどの地点で落ち着くか予断を許さない状況です。それにしても、今後、外国からの農業に対する貿易自由化の動きは弱まることはないと思われますから、日本農業としても長期的処方箋の構築は必要になって来ています。まさに日本農業は内憂外患の状況にあると言っても過言ではありません。

「資本」の側の経団連（日本経済団体連合会）は、株式会社などの導入による資本家的大規模農業の構築を提言していますが、少なくとも土地所有が家族の小規模な所有に分散されている現状にあっては、農地法など法改正も必要であり、その実施はなかなかハードルが高いと思います。経団連の言っていることは、『資本論』が述べる農業形態に少し近いように思います。小規模に分散所有する土地を集合して大規模な土地にして、この分散所有者個々に賃貸料すなわち地代を支払います。そして、この大土地を借用した資本家・経営者（借地農業者）が労働者サラリーマンを雇って農業を事業として運営していきます。『資本論』と違うところは、資本家・経営者が対置する土地所有者が単独の大土地所有者か、それとも多数の小土地所有者かです。これは、まさに農業の資本主義化であり、株式会社化です。その意味で、「資本の欲望」に適った農業形態と言えるでしょう。

他方、『資本論』は資本家的大規模経営における農業技術の進歩は、農業労働者の搾取を強化し土地の生産力を破壊するものだとこう批判します。

資本主義的農業のどんな進歩も、ただ労働者から略奪するための技術の進歩であるだけでなく、同時に土地から略奪するための技術進歩であり、一定期間の土地の豊度を高めるためのどんな進歩も、同時にこの豊度の不断の源泉を破壊することの進歩である。ある国が、たとえば北アメリカ合衆国のように、その発展の背景としての大工業から出発するならば、その度合いに応じてそれだけこの破壊過程も急速になる。それゆえ、資本主義的生産は、ただ、同時にいっさいの富の源泉を、土地をも労働者をも破壊することによってのみ、社会的生産過程の技術と結合を発展させるのである。（1の1－657）

そして、現実にはすでに早くから「請負耕作」の形で借地農業化が進んでいます。これは、農業生産者が自らの土地を耕作するとともに休耕地・耕作放棄地を借り受けて、その土地所有者に賃貸料すなわち地代を支払い、農業を行なうものです。もちろん借受ける土地所有者は複数に跨がります。経営はあくまでも個人経営・家族経営であり、日本では比較的大規模な農業になります。貸す方の土地所有者にとっても、土地を農地として維持保存してくれますからメリットはあります。しかし、賃貸料は土地改良区の賦課金や固定資産税をやっと充たすような僅かなものであり、現実として直接の金銭的メリットは微々たるものと言います。また、この賃貸契約には農業委員会の承認が必要であることは言うまでもありません。これはまた、機械化農業と化学肥料農業が普及したことによって、農業の省力化と生産性向上が進んだ結果、可能になった側面もあります。しかし、この「借地農業」にも高齢化の波が押し寄せており、後継者もいないことから、いつまで続けられるかという不安を抱えている農業者も多いと聞きます。

もう一つは、生産者組合による農業です。これは農業生産者が組合を結成して共同購入・共同耕作・共同販売で農業を営んで行くものです。土地所有は各組合員それぞれの所有ですから、土地の大きさ・位置・豊穣性などによって賃貸料を算定し、組合が支払う必要が出てくると思います。また、この組合が休耕地・耕作放棄地を借受けて農業規模を拡大する必要も出て来るでしょう。もちろん、賃貸料が発生することは言うまでもありません。さらに、場合によっては組合が労働者サラリーマンを雇うことも必要になってくることが考えられます。なにしろ農業者の高齢化と後継者不足はますます深刻になることが否定できない状況であり、このように労働者を雇うことも必要に迫られる時期が来るように思うからです。しかし、生産者組合も長い間の家族的私有による小規模経営に慣れ親しんで来たことから、しがらみや軋轢があり、スムーズに運営が行なわれるためには幾多の困難な課題にぶつかることが予想されますが、背に腹は代えられない状況にあることを認識して、果敢な実験に取り組んでもらいたいと願うばかりです。

さて、農村には「結い」という相互扶助・共同労働の慣行があります。今ではだいぶ廃れて来ましたが、それでも祭り・郷土芸能・学校行事・用水路の清掃などでは、この「結い」が生かされています。高度経済成長期以前の農村では、この「結い」の関係はもっと強く、田植え・稲刈り・茅葺き屋根の葺き替え・入会地の活用などでも行なわれました。現在は農村の都市化が進み、都市の生活様式とまったく変わらない時代になってしまいました。それでも、都市と比較すると農村の人間関係は格段に多面的で濃密です。この人間関係を高め、農村の「結い」の伝統を復活することが、これからの農村の将来を考える場合に重要になって来るのではないでしょうか。現在、農業の六次産業化が叫ばれ、付加価値の高い生産物の生産・加工・販売の一体化が求められていますが、その実現のためには豊かな人間関係の構築が前提になります。新しい商品の開発も新しい加工技術の発明も新しい販売方法のアイデアも、その基礎には人間関係の豊かさが必要です。その中心に「結い」の現代的再生が位置していると思います。

さて、次の文章に見るように、『資本論』は農業について面白いこと、意外なことを言っています。


資本主義体制は合理的農業の妨げになるということである。言い換えれば、合理的農業は資本主義体制とは両立せず（後者は前者の技術的発達を促進するとはいえ）、それは自分で労働する小農民の手かまたは結合した生産者たちの統制かを必要とするということである。（3の1－153）

『資本論』は、農業を工業と同じように資本家が経営する大規模機械制産業として位置づけています。そして、それは工業と対等に競争できる産業としての農業です。これは、すべてのイギリス農業が『資本論』の時代にそうなっているということではなくて、現実には中小経営の農業もありましたが、資本主義の傾向として資本家的大規模経営の農業がますます進んで行くと考えているのです。そして、農業の生産関係は、土地所有者（大地主）―資本家（借地農業者）―賃金労働者（農業労働者）の資本主義社会を代表する三つの階級によって構成されると言います。これが、『資本論』の描く農業モデルです。だが、『資本論』はこのような資本家的大規模農業は合理的でないものとして批判し、むしろ「自分で労働する小農民の手かまたは結合した生産者たちの統制かを必要とする」農業こそが合理的だと言っています。そして、「資本主義体制は合理的な農業の妨げになる」ものであり、「合理的農業は資本主義体制と両立せず」とまで言っています。普通考えると、資本家的大規模経営の農業の方が合理的と思いやすいのですが、家族的小規模経営の農業や直接生産者の協同組合が経営する農業の方が合理的と考えているのです。そこには、『資本論』時代におけるイギリス農業特有の土地所有と資本経営の分離という不合理性もあるでしょうが、合理的かどうかの基準が直接的生産者の意志と労働と利益に直結する農業形態であるかどうかという点にあるように思います。この合理的に対する観点は、日本のこれまでの農業を考え、これからの農業を考える上で重要ではないでしょうか。また、現在のアメリカやオーストラリアの農業は、一見すると『資本論』が書くような資本家的大規模経営の機械制農業のように見えますが、たしかに大規模機械制農業には違いありませんが、その大部分は家族経営であり、中小会社の経営であるということです。このことも『資本論』が語る「合理的農業」は何であるかを示しているように思います。

第一五章　産業および家庭廃棄物の再利用

資本主義的生産様式の発達につれて生産と消費との排泄物の利用範囲が拡張される。われわれが生産の排泄物というのは、工業や農業で出る廃物のことであり、消費の排泄物というのは、一部は人間の自然的物質代謝から出てくる排泄物のことであり、一部は消費対象が消費されたあとに残っているその形態のことである。つまり、生産の排泄物は、化学工業では生産規模が小さければ消え去ってしまうような副産物である。また、機械を製造するときに屑になって落ち、再び原料として鉄の生産にはいってゆく鉄屑などである。消費の排泄物は、人間の自然的排泄物、ぼろの形での衣服の古物などである。（3の1－127）

資本主義的生産は機械制大工業の発達を促進し、大量生産・大量流通・大量消費を必然にします。そして、生産的消費と個人的消費の大量消費は大量廃棄物の発生を必然のものにします。大量廃棄物の発生は今までは少量であることから見捨てられた廃棄物、そして科学や技術の未発達から見捨てられていた廃棄物の再利用を可能にします。現代で言うリサイクルの問題を現実のものにするのです。

ところで、廃棄物は、産業廃棄物と家庭廃棄物の二つに大きく分けられます。前者が『資本論』が言う「生産の排泄物」であり、後者が「消費の排泄物」です。産業廃棄物は、産業の生産的消費から発生する廃棄物であり、家庭廃棄物は、家庭の個人的消費から発生する廃棄物です。産業廃棄物の再利用は、産業の不変資本（特に原料や補助材料など）を直接に節約することに役立ち、利潤率の向上に側面的ですが貢献をします。家庭廃棄物も、その多くが産業の不変資本として再活用されます。現代では家庭廃棄物のリサイクルに注目が集まり、産業廃棄物のリサイクルがクローズアップされることは余りありませんが、産業資本も家庭以上にリサイクルに取り組んでいます。特に二〇〇〇（平成一二）年に循環型社会形成促進法が成立してからは、３Ｒ（スリーアール）、すなわちリデュース（Reduce 発生抑制）、リユース（Reuse 再利用）、リサイクル（Recycle 再生利用）は企業活動の重要な目標になっています。現代は地球の限られた資源とエネルギーをどのように効率良く消費して、さらには大量の廃棄物の発生を抑制し、なおかつ発生した廃棄物を有効活用することが、企業にも家庭にも求められている時代です。「高度大衆消費社会」が曲がり角に来ていることは確かですが、資本主義という経済システムにメスを入れないで循環型社会の実現を叫んでも、荒野に獣を放しているようなもので、その実現は難しいのではないでしょうか。

まず家庭の廃棄物の再利用について考えてみましょう。

江戸時代の城下町では、人間の自然的排泄物である糞尿はどのように処理されていたでしょうか。城下町近郊の百姓農民が汲取りに来る場合もありましたが、その多くは汚穢屋（おわいや）という糞尿専門の汲取り業者が、得意先の武家屋敷や町屋を廻り糞尿を買い、それを百姓農民に売り、それを百姓農民は農業肥料として使っていました。まさに糞尿は「金肥」であり、売買の対象になる商品だったのです。長屋の共同便所の糞尿は、長屋の住人の共有物ではなく、長屋の所有者である大家の所有物であったと言われています。

この汚穢屋家業は一九五五（昭和三〇）年前後まで続けられています。私の小学生時代、親戚がこの家業をしており一カ月か二カ月に一度汲取りに来て、馬車に天秤棒や肥杓や肥桶を積んで来ました。親戚だから米や野菜で肥代を支払ったかもしれません。この汚穢屋稼業は高度経済成長とともに農業が化学化・機械化して行くにつれ廃れて行き、糞尿の汲取りはバキュームカーでするようになります。家庭は肥代を支払ってもらうのでなく肥代を支払って処理してもらうようになり、糞尿は家庭にとって「金肥」ではなくなり、単なる費用の支出になってしまいました。一九八〇年代になると地方自治体の下水道事業が進み、家庭のトイレ水洗化が普及してくると、バキュームカーも街から姿を消して行きました。今では糞尿が「金肥」であることなどまったく忘れ去れてしまいました。

『資本論』も「人間の自然的物質代謝から出てくる排泄物」の利用について語っており、一九世紀半ばのイギリスが日本と同じように糞尿を農業肥料として利用していたことが分かります。しかも「消費の排泄物は農業にとって最も重要である。」と書いています。しかし、ロンドンに汚穢屋のような商売はなかったように思います。というのは当時四五〇万人のロンドンの糞尿は、下水道を使ってテムズ川に流れ込み、川を汚染していると、『資本論』は書いているからです。ということは、あのロマンテックなテムズ河畔も、一九世紀半ばは相当臭くてデートの場所としては不向きだったということになりそうです。

そして一九五五年前後までは、衣類のぼろを買うおばさんが一年に一回ないしは二回、私の実家に棹ばかりと大きな風呂敷をもってやってきました。その頃はまだ衣料品は貴重品でしたから、それこそ破けるまで着たものです。そうしたぼろになった衣類を買いにきました。あるいはぼろではなくとも使わなくなった古着なども買って行ったのかもしれません。今日の衣類のリサイクルです。しかし、今日の衣類のリサイクルは「高度大衆消費社会」を反映して、あり余るほどある衣類を整理処分するところが昔とは違っています。このぼろについて『資本論』は面白いことを書いています。

最も卑しまれる、最も不潔な、最も賃金の低い労働の一つで、好んで若い娘や女が用いられるのは、ぼろの選別である。人の知るように、大ブリテンは、それ自身の無数のぼろは別としても、全世界のぼろ取引の中心地になっている。そこにはぼろが日本やはるか遠方の南アフリカ諸国やカナリア群島から流れ込む。しかし、その主要供給源は、ドイツ、フランス、イタリア、エジプト、トルコ、ベルギー、オランダである。それは肥料にされ、毛くず（寝具用）やショディ（再製羊毛）の製造に用いられ、また紙の原料として役立つ。ぼろ選別女工は、まず彼女たち自身を最初の犠牲にする天然痘その他の伝染病を持ちまわる媒体として役立つ。（1の1－604）

なんと日本のぼろが、輸出品として太平洋を越えてイギリスまで行っていることに驚かされます。これは，当然一八五四（安政元）年に日本が開国し、一八五八（安政五）年に欧米列強と修好通商条約が締結された後の出来事になります。そして、少なくとも私の実家に来ていたおばちゃんのようなぼろや古着を武家屋敷や町屋から買う商売人が江戸時代にいたことを意味します。そうでなければ、まとまったぼろを外国に輸出することなどできないからです。しかも、このぼろは、肥料、寝具用毛くず、再製羊毛、紙の原料と多方面に再利用されたことが分かります。おばちゃんが集めたぼろもこのように多方面に活用されるから各家庭を廻りぼろを買って行ったのでしょう。

同じく一九五五年前後までは鉄屑屋が私の実家に棹ばかりをもって年に一回程度やってきました。鉄をはじめアルミ、トタン、銅など金属類ばかりでなく、瓶などのガラス類も買って行きました。もちろん缶詰の空き缶や錆びた鉄も買って行きます。しかし、当時は金属類、ガラス類と言っても、今のように「高度大衆消費社会」でありませんから、各家庭から出るものは多寡が知れていたので、忘れた頃たまにやって来る程度でした。現在では家庭廃棄物の資源ゴミとして分別回収されている物が、当時は業者が各家庭を廻って商品として買って行ったのです。そして、現在は携帯電話、パソコン、テレビ、ビデオ、ラジカセなどの電子機器類を回収する業者が、年に数回軽トラックで住宅地を廻っています。これは都市鉱山と言われていますが、回収した電子機器類から金、銀、インジウム、錫、タンタルなどの希少金属を取り出すものです。その解体分別作業を過疎地農村の高齢者が低賃金で雇われて行なっている場合や産業資本の工場で商業的に行なっている場合があります。回収分別する金属もその仕方も資本主義的になっているところが、嘗ての鉄屑屋の時代とは違っています。

これもまた一九五五年前後のことですが、ストーブ掃除屋が薪ストーブの煙突を掃除するために各家庭を廻っていました。なにせ長く且つ直角に曲がった煙突を掃除するためには長い針金を巻いた道具が必要でしたので、この掃除屋に頼むことになります。私の実家でも薪ストーブを使っていましたので、何回か頼んだと記憶しています。これは、農家の冬の副業として行なわれていたのではないでしょうか。この掃除屋も石油ストーブが普及すると消えて行きました。今ではファンヒーターの掃除は、メーカーかその代理店に頼む時代になっています。『資本論』に煙突掃除業者について面白いエピソードが載っています。

煤は、よく知られているように、炭素の非常にエネルギーの大きい形態であって、資本家的煙突掃除業者がイギリスの農業者に売る肥料になっている。（1の1-324）

これはたぶん一九世紀半ばのロンドンですから、家庭の暖房には石炭ストーブが使われていたと考えられます。煙突掃除業者は掃除代金の余得として煤を集め、それを炭素肥料として農業者に売っていたということですから、一挙両得の仕事をしていたことになります。ロンドンは当時「霧の都」と呼ばれていましたが、それは晩秋から初春にかけて石炭ストーブの微粒子の煤が、空中に舞い水蒸気と結合して発生するものでした。戦後、ロンドンでも石油ストーブが普及しエアコンを使う家庭が多くなると同時に、想像力を掻き立てる「霧の都」という名称は何処ともなく消えて行きました。

五六年前の初夏のある日、廃タイヤ回収業者がトラックで我が家にやって来ました。廃タイヤはないかということだったので、ゴミ処分場へ二〇年近くも運び込めずにいたベランダの下や軒下にあった廃タイヤ一五本くらいを、これ幸いと持って行ってもらいました。処分量は無料だったし、家の回りは綺麗に片付いたので、これは大助かりでした。言うまでもなく廃タイヤは自家用車の家庭廃棄物だけでなく、トラック、バス、タクシーなどの産業廃棄物があります。日本自動車タイヤ協会の調査によれば、二〇一〇年の廃タイヤの発生本数は九四〇〇万本にのぼっています。そのうちリサイクル率は九一％になっており、その内訳は製紙に三九％、中古タイヤに一五％、再生ゴム・ゴム粉に一〇％、再生タイヤ代用に五％、ガス化炉に五％などとなっています。我が家から持っていった廃タイヤも有効に再利用されたことが、これで分かります。

さて、現在の家庭廃棄物の分別回収は、きわめて複雑で煩瑣になっています。これを盛岡市の状況を例に取り説明しますと、まず廃棄物は可燃ごみと不燃ごみと資源ゴミと粗大ゴミの四つに大きく分けられます。可燃ごみは、生ゴミ・紙くず・布・ゴム・皮・木くず・汚れが落しにくい容器包装などです。不燃ゴミは、陶器・ガラス・ストーブ・アイロン・ビデオデッキなどの小型家電製品・雪ベラ・こたつ・

座椅子などの小型家庭用品・洗面器・ビデオテープなどのプラスチック製品などです。資源ゴミは、びん・缶・穴を開けたスピレー缶・段ボール・新聞紙・雑誌などの古紙・プラスチック製などの包装容器です。これは洗浄したり蓋を取ったり包装を取ったり、締め方も決められていたり、とにかく手間がかかるようになっています。粗大ごみは、自転車・除湿機・大型家具などで、これは市役所に電話で申し込んで引き取りに来てもらいます。そして、可燃ゴミ、不燃ゴミ、資源ゴミは回収する曜日と回数が決められています。盛岡市の二〇一二年度の分別回収状況は可燃ゴミと不燃ゴミが増加し、資源ゴミが減少するという結果になってしまいました。やはり分別の複雑さが影響しているように思います。消費者にばかり負担をかける家庭廃棄物の資源化はそろそろ限界に来ているのではないでしょうか。生産者である産業資本へ商品及び包装の簡易化・規格化・省資源化を義務付ける法律が必要だと思います。

次に産業廃棄物の再利用について見て行くことにしましょう。

『資本論』は「生産の排泄物の利用」（第三部第一編第五章第四節）と題する文章の中で、産業廃棄物の再利用について三つの事例をあげています。一つは機械の製造過程から出る鉄屑の再利用、もう一つは繊維工業の製造過程から出る綿屑・羊毛屑・絹屑の再利用、さらにもう一つは化学工業の製造過程から出るコールタールを原料としたアカネ染料（アリザリン）と薬品の生産です。そして、化学工業の産業廃棄物の再利用については、大きな可能性が秘められていると、次のように言っています。

化学の進歩は、すべて、有用な素材を増やし、すでに知られている素材の利用を多様にし、したがって資本の増大につれてその投下部面を拡大するが、ただそれだけではない。それは、同時に、生産過程と消費過程との排泄物を再生産過程の循環のなかに投げ返すことを教え、したがって、先だつ

資本投下を必要としないで新たな資本素材をつくりだす。（1の2-789）

ところで、私にも産業廃棄物の再利用について小さな経験があります

一つは学生時代の経験です。私は、一九六八（昭和四三）年の大学四年生の夏休み一カ月間、廃紙回収業者でアルバイトをしたことがあります。それは紙を使う印刷工場をトラックで廻り、大量の未使用の紙の切れ端を大きなビニール袋に入れて集め、それを廃紙業者の卸問屋へ運ぶものでした。東京の夏だから蒸し暑かったですが、身体を目一杯動かした爽快感は快いものでした。紙がいかに重いものか味わう毎日でした。この廃紙は卸問屋から良質な紙の原料として製紙工場に運ばれ再利用されます。最近、印刷会社に勤めている知人に聞くと、やはり月に一回程度廃紙回収業者がやってくるということでした。

もう一つは私の生家での経験です。私の実家は写真屋ですが、暗室で写真フィルムの現像に使用した廃液を大きなガラス瓶に貯蔵して置き、一カ月か二カ月に一回程度廃液回収業者が車でやって来て回収して行きました。廃液の値段はいくらであったか分かりませんが、回収された廃液から九〇パーセント以上の純度をもつ良質の銀を抽出することができるため、廃液を買っていたのです。写真器材メーカーの大きな現像所では自分の事業所に回収機械を備え付け、銀を抽出採集していたということです。写真技術がアナログからデジタルへ革新してからは、当然のことながらこうした廃液回収業者も少なくなってしまいました。

さて、一九四五～一九六五（昭和二〇～四〇）年頃までは松尾鉱山（現岩手県八幡平市）の全盛時代でした。「天上の楽園」と呼ばれ、県内一高い文化生活が、当時の憧れの的でした。その生活基盤は「東洋一の硫黄鉱山」と呼ばれた硫黄の生産力でした。しかし、一九六〇年代後半に入ると斜陽の影が見え

始め、一九六九（昭和四四）年に会社更生法を申請し、一九七二（昭和四七）年に遂に廃鉱廃山に追い込まれ、現在では文化アパートの廃墟が往時の繁栄を偲ぶだけになってしまいました。なぜ全盛を極めた松尾鉱山が衰滅に向かってしまったのでしょうか。それは、当時成長してきた石油精製工業の脱硫装置の副産物として硫黄が生産できるようになり、産業廃棄物の再利用から生まれた硫黄との価格競争に鉱山硫黄が敗れたことに起因します。これは予想もつかなかった産業廃棄物の再利用が、繁栄を極めた鉱山の生活とそこに豊かに暮らしていた人々の生活を奪ったことになります。

それでは、現代の企業における産業廃棄物の再利用について、二つの例を紹介しましょう。

一つは、山口県周南市にある株式会社トクヤマです。従業員一七〇〇人弱、総面積一九一万㎡。主要製品はセメント、無機化学製品、有機化学製品、多結晶シリコン、塩化ビニルなどです。二〇〇九年度の工場、研究所、事務所から排出された廃棄物総量は三〇万トン、その有効利用率は九四・一％にのぼっています。内訳は石炭灰・廃脱石膏・汚泥として再利用・原料化したものが八六・七五％、廃油・可燃物として中間処理したものが五・〇％、廃油・古紙・金属くずを外部に原料として売却したものが一・九％となっています。産業廃棄物が企業においていかに有効活用され再利用されているか、数字が明瞭に示しています。

もう一つは、DOWAメタルマイン株式会社です。本社は東京都千代田区にありますが、工場は秋田県の秋田市に秋田製錬（株）、小坂町に小坂製錬（株）などがあります。資本金は一〇億円、DOWAホールディングス株式会社が一〇〇％出資するグループ会社です。主要な事業は、金、銀、銅、亜鉛、亜鉛合金、プラチナ、パラジウムなどの非鉄金属製錬事業です。亜鉛事業は我が国で最大の製錬所で生産されています。鉄鋼産業ではスクラップから鉄をリサイクルしますが、その生産過程で副産物として産出される鉄鋼ダスト（粉末）には多くの亜鉛が含まれていたにもかかわらず、従来は廃棄物として処分されていました。鉄鋼産業ではこの鉄鋼ダストから鉄を回収する技術革新がなされ、高品位の亜鉛ダストが回収できるようになり、それを同社では製錬しているのです。これもまた産業廃棄物の再利用の典型だと思います。また、同社では廃棄された自動車排ガス浄化触媒を原料としてプラチナ、パラジウム、ロジウムなどの白金属元素（ＰＧＭ）を回収する事業を行なっています。原料となる廃棄された触媒は世界中から集荷されています。産業及び家庭の廃棄物となった自動車の部品の再活用の実例です。

　ところで、産業廃棄物で最も危険なものは、原子力発電所から排出される放射性物質です。二〇一一年三月一一日に発生した東日本大震災による福島第一原子力発電所の事故は、発電所周辺は元より関東東北一円に死の灰を降らせ、私たちを恐怖に陥れました。放射能で汚染された福島の町や村の住民は故郷を追われ、「流浪の民」の如く住居を変えなければなりませんでした。そして、放射性物質の死の灰を浴びた森林、放牧地、畑、水田、住宅地、公共用地などの除染作業はなかなか進んでいません。その除染で除去された汚染物質の中間貯蔵施設さえやっと場所が決定されたばかりですし、最終処分場に至ってはまったく未定です。福島第一原子力発電所からは幾度となく放射性汚染水が漏れる事故が起きています。その発電所から燃料棒を取り出し、放射性汚染水を完全に除去するためには、少なくとも三〇年は要するだろうと言われています。こうした大震災による放射能汚染を経験したにもかかわらず、今の自公連立政権は停止している原子力発電所を早期再稼動しようとしていますし、原子力発電所の海外輸出にもきわめて熱心です。さらに新しい原子力発電所を建設しようともしています。そもそも地震と津波の常襲地帯である日本に、芸術品のような精巧さが求められる原子力発電所を設置すること自体が、本質的に無理な話なのです。既存の発電所の多くが活断層の上につくられ、しかも近い将来には南海トラフ大地震さえ予想されています。福島第一原子力発電所の爆発事故を二度と繰り返さないためにも、直ちに原子力発電所はゼロにし、廃炉にする政策を政府は打ち出すべきです。それは国民と市民の安心と安全を守る政府の最優先政策ではないでしょうか。

原子力発電所の大きな問題は放射性廃棄物の最終処理の問題です。その方法を地下処分することに日本は決めています。しかし、廃液、フィルター、廃器材、消耗品などの低レベル放射性廃棄物でも深度一〇数メートルの鉄筋コンクリート構造物の中で約三〇〇年管理しなくてはなりません。制御棒、炉内構造物、放射化金属などの低レベル放射性廃棄物でも高レベルのものは深度五〇～一〇〇メートルの鉄筋コンクリート構造物の中で数百年管理する必要があります。さらに高レベル放射性廃棄物は深度三〇〇メートル以上の多重人工バリア鉄筋コンクリート構造物の中にガラス固化体にして数万年以上管理しなければならないのです。現在、日本では中間貯蔵施設が青森県六ヶ所村につくられ試験中ですが、トラブルが絶えません。また高レベル放射性廃棄物処分場は未定のままで、北海道幌延町と岐阜県瑞浪市が試験地になり、実験が繰り返されています。フィンランドでは世界初となる高レベル放射性廃棄物の地層処理場の建設が地下四二〇メートルで進められています。これは、フィンランド語で洞窟を意味する「オンカロ」と呼ばれる地層で、高レベル放射能廃棄物を一〇万年に亘り管理することになっています。なぜ一〇万年かというと、プルトニウムの半減期は二万四〇〇〇年ですが、生物にとって安全なレベルまで放射能が下がるためには一〇万年の年月を要することから割り出された数字です。地震がほとんどないフィンランドでさえ一〇万年の地殻変動は予測できません。まして火山国であり地震国である日本にあっては、一〇万年の間にいかなる地殻変動が生じるか予断を許しません。放射性廃棄物を排出し続ける原子力発電所は直ちに廃止し、今残留している放射性廃棄物の最終処分をどうするのか、真剣に論議する必要があると思います。現在の状態が続くことは、「トイレのないマンション」「便所のない住宅」を使い続けることを意味します。そして、原子力発電所が排出する放射性廃棄物は、自然に捨てることもできない、ましてや再利用することもできない「死の廃棄物」と言えるのではないでしょうか。そうした「死の廃棄物」を排出しつづける原子力発電所は、「死の発電所」です。

第一六章　資本の循環と回転

資本の循環過程は三つの段階を通って進み、これらの段階は、第一巻の叙述によれば、次のような順序をなしている。

第一段階。資本家は商品市場や労働市場に買い手として現われる。彼の貨幣は商品に転換される。すなわち流通行為G—Wを通過する。

第二段階。買われた商品の資本家による生産的消費。彼は資本家的商品生産者として行動する。彼の資本は生産過程を通過する。その結果は、それ自身の生産要素の価値よりも大きな価値をもつ商品である。

第三段階。資本家は売り手として市場に帰ってくる。彼の商品は貨幣に転換される。すなわち流通行為W—Gを通過する。

そこで、貨幣資本の循環を表わす定式は次のようになる。G—W……P……W'—G'。ここで点線は流通過程が中断されていることを示し、W'とG'は、剰余価値によって増大したWとGとを表わしている。（2の35～36）

産業資本の循環とは何でしょうか。

それは、前貸資本としての貨幣資本が商品資本へ転化し、さらに生産資本、商品資本へ転化し、そして前貸資本よりも大きな価値をもった貨幣資本として産業資本家の手に戻ってくることを意味します。この資本の形態転化を「変態」と『資本論』は呼んでいます。変態は生物学の概念ですが、カエルや昆虫のように卵から孵化した後、成体になるまでに時期によって様々な違った形態を取ることを言います。このように時期よって様々な形態へ変化する様子が資本の形態転化に似ていることから、資本の循環概念に応用したものと思われます。そうしますと、産業資本の循環というのは、資本が変態を繰り返しながら、すなわち変態の列を形成しながら最初の資本形態である貨幣資本へより大きな価値を含んで復帰することを言うことになります。

したがって、産業資本の循環は三つの局面をもって展開されることになります。

一つは、資本の形態転化、すなわち資本が変態の列を通過することを言います。貨幣資本から商品資本へ、さらに生産資本、商品資本へ、そして貨幣資本へ再転化し復帰する過程を言います。

もう一つは、利潤（剰余価値）の生産と再生産です。生産過程に投入された生産手段と労働力は合成され、前貸貨幣資本より大きな価値をもった商品を生産します。この商品が販売されて利潤（剰余価値）で膨らんだ貨幣資本として戻ってくるのです。利潤（剰余価値）は労働者サラリーマンの不払労働が源泉になっていることは言うまでもありません。

最後の一つは、新しい使用価値をもった商品の生産と再生産です。生産過程に投入した生産手段と労働力の合成によって、産業資本が購入した商品要素とはまったく異なった使用価値をもった商品が生産されます。新しい使用価値をもった商品を生産することによって消費と需要に応えることが可能になり、商品として販売できるようになります。

この産業資本の循環の三つの局面を時系列で追って行くと、この章の最初に掲げた『資本論』の文章

が書くように、三つの段階を踏んで産業資本の循環は進んで行くことになります、

第一段階は、産業資本は商品市場で生産手段を労働市場で労働力を商品として買うことから始まります。ここでは産業資本は商品の買い手として登場します。これによって前貸貨幣資本は商品資本に転化し変態を遂げます。

第二段階は、買われた商品、すなわち生産手段と労働力を生産過程に投入し、生産要素より大きな価値をもった新しい使用価値の商品を生産します。この過程は商品資本としての産業資本が生産資本に転化変態して、さらにその生産資本が新たなる商品資本へ転化変態することを意味します。そして、潜在的な利潤（剰余価値）を形成する場でもあります。

第三段階は、新たな商品を市場に売りに出し、商品を貨幣に転換します。ここで産業資本は市場に商品の売り手として登場します。商品資本は貨幣資本に転化変態して、産業資本は生産要素に投下した前貸貨幣資本より価値が大きくなった貨幣資本を手に入れることができます。

第一段階と第三段階は、市場に商品の買い手として登場するか、それとも商品の売り手として登場するるか、産業資本の立場は違いますが、どちらも流通過程の出来事であることに変わりはありません。そして、当然のことながら第二段階の生産過程は流通過程の中断ということになります。これが、時系列で追った産業資本の循環過程です。そして、この過程を次々に休みなく繰り返して行くのが産業資本に課せられた宿命的活動ということになります。その点、産業資本は静止することなく働く運動体としてのみ存在することができます。『資本論』も、この産業資本の性格についてこう語っています。

自分を増殖する価値としての資本は、階級関係を、賃労働としての労働の存在にもとづく一定の

社会的性格を含んでいるだけではない。それは、一つの運動であり、いろいろな段階を通る循環過程であって、この過程はそれ自身また循環過程の三つの形態を含んでいる。だから、資本は、ただ運動としてのみ理解できるのであって、静止している物としては理解できないのである。価値の独立化を単なる抽象とみる人々は、産業資本の運動が現実における（in actu）この抽象だということをわすれているのである。価値は個々ではいろいろな形態、いろいろな運動を通って行くのであって、この運動のなかで自分を維持すると同時に増殖し拡大するのである。（2の130）

さて、この産業資本が運動を休みなく続け、資本の循環を永続化させるためには、前提条件が必要です。それは産業資本の出発点である貨幣資本が商品資本に転化変態することがいつでも可能であるということです。言い換えれば、産業資本が市場で生産手段と労働力を商品としていつでも買うことができるということです。産業資本は生産手段として商品を市場で買うことができなければ、生産過程をスタートすることができません。さらに重要なことは、産業資本が市場で労働力を商品として買うことができなければ、商品を生産するという生産過程そのものが成立しませんし、利潤（剰余価値）を獲得することもできません。したがって、この前提条件が整わなければ、それは利潤の追求を目的とする資本にとって死の宣告を意味します。言い換えれば、資本の循環が永続的に行なわれるためには、市場において生産手段と労働力が商品として「恒常的な存在」になっていることが前提とされているのです。労動力商品の「恒常的な存在」について、『資本論』は次のように述べています。

貨幣資本の循環を表わす定式、G－W……P……W'－G'はただすでに発展した資本主義的生産の基礎の上でのみ資本循環の自明的な形態なのだということは、おのずから明らかである。なぜならば、それは現に賃金労働者階級が社会的な規模で存在するということを前提しているからである。資本主義的生産は、われわれが見てきたように、ただ商品と剰余価値を生産するだけではない。それは、賃金労働者の階級を再生産し、しかもますます拡大された規模でそれを再生産するのであって、直接生産者の巨大な多数を賃金労働者に転化させるのである。それゆえ、G－W……P……W'－G'は、その進行の第一の前提が賃金労働者階級の恒常的な存在なのだから、すでに、生産資本の形態にある資本を前提しており、したがってまた生産資本の循環の形態を前提しているのである。（2の46）

このように産業資本の循環は流通過程と生産過程の統一であり、循環の三つの段階を次々に通過して行くことです。この過程と段階が次々に展開され、停滞することなく続くことが、産業資本の永続性を保障し、産業資本に連続性を与えることになります。このことを『資本論』はこう書きます。

それゆえ、連続的に行なわれる産業資本の循環は、ただ単に流通過程と生産過程の統一であるだけではなく、その三つの循環全部の統一である。しかし、それがこのような統一でありうるのは、ただ資本のそれぞれの部分が循環の相続く諸段階を次々に通り過ぎることができ、一つの段階、一つの機能形態から次のそれに移行することができ、したがってこれらの部分の全体としての産業資本が、同時に別々の段階にあって別々の機能を行ない、こうして三つの循環のすべてを同時に描くというかぎりのことである。（2の127）

したがって、『資本論』が次に言うように、産業資本の三つの段階の連続性に何か障害が起きれば、資本の循環は停止し、資本そのものの活動が奪われる結果になります。

資本の循環は、ただそのいろいろな段階が停滞することなく次の段階に移って行くかぎりで、正常に進行する。もし資本が第一段階G―Wで停滞すれば、貨幣は凝り固まって蓄蔵貨幣になる。もし生産段階で停滞すれば、一方には生産手段が機能しないで寝ており、他方には労働力が使われないままになっている。もし最後の段階W'―G'で停滞すれば、売れないで堆積した商品が流通の流れをせきとめる。（2の66）

第一段階が停滞すれば、貨幣資本は商品資本に転化されず、貨幣資本は使途を見つけられないままただの遊休貨幣、蓄蔵貨幣になってしまいます。貨幣資本が市場で商品として買うのは、生産手段と労働力ですから、直ちに生産過程に支障を来すことにもなります。第二段階の生産過程が停滞すれば、「一方には生産手段が機能しないで寝ており、他方には労働力が使われないままになっている」ということになります。それは事実上の工場の機能停止であり、工場は工場であっても器だけの内実のない工場になってしまいます。第三段階が停滞すれば、商品が売れないで堆積するばかりでなく、商品資本が貨幣資本に転化できないことを意味しますから、利潤（剰余価値）が獲得できないばかりでなく、生産要素に投下した貨幣資本が回収できないことになります。そうしますと、生産手段の仕入れ先に代金を支払えないことや労働力の買入れ先の労働者への賃金の遅配や欠配という問題が生まれます。いずれにしても産業資本の循環過程に何か障害が起きれば、資本の好循環は破られ悪循環へ転換する現実性が浮かび上がって来ます。

さて、産業資本の循環の目的は何なのでしょうか。それは、前貸貨幣資本が生産過程の環を通過してより大きな貨幣資本に戻ってくることです。言い換えれば、利潤の追求、資本価値の増殖、金もうけが産業資本の循環の目的です。そのため、生産過程は利潤獲得のための「避けられない中間の環」になり、「必要悪」になります。もちろん商業資本の循環でも金もうけが目的ですが、産業資本と違い生産過程という環は必要ありません。代わって重要になるのは仕入と販売の流通過程です。商業資本はこの流通過程に生産手段と労働力を投入します。スーパーマーケットの店舗・陳列棚・冷蔵庫・空調設備・レジスター・光熱水道、そして商品を陳列補充することやレジ係として働く労働者サラリーマンを見れば、いかに多くの生産手段と労働力が商業資本の流通過程に投入されているか見ることができます。それもこれもすべて商業資本の利潤追求のためです。金融資本では商業資本のような労働生産物の商品の販売過程は省かれますから、安く貨幣を借入れ高く貨幣を貸出すという貨幣そのものの賃貸借の流通過程があります。その過程にも利潤獲得のために生産手段と労働力は投入されます。銀行を見ても、店舗・空調設備・金庫・コンピューター・電話・事務机・光熱費などがあり、応対窓口や内部で働く労働者サラリーマンが必要です。そして、その資本循環の目的もまた利潤の追求であり、金もうけであることは言うまでもありません。もちろん銀行も投資信託の仲介業や銀行自身が株式投資、投資信託、外国為替取引などをしていますが、銀行の基本業務は金銭貸借の流通過程にあることは否定できません。市民がパチンコ、競馬、宝くじ、ロト6など賭博にお金をつぎ込むのも、一攫千金の夢に賭けて、金もうけしようとする欲望が働いているからです。元金になる貨幣が何倍にも何十倍にも何百倍にも膨らんで手もとに戻ってくる、資本の生産過程と流通過程の媒介なしに貨幣が貨幣を即時的に殖やす幻想に絡めとられるからです。これらのことについて、『資本論』は次のように語っています。

> 価値の貨幣姿態が価値の独立な手でつかめる現象形態であるからこそ、現実の貨幣を出発点とし終点とする流通形態G……G'は、金もうけを、この資本主義的生産の推進動機を、もっとも簡単明瞭に表わしているのである。生産過程は、ただ、金もうけのために避けられない中間の環として、そのための必要悪として、現われるだけである。｛それだから、資本主義的生産様式のもとにあるどの国民も、周期的に一つの幻惑に襲われて、生産過程の媒介なしに金もうけをなしとげようとするのである。｝（2の71）

そして、これまで見て来たように産業資本の循環過程は生産過程と流通過程の統一です。時系列で見れば、産業資本の循環の総期間は、生産期間と流通期間の合計ということになります。そのことを『資本論』はこう述べています。

> 生産過程と流通過程の二つの段階とを通る資本の運動は、以上で見たように、時間的な順序をなして行なわれる。資本が生産部面に留まっている期間は資本の生産期間であり、流通部面に留まっている期間は資本の流通期間である。したがって、資本がその循環を描く総期間は、生産期間と流通期間との合計に等しい。（2の149）

それでは、先ず生産期間について考えてみましょう。

そのうち、生産手段の生産期間は、『資本論』が書くように三つの期間に分かれます。

一般に生産手段の生産期間は、(1)それが生産手段として機能している期間、つまり生産過程で役立っている期間と、(2)生産過程が中断され、したがって、生産過程に合体されている生産手段の機能も中断されている中休み期間と、(3)生産過程が過程の条件として準備されており、したがってすでに生産資本を表わしているが、まだ生産過程にはいっていない期間とを包括しているのである。（2の149～150）

つまり、生産の準備段階にある期間、実際の生産過程で機能している期間、生産手段の機能が中断されている中休みの期間、この三つが生産手段の生産期間ということになります。

この中で問題なのは、生産手段の機能が中断されている中休みの期間です。これは、生産期間が労働期間よりも長い時間を要する生産過程を意味します。労働過程での生産手段は中断されていますが、生産過程の生産手段は機能を続けているような生産を言います。言い換えれば、人間労働を加える必要がなくなり、後は生産手段の自然的過程の作用にまかされる中間期間がある生産のことを意味します。『資本論』は言います。

ところが、生産過程そのものが、労働過程の、したがってまた労働期間の、中断を必要条件とすることがありえる。すなわち、労働対象がそれ以上に人間労働を加えられないで自然的過程の作用にまかされている中間期間がそれである。この場合には、労働過程は、したがってまた労働手段としての生産手段の機能は、中断されているとはいえ、生産過程は、したがってまた労働手段としての生産手段の機能は、続いているのである。たとえば、畑にまいてある穀物、穴蔵で醗酵しているぶどう酒、いろいろな製造工業たとえば皮なめし業などの労働材料で化学的過程にまかされてあるものは、そうである。この場合には生産期間は労働期間よりも長い。二つの期間の差は、労働期間を越える生産期間の超過分である。この超過分はつねに、生産資本が生産過程そのもので機能することなしに潜在的に生産部門にあるということに、または、労働過程にあることなしに生産過程で機能するということに、もとづいている。（2の150）

「畑にまいてある穀物、穴蔵で醗酵しているぶどう酒、いろいろな製造工業たとえば皮なめし業などの労働材料で化学過程にまかされてあるもの」は、労働過程が中断されながら生産過程は進んで行く具体例になります。いわゆる「寝かせて置く」期間は、労働期間と生産期間の差異を生みだします。その典型的な産業は、日本では酒・味噌・醤油・酢などの醸造業でしょう。

そして、産業資本は、『資本論』が次に書くように、生産期間と労働期間のできるかぎりの一致を求めます。それは生産資本の生産性と価値増殖を大きくしようとする産業資本の当然の要求です。

生産期間と労働期間が一致していればいるほど、与えられた期間のなかでの与えられた生産資本の生産性と価値増殖はそれだけ大きいということは、明らかである。それだからこそ、資本主義的生産では労働期間を越える生産期間の超過をできるだけ短縮しようとする傾向があるのである。（2の152）

ところで、生産期間が最も長い事業は林業です。生産期間は一〇年から四〇年以上を要します。したがって林業生産を継続するためには、伐採する本数の一〇倍から四〇倍の生木の保有が必要になります。それだけ広大な土地を所有しなければ、林業生産を事業として継続することができないということです。日本では材木によって生産期間が六〇年あるいは一〇〇年を要するものがあると聞きます。それだけの年数をかけなければ商品としての使用価値をもった成木を育てることができないのです。そうしますと、親子二代や親子孫三代に亘るとてつもない長期の事業になります。この長い生産期間と長い回転期間のため、林業は私的資本が経営するのには不利な事業にしています。日本の林業を見ても、何らかの形で公的資本が関わらなければ、私的経営の事業としては存続が難しくなっているのではないでしょうか。この林業について、『資本論』はこう語っています。

長い生産期間（それは相対的に小さな範囲の労働期間しか含んでいない）、したがってまた長い回転期間は、造林を不利な私経営部門にし、したがってまた不利な資本主義的経営部門にする。たとえ個々の資本家に代わって結合資本家が現われるとしても、資本主義的経営は本質的には私経営なのである。耕作および産業一般の発達は昔から森林破壊に活動的に現われて来たのであって、これに比べれば、耕作や産業が逆に森林の維持や生産のためにやってきたいっさいのことは、まったく消えてなくなるような大きさのものである。

キルヒホーフからの引用のうちで特に注目に値するのは次の箇所である。

「その上に、永続的な木材生産は、それ自身、年々の利用高の一〇倍から四〇倍にのぼる生木の保有を必要とする。」

つまり、一〇年から四〇年以上に一回の回転なのである。（2の299）

さて、次に流通期間について考えてみましょう。

流通期間は、販売期間と運搬期間の合計です。そして、産業資本は両方の期間の短縮を求めます。それは、資本の総循環期間の短縮に直接関わるからです。販売期間は生産した商品が貨幣資本に転化できなくて商品資本として滞留している期間です。滞留期間が長くなれば保管費などの追加資本の投下も必要になって来ます。産業資本は販売期間の長期化を嫌います。できるだけ速く商品資本が貨幣資本へ転化され、資本の循環が完成されることを強く求めます。このことについて、『資本論』は言います。

流通期間の一部分――そして相対的にも最も決定的な一部分――販売期間、すなわち資本が商品資本の状態にある期間から成っている。この期間の相対的な長さにしたがって、流通期間が、したがってまた回転期間一般が、長くなったり短くなったりする。保管費などのために資本の追加投下が必要になることもある。はじめから明らかなことであるが、できあがった商品を売るために必要な時間は同じ事業部門のなかでも個々の資本家にとっては非常に違っていることがありうる。（2の304）

特に生鮮食品などは、長い流通期間を嫌います。また衣料品などは流行の季節がありますから、商品をできるだけ速くさばくように努力します。流行が過ぎて売れなくなれば、安売りしてさばくしか方法がなくなります。これは電化製品や自動車の販売にも言えることです。金属製品も自然の経年劣化は防げませんから、流通期間が短いことを望みます。つまり「商品はもともと滅びるもの」であり、時間の歯がかじるものなのです。流通期間をできるだけ短縮して、商品の最終目的地である生産的消費や個人的消費に入るようにするのが、産業資本に課せられた使命です。それは生産した商品の使用価値とともに利潤（剰余価値）も失ってしまう恐れがあるからです。このことについて、『資本論』は言います。

商品資本の流通W'－G'については、商品そのものの存在形態によって、使用価値としての商品の存在によって、一定の限界が引かれている。商品はもともと滅びるものである。だから、商品は、一定の期間のうちにそれぞれ使命に応じて生産的または個人的消費に入らなければ、言い換えれば一定の時間のうちに売れなければ、だめになって、その使用価値を失うのといっしょに、交換価値の担い手だという性質も失ってしまうのである。商品に含まれている資本価値も、この資本価値に合生した剰余価値も、なくなってしまう。（2の156）

さて、流通期間を構成する運搬期間の短縮は、全面的に交通運輸機関の発達に依存しています。資本主義的生産の発展は商品流通と商品販売の発展を促し、交通運輸機関の重要性を高めます。『資本論』の時代、一九世紀半ばのイギリスは蒸気機関車と蒸気船の発明により交通運輸機関を飛躍的に発展させ、資本主義的生産の商品流通と商品販売を世界大まで拡大し、世界市場を文字通り形成しました。今まで不可能と思われた遠い地域との交易や貿易が拡大し、新たなる商品市場を生みだしたのです。また、新たなる商品市場が交通運輸機関の発達を促すというように、資本主義的生産と交通運輸機関の発展は相互促進的に展開します。交通運輸機関の生産するものは、「距離の短縮」です。生産地から消費地までの距離が短縮され、今までにはない商品流通と商品販売が展開されるようになります。この交通運輸機関の飛躍的進歩によって運輸期間が大幅に縮小され、流通期間が大規模に短縮されることによって、資本主義的生産はますます発展して行きます。そのことを、『資本論』は言っています。

販売期間を相違させ、したがってまた回転期間一般を相違させることにつねに作用する一原因は、商品が売られる市場がその商品の生産地から遠く離れているということである。資本は、市場への旅を続けている全期間にわたって商品資本の状態に縛りつけられている。注文で生産される場合には引き渡される瞬間までそうであり、注文でなく生産される場合には、市場までの旅の時間のほかに、商品が販売のために市場にある時間が加わる。運輸交通機関の改良は、商品の移動時間を絶対的には短縮するが、この移動から生ずるところの、いろいろな商品資本の、また同じ商品資本のなかでも別々の市場に行くいろいろな部分の、流通期間の相対的な差を解消しはしない。たとえば、帆船や汽船の改良が旅行を短縮するとすれば、それは近い港への旅も遠い港への旅も同じように短縮する。相対的な差は、減らされることも多いが、やはり残っている。（2の305）

そして、『資本論』が次に書くように、「流通期間と生産期間は互いに排除し合」います。

流通期間と生産期間とは互いに排除し合う。資本はその流通期間には生産資本としては機能せず、したがって商品も剰余価値も生産しない。…………それゆえ、流通期間の膨張と収縮は、生産期間の、また与えられた大きさの資本が生産資本として機能する範囲の、収縮や膨張にたいして、消極的な制限として働くのである。資本の流通変態が単に観念的であればあるほど、すなわち流通期間がゼロになるかまたはゼロに近くなればなるほど、それだけ多く資本は機能し、それだけ資本の生産性と自己増殖は大きくなる。（2の153）

短い生産期間は長い流通期間を嫌い、短い流通期間は長い生産期間を嫌います。それは産業資本がつねに循環期間の短縮を求め、貨幣資本がより大きな貨幣資本として復帰する期間の短縮を求めるからに他なりません。産業資本としてのできるかぎりの循環期間の短縮は、生産性と価値増殖が大きくなることを求める資本の本性ということが言うことができます。だから産業資本は、「流通期間がゼロになるかゼロに近く」なることを望むのです。

さて次に、流通費について考えてみましょう。

流通費は「商品に価値をつけ加えない」と『資本論』は言います。

ここで流通費のあらゆる細目、たとえば包装や品分けなどに立ち入る必要はない。一般的な法則は、ただ商品の形態転化だけから生ずる流通費はすべて商品に価値をつけ加えない、ということである。流通費はただ価値を実現するための、または価値を一つの形態から別の形態に移すための、費用でしかない。この費用に投ぜられる資本（これによって指揮される労働も含めて）は、資本主義的生産の空費に属する。（2の182）

貨幣資本から商品資本へ、また商品資本から貨幣資本へ、産業資本が形態転化するためだけに必要な費用は付加価値を生みだしません。流通費は商品価値を実現するためには必要な費用ですが、新たな価値創造は産業資本の生産資本としての機能、すなわち生産過程からしか生まれないのです。したがって、産業資本にとって流通費は必要なものですが、不生産的なものです。その費用は、利潤（剰余価値）から控除するしか捻出することができません。したがって、流通費は産業資本にとって「資本主義的生産の空費に属する」ものです。

『資本論』はこのような流通費を三つの節に分けて論じています。第一節は「純粋な流通費」と題して、一、売買期間、二、簿記、三、貨幣の三つについて書いています。この中で売買期間は商品の仕入と販売のことですので書かなくとも理解していただけると思います。また、貨幣に関する費用は産業資本が直接負担するものではなく、国家が負担するものですから、産業資本の流通費からは除かれます。第二節は「保管費」となっていて、一、在庫形成一般、二、本来の商品在庫の二つに分かれています。第三節は「運輸費」になっていて、これは運輸期間の問題としてすでに述べましたので、ここでは触れません。したがって、流通費の問題については、簿記と保管費の二つに絞って述べたいと思います。

さて、簿記は産業資本が事業経営の損益状況を把握するため、また資産と負債との関係を把握するためにぜひとも必要なものです。『資本論』は収支勘定と資本勘定の言葉を使い、簿記が産業資本にとって重要であると言っています。資本が大きくなればなるほど、簿記の力を借りなければ全体の事業経営の状況を把握できなくなるとも言っています。先に述べたように簿記は産業資本になくてはならないものですけれど、商品に価値をつけ加えないという点で「生産上の空費」に属し、利潤（剰余価値）から控除して支払われるものです。

もちろんここで言っている簿記は複式簿記のことです。複式簿記は小さな五つの勘定と二つの大きな勘定から構成されています。小さな三つの勘定である資産、負債、資本は財産状態を表わす大きな勘定に組み入れられます。財産状態を表わす大きな勘定、費用と収益は儲けを表わす大きな勘定に組み入れられます。残りの二つの小さな勘定を貸借対照表と言い、儲けを表わす大きな勘定を損益計算書と言います。この大きな勘定が二つあるところから、複式簿記という名前が付けられました。そして、この二つの大きな勘定の内部で小さな勘定を借方と貸方に分けてプラスマイナスを計算すると、資本の経営状況が一目瞭然に把握することができることになります。さらには大きな勘定の間でもプラスマイナスが計算されます。損益計算書では赤字を出しているが貸借対照表では大幅な黒字を出していれば、当面の経営危機はないということになります。逆に損益計算書では大幅な黒字を出していても、貸借対照表でそれを上回る大きな赤字を出していれば、経営状況に注意信号が灯るということにもなります。

この簿記には小さな資本でもましてや大きな資本では簿記を記帳し計算する専任の労働者サラリーマンが配置されるようになります。いかに多くの労働者サラリーマンが簿記の作成に関わったとしても、その費用は「生産上の空費」であることに変わりがありません。その費用は、利潤（剰余価値）の控除から支払うほかにないのです。この簿記について、『資本論』はインドの共同体の例を取り上げて、こんな風に言っています。

中世には農業のための簿記はただ修道院で見いだされるだけである。しかし前に見たように〈第一部、三四三ページ〉、すでに太古のインドの共同体でも農業についての記帳人が現われている。そこでは記帳は共同体の一役員の専有機能として独立化されている。この分業によって時間や労苦や出費は節約されるが、生産と生産記帳とは相変わらず別のものだということは、ちょうど船荷と船荷証券が別ものであるようなものである。記帳人という形で共同体の労働力の一部分が生産から取り去られるのであって、彼の機能の費用は、彼自身の労働によってではなく、共同体の生産物からの控除によって補填されるのである。資本家の簿記係の場合も、必要な変更を加えて考えれば、インドの共同体の記帳人の場合と同じことである。〈第二稿から〉（2の164〜165）

また、簿記は資本主義的生産が大規模になるにしたがってますます必要度が増して行きますが、未来の「共同体的生産」では資本主義的生産よりももっと必要になると言っています。未来社会で必要度がさらに増すのは、計画経済では企業経営の会計状況の集計的把握が社会の計画作成の基礎になるからだと思います。『資本論』はこう述べます。

簿記は、過程の調整や観念的な総括としては、過程が社会的規模でおこなわれて純粋に個人的な性格を失ってくればくるほど、ますます必要になる。したがって、資本主義的生産では手工業経営や農民経営の分散的な生産よりももっと必要になり、共同体的生産では資本主義的生産でよりももっと必要になる。しかし、簿記の費用は、生産の集積につれて、簿記が社会的簿記に転化すればするほど、減ってくるのである。（2の165）

言うまでもなく簿記は現在、『資本論』時代のような手計算ではなく、中小企業でも大企業でも会計ソフトを使いコンピューターで処理されるようになっています。それだけ簿記処理のスピードも確実性も嘗ての時代とは比べものにならないくらい格段に上がっています。

次に保管費について、述べることにしましょう。

保管費とは、生産過程の準備段階に必要な生産用在庫や生産過程から産出された完成品在庫にかかる管理費用のことを言います。

完成品在庫は生産した商品の販売が停滞したときに、非自発的に発生します。これは産業資本の循環を停止するものですから、産業資本は安い価格でも売りさばこうとします。このような非自発的在庫でなくとも、産業資本は循環過程がスムーズに流れるため、また新規の需要に対応するためにも、生産用在庫と完成品在庫は常時一定程度必要なものとなります、このことを『資本論』は言います。

このような資本価値の立場に立ってみれば、商品資本が在庫を形成している状態は、目的に反する自発的でない市場滞留である。売れ行きが速ければ速いほど、再生産過程はよどみなく流れる。形態転化W'—G'での滞留は、資本の循環のなかで行なわれなければならない現実の物質代謝を妨げ、資本がさらに生産資本として機能することを妨げる。他方、G—Wにとっては、市場にいつでも商品があるということ、すなわち商品在庫は、再生産過程の流れの条件として、また新資本または追加資本の条件として、現われるのである。（2の169）

在庫形成はなにも産業資本だけに必要なものではありません。商業資本でも金融資本でも必要なものです。そして家庭の個人的消費でも必要なものです。冷蔵庫に入っている食品、米、灯油、電池、トイレットペーパー、ティッシュペーパー、コピー用紙、コーヒーなど家庭の個人的消費は一定程度の商品の在庫がなければ日常生活をスムーズに送ることはできません。資本も家庭も「その日暮らしで明日は明日の風にませる」（2の172）ことでは生産と生活の再生産は成り立たないのです。在庫形成を貯蔵と考えると、原始時代から現代まで人間の生産と生活は貯蔵なしには生きてこられなかったと言えるでしょう。

したがって、資本主義的生産の商品流通は、産業資本の生産用在庫と完成品在庫の形成が日常的に行なわれることで成立しているのです。まさに「商品在庫なしには商品の流通はありえない」のです。そのことを私たちが反面教師として劇的に知るのは、洪水、地震、津波、凶作などの自然災害に遭遇した時です。商品在庫も底をつき商品流通もストップした時です。このことを『資本論』は書いています。

だから、在庫形成が流通の停滞であるかぎり、そのために必要なる費用は商品に少しも価値をつけ加えないのである。他方、流通部面での滞留なしには、すなわち長短の期間資本が商品形態にとどまっていることなしには、在庫が存在することはありえない。つまり、流通の停滞なしには在庫がありえないということは、ちょうど貨幣準備の形成なしには貨幣が流通することができないようなものである。つまり、商品在庫なしには商品の流通はありえないのである。（2の178）

次に資本の回転について考えてみましょう。

資本の回転とは何でしょうか。それは資本循環の周期性のことを言います。産業資本が貨幣資本から始まって生産過程を経てまた貨幣資本として戻ってくる資本の循環を一年間に何回行なうかが資本の回転になります。一年間に何回も循環を繰り返す回転が速い資本もあれば、一回の循環が一〇数年に亘る回転の遅い資本もあります。資本の投下部門によって資本の回転数は違って来ます。この資本の回転について、『資本論』はこう書いています。

資本の循環が個々別々な過程としてではなく周期的な過程として規定されるとき、それは資本の回転と呼ばれる。この回転の期間は、資本の生産期間と流通期間との合計によって与えられている。この総期間は資本の回転期間をなしている。したがって、それは、総資本価値の一循環周期と次の循環周期とのあいだの間隔を表わしている。それは、資本の生活過程における周期性を、または、そう言いたければ、同じ資本価値の増殖過程または生産過程の更新、反復の時間を表わしている。

一つの個別資本のために回転期間を速めたり縮めたりするかもしれない個人的冒険を別にすれば、諸資本の回転期間は、それらの投下部面が違うにしたがって違っている。

一労働日が労働力の機能の自然的度量単位になっているように、一年は過程を進行しつつある資本の回転の自然的な度量単位になっている。この度量単位の自然的基礎は、資本主義的生産の母国である温帯の最も重要な土地果実が一年ごとの生産物だということにある。

回転期間の度量単位として一年をUとし、ある一定の回転期間をuとし、その資本の回転数をnとすれば、$n=\frac{U}{u}$である。たとえば回転期間uが三か月ならば$n=\frac{12}{3}=4$である。この資本は、一年に四つの回転を行なう。または四回転する。Uが一八か月ならば、$n=\frac{12}{18}=\frac{2}{3}$であり、言い換えれば、この資本は一年にその回転期間の三分の二だけ終える。もし資本の回転期間が何年にもわたるならば、それは一年の倍数によって計算される。

資本家にとっては、彼の資本の回転期間は、自分の資本を価値増殖して元の姿で回収するためにそれを前貸ししておかなければならない期間である。（2の190～191）

資本の回転が問題になると、生産資本の新しい区分が問題になります。私たちはこれまで生産資本を不変資本と可変資本に区分して来ましたが、資本の回転では固定資本と流動資本という新しい区分が生まれて来ます。これは生産資本の一回転ですべて充用される資本と複数回転を経なければすべて充用できない資本の区別です。言ってみれば、資本の回転が速い生産資本と資本の回転が遅い生産資本の区別です。前者を流動資本と言い、後者を固定資本と言います。流動資本は生産物の形成中に全部消費されますが、固定資本は生産物の形成中に少しずつだんだんと消費されて行くという点が根本的違っていきます。したがって、流動資本は原料、補助材料、労働力などから構成され、固定資本は道具、機械設備、建物などから構成されています。この固定資本と流動資本の区別はただ生産資本のみに見られる区別であり、貨幣資本や商品資本では見られない生産資本独特なものです。『資本論』は書きます。

最後に、生産物に価値を引き渡す仕方の相違は——したがってまたこの価値が生産物によって流通させられ、生産物の諸変態によって自分元来の現物形態で更新される仕方の相違も——生産資本がとっているいろいろな素材的な姿の相違、すなわちそれらの素材的な姿の一部分は個々の生産物の形成中に全部消費されるが他の部分はだんだん消費されて行くだけだという相違から生ずる。だから、ただ生産資本だけが固定資本と流動資本とに分かれることができるのである。これに反して、このような対立は、産業資本の他の二つの存在様式にとっては、つまり商品資本にとっても貨幣資本にとっても、存在しないのであり、また生産資本にたいするこの両者の対立としても存在しないのである。それは、ただ生産資本にとって、そしてただ生産資本のなかで、存在するだけである。（2の204）

そこで、ここからは、主に固定資本だけを問題にして行きます。

固定資本の寿命は一様ではありません。長いものもあれば短いものもあります。つまり固定資本の種類によって資本の回転が違うということです。『資本論』は、鉄道の固定資本の寿命についてこう述べています。

> 同じ資本投下でも、固定資本の個々の諸要素は、それぞれ違った寿命をもっており、したがってまた違った回転期間をもっている。たとえば鉄道の場合には、軌条、枕木、土構、駅の建物、橋、トンネル、機関車、車両は、それぞれ違った機能期間と再生期間をもっており、したがって、それらのために前貸しされた資本もそれぞれ違った回転期間をもっている。建物、プラットホーム、貯水槽、陸橋、トンネル、切り通し、築堤など、簡単に言えばイギリスの鉄道で works of art（工作物）と呼ばれるものは、すべて長い年月にわたって更新を必要としない。損耗品の最も主要なものは軌道と車両（rolling stock）である。（2の206）

また『資本論』は、スクロープの文章を引用して、流動資本と固定資本の回転の相違について、具体的に示します。

> 資本の種々の部分の回転の現実の相違と外観上の相違。——同じスクロープは同じ箇所（一四一ページ）で次のように言っている。
> 「工場主や農業経営者や商人が労賃の支払に投ずる資本は最も速く流通する。なぜならば、おそ

らくそれは、もし彼の使用人が毎週支払を受けるとすれば、彼の販売や受取勘定からの毎週の収入によって、週に一回回転させられるからである。原料や完成在庫品に投下されている資本は、それほど速くは流通しない。その回転は、買うのも売るのも同じ信用期限であると前提すれば、原料の購入と在庫品の販売とのあいだに費やされる時間の長さに応じて、一年に二回とか四回とかになるであろう。工具や機械に含まれている資本は、もっとゆっくり流通する。というのは、それはおそらく平均して五年か一〇年に一回しか回転させられないからである。すなわち、消費され更新されないからである。といっても、ただ一連の作業だけで使い切られてしまう工具もあるが。建物、たとえば工場や店や倉庫や穀倉に、また道路や灌漑設備などに投ぜられた資本は、ほとんどまったく流通してないように見える。しかし、実際にはこれらの設備も、前に述べたものと同様に、生産に役立っているあいだすっかり使い切られてしまうのであって、生産者が作業を続けるためには、再生産されなければならないのである。ただ、それらはほかのものよりもおそく消費され再生産されるという違いがあるだけである。……それらに投下された資本は、おそらく二〇年か五〇年かでやっと一回転するであろう。」（2の228）＊引用されたスクロープの文献は、『経済学』（アロンゾ・ポッター編、ニューヨーク、一八四一年）である。

次に固定資本の維持費と修繕費について述べてみましょう。なお維持と修繕にかかる生産手段と労働力の費用は、生産過程で発生した費用ですから必要経費として生産費に計上されることになります。

固定資本を維持するためには清掃、油差し、点検など日常的に行なう業務が必要になってきます。そして何より生産過程で動かして使っていることが、固定資本の維持そのものに有効な作用を及ぼします。

使われない機械、人が住んでいない建物ほど使用しているときよりも何倍も速く経年劣化が進むものはありません。『資本論』は、こう言っています。

固定資本は特殊な維持費を必要にする。維持の一部は労働過程そのものによって行なわれる。固定資本は，労働過程で機能していなければ、いたんでくる。（第一部、第六章、一九六ページおよび第一三章、四二三ページ、機械の非使用によって起きる損耗、を見よ。）それだから、イギリスの法律も、賃貸しした地所が国の慣習どおりに耕作されない場合には、明文でこれを土地損壊（waste）とみなすのである。（法定弁護士W・Aホールズワース『地主・借地人法』、ロンドン、一八五七年、九六ページ）このような、労働過程での使用によって行なわれた維持は、生きている労働の天資である。しかも、労働の維持力は二重の性質のものである。一方では、労働は，労働材料の価値を生産物に移すことによって、この価値を維持し、他方では、生産過程での労働手段の働きをつうじてその使用価値を維持することによって、労働手段の価値を、自分がこれをも生産物に移すのでないかぎり、維持するのである。（2の211）

また、蒸気機関車の維持についても、『資本論』は語ります。

たとえば機関車の場合のように、機械を掃除するためにはそれを生産過程から引き離すことが必要であり、したがって掃除が知らぬ間にすんでしまうことができないようないろいろな生産部門では、この維持労働は経常費のなかに数えられ、したがって流動資本の要素として数えられる。機関車はせいぜい三日も仕事をすれば、車庫に入れられて掃除をされなければならない。汽罐は、いためられず洗い上げられるためには、まず冷却されなければならない。〈R・C第一七二三号〉（2の212）

固定資本である機械の修繕費について、幼年期と中年期以降に修繕費が嵩むと言い、人間の年齢と病気との関係と同じだと、『資本論』は書きます。

機械などの個々の部分が受ける損傷は事柄の性質上偶然的であり、したがって、そのために必要になる修理も偶然的である。しかし、これらの雑多な修理のうちから、多少とも固定的な性格を帯びていて固定資本の生涯のいろいろな時期に行なわれる二種類の修理労働が分かれてくる。――幼年期の故障とそれよりもずっと多い中年期を過ぎてからの故障とがそれである。たとえば，ある機械がどんなに完全な構造をもって生産過程にはいっても、実際に使ってみればその欠陥が現われて、それは後からの労働によって直さなければならない。他方、機械がその中年期を過ぎれば過ぎるほど、つまり、その正常な損耗が積み重なってその構成材料が消耗し老衰してくればくるほど、機械をその平均寿命が終わるまで生かしておくために必要な修理労働はますます頻繁になり、ますます重大になってくる。ちょうど、老人が早すぎる死を防ぐためには元気な青年よりもたくさんの医療費を必要とするようなものである。だから、修理労働は、その偶然的な性格にもかかわらず、固定資本の生涯のいろいろな時期に不均等に配分されているのである。（2の213）

さて、固定資本は先に述べたように、毎年少しずつだんだんとその損耗分が生産商品に交換価値として移され、完成商品の販売によってその交換価値は回収されるものです。この交換価値は数年後、十数年後の固定資本の更新まで当面不用な貨幣ですが、更新のための準備金として積み立てられるものです。この準備金は産業資本家が消費してはならない貨幣です。消費してしまえば、固定資本の更新は金融機関から借り受けができないかぎり難しい事態になります。その準備金は、言うまでもなく利潤(剰余価値)ではなく、費用（コスト）なのです。固定資本の更新のための費用は、減価償却基金を形成します。その基金の貨幣が蓄蔵貨幣として産業資本家の金庫に積み立てられるか、銀行預金として銀行に積み立てられるかはどうでもいいことです。ただ銀行預金として預けられた償却基金の貨幣は、銀行が介在して他の資本家が資本として使用する可能性が出てくるところが違います。この減価償却基金について、『資本論』は次のように言っています。

われわれが見たように、固定資本の損耗補填分として還流する貨幣のかなり大きな部分が、毎年、またはもっと短い期間さえ、固定資本の現物形態に再転化させられるのであるが、それでもなお各個の資本家にとっては、固定資本のうち数年後にはじめて一度にその再生産期に達してそのときすっかり取り替えられなければならない部分のために、償却基金が必要である。（2の221）

私が公民館に勤めていた時代、冷暖房のボイラー設備や非常電源用バッテリー設備などは耐用年数がはるかに越えたもの使用していましたので、毎年のように更新の予算請求をしましたが認められませんでした。これは官公庁の予算システムが損益計算書だけの単式簿記になっているため、機械設備などの固定資本に寿命があることをまったく考えずに事業が進められ、減価償却基金という概念がそもそも存在しないことが理由の一つとしてあげられると思います。

最後に、『資本論』は回転による資本区分がつくり出す資本の隠蔽性についてこう言っています。

可変資本と不変資本の流動的成分とが回転については同じ形態をもっているために価値増殖過程および剰余価値形成での両者の本質的な区別がおおい隠され、したがって資本主義的生産の全秘密がますます不明にされる。流動資本という共通な名称によって、この本質的な区別がなくされてしまう。これはその後の経済学によってさらに進められた。すなわち、可変資本と不変資本という対立ではなく、固定資本と流動資本という対立が、本質的なものであり唯一の区別であるとして固執されたのである。（2の244）

換言すれば、回転について同じ資本区分をもっていることから、労働力賃金が流動資本の中に組み入れられ、原料や補助材料などの流動資本と混在するため、産業資本の生産過程における価値増殖過程すなわち利潤（剰余価値）形成が覆い隠され、資本主義的生産の秘密が曖昧模糊なものになり、不明にされます。しかし、労働者サラリーマンは資本が固執する固定資本と流動資本の区別の中から不変資本と可変資本の区別を抽出して、労働者の権利を確立するための理論的道具に使うことができるのです。そのことを『資本論』は私たちに教えています。

第三編　商業資本

第一七章　商人資本の時代

商人資本の運動はG－W－G'なのだから、商人の利潤は、第一に、ただ流通過程のなかだけで行なわれる行為によって、つまり買いと売りという二つの行為で得られる。そして、第二に、それは最終行為である売りで実現される。つまり、それは譲渡利潤 profit upon alienation である。一見したところでは、純粋な、独立な商業は、生産物が価値どおりに売られるかぎり、不可能に見える。高く売るために安く買う、というのが商業の法則である。（3の1－411）

商業資本（商人資本）とは何でしょうか。商業資本の利潤はどこから生まれるのでしょうか。商業資本とは、社会的生産の流通過程にのみ関わる資本です。言い換えれば、社会的生産の生産過程に直接に関わらない資本です。諸商品の売りと買いの交換過程、すなわち諸商品の売買にのみ関わるのが、商業資本です。したがって、社会的生産の生産過程に直接に関わる産業資本とは本質的に違う資本と言うことができます。また、社会的生産の流通過程に商業資本と同じように関わりますが、貨幣の流通過程にのみ関わる金融資本とも違う資本です。

したがって、商業資本の利潤は、前掲の『資本論』の文章が言うように社会的生産の流通過程からしか生まれて来ません。すなわち商品の売買による交換過程しか生まれて来ないのです。諸商品の売りと買いからしか、商業利潤は生まれて来ないのです。諸商品の売買からしか商業利潤が生まれて来ないとすれば、「商品を安く買って高く売る」、言い換えれば「高く売るために安く買う」ことによってのみ商業資本は利潤を獲得することができます。すなわち、商業利潤は諸商品の売買によって生みだされる「譲渡利潤」でしかないのです。

それでは、商業資本の存立条件とは何でしょうか。労働生産物が商品化することです。労働生産物が売買の対象になることです。労働生産物が売買の対象になるということは、労働生産物が売買の交換過程に入ってくることを意味します。言い換えれば、労働生産物が貨幣と商品とを要素とする社会的生産の流通過程に入って来て、出て行くことを意味します。つまり、商業資本の存立条件のためには、商品流通と貨幣流通以外になにも必要ないのです。したがって、その労働生産物が古代奴隷制社会、中世封建制社会、近代資本制社会などいかなる生産様式の社会で生産されようとも、商品流通と貨幣流通が存在すれば、商業資本は誕生し活動することができるのです。このことについて、『資本論』は言います。

商業資本は流通面に閉じ込められており、その機能はただ商品交換を媒介するだけだから、その存在のためには——直接的物々交換から生じる未発展な諸形態は別として——単純な商品・貨幣流通のために必要な条件のほかにどんな条件も必要ではない。また、この単純な商品・貨幣流通がむしろ商業資本の存在条件である。商品として流通にはいっていく生産物がどんな生産様式の基礎の上で生産されたにしても——原生的共同体の基礎の上であろうと、また奴隷制生産の、小農民的および小市民的の、または資本主義的生産の基礎の上であろうと——それによってこれらの生産物の商品としての性格は少しも変えられないのであって、商品としてこれらの生産物は交換過程とそれに伴う形態変化を通らなければならないのである。（3の1－405～406）

このことに関連して、『資本論』はこうも言っています。

資本が商人資本として独立に優勢に発展するということは、生産が資本に従属していないと同義であり、したがって、資本にとって外的な、資本に依存していない、生産の社会形態を基礎として資本が発展するということと同義である。だから、商人資本の独立な発展は社会の一般的な経済的発展に反比例するのである。（3の1－409）

なぜ「商人資本の独立な発展は社会の一般的な経済的発展に反比例する」のでしょうか。産業資本が社会の生産過程を掌握してないからだと『資本論』は言いますが、なぜ産業資本が社会の生産過程を掌握していないと、商業資本は「独立に優勢に発展する」のでしょうか。この疑問に『資本論』は答えていないように思います。

考えますに、資本主義以前の社会は古代、中世、近世いずれの社会においても、すべて農業を中心とした社会です。そして生産は家族を主体とした小経営の農業と手工業です。言い換えれば、社会の生産過程は資本によって支配されていません。そして、生産者は極度に分散しています。この分散した労働生産物を集め売買の交換過程に乗せ、分散した消費者（生産的消費者も含む）に届けるためには、生産と消費を集中して媒介する商業資本がどうしても必要になって来ます。言い換えれば、分散した生産と分散した消費を媒介して結合できるのは、商業資本しかないのです。この商品を集中して処理する機能を商業資本のみがもっていることが、商業資本を「独立に優勢に発展する」社会的条件にしたのではないでしょうか。つまり、商業資本は共同体と共同体との間、領域と領域との間、都市と農村との間、大都市と中小都市との間、国と国との間を商品の交換と売買で取り結ぶことによって利潤をあげる「スキマ産業」と見ることもできます。隙き間の空所に生きるのが商業資本です。『資本論』もこう書きます。

古代の商業民族は、いろいろな世界のあいだの空所にいたエピクロスの神々のように、またはむしろポーランド社会の気孔のなかに住むユダヤ人のように、存在していた。最初に独立な大規模に発達した商業都市や商業民族の商業は、純粋な仲介商業として、生産をする諸民族の未開状態にもとづいていたのであって、彼らはこれらの民族のあいだで媒介者の役を演じたのである。（3の1－411～412）

ところで、江戸時代の近江商人は「産物廻し」の名で商業的藩際貿易を行ない、北国・東国の産物を「登せ荷」として西国へ、西国の産物を「持下り荷」として北国・東国へ交易することによって有力商人・豪商として成長して行きました。また全国に配置された支店網を統括する本店を近江や京都に置き、一八世紀後半の江戸中期には日本式の独特な複式簿記で本支店とも会計管理していました。すなわち近江商人も「スキマ産業」で活躍した商人だったと言うことができます。そして、十八世紀前半の前期資本主義のオランダが国際的中継貿易国家として繁栄していたことについて、大塚久雄は『国民経済』の中で「当時オランダ共和国の繁栄を支える産業構造は、何よりもまず、他の国の物産を輸入して、これを別の国に輸出するという、国際的中継貿易のシステムを基軸として組みたてられたものであった。たとえば、バルト海沿岸地方の穀物やスカンディナヴィヤ半島の木材、それからイギリス産の毛織物や東ドイツ産の亜麻織物などを自国経由で南欧や新大陸へ、また逆に、イタリア産の絹織物や東邦産の綿織物、極東の香料などのいわゆる植民地貿易、さらに新大陸の金、銀、塩、蔗糖などを自国経由で北欧へ、というような国際的財貨移動の媒介を営む仲立商業活動の上に、アムステルダム、ロッテルダムなどの中継港市を中心とする経済的繁栄がうちたてられていた」と述べています。

さて、資本主義社会以前の社会では、政治的支配者が同時に経済的支配者でした。政治的権力者と経済的権力者は完全に一致していました。封建制社会では大名領主が百姓農民の政治的支配者であると同時に、剰余労働生産物を搾取する経済的支配者でした。古代奴隷制社会でも奴隷所有者が経済と政治の両方の支配者でした。そして、この剰余生産物を貨幣に換えるためにも、或は換えた貨幣で欲求する商品を買うためにも、商業資本の介在と媒介が必要となります。そして、商業資本は、この剰余労働生産物を狙って政治的権力者の間隙を突き金儲けをしようとします。

たとえば江戸時代の封建制社会では、百姓農民が生産する全労働生産物を一〇とすると四公六民の年貢率では四が剰余労働生産物として武士階級に搾取されます。しかし、社会的人口の階級構成は、武士階級が一割、商人・職人の町人階級が一割、残りの八割が百姓農民階級です。この人口の八割を占める百姓農民階級が全労働生産物の六割の必要労働生産物で生活しなければなりませんから、自ずと切り詰めた生活が強いられることになります。白米を食べるのは盆と正月のみ、後は麦・稗・粟・野菜・芋などを混ぜた食事が常食になります。江戸時代は米中心の食事でしたから、平均して一年に一人一石、一日二・七合の米を食べていました。今、この労働生産物をすべて米と仮定すると、武士階級は総人口の一割しか占めていませんから、四割の剰余労働生産物である米の内、一割しか自家需用としての必要がありません。すると、後三割はどうなるでしょうか。災害や飢饉の備蓄として五分を保険として貯えたとして、二割五分は商人、それも蔵元・札差と呼ばれた卸売商人に米を売って貨幣に換えることになります。米を買った卸売商人は、米穀仲買・小売商人に売ります。その一割は総人口の一割を占める町人階級によって消費されます。また、一割は、酒・味噌・醤油・酢などの醸造業、菓子業などの産業によって消費されます。残り五分は領外へ輸出されます。南部藩の場合は蝦夷地（北海道）などへ、伊達藩の場合は江戸へ輸出されました。言い換えれば、領内の全労働生産物の二割五分すなわち四分の一は卸売商人の手を経て、貨幣に換えられたということになります。その取扱額がいかに巨大で、しかも利潤がいかに大きなものであったか想像ができると思います。江戸でも大坂でも城下町でも蔵元・札差商人が豪商になり、高利貸商人へ発展して行きました。これは政治的支配者である武士階級が、同時に経済面において剰余労働生産物の搾取者であり販売者であることから、その直接の購買者である商人階級が巨額な利潤を獲得したことを物語っています。こうして、商人は士農工商の四民の中で一番下位に蔑まされていましたが、その経済的実力は四民の上に出る状況が生まれました。一九世紀初頭の江戸後期に本多利明は『経世秘策』の中で「天下ノ通用金銀ハミナ商賈ノ手ニ渡リ、豪富ノ名ハ商賈ニノミアリテ永禄ノ長者タル武家ハ皆貧窮ナリ、故ニ商賈ノ勢ヒ追々盛ニシテ四民ノ上ヘ出タリ。」と述べています。

他方、政治的支配者である武士階級と商人階級との関係では、武士階級が商人階級から商品を買う購買者としての立場があります。武士階級は剰余労働生産物の第一搾取者であり、第二搾取者である商人階級が五分の利潤を手に入れたとしても、武士階級には全労働生産物の二割は自由に使える貨幣として残ります。この金を狙って商人資本はあの手この手の罠を仕掛けます。刀剣、甲冑、掛軸、ふすま絵、衣装、調度品、能狂言道具、茶道具などあらゆる種類の名品や珍奇な品物を商人資本は大名・家臣の武士階級へ売り込みます。中でも大きなものは、建築土木工事でしょう。これも商人階級が請負います。城郭の増改築工事、石垣の修理工事、神社仏閣の新築工事、橋脚・道路の新設工事など商人階級が請負って完成させました。工事が大きなものであればあるほど、そしてその数が多ければ多いほど商人階級の利潤は大きくなります。五代将軍綱吉の贅沢三昧な暮らし、中でも新規大工事が続いたことが、幕府の金蔵に貯めて来た貨幣を消失させ、それでも足りず貨幣を改鋳し、金の含有量を落して慶長小判を元禄小判に変えました。その結果はインフレの進行です。「生類憐みの令」に加えて、インフレの進行は将軍綱吉が町人や武士から評判が悪かった理由でした。このことに関連して、『資本論』は書いています。

売買による諸商品の交換に、商品資本の機能は帰着するのである。つまり、商人資本はただ商品交換を媒介するだけである。といっても、この交換をはじめからただ直接生産者どうしのあいだの商品交換だけと考えてはならない。奴隷関係や農奴関係や貢納関係（原始共同体が考察されるかぎりで）のもとでは、奴隷保有者や封建領主や貢納受領国家が生産物の所有者であり、したがってその売り手でもある。商人は多くの人々のために売買する。彼の手には売買が集中され、それによって、売買は買い手（商人としての）の直接的欲望に結びついたものでなくなる。（3の1－406～407）

ところで、封建的生産様式は根本的に搾取の制度であり、略奪の制度です。泥棒と盗賊の制度です。それは武家政権であっても絶対王制であっても変わりません。古代の奴隷制社会でも、この根本は同じです。江戸時代における近世封建制社会の年貢負担率四公六民は、武士階級が百姓農民階級の生産した総労働生産物から四割も搾取し略奪し泥棒することを表わしたものです。しかも、この年貢負担は原則として現物納付でしたから、搾取と略奪と泥棒は白日の元に明らかでした。社会的生産に直接に関わらない武士階級が支配階級であることだけによって、この搾取と略奪と泥棒を正当化することができたのです。このことを、安藤昌益も『自然真営道』の中で「士は武士なり。君下に武士を立てて衆人直耕の穀産を貪り、若し之れを抗む者あれば武士の大勢を以つて之れを捕縛する。是れ自然の天下を盗むが故に、他の己れを責めんことを恐れてなり」と批判しています。こうした封建的生産様式に寄生した商人階級もまた支配階級である武士階級の搾取率を当然として受け止め、その利潤は一般的に四割を標準とする高率なものでした。商人階級は左の手で買った商品を右の手で売っただけで、労せずして高い利潤をあげることができたのですから、商業資本もまさに略奪であり、泥棒であったのです。江戸時代の近江商人を表わした流言に「近江泥棒、伊勢乞食」がありますし、武陽隠士の『世事見聞録』には「商人は程よき盗賊にて、泥坊、乞食の如き人情ならでは勝利は得難い……」と書かれているのも、この間の事情を伝えています。こうした商業資本の本性が国家規模で実現されると、どうなるかについて、『資本論』は書きます。

　あの生産様式のもとでは、商人資本が余剰生産物の大半をわがものにすることになる。そうなるのは、一つには、商人資本を自分たちのあいだでの仲介者とする諸共同体の生産がまだ本質的には使用価値に向けられていて、これらの共同体の経済的組織にとっては、およそ流通にはいる生産物部分を売るということ、したがっておよそ生産物を価値どおりに売るということは付随的な重要さをもつだけだからであり、また一つには、あの資本主義以前の生産様式では、商人の取引相手になる余剰生産物の主要所有者、すなわち奴隷保有者や封建領主や国家（たとえば東洋の専制君主）が享楽的富を代表しており、この富を狙ってわなをしかけるからであって、それはすでにアダム・スミスが前の引用箇所のなかで封建時代について正しく嗅ぎだしているとおりである。だから、商業資本が優勢な支配はどこでも略奪制度を表わしているのであり、また、じっさい、商業資本の発展は、古代の商業民族のもとでも近代の商業国民のもとでも、暴力的な略奪や海賊や奴隷狩や植民地での圧制と直接に結びついているのであって、たとえばカルタゴやローマで、また後にはヴェネツィア人やポルトガル人やオランダ人などのもとでもそうなのである。(3の1-412~413)

そして、君主や大名は公の大盗賊であり、商人は私の大盗賊ということになります。この社会の二つの巨大な盗賊をなんら問題にしないで、貧しい小農民・小職人や乞食の小さな盗みばかりを厳しい刑に処するというのは矛盾ではないかと、『資本論』はマルティーン・ルターの言葉を引きます。

あなたのつかさたちはそむいて、盗びとのなかまとなり、というイザヤ書第一章の言葉に従え。彼らは、一グルデンか半グルデンを盗んだ盗びとを絞《くび》らせながら、全世界から略奪する盗賊の仲間になって他のどんな盗びとよりもたくさん盗むのであって、じつに、大盗は小盗を絞《くび》るという諺は今でも真実なのである。また、ローマの元老院議員カトーが言ったように、小盗は獄につながれ枷をかけられるが、公盗は黄金や絹をまとって歩くのである。しかし、最後に神はこれに対してなんと言うであろうか？　神は、エゼキエルに語らせているとおりに行なうであろう。すなわち、一つの都市が燃えてもはや君主も商人もなくなってしまうように、神はこの盗びとともあの盗びととも鉛と青銅とのように融け合わせてしまうであろう。〈マルティーン・ルター『商取引と高利とに関する書』、一五二七年のもの〉(3の1-413~414)

ところで、封建的生産様式から資本主義的生産様式への移行はどのように行なわれたのでしょうか。一つは、農業生産者と工業生産者が資本家になって、農村の現物経済と都市のギルド的手工業に対立するようになって行くことによって資本主義的生産を推し進めます。『資本論』は、この方法が「真に革命的な道である」と言っています。もう一つは、商人が社会的生産の生産過程に介入して行くことです。具体的には問屋制家内工業を指します。既存の生産様式は温存して、商人が家内制手工業に原料の供給者として、また生産商品の購買者として関わって行くことです。これは古い生産様式をむしろ保存して維持することですから、資本主義的生産を推し進めることにならないと『資本論』は否定的です。最後の一つは、商人が産業資本家になることです。封建的生産様式で甘い汁を吸ってきた商人ですので、この変身には跳躍を必要とします。例えば、近江商人は江戸時代から醸造業や鉱工業や繊維業を自ら経営しており、明治維新後はこれらの産業を成長発展させました。したがって、商人が産業資本家へ転身することは希だとは必ずしも言えないと思います。以上、三つが封建的生産様式から移行する仕方です。『資本論』は前二つの移行の仕方について、こう書いています。

封建的生産様式からの移行は二重の仕方で行なわれる。生産者が商人や資本家になって、農村の現物経済にたいしても、中世都市工業の同職組合的に拘束された手工業にたいしても、対立するようになる。これが真に革命的な道である。あるいはまた、商人が直接に生産をわがものにする。あとのほうの道が歴史的に移行として作用するにしても――たとえば一七世紀のイギリスの織物商人(Clothier)が、織り工たち、といっても彼らは独立しているのであるが、そのような織り工たちを自分の支配下に入れて彼らに羊毛を売り彼らの織物を買い取るという場合のように――この道はそれ自体としては古い生産様式を変革するまでには至らないのであって、むしろ古い生産様式を保存してそれを自分の前提として維持するのである。（3の1－417）

しかし、この資本主義移行論は資本家の行動の変化からのみ見たものであり、社会の近代化、資本主義化を総体的に論じたものではありません。近代化、資本主義化のためには少なくとも次のような要件が必要と考えます。

第一、土地革命。封建制権力の基盤である土地制度を解体し、国民の土地に対する所有権を公認し、土地が商品として自由に売買できるようにしたことです。これはまた百姓農民に耕作の自由、居住移転の自由、職業選択の自由を保障することでした。そして、封建領主に収奪されていた現物納の年貢が国家への租税として現金納にされる変化を生みます。

第二、産業革命。一八世紀後期～一九世紀前期の産業革命がイギリス資本主義の飛躍を生みだし、明治維新の「文明開化」「殖産興業」が日本の資本主義を成長させたように、産業革命は生産、運輸、通信の機械化・合理化を推進し生産力を根本的に変革して行きます。

第三、自由な労働者の過剰な存在。資本主義は自由な労働者の過剰な存在がなければ、搾取する対象を見出し、利潤（剰余価値）を形成することができません。特に農村の過剰人口が資本主義の発展に必要です。

第四、国民教育の普及。封建制社会に規制された階級差別の教育制度を変革し、初等教育を国民の義務教育にします。識字率を向上させて産業革命に適応できる人材を育成し、新しい国家に必要な国民意識の形成を促します。

第五、統一国家の誕生。近代的法制度を整備し、分断された国内に平和と安定を確保し対外的に主権国家として独立するためには統一国家が必要です。特に日本のようにイギリスとはちがって「外から」「上から」近代化、資本主義化が推進された場合には、土地革命と産業革命の実現において統一国家は決定的役割を果たします。

第六、世界市場の形成。一六～一七世紀の帆船の発明はヨーロッパのためにアジア、アフリカ、アメリカをして植民地たらしめ、こうして文字通りの世界市場が地球上に初めて誕生しました。そして、一九世紀前期の蒸気船の発明は、世界市場をさらに拡大深化させました。世界市場の急激な拡張は国内に急激な需要の拡大を生み、その需要に相応しい生産様式の変革が求められ、こうしてヨーロッパの封建的生産様式を資本主義的生産様式に転換させる梃子の役割をしたのです。日本の場合も幕末の開国から生糸生産が活発になり、明治維新後の資本主義の形成と発展の推進力になりました。

さて、封建的生産様式が解体し資本主義的生産様式へ移行して、資本主義的生産が発展して行った結果はどうなるのでしょうか。農業も工業も産業はすべて「商品によって商品を生産する」「資本によって資本を増殖する」資本の生産過程に変化します。産業資本家は生産過程に必要な生産手段と労働力を市場で商品として購入し、これらを生産過程に投入し、新しい使用価値をもった商品を生産し、そして、この商品を市場へ販売することによって生産費を回収すると共に利潤を獲得することになります。それは資本価値の増殖であり、産業資本の拡大再生産をつくり出します。言い換えれば、社会的生産の生産過程は完全に産業資本が支配するようになります。

それでは、資本が生産過程を支配するようになると、なぜ商人資本は「独立に優勢に発展する」力を喪失することになるのでしょうか。それは、第一に自家需用に主として向けられ余剰生産物だけを商品として売りに出すような家族経営の小農業と小規模経営の手工業が資本家的大規模経営の機械制農業や機械制工業の成長発展によって解体され、商業資本が「独立に優勢に」に力を発揮できるために必要な商品を安く買う対象を失ってしまうからです。第二に封建領主が解体することによって、封建領主の剰余労働生産物に依存し寄生した商人資本の活動が息の根を止められ、商業利潤の大きな源泉を失うからです。言い換えれば、剰余労働生産物を農業でも工業でも封建領主や商人に代わって産業資本家が第一に取得するようになり、商業資本による剰余労働生産物の取得は産業資本に規制され従属するようになるからです。以上、二つの理由により、資本主義的生産の発展は商人階級の社会的地位と実力を奪って行きます。この過程を『資本論』は、こう表現しています。

資本主義的生産の根本条件——賃金労働者階級の存在——を生みだすその同じ事情は、すべての商品生産の資本主義的商品生産への移行を促進する。資本主義的商品生産が発展するのにつれて、それは、すべてのそれ以前の、主として直接の自己需要に向けられていて生産物の余剰だけを商品に転化させる生産形態に、破壊的分解的に作用する。それは、生産物を売ることを主要な関心事にするが、さしあたりは目につくほどに生産様式そのものを侵すことはない。たとえば、資本主義的世界貿易がシナ人やインド人やアラビア人などのような諸民族に与えた最初の影響がそうだったように。しかし、第二に、この資本主義的生産が根の張ったところでは、それは、生産者たちの自己労働にもとづくかまたは単に余剰生産物を商品として売ることだけにもとづくような商品生産の諸形態を残らず破壊してしまう。それは、まず商品生産を一般化し、それからしだいにすべての商品生産を資本主義的生産に変えて行くのである。（2の48～49）

そして、宗主国と植民地との関係も資本主義的生産様式への移行によって、それ以前の社会とは違ってきます。このことについて、『資本論』はこう書きます。

今日では産業覇権が商業覇権を伴ってゆく。これに反して、本来のマニュファクチャア時代には商業覇権が産業上の優勢を与えるのである。それだからこそ、当時は植民制度が主要な役割を演じたのである。（1の2－984）

絶対王制のマニュファクチャー時代には商業覇権が産業を伴って行きました。そこでは、商業覇権が「暴力的な略奪や海賊や奴隷狩や植民地での圧制と直接に結びついて」いました。まさに商業は略奪であり、泥棒であり、盗賊だったのです。しかし、資本主義的生産様式が支配する社会では産業覇権が商業を伴って行くようになります。その結果、植民地は宗主国の原料供給地になり、宗主国が生産した商品の販売市場に変わって行きます。こうして、植民地は宗主国によって、スリランカの茶、キューバの砂糖、チリの銅などのようにモノカルチャー（単一栽培）経済に改変され、宗主国に政治的だけではなく経済的にも従属支配されるようになります。こうして近代の産業資本主義でもまた植民地主義と帝国主義は新しい形で結合されて行きます。それは取りも直さず、産業資本が商業覇権を打ち破り、資本が産業覇権を確立して商業資本を支配下に置く資本主義の発展でした。商人資本が支配する時代は終焉し、産業資本が支配する時代へ変化したのです。資本主義は商業資本主義から産業資本主義へ変わったのです。それは、近代史におけるオランダの衰退とイギリスの勃興に集中的に表現されています。

第一八章　資本の空費

　商人資本は、流通部面のなかで機能している資本以外のなにものでもない。流通過程は総再生産過程の一段階である。しかし、流通過程では価値は、したがってまた剰余価値も、生産されはしない。ただ同じ価値量の形態変化が行なわれるだけである。じっさい、商品の変態のほかにはなにも行なわれないのであり、この変態そのものは価値創造や価値変化とはなんの関係もないのである。生産された商品の販売で剰余価値が実現されるとすれば、それは、剰余価値がすでにその商品のなかに存在しているからである。（3の1－350）

資本の空費とは何でしょうか。資本の空費とは何を意味しているのでしょうか。

資本の空費とは流通費のことです。産業資本にとって流通にかかる費用のことを資本の空費と呼びます。産業資本にとって商品の仕入や販売に要する費用は流通費であり、資本の空費に属します。では、なぜ産業資本は流通費を空費と考えるでしょうか。

産業資本にとって価値と利潤（剰余価値）は生産過程しか生まれません。流通過程は同じ価値量の形態転化、すなわち商品の貨幣への転化と貨幣の商品への転化が行なわれるだけで、商品の「価値創造や価値変化とはなんの関係もない」のです。資本の流通過程から価値と利潤が創造されるように見えるとすれば、それは資本が生みだす倒錯現象であり、幻想です。言い換えれば、流通費は商品の価値実現のために必要な費用ですが、その費用投下によって、商品の価値や利潤が創造されることはないことから、産業資本にとって流通費は空費に属し、できるだけ削減したい費用になります。

しかし、流通費は空費であると言っても、産業資本にとって流通費は必要不可欠なものです。なぜならば産業資本の総再生産過程は生産過程と流通過程の統一からなっており、流通過程を否定しては、そもそも産業資本の循環も回転も成り立たないからです。したがって、産業資本にとって流通過程にかかる費用は不生産的な空費ですが、必要不可欠な費用なのです。そのような費用としてどういうものがあるか、それについて『資本論』はこう書いています。

われわれがここで考察する費用は、買うことの費用であり、売ることの費用である。すでに前にも述べたように、このような費用は計算や簿記や市場操作や通信などに帰着する。そのために必要な不変資本は、事務所や紙や郵便料金などから成っている。その他の費用は、商業賃金労働者の充用に前貸しされる可変資本に帰着する。（発送費や運輸費や関税前払などは、一部は、商人が商品を買い入れるときにそれを前貸しするものと見ることができ、したがって商人にとっては購買価格に入るものと見ることができる。）

これら一切の費用は、商品の使用価値の生産に費やされるのではなく、商品の価値の実現に費やされるのである。それは純粋な流通費である。それは直接的生産過程にははいらないが、流通過程にははいるのであり、したがって再生産の総過程にはいるのである。（3の1－361～362）

ここに述べている費用は、一九世紀半ばのイギリスの商業資本の事務所の流通費ですが、現代のオフィスであれば、電話や電卓やファクスやコピー機やパソコンが必需品となるでしょう。そして、商業労働の機械化とコンピューター化は労働者サラリーマンの仕事内容を様変わりさせました。

それでは、なぜ産業資本は資本の空費と考える流通過程の処理と操作を自分で全部やらないで、これを商業資本に任せるのでしょうか。

それは、商業資本が産業資本の売買期間すなわち流通期間を短縮し，流通期間の長期化に伴う無駄な支出を省くことができ、そうすることによって産業資本の再生産期間を短縮することができるからだと、『資本論』は言います。

自分のために他人に労働させる資本家にとっては、売買が一つの主要な機能になる。彼は、多くの人々の生産物をかなり大きな社会的規模で自分のものにするのだから、やはり大きな規模でそれを売らなければならないし、後には再びそれを貨幣から生産要素に再転化させなければならない。しかし、売買期間は相変わらず価値をつくりだしはしない。そこへ商人資本の機能によって一つの幻想がはいってくる。だが、ここではまだこの幻想に詳しく立ち入らないにしても、次のことだけははじめから明らかである。すなわち、それ自体としては不生産的であっても再生産の必然的な一契機である機能が、分業によって、多数の人々の副業から少数の人々の専業にされ、彼らの特殊な営業にされても、この機能そのものは変わらないということである。一人の商人（ここでは諸商品の形態転化の単なる担当者、単なる買い手および売り手とみなされる）が彼の仕事によって多くの生産者の売買期間を短縮することがあるだろう。その場合には、彼は、むだなエネルギー支出を減らしたり生産期間の解放を助けたりする一つの機械とみなしてよいのである。（2の160〜161）

これに加えて、『資本論』は産業資本が商業資本にその流通過程を任せるメリットとして、次の三つをあげます。一つは、社会的分業の発展によって商業資本が専門化し、産業資本が商業的部分も全部自分で営むよりも流通費が少なくてすむこと。もう一つは、産業資本が生産した商品をより速く貨幣に転化させることができるだけでなく、産業資本が自分の手でするよりも資本の回転を速めることができること。さらにもう一つは、社会全体で商業資本を見れば、産業資本の回転をより合理的に展開することができることです。

商人資本が必要な割合を越えないかぎり、次のように推定することができる。

(1) 分業の結果として、もっぱら売買だけに従事する資本（これには、商品を買い入れるための貨幣のほかに、商人的業務の経営に必要な労働や商人の不変資本である倉庫の建物や運輸などに投じなければならない貨幣が属する）は、仮りに産業資本家が自分の業務の商業的部分も全部自分で営まなければならないとした場合に比べて、より小さいこと。

(2) 商人が専門にこの業務に従事するので、生産者にとって自分の商品がより速く貨幣に転化させられるだけでなく、商品資本そのものがその変態を、生産者の手でする場合よりも、より速くすませるということ。

(3) 商人資本全体を産業資本と対比して見れば、商品資本の一回転は、一つの生産部面にある多数の資本の回転を表わすだけでなく、いろいろな生産部面にあるいくつもの資本の回転を表わすことができるということ。第一の場合は、たとえばリンネル商人が自分の三〇〇〇ポンドで一人のリンネル生産者の生産物をまず売ってから、同じ生産者が同じ量の商品を再び市場に投ずる前に、別の一人または数人のリンネル生産者の生産物を買ってまたそれを売り、こうして同じ生産部門にあるいくつもの資本の回転を媒介するという場合である。第二の場合は、商人がたとえばリンネルを売ってから次には絹を買い、こうして別の生産部面にある資本の回転を媒介するという場合である。（3の1－345～346）

これに続いて、『資本論』は産業資本が商業資本に流通過程を任せるメリットとして、商業資本が市場の拡張を助け、産業資本がより大きな規模で事業を展開することを可能にするかぎりでは、産業資本の生産性と蓄積を促進すること。さらには、産業資本が商業資本によって流通費を削減することができるかぎりでは、産業資本が生産過程に投入する資本を相対的に増大させることができることなどについて述べています。

商人資本は価値も剰余価値も創造しないのである。すなわち、直接には創造しないのである。商人資本が流通期間の短縮に役だつかぎりでは、それは、間接には、産業資本家の生産する剰余価値をふやすことを助けることができる。商人資本が市場の拡張を助け資本家たちのあいだの分業を媒介し、したがって資本がより大きな規模で仕事をすることを可能にするかぎりでは、その機能は産業資本の生産性とその蓄積とを促進する。商人資本が流通期間を短縮するかぎりでは、それは前貸資本にたいする剰余価値の割合、つまり利潤率を高くする。商人資本が資本のよりわずかな部分を貨幣資本として流通面に閉じ込めておくかぎりでは、それは、資本のうちの直接に生産に充用される部分を増大させる。（3の1－351）

それでは、商業資本の利潤はどこから生みだされるのでしょうか。商業利潤とは何を意味するのでしょうか。

商業資本が関わる流通過程からは商品の価値も利潤（剰余価値）も創造されないとすれば、商業資本の利潤はどこから生みだされるのでしょうか。それは利潤を生みだす産業資本から移行させるほかに方法がありません。産業資本が生みだした利潤の一部を分割させることによって、商業資本は自分ための利潤を獲得することができるのです。その結果、商業資本は産業資本の生産した商品を安く買って高く売る商業の法則を実現できます。言い換えれば、商業資本は産業資本の生産した利潤の一部分を取得することによって生産価格よりも安く商品を買い、生産価格通りすなわち価値通りに売ることによって、商業資本は商品を高く売ることが可能になり、商業資本は利潤を獲得できることになります。このことについて、『資本論』はこう述べています。

剰余価値にたいする商人資本の関係は、産業資本のそれとは違っている。産業資本は他人の不払労働の直接的取得によって剰余価値を生産する。商人資本は、この剰余価値の一部分を産業資本から自分のほうに移させることによって、それを自分のものにする。

商業資本は、ただ価値の実現という自分の機能によってのみ、再生産過程で資本として機能するのであり、したがってまた、機能する資本として、総資本によって生産された剰余価値から分けまえを引きだすのである。（3の1－367）

そして、商業資本も産業資本と同じように総資本の一般利潤率の形成に参加します。すなわち利潤率平均化の法則は商業資本にも適用されます。したがって、商業資本の利潤率が産業資本や金融資本よりも高いものであれば、産業資本や金融資本は商業資本に参入します。また、商業資本の利潤率が産業資本や金融資本に比べて低いものであれば、商業資本に参入する資本はなくなります。商業資本が商業資本として自立的に発展しているということは、商業資本でも総資本の平均利潤率が確保されていることを表わしています。

ところで、商業資本で働く労働者サラリーマンはどのように位置付けたらよいのでしょうか。産業資本の労働者サラリーマンとは何が違うのでしょうか。

産業資本の生産過程で働く労働者サラリーマンは、商品の価値と利潤（剰余価値）を創造します。そして利潤は労働者サラリーマンの不払労働の転化したものでした。こうした産業資本の労働者サラリーマンの創造するような利潤を商業資本の労働者サラリーマンは創造しません。そもそも産業資本の流通過程からは価値も利潤も創造されないのですから、流通過程に関わる労働者サラリーマンが独自に価値や利潤を創造することは背理というものです。それでは、商業資本はなぜ労働者サラリーマンを雇うのでしょうか。それは、産業資本から分割された利潤を商業資本が取得するためには労働者サラリーマンの商業労働が必要だからです。結果として見れば、商業資本にとって利潤の創造と同じことを商業労働はするのです。やはり、商業資本にとっては商業労働者サラリーマンの不払労働が利潤の源泉になっているのです。すなわち、流通費は産業資本にとっては空費ですが、商業資本にとっては生産的投資であり、商業労働は生産的労働なのです。そうでなければ、商業資本が労働者サラリーマンを大量に雇用することなど起らないでしょう。このことについて、『資本論』はこう述べています。

商業資本家は、彼の貨幣を資本にする機能そのものを、大部分は彼の労働者たちに行なわせる。このような店員たちの不払労働は、剰余価値をつくりだしはしないといえ、商業資本家のために剰余価値の取得をつくりだすのであって、結果から見ればこの資本にとっては同じことである。だから、この不払労働はこの資本にとっては利潤の源泉なのである。もしそうでなければ、商人的業務はけっして大規模には、つまりけっして資本主義的には、営まれることができないであろう。(3の1-367〜368)

さて話は変わりますが、『資本論』が想定している商業資本とはあくまでも卸売商業であって、小売商業は想定されていません。資本主義的生産様式の発展は機械制大工業の大規模生産を促進し、それに対応して流通過程でも商業資本が大規模な卸売商業に発展すると『資本論』は考えています。裏を返せば、小売商業は家族経営の小規模商業に止まるということです。たしかに『資本論』が出版された一九世紀半ばは、卸売商業の大規模化しか想定できなかったと思います。しかし、すでに一九世紀中頃にはデパートが誕生し、小売商業の大規模化が現実のものになっていました。加えて、二〇世紀後半の高度経済成長はスーパーマーケットを誕生させ、その後、量販店（靴、家具、家電製品、衣料品、薬品、生活用品など）やコンビニや百円ショップやショッピングモールを生みだしました。『資本論』の時代には予想さえできなかった小売商業の大規模化と系列化が現実のものになったのです。その陰に家族経営の小売商業が次々に営業を止め、急激に減少して行きます。さらには、生鮮食品など食料品を扱う地方自治体が運営する中央卸売市場の扱い高は、生産者と大型小売店の直接取引が増大し、年々その扱い高が減少しています。そして、現代では、ネット通販の売上高がデパートとスーパーマーケットとを合わせた売上高を越える状況になっています。この小売商資本の大規模化と系列化と電子化はこれからますます進むのではないでしょうか。それは、残念なことですが、シャッター商店街が今まで以上に増大することを意味します。

さて、『資本論』は世界市場についてしばしば論及していますが、世界貿易を媒介する国際的卸売商資本である国際的商社についてはまったく触れていません。国際的商社は、『資本論』の時代からイギリスにおいて活発に事業を展開していました。日本では江戸時代に商業的藩際貿易で繁栄した近江商人を先祖にもつ伊藤忠と丸紅が、国際貿易の卸売商資本として活躍しているのも、近江商人の現代的復活と見ることができます。また、小売商資本では、イオンが中国・東南アジア市場へ、産業資本でもあるユニクロはアジアのみならず欧米市場へ進出しており、小売商資本の世界市場への進出は、今後ますます加速するように思います。

話を商業資本で働く労働者サラリーマンに戻しますと、資本主義的生産様式の発展につれて、「比較的高級な部類に属」していた商業労働者サラリーマンの賃金が下がって行く傾向があると『資本論』は指摘しています。その理由としてあげられているのは、第一に、「事務所内の分業」が進み、労働の一面化と細分化が進行し、高度の専門的な熟練労働に対する需要を減少させることです。今日では事務労働の機械化・コンピューター化がこの問題を浮き彫りにしています。第二に、国民教育の普及により、「予備教育や商業知識や言語知識」が急速に安価に再生産できるようになり、商業労働者サラリーマンの志願者をふやし、競争を激化するからです。今日の日本のような高学歴社会になると、就活問題に見るように志願者の競争はますます激しくなっています。

本来の商業労働者は、賃金労働者の比較的高給な部類に属する。すなわち、その労働が技能労働であって平均労働の上にある賃金労働者の部類に属する。とはいえ、その賃金は、資本主義的生産様式が進むにつれて、平均労働に比べてさえも下がってくる傾向がある。それは、一部は事務所内での分業によるものである。すなわち、労働能力のただ一面的な発達だけが生産されることになり、そしてこの労働能力の生産は資本家にとってすこしも費用がかからないで、むしろ労働者の機能そのものによって発達し、しかもそれが分業につれて一面的になればなるほどますます急速に発達するからである。第二には、資本主義的生産様式が教授法などをますます実用本位にするにしたがって、予備教育や商業知識や言語知識などが科学や国民教育の進歩につれて、ますます急速に、容易に、一般的に、安価に再生産されるようになるからである。国民教育の普及は、この種の労働者を以前はそれから除外されていた劣悪な生活様式に慣れていた諸階級から補充することを可能にする。さらに、それは志願者をふやし、したがって競争を激しくする。こうして、いくらかの例外を除いて、資本主義的生産が進むにつれてこれらの人々の労働力の価値は下がってくる。彼らの労働能力は上がるのに、彼らの賃金は下がる。資本家はより多くの価値と利潤とを実現することになれば、このような労働者の数をふやす。この労働の増加は、つねに剰余価値の増加の結果であって、けっしてその原因ではないのである。（3の1－375～376）

この記述に対して、エンゲルスは一八九四年に『資本論』第三部を編集出版するに当たって、次のような注釈を付けています。それは、「商業プロレタリアート」にとっては過酷な現実そのものでした。

この一八六五年に書かれた商業プロレタリアートの運命の予測が、その後どのように実証されてきたか、それは何百人ものドイツ人事務員が体験していることであって、彼らは、あらゆる商業操作と三−四か国語に通じていながら、ロンドンのシティで一週間二五シリング−熟練した機械製造工の賃金よりずっと安い——の勤め口を探しあぐねているのである。………… ——F・エンゲルス（3の1－376）

そして、『資本論』の次の言葉は、これまで述べて来た要約として最も適切だと考えます。

産業資本にとっては流通費は空費として現われ、また実際にそうである。商人にとっては流通費は彼の利潤の源泉として現われ、この利潤は——一般的利潤率を前提すれば——流通費の大きさに比例する。それゆえ、このような流通費のために必要な出費は、商業資本にとっては生産的投下なのである。したがってまた、商業資本が買う商業労働も、商業資本にとっては直接に生産的なのである。（3の1－377）

第一九章　小売商資本の高速回転

商業部門の相違による回転期間の相違は、一定の商品の一回転であげられる利潤はこの商品資本を回転させる貨幣資本の回転数に反比例するということに現われる。少ない利潤で速い回転（small profits and quick returns）、これはことに小売商人にとっては彼が主義として守る原則として現れるのである。（３の１－３９２）

商業資本の回転にはどのような特徴があるのでしょうか。それは、産業資本の回転と何が違うのでしょうか。

産業資本の回転は生産期間と流通期間の合計に制約されます。生産期間はいかに機械化して労働生産力が向上したとしても、醸造業や林業のように生産工程そのものが自然の時間に委ねられる生産物があります。また、生産工程からどうしても合理化できない工程が存在し、生産過程の短縮に限度がある生産物もあります。しかし、商業資本の回転は流通期間のみによって成り立っていますから、産業資本のように生産過程によって直接に資本の回転が制約されるということはありません。したがって、商業資本の回転は商品の売買期間すなわち貨幣を商品へ転化し、商品を貨幣へ転化する商品の変態期間だけが、資本の回転を制約するものになります。

但し、商品の仕入と商品の販売がスムーズに流れることが必須条件になります。そこで、次のようなことが問題になります。商業資本は産業資本から商品を仕入れる上で生産期間という限界を課せられます。他方、商業資本は販売を規制する消費の動向から制約を受けます。特に小売商資本の場合は個人的消費の「速度と範囲」とによって制限されます。このことを、『資本論』は次のように表現しています。

商人資本は直接には生産期間に作用しないが、この生産期間もやはり産業資本の回転期間にとって一つの制限になっている。これは商人資本の回転にとっての第一の限界である。しかし、第二に、再生産的消費によって設けられる限界を別にすれば、この回転は結局は総個人的消費の速度と範囲とによって制限されている。なぜならば、商品資本のうち消費財源にはいる部分の全体がこの速度と範囲とのよって定まるからである。（3の1－379〜380）

そうした限界と制限の中で、商業資本が独自に回転できるとした場合、流通させる商品の額が大きいこと、商品の回転が速いこと、この二つの要因が商業資本の売上高を決めることになります。商業資本の利潤率も一般利潤率に制約されていますので、この二つの要因は商業資本の利潤量を決めることになります。しかし、一般利潤率はあくまでも平均利潤率ですから、平均利潤率を下げて商品の回転率を上げ、より大きな額の商品を回転させることによって利潤量を大きくすることができます。そのことを、『資本論』は「一定の商品の一回転であげられる利潤はこの商品を回転させる貨幣資本の回転数に反比例する」と表現しています。すなわち商品の回転数が速ければ速いほど一商品当りの利潤量は小さくなり、回転数が遅ければ遅いほど一商品当りの利潤量は大きくなると言うのです。言い換えれば、資本の回転が遅ければ一商品当りの利潤率は高くなり、回転が速ければ一商品当りの利潤率は低くなるということになります。そこで「少ない利潤で速い回転（small profits and quick returns）」が商業資本の行動原則になります。

ダイエーの創業者中内功の戦術は、薄利多売、まさに「small profits and quick returns」による小売商資本の「高速回転の理論」でした。それは良い品物をより安くより沢山売るという商法でした。まさに「よい品をどんどん安く売る」戦術が、「価格破壊」を創出し、日本経済の高度成長の波に乗り、一九五七（昭和三二）年に創業した小さなドラッグストア「主婦の店大栄」は瞬く間に店舗を増やして行き、全国トップのスーパーマーケットまで昇り詰めたのです。ダイエーが一時危機に陥ったのは、組織が肥大化して高速回転の理論の実現が困難になったこと、日本経済が低成長の停滞時代に入ったこと、消費者の購買心理の変化を察知することに遅れたこと、イオンなど強力な競争相手が成長して市場において独占的勝利を収めることが難しくなったことなどがその理由と考えられます。そして、現在、ダイエーはイオンの完全子会社になっています。

ところで私の住む街にもスーパーマーケットの目と鼻の先で頑張って繁昌している生鮮食品を扱った小売店があります。良い品物をより安くそして沢山売ることをモットーとした自営業の店です。スーパーマーケットと比べて値段は安くしかも品質は見劣りせず、まさに「主婦の店」です。このような小売商店はダイエーのように巨大化することはないでしょうが、大きな資本で回転する小売業界の隙間で生き延び、住民の生活に役立って行くでしょう。また、岩手県北上市には「おせん」という名前のスーパーマーケットがあります。店内は軍艦マーチがかまびすしく鳴り響き、否応なく購買意欲がそそられます。しかし、なんと言っても、新鮮な商品が驚くほど安いところに魅かれて、店内はいつも顧客で溢れています。ダイエーの創業精神である「よい品をどんどん安く売る」をそのまま実践しているような店です。

もちろん繁昌しています。

さて、言うまでもなく商業資本は産業資本の流通過程にのみ棲むことができる資本です。その商業資本が意図的に流通過程をストップして、資本の回転を停止させることがあります。一九七〇年代の石油ショックに端を発した狂乱物価の時代には、商業資本は商品を買占め、そして商品の売り惜しみをしました。なにせ物価はどんどん上がるインフレの時代ですから、できるだけ多くの商品を溜め込むだけで商品価値が上昇して行きます。そして、商業資本の買占めと売り惜しみが物価上昇を加速して行きました。これに対して物価値上げ反対の猛烈な市民運動が起きました。商業資本の本来の使命から言えば、そうした状況でこそ、資本の回転を速めるように行動すべきでしょうが、目の前の利潤の大きさに眼が眩み、資本の回転をストップする方向へ行動したのです。「少ない利潤で速い回転（small profits and quick returns）」とは真逆の商業資本の行動です。否、商業行動から逸脱した投機行動であり、もはや商業資本ではなく、投機資本の行動です。やはり、商業資本も利潤極大化の欲望には勝てなかったということでしょうか。

第四編　金融資本

第二〇章　銀行資本の手数料収入

貨幣の払出し、収納、差額の決済、当座勘定の処理、貨幣の保管などは、これらの技術的な処理を必要とさせる行為から分離して、これらの機能に前貸しされる資本を貨幣取引資本にするのである。（3の1－395）

貨幣取引資本とは何でしょうか。利子生み資本とは何が違うのでしょうか。

貨幣取引資本とは、第一に貨幣の支払と収納に介在する貨幣資本、第二に貨幣と貨幣の両替に介在する貨幣資本を言います。その機能は貨幣を単に技術的に操作することに限定されます。その機能によって発生する費用は手数料だけです。これに対して、利子生み資本とは、貨幣の賃貸借の機能に関わる貨幣資本です。したがって、そこには当然のことながら貸付利子が発生します。

さて、第一の貨幣取引資本は、元来産業資本や商業資本の要請から生まれたものであり、産業資本や商業資本のために支払と収納及び差額計算と決済行為を代行することを目的として生まれた貨幣資本でした。その起源は、産業資本や商業資本の出納代理人にあると言われています。その効用は、産業資本や商業資本が自ら営む場合に比べての出納業務の短縮であり、流通費の削減であり、合理化でした。このことに関連して、『資本論』はこう言っています。

資本家は絶えず多くの人々に貨幣を払い出し絶えず多くの人々から貨幣の支払を受けなければならない。このような貨幣支払や貨幣収納の単に技術的な操作は、それ自身労働であり、この労働は、貨幣が支払手段として機能するかぎりでは、差額計算や決済行為を必要にする。この労働は一つの流通費であって、価値を創造する労働ではない。この労働は、その一つの特殊な部類の代行者または資本家によって残りの全資本家階級のために行なわれることによって、短縮される。（3の1－394）

そして、その費用の直接的財源は、事業の収入支出の差額、固定資本の減価償却基金、資本蓄積の内部留保などの「蓄蔵貨幣」が、遊休資本として銀行に保管されることによって確保されることになります。また、その根源的財源は、産業資本や商業資本の利潤の一部が、貨幣取引資本に流通費として分け与えられるところにあります。

さて、銀行は、現在、貨幣取引資本として私たちの日常生活に深く食い込んでいます。今や貨幣取引資本としての銀行に関わることなく、日常生活を送ることは不可能な状況になっています。当事者間直接の現金支払よりも銀行を介在した当事者間の間接的な金銭支払の方が多数を占める時代になっています。一九世紀半ばの『資本論』出版の時代には、資本家や地主や商人や中産階級の人々だけが銀行と関わっていましたが、今では富める者も貧しい者も銀行と関わる大衆銀行化時代、大衆金融化時代になっています。この点でも、資本主義は変わったと言えるかも知れません。

ところで、今、私たちは貨幣取引資本としての銀行と日常的にどのような具体的な関係をもっているのでしょうか。

銀行は、給料・賃金・年金・給付金・助成金などの口座振込、そして税金（所得税・消費税・固定資産税・住民税・国民健康保険税など）や公共料金（水道・電気・電話・テレビ受信・新聞など）や保険料（介護・生命・損害・失業・労災など）の口座引去り、さらには商品サービスの購入代金（デパート・スーパーマーケット・コンビニ・ガソリンスタンド・自動車ローン・飲食店・プロバイダーなど）のカード支払による口座引落し、そして会社・事業所であれば、仕入代金の支払や商品サービスの売掛代金の収納や手形の決済等々、銀行は私たち社会のあらゆる生産・流通・消費・公共に関わる貨幣の支払・収納に介在して手数料を取得しています。そして、こうした支払・収納を決済するためには、個人・法人名義で銀行口座に預金が準備されていることが必要です。預金額をオーバーする支払請求があった場合には、預金の積み増しや最悪の場合は取引停止が銀行から通告されます。いわゆる不渡り手形が発生することにもなります。

この銀行の手数料収入は銀行の総収入額の中で相当大きな割合を占めています。これは、貸付融資や手形割引で利鞘を稼ぐ「利子生み資本」としての銀行とは別のもう一つの顔です。こうした銀行資本の手数料収入の増大の背景には、銀行業務のコンピューター化によるネットワークの形成、当座預金の普及、普通預金の総合口座化、カード支払の成長などが直接的要因として考えられます。

さて、第二の貨幣取引資本としては、銀行の両替商としての機能があります。この両替商としての貨幣取引資本は、歴史的に古く、貨幣取引資本が発生する一つの基礎であると『資本論』は述べています。さらには、この両替商から為替商が発生したとも言っています。

貨幣取引業、すなわち貨幣商品を扱う商業も、最初はまず国際的交易から発展するのである。い

ろいろな国内鋳貨が存在するようになれば、外国で買い入れる商人は、自国鋳貨を現地の鋳貨に、また逆の場合には逆に、両替えしなければならないし、あるいはまたいろいろな鋳貨を世界貨幣としての未鋳造の純銀や純金と取り替えなければならない。こうして両替業が生まれるのであるが、これは近代的貨幣取引業の自然発生的な基礎の一つとみなすべきものである。そこからまた為替銀行が発展してきて、そこでは銀（または金）が流通鋳貨とは区別された世界貨幣として―今では銀行貨幣または商業貨幣として―機能する。為替業務は、それが単に一国の両替業者から他国の両替業者にあてた旅行者への支払の指図だったかぎりでは、すでにローマやギリシャでも本来の両替人業務から発展してきたのである。（3の1－395～396）

私たちも現在外国へ旅行する時に同じような経験をします。アメリカへ旅行すれば円をドルに替えなければならないし、イギリスに行けばポンドへ、中国に行けば元へ、ベトナムに行けばドンへ、カンボジアに行けばリエルへ等々両替を空港や外国の都市銀行でしなければなりません。当然外国人が日本へ入国する場合は、逆になります。もちろん一番関心をもつのは為替レートであることは言うまでもありません。この国内通貨と外国通貨を銀行で両替する場合に手数料として数パーセント（高い場合は一〇パーセントにも）が取られます。これが、貨幣取引資本としての銀行の手数料です。観光客一人当たりの手数料は幾ばくもしませんが、一年に何百万人もの外国人を迎え入れる国の銀行では塵も積もれば山になりますから、見逃せない額になります。特に注意しなければならないのは『資本論』にも書いているように、「国際交易」の場面すなわち国際貿易・国際投資の場面に関わる外国貨幣の両替です。これは一回の取り扱う金額も大きく、その回数も多いため、銀行に入る手数料も観光客の場合とは比較にならない額になります。大手都市銀行にとっては重要な収入源の一つになっています。

江戸時代の日本でも両替商は大きな経済的実力をもっていました。江戸時代の貨幣レートは、一両＝四分＝一六朱＝四千貫文（時の相場によって七〜八千貫文まで）でしたが、正貨である小判も時代によって金の含有率が異なる上に砂金・豆板銀・丁銀・藩札など正貨から外れる貨幣も多かったため、現状の正貨に換算する両替商の業務は熟練を要するものでした。そのため、手数料も高かったと言われます。また、両替商は商人や大名のために藩と江戸・大坂などの間で為替商も営んでいました。しかし、両替商が経済的実力をもっていたのは、「貨幣取引資本」としてではなく、「利子生み資本」すなわち「高利貸し資本」として、商人・武士・大名などへ貸付融資する業務を取り扱い、高い利子を稼ぐことができたからでした。その点から考えると、近代の銀行資本と同じような機能を江戸時代の両替商はもっていたと言えるでしょう。

なお、『資本論』では、貨幣取引資本を商業資本（商人資本）の範疇に入れていますが、本書では貨幣資本の一つの重要な機能であると考え、金融資本の概念に入れました。

第二一章　景気循環と利子率の変動

近代産業がそのなかで運動する回転循環――平静状態、活気増大、繁栄、過剰生産、破局、停滞、平静状態という循環であって、そのより詳しい分析はわれわれの考察の圏外にある。――を考察してみれば、そこで見いだされることは、利子の低い状態はたいていは繁栄または特別利潤の時期に対応し、利子の上昇は繁栄とその転換との分かれ目に対応し、また極度の高利にもなる利子の最高限は恐慌に対応するということであろう。一八四三年の夏からは明瞭な繁栄が始まった。一八四二年の春にはまだ四1／2％だった利子率が、一八四三年の春と夏には二％に下がり、九月には一1／2％にさえ下がった。〈ギルバート『銀行実務論』第五版、ロンドン、一八四九年、第一巻、一六六ページ〉やがて一八四七年の恐慌中には利子率は八％以上に上がった。（3の1－450）

景気循環と利子率とはどのような関係にあるのでしょうか。景気が良い時には利子率は上がり、景気が悪い時には利子率は下がるのでしょうか。それとも景気が悪い時には利子率が上がり、景気が良い時には利子率が下がるのでしょうか。景気循環と利子率の変動との間にはどのような規則的関係があるのでしょうか。

『資本論』は前掲の文章に見る通り、景気の「停滞、平静状態」の時は利子率が高く、景気の「活気増大、繁栄」の時には利子率が低く、恐慌の「破局」の時には最も高くなると言っています。

その理由として、「停滞、平静状態」の局面では、産業資本は自己資本だけでは回転することが困難であることから、銀行資本への借入れ需要が大きくなり、その結果、利子率が高くなります。しかし、「活気増大、繁栄」の局面では、停滞期の過剰資本が景気回復とともに放出され、景気が本調子になると産業資本は自己資本だけで回転できるようになるため、銀行資本からの借入れ需要が減少して、貸出金利は低くなって行くと考えているようです。

しかし、この景気循環と利子率との関係は、私たちの戦後日本の歴史では、反対になっています。高度経済成長の時代には普通預金の金利さえ三%はしました。定期預金だと四〜五%もありました。それが今ではどうでしょうか、普通預金でたったの〇・一%、定期預金でも〇・三%の金利にしかなりません。実質金利は限りなく〇%に近い状態になっています。こんな超低金利の状態が「失われた二〇年」の時代に続いているのです。預金金利の変動を写し出すように、貸出金利は高度経済成長の時代は七〜九%、「失われた二〇年」では二%台と明暗がくっきり分かれています。これは、預金金利と貸出金利の関係がメダルの表と裏の関係にあるからです。もちろんメダルの表は貸出金利です。両者の関係は貸出金利が独立変数、預金金利が従属変数の関係にあります。この歴史を考えると、景気が良い「繁栄」の時代は、預金金利も貸出金利も高く、景気が悪い「停滞」の時代は、どちらの金利も低いと言うことができます。戦後日本の利子率の変動は、『資本論』の書いていることとは反対の結果になっています。

但し、『資本論』も前掲の文章の後に「**他面では、低い利子が停滞に伴い、利子の適度の上昇が活気の増大に伴うということもありうる。**」(3の1・451)と述べ、景気循環の好不況と利子率の高低との関係が順な関係になる可能性があることを認めています。残念ながらその理由は説明されていません。それにしても、この矛盾した正反対の記述はどう考えればよいのでしょうか。これでは、景気循環と利子率の変動との間には法則のようなものは存在せず、産業資本の状況次第で順にも逆にもなってしまいます。はたして、これが「学」としての『資本論』のあり方として正しいのでしょうか。

そこで、思い出さなければならないのは、『資本論』の記述は、いまから約一五〇年前の一九世紀半ばのイギリス資本主義の事実と経験だということです。この時代のイギリスの景気循環は、一〇年を一つのタームとして好況・不況が繰り返されて来ました。こうした比較的短いタームであれば、『資本論』が記述するような相矛盾する説明も成り立つのかもしれません。日本でも明治後期から昭和初期の間、あるいは戦後の高度経済成長の中でも短いタームの景気循環はありましたから、相矛盾するような利子率の変動は考えられないことではありません。

そして戦後日本の歴史が示した利子率の際立った変化は、三〇～四〇年という非常に長いタームで捉えられた景気循環との関係からでした。言うまでもなく高度成長に象徴される「繁栄の時代」と「失われた二〇年」と呼ばれる「停滞の時代」のくっきり鮮やかな分水嶺をつくったのは、一九九一（平成三）年の「バブル」景気の崩壊でした。これを契機として利子率の潮目が高い方から低い方へ一気に変わったのです。その決定的な要因は、経済成長率の変化でした。高い成長率が生産と消費を活発にして高い利子率を生み、逆に低い成長率は生産と消費を停滞・低下させ、低い利子率を生みだしたことになります。言い換えれば、高成長が高金利を生み、低成長が低金利を生むという平凡な事実です。そして、成長率の高低が「繁栄」と「停滞」の景気循環を生みだすことは言うまでもありません。それが、戦後日本の経済では三〇～四〇年の極めて長いタームの景気循環で起ったということです。したがって、これから預金金利も貸出金利も上昇するためには、なんと言っても景気が良くならなければなりません。それには取りも直さず経済成長率を高くすることができるかどうかにかかっています。近年の日本政府は「成長戦略」を目玉として打ち出して来ました。しかし、どれも総花的で成長を強力に推し進める具体性に乏しいと思います。暫くは小さな景気の上昇はあるかもしれませんが、持続する経済の高い成長率は望めそうもありません。したがって、利子率の上昇も望めないということになります。

ところで、恐慌の時に利子率が急激に上昇するのはなぜでしょうか。特に貸出金利にその現象が顕著に現われるのはなぜでしょうか。産業資本や商業資本の会社・事業所に「資金ショート」が起きるからです。会社・事業所では販売額の急速な低下、売掛金の回収不能、仕入金の調達不能、買掛金の督促、賃金支払の義務など債権と債務との間に埋められない大きな溝が、ある日突然生まれます。会社・事業所は、この溝を埋めるため現金を求めて銀行に殺到します。信用ではなく現金が、恐慌の時には絶対的価値をもちます。その結果が、利子率の急激な上昇になるのです。しかし、恐慌の時は銀行も危険負担を避けようとしますから、業務や保証人や担保物件の審査はより一層厳しくなり、高い金利でも貸してはくれません。「貸し渋り」「貸し止め」は常態化し、さらには不良債権の回収のため「貸し剥がし」も常態化します。その結果は、言うまでもなく多数の会社・事業所の倒産であり、多数の労働者サラリーマンの失業です。

こうした恐慌は、『資本論』が書かれた一九世紀半ばばかりだけではありません。戦後日本においても「バブル」経済の崩壊直後に起っています。しかしなんと言っても、その最大のものは一九三〇年代の昭和金融恐慌であり、世界大恐慌でした。そして、その後に続いて起きたのが日中・太平洋戦争であり、第二次世界大戦だったことを忘れてはいけないと思います。

第二二章　幻想としての利子生み資本

これらの証券の減価が、生産や鉄道・運河の現実の休止とか、着手した企業の中止とか、実際に無価値な企業への資本の投げ捨てとかを表わすものでなかったかぎり、この国は、このような名目的な貨幣資本のしゃぼん玉の破裂によっては一文も貧しくはならなかったのである。

すべてこれらの証券は、実際には、将来の生産にたいする蓄積された請求権、権利名義のほかにはなにも表わしてはいないのであって、この権利名義の貨幣価値または資本価値は、国債の場合のようにまったくどんな資本も表わしていないか、または、それが表わしている現実の資本の価値とは無関係に規制されるのである。

すべて資本主義的生産の国には、このような形態で巨大な量の利子生み資本または moneyed capital が存在している。そして、貨幣資本の蓄積というものの大きな部分は、生産にたいするこのような請求権の蓄積のほかには、すなわちこのような請求権の市場価格の蓄積、その幻想的な資本価値の蓄積のほかには、なにも意味しないのである。（3の2－600）

利子生み資本とは何でしょうか。それはなぜ幻想性をもつ資本と言われるのでしょうか。

利子生み資本とは、貨幣資本家と機能資本家（産業資本家や商業資本家）との間の金銭貸借関係によって発生する資本を意味します。それは、貨幣資本家が機能資本家に貨幣を貸し出し、機能資本家がこの貨幣を使用して利潤（剰余価値）を獲得し、この利潤の一部を利子として一定期間の終了後に借りた貨幣と一緒に貨幣資本家に返済することを言います。この貨幣は、貨幣資本家にとって利子を生み増殖する貨幣として返済されることを条件として貸し出されるものであり、貨幣資本家が資本として使用するものです。また、当然のことながら、機能資本家にとっても、この貨幣は利潤を創造するために使用されることになりますから、資本として使用することになります。とすれば、この貨幣は「資本としての商品である」と言うことができます。言い換えれば、利潤や利子の剰余価値を創造する商品として貨幣が働くことを意味します。したがって、この商品の使用価値は、貨幣資本家にとっても機能資本家にとっても利潤や利子を創造するところにあり、その交換価値は両者にとって同等の貨幣価値の譲渡と返済であることになります。すなわち、金銭貸借関係では貨幣が資本として商品になるのです。それは売買の対象となる一般商品とは異なる独特な貨幣商品であり、貸借のための貨幣商品です。このことについて、『資本論』はこう述べています。

> 自分の貨幣を利子生み資本として増殖しようとする貨幣所有者は、それを第三者に譲り渡し、それを流通に投じ、それを資本として商品にする。ただ自分自身にとってだけでなく他の人々にとっても資本として、である。それは、それを譲り渡す人にとって資本であるだけでなく、はじめから資本として、剰余価値、利潤を創造するという使用価値をもつ価値として、第三者に引き渡されるのである。すなわち、運動のなかで自分を維持し、機能を終わったあとでその最初の支出者の手に、ここでは貨幣所有者の手に帰ってくる価値として、引き渡されるのである。つまり、ただしばらくのあいだだけ彼の手から離れ、ただ一時的にその所有者の占有から機能資本家の占有に移るだけで、

支払われてしまうのでも売られるのでもなく、ただ、貸し出されるだけの価値として、である。すなわち、第一には一定期間の後にはその出発点に帰ってくるという、また第二には実現された資本として、したがって剰余価値を生産するというその使用価値を実現した資本として、帰ってくるという条件のもとでのみ、その価値は譲り渡されるのである。（3の1－429）

そして、利子は機能資本家が創造した利潤の一部を分割して貨幣資本家に支払うものにすぎないと、『資本論』は言います。

利子というのは、利潤のうち機能資本が自分のポケットに入れないで資本の所有者に支払ってしまわなければならない部分を表わす特殊な名称、特殊な項目にほかならないのである。（3の1－423）

そして、貨幣資本家は貸し出された貨幣が機能資本家によってどのように資本として使用されるかを問題にしません。それは機能資本家に任されます。貨幣資本家にとって必要なことは、一定期間後に貸し出された貨幣が利子をつけて回帰することだけです。したがって、金銭貸借の取引では、現実の資本運動の「媒介は消えていて、眼に見えなくなっており、直接にはそれに含まれていない」という状況が生まれます。つまり、機能資本家の産業活動や商業活動とは直接的な関わりなく、この取引は進みます。貨幣資本家と機能資本家との関係は、単なる金銭貸借という債権と債務の法律関係にすぎなくなります。その貨幣が現実の資本運動すなわち産業活動や商業活動にどのように関わったかという問題は最初から捨象されています。このことについて、『資本論』はこう語っています。

ある期間を限っての貨幣の譲渡、貸付、そして利子（剰余価値）をつけてのその回収、これが利子生み資本そのものに固有な運動形態の全体である。貸し出された貨幣が資本として行なう現実の運動は、貸し手と借り手とのあいだの取引のかなたにある操作である。これらの取引そのものでは、この媒介は消えていて、眼に見えなくなっており、直接にはそれに含まれていない。（3の1－435）

この貨幣資本がもっている現実の資本運動との無媒介な関係から、貨幣資本は一定の時間的間隔を置くだけで、自然成長的に価値が増殖するという観念を生みだすことになります。金の鶏が一定の期間を経過することによって金の卵を生んで金の鶏と一緒に戻ってくるという現実の資本運動とはなんの関わりもない資本の「無概念的な形態」が、利子生み資本なのです。『資本論』は言います。

資本の単なる形態――Aという金額として支出されて、ある期間のうちに、この時間的間隔のほかにはなんの媒介もなしに、$A+\frac{1}{X}A$という金額として帰ってくる貨幣――は、ただ現実の資本運動の無概念的な形態でしかないのである。（3の1－436）

そして、貨幣資本が現実の資本運動からまったく離れて、その価値を自動増殖するような倒錯したイメージをつくり出すところに、幻想としての利子生み資本が誕生します。それは、資本の無概念化、外面化であり、資本の呪物化、神秘化です。貨幣が貨幣を生み、貨幣が貨幣自身で自己増殖するような幻想性をつくり出すのです。資本が神の如く崇め奉られる資本の物神化が完成します。このことについて、『資本論』は言います。

利子生み資本では、この自動的な呪物、自分自身を増殖する価値、貨幣を生む貨幣が純粋につくり上げられているのであって、それはこの形態ではもはやその発生の痕跡を少しも帯びていないのである。社会関係が、一つの物の、貨幣の、それ自身の関係として完成されているのである。貨幣から資本への現実の転化に代わって、ここではただ転化の無内容な形態だけが現われている。労働力と同じように、ここでは貨幣の使用価値は、価値を創造するという、しかも貨幣自身に含まれている価値よりも大きい価値を創造するという使用価値になる。貨幣そのものがすでに潜勢的に、自分を増殖する価値なのであり、このような価値として貸し付けられるのであって、これがこの独特な商品の販売の形式なのである。価値を創造すること、利子を生むということが貨幣の属性になるのであって、それは、ちょうど、梨の実を結ぶことが梨の木の属性であるようなものである。そして、このような利子を生むものとして、貨幣の貸し手は自分の貨幣を売るのである。（3の1－491）

ところで、現代では、貨幣資本家は銀行資本として現われます。貨幣資本家も法人化されているのが現代です。銀行資本はどういう資産から構成されているでしょうか。第一に現金からです。『資本論』では金本位制の時代ですから、金地金も現金に含められました。第二は有価証券です。これには手形などの商業証券と国債や株式などの利子付証券の二つがあります。第三は金銭貸借債権です。銀行資本が機能資本家や消費者に貸し付けた金銭債権です。これは手形と同じように次々に満期を迎え現金化されるとともに、次々に貸し出されて行きます。『資本論』ではどういうわけか銀行資本の資産としてこの金銭債権には触れていません。

そして、銀行資本は自己資本と他人資本で構成されています。自己資本は銀行自身が資本投下して増殖生成した資本です。他人資本は「公衆」から銀行資本が預金として借入れた資本です。『資本論』もこう言っています。

預金とは、じっさいただ公衆が銀行業者にたいして行なう貸付の特別な名称でしかないのである。

（３の２－６０４）

そして、銀行資本に占める自己資本と他人資本の割合は、圧倒的に他人資本の方が大きいのです。「公衆」からの預金すなわち借入れ資本によって銀行資本はつくられているといっても過言ではありません。ただ『資本論』出版時代の「公衆」には、市民の大部分を占める貧しい賃金労働者は入っていません。それは、資本家、土地所有者、中産階級、高給の部類に属する熟練労働者を意味していました。その預金の大部分は機能資本家が預け入れる固定資本の減価償却基金、支払代金の準備金、販売代金の一時保留金、資本蓄積の内部留保金、そして土地所有者と資産家の遊休資金などから構成されていました。預金する「公衆」に文字通り労働者サラリーマンと市民大衆が含まれるようになったのは、現代資本主義の特徴の一つです。現代は銀行に預金口座をもたない「公衆」を見つけ出すことは、困難な時代になってしまいました。

それはさておき、銀行資本について、資本論は次のように述べています。

銀行資本は、⑴現金、すなわち金または銀行券と、⑵有価証券とから成っている。有価証券はさらに二つの部分に分けることができる。一方は商業証券、手形であって、これは流動的で次々に満期になって行くもので、その割引が銀行業者の本来の業務とされるものである。他方は、公的有価証券、たとえば国債証券や国庫証券、各種の株式であり、要するに利子付証券ではあるが、手形とは本質的に区別されるものである。不動産抵当証券もこれに数えることができる。これら物的成分から構成されている資本は、さらに銀行業者自身の投下資本と預金とに分かれ、この預金は彼の銀行営業資本（banking capital）または借入資本をなしている。（3の2－594）

としますと、銀行資本は現金を除くと大部分は架空のもの、幻想のもので構成されていることになります。銀行資本にとって有価証券は利子生み資本ですし、金銭貸借債権はこれまで述べて来たように利子生み資本そのものです。利子生み資本は現実の資本運動から遊離した無概念的で架空のものです。不確定な未来を条件とした収益請求権でしかないのです。しかも、銀行資本が所有する現金も預金者から借入れた資本で大部分が構成されており、銀行資本にとっては債務です。この点においても、銀行資本がいかに架空のものであり、幻想性そのものであるか分かります。それは、まさに砂上の楼閣と呼ぶべきものでしょう。言い換えれば、銀行資本は利子生み資本が紡ぎ出した幻想の上に築かれた城郭なのです。この幻想は私たちの生活の隅々まで浸透し、私たちを捕らえて放さないものに転化しています。この銀行資本の架空性と幻想性が現実にあらわになるのは、預金者の取付け騒ぎが起きたときです。恐慌や超インフレの時に起きる預金者の取付け騒ぎには一銀行では対処できません。一時的な預金引き出し停止と中央銀行からの金融支援によって切り抜けるしか方法はありません。このことに関連して、『資本論』は書きます。

銀行業者資本の最大部分は、純粋に架空のものであって、債権（手形）や国債証券（過去の資本を表わしているもの）や株式（将来の収益にたいする支払指図券）から成っているのである。この場合次のことを忘れてはならない。すなわち、銀行業者の鋼鉄製の金庫のなかでこれらの証券が表わしている資本の貨幣価値は、その証券が確実な収益に対する支払指図券（国債証券の場合のように）であるか、また現実の資本の所有権証書（株式の場合のように）である場合でさえも、まったく架空なものであって、少なくとも一部分はこれらの証券によって表わされている現実の資本の価値からはかたよって規制されるということ、あるいはまた、これらの証券に表わされているものが単なる収益請求権であって資本でない場合には、同じ収益にたいする請求権が、絶えず変動する架空な貨幣資本で表現されるということである。そのうえに、この架空な銀行業者資本の大部分は、銀行業者の資本を表わしているのではなく、利子がつくかどうかにかかわらずその銀行業者のもとに預金している公衆の資本をあらわしているということが加わる。（3の2－601）

さて、この章の最初に掲げた『資本論』の文章に戻って考えてみましょう。「これらの証券」とは、国債・社債・株券・不動産抵当証券などのような利子付証券を意味します。このような証券は、例えば国債のように既に使い切った政府の歳入を元本としたり、社債のようにすでに使い切った会社の資本を元本としたり、株券のように将来予想される会社資本の価格を元本にしたり、不動産抵当証券のように将来予想される不動産価格を元本にしています。それは、確定不能な収益請求権であり、いつ不良債権へ転化してもおかしくない債権です。このような空無で仮構の予測不可能なものを元本として利子や配当の発生を見込んでいることから、利子付証券は本質的に「名目的想像的」な貨幣資本であり、「幻想的」な利子生み資本であると言うことができます。

しかもこれらの利子付証券は公開市場で日々売買されますから、市場の思惑や流行に従い証券の市場価格は変動します。この売買は、証券が生みだす利子や配当を単に当てにしたものではなく、安く買って高く売ることを規範とした差益稼ぎに集中しています。そうしますと、証券の市場価格は証券の元本がもつ貨幣価値から遊離して、ますます「名目的」「幻想的」な利子生み資本になって行きます。株価は景気のバロメーターだと言われますが、株価は一般的に景気の回復とともに上がり始め、景気の下降とともに下がり始めます。換言すれば、景気循環と株価の変動はリンクしています。これは株価だけでなく他の利子付証券や金融派生商品にも言えます。そして好景気から一転して大不況の破局へ落ちる激変の時こそ、この利子生み資本が幻想そのものであり、架空のものであったことを白日の下に曝け出します。それがバブル景気の活性的好況とその急速の崩壊です。

一九八〇年代後半の日本のバブル景気は、株券を始めとする利子付証券の急速な上昇を生みました。株券ばかりではありません。土地やマンションの不動産、絵画・彫刻などの美術品、骨董品、果ては高級ワインなどまで、その価格が急上昇しました。その直接的原因として貨幣の「過剰流動性」があげられました。つまり、遊休資本（資金）の過剰な蓄積とだぶつきが、資本運用のはけ口を求めて価格上昇が見込める証券・不動産・美術品などの商品へ殺到したことによって発生したものでした。なぜならば遊休資本を銀行預金にして寝かせて置くより、これら商品へ投資した方が数倍・数十倍、時には数百倍の利益が確実視されたからです。そして、遊休資本の過剰な流動性が規制されると、これら商品の価格上昇は止まり、反転して急速な低落へと激変しました。一九九一年のバブル景気の崩壊です。倒産する不動産会社・証券会社・投資信託会社・銀行・商社、果ては美術商・骨董商まで、相当な数にのぼりました。銀行は倒産には至らない場合でも無担保融資や担保を取っていたとしても担保となっている不動産や利子付証券は値崩れして担保価値を失い、不良債権が膨大な額に達しました。政府からの融資（公的資金の注入）で危機を乗り越え、それでも不良債権を処理するのに一〇年以上を要したのです。

たしかにこのバブル景気の崩壊は、『資本論』が書くように「生産や鉄道・運河交通の現実の休止とか」の実体経済の即物的側面には影響が及ばなかったと言えるかもしれません。しかし、「着手した企業の中止とか、無価値な企業への資本の投げ捨て」になった事例は数多くありました。また、バブル景気に先導されて産業の生産者需要も家庭の消費者需要も増大しましたから、その崩壊は総需要の急激な減退として現われ、実体経済の主要指標である国内総生産（ＧＤＰ）はマイナス成長へ転じました。その後、停滞と成長鈍化の時代が続き、「失われた二〇年」を生み、今日に至っています。したがって、バブル景気崩壊は実体経済に大きな影響を与えたと言うことができます。『資本論』が「この国は、このような名目的な貨幣資本のしゃぼん玉の破裂によって一文も貧しくはならなかった」と言うのは、正鵠でないと考えています。

ところで、銀行資本の貸付融資は、原初的には『資本論』が想定したように機能資本家（産業資本家や商業資本家）を対象とするものでした。それが戦後の高度経済成長とともに「高度大衆消費社会」が誕生し、消費者「公衆」を対象とするように変化し、こうして住宅・自動車・教育ローンが発達しました。

さらには、消費者「公衆」が商品を購入した時に代理支払するクレジット会社が生まれ、これら「公衆」を対象として直接貸付融資をする消費者金融も増大しました。言い換えれば、利子生み資本の網の目が私たちの生活の細部まで入り込んでいるのが現状です。嘗ての質屋や高利貸しが個人的営業で行なっていたことが、会社法人の事業として行なわれるようになったのです。この点でも、資本主義は変わったと言えるかもしれません。

第二三章　貯蓄財源の普遍性

はじめから明らかなことであるが、生産が直接に自家需要の充足に向けられていて、比較的わずかな部分だけが交換または販売のために生産され、したがって社会的生産物が商品の形態を全然とっていないか、またその比較的小さな部分だけが商品の形態をとっている場合には、商品の形態にある在庫、すなわち商品在庫は、富のごくわずかな部分しか占めていない。しかし、このような場合には消費財源、ことに本来の生活手段のそれは、相対的に大きい。それは、古風な農民経済を見るだけでもわかる。そこでは生産物の圧倒的な部分が直接に、商品在庫を形成することなしに——というのはそれはその所有者の手にとどまっているのだから——、在庫の生産手段または生活手段に転化する。それは商品在庫の形態をとらないのであり、そして、それだからこそ、このような生産様式を基礎とする社会には、A・スミスによれば、在庫は存在しないというのである。A・スミスは在庫の形態を在庫そのものと混同しているのであり、社会はこれまではその日暮らしで明日のことは明日の風にまかせてきたものと信じているのである。それは幼稚な誤解である。(2の172)

貯蓄とはどのような意味でしょうか。

『広辞苑』は「財貨をたくわえること。ためること。また、その財貨。」と書いています。前掲の『資本論』の文章では、「古風な農民経済」において自家需要に向けられた生産手段や消費手段としての労働生産物が、農家の在庫であり、貯蓄であると言っています。資本主義経済では産業資本や商業資本における仕入と販売のための商品在庫も貯蓄に該当します。また私たちの家庭でも米や野菜などの食料品の在庫は小さなものですが、貯蓄に相当します。しかし、現代ではこのような非商品か商品かを問わず労働生産物そのものを貯えることを普通は貯蓄とは言いません。貨幣や貨幣価値を有する証券を貯えることを貯蓄と言っています。

それでは、現代の貯蓄は、具体的にどのような範囲のものを指すのでしょうか。その範囲にどのような違いがあるのでしょうか。

貯蓄には、狭義と広義、三つの意味があります。

⑴、現金と貯金だけを意味する場合。タンス預金や金庫貯金など現金で貯蓄している場合と銀行などに預金している場合です。私たちが一般的に貯蓄と言えば、現金と貯金を指します。

⑵、⑴に加えて生命保険、年金保険、損害保険などの保険料と国債・株式などの有価証券や投資信託の購入を含めたものを貯蓄と言っています。私たちが常識で考えている貯蓄よりも広い範囲のものが貯蓄の概念に入っています。家計貯蓄といえば、一般的にこの意味の貯蓄を指します。

⑶、国民所得論の立場から見た貯蓄の概念です。これは、⑵に加えて住宅・自動車・高額商品のローン、さらに利潤と固定資本の減価償却基金を合わせた企業貯蓄、そして政府貯蓄も含まれます。「借金も財産のうち」と言われますが、ローンが貯蓄であることに注意する必要があります。企業貯蓄と政府貯蓄が貯蓄概念に入っていることから、これは家計貯蓄だけでなく国民経済全体から捉えた貯蓄の意味であることが分かります。

そして、この章で考える貯蓄は、⑶で示した広義の意味です。

それでは、私たちが貯蓄をする動機とはどんなものでしょうか。私たちはどのような目的をもって貯蓄をするのでしょうか。

第一は、不慮の死亡、病気、怪我に備えるために貯蓄します。生命保険が保険の中心を占めていることが、この動機をよく表わしています。公的健康保険もこのためにつくられた制度です。

第二は、失業や労働災害のために貯蓄します。失業と労働災害は労働者サラリーマンの人生と生活の基盤を破壊するものです。この危険に備えて失業保険と労災保険が公的制度として設立されました。

第三は、予期せぬ事故や災害に備えるために貯蓄します。自動車事故や火災、地震、津波、火山噴火などの災害に備えて、私たちは損害保険に加入します。これは家庭だけでなく企業も加入しています。損害保険の歴史から見れば、企業向けの損害保険が先行して発展して来ました。損害保険会社の多くが「海上火災」と名前を付けているのは、損害保険が海上運送事故や商品を保管する倉庫の火災に備えた企業のための保険として出発したことに由来します。『資本論』もこのことに関連して、次のように述べています。その中で、損害保険料は企業の利潤からの控除ですが、社会全体から見ても異常な事故や災害に備える貯蓄財源を確保するためには、社会として恒常的な蓄積と過剰生産が必要だと述べています。

> 損耗の補填とも維持や修理の労働ともまったく違うものは、異常な自然現象や火災や洪水などの破壊に関する保険である。これは剰余価値から補填されなければならないもので、剰余価値からの控除をなすものである。あるいはまた、社会全体の立場から見れば、偶然や自然力によってひき起こされる異常な破壊を補償するための生産手段を用意しておくためには、恒常的な過剰生産、すな

わち現存の富の単なる補填と再生産とに必要であるよりも大きな規模での生産が――人口の増加はまったく無視しても――行なわなければならない。（2の216）

第四は、生活を改善し、より良い暮らしを実現するために貯蓄することです。住宅の建設やマンションの購入、自動車や高額商品を購入するために、私たちは貯蓄します。現代では各種のローンを組むことによって利用されています。私も二五年の住宅ローンを組むことによってマイホームを建設しました。

第五は、子供により良い教育を受けさせるために貯蓄します。教育ローン、学資保険、簡易保険などがあります。子供を大学まで行かせたいと思うと、入学金、授業料、下宿料・アパート代などで、四年制大学に通学させるとすれば、現在では四年間で一千万円近いお金が必要です。普通の労働者サラリーマンにとってはローンを組むか、保険で積み立てるしか支払う方法がありません。私も長男が生まれたときに郵便局員に勧められて二〇年満期の簡易保険に入りました。入った当初は私も若かったので月給が安く保険料の支払がたいへんだったことを覚えています。

第六は、老後の生活を安定するために貯蓄することです。これは公的年金保険が中心になりますが、個人年金保険、財形貯蓄などが該当します。公的年金保険だけで退職後の安定した生活を送れる人は、現在の給付水準では難しいのではないでしょうか。私もわずかでしたが財形貯蓄をしていました。退職後五年間でしたが月一万五千円の支給は助かりました。在職中にもう少し財形貯蓄をしておけばよかったと思いましたが、後の祭りです。

第七は、利殖のために貯蓄することです。国債、株式、社債など有価証券への投資や投資信託の購入のために貯蓄を利用することを言います。銀行預金の超低金利状態が二〇年以上も続いているため、国債や投資信託の購入が増えていると言われます。私自身も銀行にＮＩＳＡの口座を開設しましたが、投資信託の利用は躊躇しています。株式への投資や投資信託の購入は、銀行預金と違い投機的なものですから元金まで失う危険性があるからです。上手く行けばハイリターンですが、上手く行かなければハイリスクで終わってしまう確率は高いということです。生活の余裕や向上を望んで貯蓄を利殖に活用した結果が、貯蓄を増やすのではなく減らしたりなくしたりすることになる事態があることを勘定に入れて行動する必要があります。『資本論』もこう述べられています。

イギリスでは追加される富の不断の蓄積が行なわれていて、それは結局は貨幣形態をとる傾向がある。しかし、貨幣を得たいという願望に次いで切実な願望は、利子または利潤をもたらすなんらかの投資によって、再びその貨幣を手放したいという願望である。なぜならば貨幣としての貨幣はなにももたらさないからである。…………〈『通過理論論評』、ロンドン、一八四五年、三二－三四ページ〉（３の１－５２５）

以上、貯蓄の目的及び動機として七つをあげました。いずれも生活の不安を解消し、生活の安定と改善を図り、より良い生活を構築したいという欲求では共通しています。第七番目の利殖のための貯蓄の活用でさえ、より豊かな暮らしに対する欲望の発現と見ることもできます。

さて、日本の家計における貯蓄の内訳と構成はどのようになっているでしょうか。どのような特徴をもっているのでしょうか。ここで言う貯蓄は、先に述べた(2)の意味の貯蓄です。

二〇〇七（平成一九）年三月の統計によれば、その内訳と構成は、現金・預貯金が五〇・一％、保険・

年金準備金が二六・二％、株式・出資金が一一・二％、投資信託四・五％、債券二・八％、その他四・二％となっています。凡そを言えば、貯蓄構成のうち半分は貯金、四分の一が保険、五分の一が有価証券ということになります。保険は言うまでもなく貯金もなにか予期せぬ出来事が起ったときの備えと考えますと、実に貯蓄の三分の二は保険のための貯蓄、生活保障的な貯蓄と見ることができます。利殖的な貯蓄は五分の一にすぎません。貯蓄が貯金と保険に大部分が占められ、利殖的な有価証券への投資が少ないということが日本の家計における貯蓄の特徴になっています。欧米では貯蓄と保険と有価証券の割合がほぼ均等になっています。貯蓄の構成を欧米型にもって行こうと政府は働きかけていますが、元も子もなくなるようなリスクの高い有価証券への投資は、なかなか日本の家計では難しいのではないでしょうか。

ところで、日本の貯蓄にはどのような問題点があるのでしょうか。どのような問題を日本の貯蓄は抱えているのでしょうか。

第一は、貯蓄率が下がり続けていることです。家計の収入から税金と社会保険料を控除した可処分所得に対する(2)の意味の貯蓄の割合、すなわち家計貯蓄率がここ三〇年間ずっと下がり続けています。一九八〇（昭和五五）年に一五％であったものが、一九九八（平成一〇）年には一〇％、二〇〇二（平成一四）年には四％、二〇〇八（平成二〇）年には一・九％と急降下しているのです。このまま行けば、アメリカのように貯蓄率がマイナスになる時代も近い将来起りそうな状況になっています。もちろんこの貯蓄率は平均値です。二〇％貯蓄する家計も、貯蓄はゼロでむしろ借金が一〇％ある家計も合算しての平均の貯蓄率です。

それでは、この貯蓄率の低落傾向にはどんな要因が考えられるのでしょうか。

一つは、労働者サラリーマンの賃金所得水準が低下して続けていることです。日本の家計の大部分を占める労働者サラリーマンの賃金所得水準が低下していることは、ストレートに貯蓄率の低下として現われます。というのは、所得と貯蓄との間には相関関係があり、所得が高くなれば貯蓄率も高くなり、所得が低くなれば貯蓄率も低くなるからです。日本の家計の大部分を占める労働者サラリーマンの所得が二〇年以上も低下を続けているのですから、貯蓄率も低下して行くことは当然の結果ということになります。

二つ目は、社会の高齢化・少子化が進んでいることです。退職した高齢者の家計収入は公的年金の給付と貯金の取り崩ししかありません。それは過去の貯蓄の取り崩しによる生活です。今の日本では悠々自適の老後生活を送れる人はごく限られた少数者です。大部分の人は倹約に倹約を重ねるカツカツの生活を強いられています。こうした高齢者世帯では貯蓄しようにも貯蓄する種がありません。したがって、社会の高齢化が進めば進むほど、貯蓄率は確実に低下していきます。また少子化が進むことは、将来の子供の成長のために貯蓄する志向の減退を意味しますから、貯蓄率を下げる要因になります。

三つ目は、貯金が二〇年以上超低利の状態が続いていることです。これは貯金する魅力を喪失させています。貯蓄を金庫代わりに保全する意味はありますが、貯蓄を増やすという利殖としての貯金の意味はまったくなくなりました。日本の貯蓄の半分を占める貯金の魅力の喪失は、そのまま貯蓄率の減少に影響を与えます。

貯蓄問題の第二は、貯蓄は金融資本を形成し、金融資本によって利用されているということです。これは、日本だけのことでなく、世界に共通する事実です。銀行資本、保険資本、証券資本など金融資本は私たちの貯蓄によって形成され、私たちの貯蓄を利用して事業を行ない、利潤をあげています。生命保険会社さえ私たちが支払った保険料収入から必要経費と給付金を合わせた支出を控除した差額を有価証券への投資や銀行への貸出などで運用益をあげています。そこで、収入と支出のバランスを考える上で重要になってくるのが、平均寿命です。この生命保険会社について、『資本論』はこんなことを言っています。

労働手段も人間と同じことである。人間はだれでも毎日二四時間ずつ死んでゆく。しかし、どの人間を見ても、彼がすでに何日死んでいるかは正確にはわからない。とはいえ、このことは、生命保険会社が人間の平均寿命から非常に確実な、そしてもっとずっと重要なことであるが、多いに利潤のあがる結論を引き出すことを妨げるものではない。（1の1－266）

それはともかくとして、私たちの貯蓄は金融資本に集中され媒介されて、産業資本や商業資本の機能資本へ流れ利用されています。言い換えれば、私たちの貯金は最終的に産業資本及び商業資本の資本として利用されるということです。もちろん国公債を購入した貯蓄は除かれますが。としますと、私たちは自分の生活を利するために貯蓄をしたのですが、結果として資本を利するために貯蓄したことになるというパラドックスが生まれます。ここに資本や企業、特に大資本や大企業は豊かだが、それに比べて私たち労働者サラリーマンや市民大衆は豊かではないという現実が生まれます。それは、半世紀前の次の本が指摘したことと本質的に少しも変わっていません。

日本の貯蓄の動機－病気、災害、教育、老後、住宅などは、生命保険が養老保険を中心に世界的水準に達していることなどとともに、すべて社会保障や生活環境施設が貧困であることにたいする貯蓄の側からの切実な表現といえる。そして、その意味で社会保障にかわる「個人保障的貯蓄」であるとさえいえる。なぜなら日本の貯蓄の動機となっている病気、災害、教育、老後、住宅などはすべて広い意味での社会保障の対象項目でないものはないからである。〈隈部大蔵『危ない貯金』〉

そこで、この金融資本と企業本位の貯蓄の流れをどう変えるかが、第三の問題になります。これについては、私にも名案はありません。ただ少なくとも増大する資本の利潤や高額所得者の所得に対する現行の課税率を引上げ、それによって生みだされた財源を社会保障と社会福祉と社会保険の予算へ振り替える政策転換が必要なことだけは確かだと思います。政府の財政政策を変えることによって福祉政策を改革することが第一義ではないでしょうか。そのためには公職を選ぶ選挙の一票を私たち有権者が蔑ろにしないことが一つの鍵になるでしょう。

ところで、貯蓄の過去はどのようなものだったのでしょうか。そして、貯蓄の未来はどのようなものでしょうか。どのような貯蓄の未来を構築したらよいのでしょうか。

この章の最初に掲げた『資本論』の文章は、「古風な農民経済」の貯蓄の在り方について、その一端を伝えています。しかし、この描写には農民の労働生産物を搾取する支配階級が欠如しています。それは、原始共産制社会や支配階級が存在しない農民社会には当てはまるでしょうが、現実の近世封建制社会には当てはまりません。日本では百姓農民の労働生産物の四割は、年貢として支配階級である大名領主によって搾取されていました。百姓農民は手元に残った六割の労働生産物で秋の収穫から翌年の秋の収穫までの一年の食料生産物を貯蓄しながら生きて行くことになります。気候が順調であればこうした暮らしも可能でしょうが、不作や凶作の時には、一年分の食料生産物を一・五年分や二年分にしなければ生きて行けないことになります。そのため百姓農民は異常天候に備えて、爪に灯を灯すように倹約を重ねて食料生産物の貯蓄を行ないました。また、支配階級である大名領主の側でも、年貢として搾取した剰余労働生産物の中から備荒米として代官所の蔵などに貯蓄します。この貯蓄が十分であれば、飢饉の年でも餓死者を出さずに済んだでしょうが、それが不十分であったために一藩で何万人もの餓死者を出す結果になりました。南部藩でも備荒米を貯蓄していましたが、一八世紀半ばの宝暦の飢饉では、約二四万人の百姓農民のうち約五万人の餓死者を出しています。百姓農民の五分の一を超える餓死率です。その主な原因は、飢饉が起る前年に幕府から日光山本坊の普請手伝いを命令され、その財源を捻出するために藩の備荒米を藩外へ売ってしまったことでした。その後の天明と天保の飢饉でも何万人もの百姓農民の餓死者を出していますから、藩の備荒米の貯蓄は百姓農民のためではなく、大名領主など支配階級のためのものであったと言えます。その証拠に飢饉で武士が餓死したということは聞いたことがありません。食料生産者である百姓農民が餓死して、食料生産物の収奪者である武士が生き延びるというのは、まさに封建制社会の矛盾そのものです。いずれにしても、その適否には問題がありますが、前近代の封建制社会において百姓農民の側でも大名領主の側でも凶作や飢饉に備えて食料生産物を現物形態で貯蓄をしていました。

さて、『資本論』は、災害がもたらす損害に備えて、産業資本や商業資本は利潤（剰余価値）の一部分を保険財源として貯蓄しなければならない、そして、この保険財源は資本主義的生産様式の解消後の未来社会でも存続させる必要がある部分だと、次のように述べています。

この不変資本は、再生産過程では素材としてはいろいろな災害や危険にさらされていて、そのために大災害を受けることもありうる。（しかしさらに、不変資本は、価値から見ても、労働の生産力に変化が起きたために減価することがありうる。とはいえ、これはただ個々の資本家に関係があるだけである。）それに応じて、利潤つまり剰余価値の一部分、したがってまた新たに追加された労働だけを（価値からみれば）表わしている剰余生産物の一部分は、保険財源として役だつ。その場合、保険会社が別個の事業としてこの保険財源を管理するかどうかは、少しも事の性質を変えるものではない。これは、収入のうちで、収入として消費されもしないし必ずしも蓄積財源としても役だちもしないただ一つの部分である。これが事実上蓄積財源として役だつか、それともただ再生産の損害を埋め合わせるだけであるかは、偶然によることである。それはまた、剰余価値および剰余生産物のうちの、つまり剰余労働のうちの、蓄積のために、すなわち再生産過程の拡大のために役だつ部分のほかに、資本主義的生産様式の解消後にも存続せざるをえないであろうただ一つの部分である。このことは、もちろん、直接生産者によって規則的に消費される部分が現在のような最低限度に制限されてはいないであろうということを前提する。年齢から見て、まだ、またはもはや、生産に参加できない人々のための剰余労働のほかに、労働をしない人々を養うための労働はすべてなくなるであろう。（3の2－1085）

この文章を読んで不思議に思うのは、災害の被害を不変資本（原料、補助材料、機械設備、建物など）の物的被害に限定していることです。これはおかしいと思います。不変資本が被害を受けることは可変資本（労働力）すなわち労働者サラリーマンの人命喪失や怪我などの人的被害も発生します。さらに災害が大きければ大きいほど、労働者サラリーマンや市民大衆の家庭も物的及び人的被害を受けます。加えてライフラインや社会的インフラ（infrastructure ＝基礎となる施設）の物的被害も発生します。災害に備えた保険財源と言うのならば、このような一企業一産業を越えた人的及び物的な被害に備えた保険財源でなければなりません。それは私的資本で運営される保険会社の補償を越えています。政府が備えなければならない保険財源です。その財源は産業資本や商業資本の機能資本が取得する利潤（剰余価値）の一部を税金として政府へ転移させるほかにないでしょう。こうした政府の保険財源は資本主義的生産様式が解消された後の未来社会においても当然必要なものとして存続するものです。災害のためには私的保険とともに公的保険すなわち公的貯蓄が必要であるゆえんです。

この保険財源のほかにもう一つ資本主義的生産様式の解消後の未来社会においても必要な剰余労働（剰余価値）として、「蓄積のために、すなわち再生産過程の拡大のために役だつ部分」をあげています。社会的生産力を向上させ、労働者サラリーマンと市民大衆の生活水準を高めるためには、社会的蓄積＝貯蓄が必要であり、その社会的投資への転換が必要であると言っているのです。資本主義的生産様式が解消された後は、利潤を意味する剰余労働（剰余価値）はすべて労働者サラリーマンの賃金として消費されるようなイメージがありますが、『資本論』は「再生産過程の拡大」と生活水準を向上させるためには、社会的蓄積＝貯蓄を社会的投資へ転換することが不可欠だと言っているのです。また、このことは、社会的生産力の進歩をもたらしますから、労働者サラリーマンの労働時間を短縮し余暇時間を拡大することにも繋がります。

また、この文章の中で、資本主義的生産様式が解消された後の未来社会として「直接生産者によって規則的に消費される部分が現在のような最低限度に制限されてはいないであろうということを前提する。」と書かれていますが、これはどういう意味なのでしょうか。これは、『資本論』が出版された一九世紀半ばのイギリス資本主義下の賃金労働者は絶対的窮乏に近い生活状態にありましたが、そうした窮乏から解放された高い生活水準を労働生産力の進歩によって資本主義的生産様式の解消後の世界は創出するだろうということです。このことは、その後の資本主義の発展によって一部実現しましたが、窮乏で苦しむ人々が世界に旧態依然として多くいることもまた否定できない事実です。

そして、この文章の最後、資本主義的生産様式の解消後の未来社会においては「年齢から見て、まだ、またはもはや、生産に参加できない人々のための剰余労働のほかに、労働をしない人々を養うための労働はすべてなくなるであろう。」と言っていますが、これはどういう意味なのでしょうか。これは、「まだ」働けない幼児や青少年、高齢になって「もはや」働けない高齢者、そして病気や怪我で働けない人々の生活を保障するためには、剰余労働(剰余価値)の一部を政府へ税金として転移させることを意味します。言い換えれば社会的剰余価値の一部を貯蓄として児童福祉、高齢者福祉、障害者福祉ために使用することを指しています。このようなことは「福祉国家」としての現代資本主義においても一部実現されていますが、残念ながらこれらの人々が本当に安心して暮らせる社会保障と社会福祉の内容を未だに実現できていません。そして、「労働をしない人々を養うための労働はすべてなくなるであろう」というのは、不労大地主、不労資産家、不労資本家のために利潤(剰余価値)を富ますだけの労働者サラリーマンの労働は廃止され、その労働と利潤(剰余価値)は労働者サラリーマンの生活を向上させるために使われるということ意味しています。言い換えれば、不労大地主、不労資産家、不労資本家は消滅して、労働者サラリーマンと市民大衆だけで構成される平等な社会がつくられるということです。

以上、貯蓄の在り方を現在、過去、未来と見て来ましたが、貯蓄財源は近代以前においても近代以後においても、そして未来においても、現物形態か貨幣形態か、或は個人的貯蓄か社会的貯蓄か、その形態と方法に違いはありますが、私たちの生活をより良いもの、安心できるものにするためには必要なものであり、「明日のことは明日の風にまかせてきたもの」ではない時代を越えた普遍性をもっていると言うことができます。

第二四章　金融システムの二面性

信用制度に内在する二面的な性格、すなわち、一面では、資本主義的生産のばねである他人の労働の搾取による致富を最も純粋で最も巨大な賭博・詐欺制度にまで発展させて、社会的富を搾取する少数者の数をますます制限するという性格、しかし、他面では、新たな生産様式への過渡形態をなすという性格、――この二面性こそは、ローからイザーク・ペレールに至るまでの信用の主要な告知者に山師と予言者との愉快な雑種性格を与えるものである。（3の2－563）

金融システムとはどんな意味を指しているのでしょうか。

それは、銀行資本、証券資本、保険資本などの活動がつくり出す仕組みと制度のことを言います。金融システムとは、『資本論』が言う信用制度を現代的に言い換えたものです。

それでは、金融システムとはどのような役割をもっているのでしょうか。金融システムの作用とは何なのでしょうか。

第一は、貨幣の発行と通貨制度の安定です。

国家内における流通手段としての貨幣の発行は、現代では国立中央銀行の独自の権限になっています。一主権国家を形成している領域では、国立中央銀行以外に貨幣を発行することを許可されていません。一国家一貨幣が現代社会の原則です。但し、ユーロ圏のように多国家で一貨幣を使用している場合もあります。現代の貨幣に対する信用は、管理通貨制度の時代ですから、主権国家の威信と経済力に対する信頼がその源泉になっています。『資本論』の時代は、そうではありませんでした。銀行が発行する紙幣や鋳貨の価値を裏付けていたのは、主権国家の威信や経済力という抽象的なものではなくて、金貨であり、金地金そのものでした。つまり国家は金本位制をとっていたのです。したがって、銀行の発行する紙幣や鋳貨が金貨と同じ価値をもっていて、いつでもだれでも金と交換することができたのです。戦前の日本でも金本位制の時代がありました。しかし、戦後はアメリカを除きどの国も管理通貨制度に移行しました。そのアメリカも一九七一（昭和四六）年のドル防衛政策の発表、すなわち「ニクソン・ショック」によってアメリカの金本位制は終焉し、金と貨幣との結びつきは断ち切られ、世界は完全に管理通貨制度の時代に移行しました。金の裏付けをまったくもたない紙幣や鋳貨が、流通手段として国家の領域内であればどこでも通用することが一般的になったのです。そして、国家間の貨幣価値の評価は、外国為替市場に委ねられた変動相場制によって決められるようになりました。この外国為替相場は外国貿易の輸出入や海外投資の利潤を評価する場合の基準になりますが、為替取引が同時に投機の対象になっていることが、現代の金融システムの一つの特徴になっています。世界の投機マネーが為替相場を動かす時代になっています。そのために、投機マネーが一国の通貨制度の安定を阻害することも希ではなくなりました。取引と投機の関係について、『資本論』はこんなふうに言っています。

銀行の目的は取引を容易にすることである。取引を容易にするものはすべて投機を容易にする。取引と投機とは多くの場合に非常に密接に結びついているので、どこまでが取引でどこからが投機なのか言うことは困難である。……銀行があるところではどこでも資本はより容易により安く手に入れることができる。資本が安いということは投機を助長するのであって、ちょうど肉屋やビールの安いことが大食や酔っ払いを助長するようなものである。〈J・W・ギルバード『銀行業の歴史と原理』、ロンドン、一八三四年、一三七、一三八ページ〉（3の1-511）

さて、『資本論』の時代には、貨幣と同じような流通手段としての役割をもっていたものに約束手形がありました。これには、銀行が振出す銀行手形と企業が振出す商業手形があります。一カ月後、三カ月後、六カ月後の現金支払を約束した証書です。裏書をすれば、現金と同じように使うことができます。『資本論』の時代のイギリスでは、この約束手形の仲介人（bill broker）が大きな力をもち、中には銀行よりも資金力を有する者もいました。この約束手形は大口の取引に用いられ、貨幣と同じような流通力をもっていた点において、信用創造すなわち貨幣創造の役割を果たしていました。また、銀行にもって行けば、額面価格は割引されますが、現金化することができます。そして、銀行間で手形の債権債務を清算する手形交換所も盛んでした。しかし、現代の日本では、以前のように手形はあまり多く利用されていません。手形の支払期日前に現金化しようとすれば、銀行で割引いてもらう必要がありますし、また、不渡り手形を掴まされる危険性もあります。さらに数ヶ月先にしか現金化できない手形は、現代のスピード時代に合わなくなってきたようです。そんな理由から現代では手形が敬遠されるようになったと考えられます。その点、現代では約束手形による信用創造力は低下していると言えるでしょう。

第二は、流通費の節減です。

『資本論』の時代は、金と兌換できる紙幣の発行や約束手形による信用創造は、流通費の節減として大きな役割を果たしていましたが、現代では、銀行振込制度が流通費の節減のために最も大きな役割を果たしています。仕入代金、請負代金、給料、賃金、年金、税金、保険料、公共料金などあらゆる現金支払が銀行口座への振込によって代替えされるようになりました。これは、銀行資本による流通費の節減です。これと同じような働きをしているものに、郵便局の振込があります。

そして、クレジットによる支払も流通経費の節減になっています。商品信販会社の発行するクレジットは、現金と同じ働きをし、最終的には利用者の銀行口座から引去りをすることによって、支払が完了します。国際的に通用するクレジットは、海外旅行で買物する場合に外国貨幣と両替する必要がない便利さがあります。クレジットとは違いますが、貨幣と代替えできるカードに電子マネーがあります。予め現金で購入した電子マネーは貨幣とまったく同じように使うことができます。なお、銀行にインターネット口座をもっていれば、現金の支払も定期預金の申込も、収支勘定の確認も二四時間インターネットで行なうことができますので、流通費の節減になります。また、企業向けには外国為替の取引もインターネット口座で可能なものもあります。なお、商品信販資本も金融資本の一つであることを言い添えて置きます。

第三は、貨幣資本の集中と分配の機能です。

社会に存在するあらゆる遊休資金を銀行資本や証券資本や保険資本などの金融資本に集中し、この貨幣を産業資本や商業資本、さらには金融資本自身に媒介し分配する機能を金融システムはつくりだします。次の『資本論』の文章は、固定資本の減価償却金について述べたものですが、「この貨幣」という言葉を遊休資金に置換えれば、金融システムの機能についてその本質を述べたものになります。

大工業と資本主義的生産との発展に必然的に平行する信用制度の発展につれて、この貨幣は蓄蔵

貨幣としてでなくて資本として機能するのであるが、しかしその所有者の手のなかでではなく、その利用をまかされた別の資本家の手のなかで機能するのである。（２－２２２）

この金融システムによる貨幣資本の集中と分配は、企業の資金調達の方法から見ると、二つに分かれます。一つは間接金融の方法、すなわち銀行市場から資金を調達する方法です。もう一つは、直接金融の方法、すなわち証券市場から資金を調達する方法です。

間接金融に使用される遊休資金は、まず産業資本や商業資本の機能資本から預金という形で銀行資本へ集中されます。仕入代金の準備、販売代金の一時的留保、減価償却基金、資本蓄積の内部留保などの機能資本の遊休資金又は蓄蔵貨幣は、銀行へ預金として集中され、この集中された資金は貨幣資本を必要とする別の機能資本に貸付という形で利用をまかされ、生きた資本として使われます。この貨幣資本の媒介と分配を行なうのが銀行資本です。銀行資本の預金量と貸付量は資本主義が発達するにつれて大きくなり、利潤（剰余価値）の蓄積が大きくなればなるほど、大きなものに成長して行きます。言い換えれば、資本の拡大再生産が続いて行くと、銀行資本の預金量も貸付量も増大して行くということです。このことについて、『資本論』はこう述べています。

資本主義的生産の発達につれて同時に信用制度が発達する。資本家が自分の事業ではまだ充用することのできない貨幣資本は、別の資本家たちによって充用され、そのかわりに前者は後者から利子を受け取る。この資本は、前者にとっては、独自な意味での貨幣資本として、生産資本とは区別された種類の資本として、機能する。しかし、それは他人の手のなかで資本として働く。言うまでもなく明らかなことであるが、剰余価値の実現がいっそう頻繁になり、また剰余価値の生産される規模が大きくなるにつれて、新たな貨幣資本または資本としての貨幣が貨幣市場に投ぜられてそこから少なくとも大きな部分が再び拡大生産のために吸収されて行く割合は増大する。（2の392〜393）

また、銀行資本の預金は機能資本の遊休資金だけではありません。あらゆる階級と階層の人々すなわち「公衆」の収入や貯蓄が預金として銀行資本へ集中します。それを銀行資本は貨幣資本を必要とする機能資本へ貸付けて分配するのです。

このように銀行資本は社会の遊休資金を集中させて、それを必要とする機能資本へ分配する機能を行なっています。それは持っていても使用する必要のない資金を使用する必要のある資本へ転換するものです。言い換えれば、社会的資金の需要と供給の関係を調整し、資本主義的生産の不均衡を均衡化する働きを金融面から支えることになります。それゆえ銀行資本は、資本主義的生産様式を「その可能なかぎりの最高最終の形態まで発展させる推進力だ」と言うことができます。これらのことについて、『資本論』は言います。

近代的銀行業が処理する資金を単に不労者の資金と見るのもまちがいである。第一に、それは、産業資本家や商人が資本のうち貨幣準備またはこれから投下する資本として一時的に貨幣形態で遊ばせておく部分である。だから、不労資本ではあるが、不労者の資本ではないのである。第二に、それは、すべての人々の収入や貯蓄のうちから永久的または一時的に蓄積に向けられた部分である。どちらも銀行制度の性格にとって本質的なものである。

しかし、けっして忘れてはならないのは、第一には、相変わらず貨幣――貴金属の形態での――が土台であって、この土台から信用制度は事柄の性質上けっして離脱することができないということである。第二には、信用制度は私人の手による社会的生産手段（資本や土地所有の形態での）の独占を前提するということであり、信用制度はそれ自身一方では資本主義生産様式の内在的形態であるとともに他方ではこの生産様式をその可能なかぎりの最高最終の形態まで発展させる推進力だということである。（3の2-781〜782）

そして、直接金融すなわち証券市場による企業の資金調達についても、間接金融と同じことが言えます。株式や社債などの有価証券市場は、企業や個人の遊休資金を投資という形で集中させ、証券市場における需要の高さに応じて企業がその資金の分配を受け利用するものです。投資家が直接に企業を選択して投資することができる点、また株式や社債に投資された資金は直接に企業が使用することができる点が、銀行資本が媒介する間接金融による資金調達とは異なっています。もちろん投資家が証券を購入するためには証券会社を介さなくてはなりませんし、証券市場に企業が上場するためには証券取引所の審査に合格しなければなりません。そこには言うまでもなく手数料や預託金が発生します。また、証券市場では金融資本である銀行や保険会社が機関投資家として参加していることも忘れてはならないでしょう。

それはともかくとして、銀行市場か証券市場か、間接金融か直接金融かの形態の違いはありますが、社会総資本の集中と分配の働きをしていることに違いはないのです。言い換えれば、金融システムは儲かる会社の資本を拡張し、儲からない会社の資本を縮小することによって、社会総資本の需給バランスを金融面から調整し、優勝劣敗の競争の中で利潤率の平均化を形成するものです。それは同時に、ますます少数者と大資本に富の集積と集中を促進する槓桿になっているということでもあります。言い換えれば、社会の富の偏在は、金融システムが媒介になって生みだされているのです。

第四は、株式制度の形成です。

株式制度はこれまで触れて来たように、投資家、株式会社、証券会社、証券取引所の四者があって始めて成立するものです。株式制度の目的は株式会社を誕生させ、育成し、成長させるところにあります。株式会社の優位性は資本家的個人企業では不可能であった大規模事業を可能にしたことです。資金調達の面で資本家的個人企業ではネックになっていた事業を株式会社は乗り越えて進むことができます。株式会社に豊富な資金調達を可能にしたのは株式市場であり、銀行市場でした。換言すれば、金融システムが株式会社を誕生させ、育成し、成長させたと言うことができます。それは取りも直さず、株式会社が資本のリーダーとなり、資本主義を成長発展させたということです。

さて、株式市場は、前記の四者によって形成されます。そして、この四者の間には利害の依存関係があるのはもちろんですが、利害の対立関係があることも確かです。証券会社は儲けたが投資家は損をしたケースもありますし、投資家も証券会社も株式会社も証券取引所も儲けたというケース、四者とも損をしたケースもあります。いずれにしても、株式市場は日々刻々と変化する場所ですから、玄人の投資家にとっても危険な場所ですが、素人の投資家にとってはなおさら危険な場所になっています。また、そこに取引が同時に投機でもあるという二面性が生まれます。このことに関連して、『資本論』は述べます。

すなわち、これらの生産手段は、社会的生産の発展につれて、私的生産の手段でも私的生産の生産物でもなくなるのであって、それが結合生産者たちの社会的生産物であると同様に、彼らの手にある生産手段、したがって彼らの社会的な所有でしかありえないのである。ところが、この収奪は、資本主義体制そのもののなかでは、反対の姿をとって、少数者による社会的所有の取得として現われる。そして、信用はこれらの少数者にますます純粋な山師の性格を与える。所有はここでは株式の形で存在するのであるから、その運動や移転はまったくただ取引所投機の結果になるのであって、そこで小魚は鮫に呑みこまれ、羊は取引所狼に呑みこまれてしまうのである。（3の1－560）

ところで、この文章の前半はどんな意味を指しているのでしょうか。

資本主義の社会的生産が発展するにつれて、生産物も利潤（剰余価値）も生産手段も「結合生産者」すなわち労働者サラリーマンの社会的労働によって生産されるようになります。したがって、生産物も利潤（剰余価値）も生産手段も社会的所有すなわち社会的労働者サラリーマンの所有でしかありえないものになりますが、資本主義体制の中では資本の私的所有として、生産を支配する少数者の所有として倒錯して現われます。これは、株式制度を基礎とする株式会社に資本が変わっても、資本の所有権を表わす株式は私的少数者によって支配されます。株式市場における「大衆民主主義」は、株式の少数者支配をつくりだす儀式でしかないと言うことができるでしょう。したがって、株式会社の資本の所有と経営の分離は幻影にすぎません。

以上、金融システムの機能と役割について、一、貨幣の発行と通貨制度の安定、二、流通費の節減、三、貨幣資本の集中と分配、四、株式制度の形成、の四点について述べました。

それでは、金融システムはどのような性格をもっているのでしょうか。どのようなプラスの面とマイナスの面を持っているのでしょうか。金融システムの二面性とはどういう意味なのでしょうか。

金融システムの正の面は、資本の集中と分配の機能について述べたように、社会総資本の需給バランスを金融面から調整して、社会的需要の成長する産業に資本の供給を拡大し、社会的需要の減退する産業への資本の供給を縮小することによって、社会の生産手段と労働力すなわち社会的資源の分配の最適化を図ることにあります。それは、また、資本間の競争による利潤の平均化をもたらすことにもなります。この金融システムのプラスの側面は、改良されて資本主義体制の解消後にも生かされることになります。その意味で、金融システムは「新たな生産様式への過渡形態をなすという性格」をもっているのです。

しかし、資本主義体制の金融システムは、同時に負の面をもっています。第二二章「幻想としての利子生み資本」で述べたように、金融資本は現実の資本運動から遊離して独立に歩き出し、金融資本だけの利益を求めて突っ走る傾向があります。その利益は得てして仮構的で眩惑的で幻想的である場合が多々あります。

近年では二〇〇八（平成二〇）年のサブプライムローン問題に端を発したリーマン・ショックがそうでした。アメリカの低所得者向けの住宅を金融工学で加工して抵当証券化し、それを世界にあたかも優良証券であるかのような幻想を振りまいて売り出しました。しかし、好景気が破裂すると一気に不良債券に転化したのです。また、八〇年代後半の日本のバブル景気も当時としては低金利で銀行資本が不動産会社やリゾート開発会社に過剰に融資したことが、バブルを助長した原因でした。「土地神話」すなわち土地幻想に銀行資本は呪縛され、自己喪失の状態に陥っていたのです。そして、パナマ運河詐欺事件について、『資本論』の訳注は次のように述べています。

フランスの高位の政治家や役人や新聞を巻きこんだ詐欺事件。技師で事業家のフェルディナン・ド・レセプスは、一八七九年にフランスで、計画中のパナマ地峡開削に金融するべき一つの株式会社を設立した。この会社は、一八八八年につぶれた。その結果は小株主の大群の破滅と多数の支払不能だった。そのほんとうの財政状況を秘密にしておくために、また株主たちが払い込んだ資金の乱費によって、なかんずく往年のフランスの首相フレシネやルヴィエやフロケやその他の高位者たちに巨額の賄賂を与えた。パナマ事件はブルジョア法廷によって握りつぶされた。法廷は、会社の社長レセプスと副社長的人物とに有罪を宣告するにとどめた。（3の1－注解11頁）

ここに例示したのは大事件ばかりですが、中小の詐欺・賭博事件は金融システムの中で日常的に起きています。その意味で、『資本論』が金融システムは「資本主義的生産のばねである他人の労働の搾取による致富を最も純粋で最も巨大な賭博・詐欺制度にまで発展させて」いると言うのは、否定できないように思います。しかも、現代の資本主義はカジノ資本主義、賭博資本主義と言われるように、この賭博・詐欺制度が世界大に広まっていると見ることができるでしょう。

もう一つ、金融システムには負の面があります。それは前述してきたこととも関係するのですが、金融システムは現実の資本運動から遊離して進む傾向があるため、資本主義的生産の制限の枠を越えて突き進む手段となり、好景気を加熱させ恐慌を深刻化する媒介物になるということです。言い換えれば、景気変動と景気循環を激化する要因として金融システムは見逃せない重要な働きをしているということです。このことについて、『資本論』は述べます。

他方ではこの信用・銀行制度はさらに前進する。それは産業資本家や商業資本家に社会のあらゆる処分可能な資本を、そして潜勢的な、まだ現実には使用されていない資本までも、用立てるのであり、したがってこの資本の貸し手もその充用者もこの資本の所有者でもなければ生産者でもないのである。このようにしてこの信用・銀行制度は資本の私的性格を廃棄するのであり、したがって、潜在的に、しかしただ潜在的にのみ、資本そのものの廃棄を含んでいるのである。銀行制度によって、資本の分配は、私的資本化や高利貸の手から、一つの特殊な業務として、社会的な機能として、取り上げられている。しかし、これによって同時に銀行と信用とは、資本主義的生産をそれ自身の制限を超えて進行させる最も強力な手段となり、また恐慌や詐欺的眩惑の最も有効な媒介物の一つとなるのである。

…………

最後に、資本主義的生産様式から結合労働の生産様式への移行にさいして信用制度が強力な槓杆として役だつであろうことは、少しも疑う余地はない。とはいえ、それは、ただ、生産様式そのものの他の大きな有機的諸変革との関連のなかで一つの要素として役だつだけである。これに反して、社会主義的な意味での信用・銀行制度の奇跡的な力についてのもろもろの幻想は、資本主義的生産様式とその諸形態の一つとしての信用制度とについての完全な無知から生まれるのである。（3の2−783）

では、金融システムの望ましい未来とはどういうものでしょうか。どうあれば金融システムは望ましい働きをするのでしょうか。

それは言うまでもなく、金融システムの正の面を成長させ、詐欺的賭博的且つ景気変動を激化させる負の面を除去する道をつくりだす以外に方法はありません。しかし、この正と負の二局面はメダルの表と裏の関係にあり、資本主義体制に内在するものとして離れがたく結びついています。したがって、社会総資本の需給バランスを金融面から調整し、社会的資源の分配の最適化を実現する金融システムの正の面を成長させるためには、資本主義体制の変革なくして実現できません。その変革の一つの要素が金融システムの変革です。『資本論』が「資本主義的生産様式から結合労働の生産様式への移行にさいして信用制度が強力な槓杆として役だつであろうことは、少しも疑う余地はない。とはいえ、それは、ただ、生産様式そのものの他の大きな有機的諸変革との関連のなかで一つの要素として役だつだけである。」と言っているのは、この意味だと考えます。

最後に現代の金融システムに対する箴言として、今から約六〇年前に書かれた言葉を紹介します。まさに極小の日常生活から極大の世界経済まで金融システムが膨張し成長している現在にこそ、この言葉はふさわしいと思います。

経済の発展によって発達して来た現在の金融は、金融の動きそのものが、経済や政治や外交までも左右する大きな力となっているのである。現代が金融資本主義といわれるのはそのためである。私たちのあらゆる生活が金融に支配されているというのが現代社会の特徴である。〈木村禧八郎『金融経済論』〉

第五編　競争社会

第二五章　供給独占としての土地価格

それ自体としては少しも価値をもたない物、すなわち、土地のように労働の生産物でない物とか骨董品や特定の名称の作品などのように少なくとも労働によって再生産することができない物の価格は非常に偶然的ないろいろな組合せによって規定されることがありうるということである。ある物を売るためには、その物が独占できるものであり、譲渡できるものであるということのほかには、なにも必要ではないのである。（3の2-818）

私の実家は写真屋ですが、地代（借地料）を支払っていました。いくらだったか分かりません。戦前の昭和初期から写真屋を営んでいましたが、地代が高すぎて商売ができないという悲鳴は聞いたことがありません。それでも高度経済成長とともに地代も上がったらしく、最近は地代が高くなったともらしているのを聞いたように思います。商売する者にとって、地代は銀行の利子と同じように、商売から上げた利潤から引かれるものですから、それが余りにも過大になれば、商売を続けても意味がなくなります。因みに店舗兼住宅は借家ではなく持ち家だったので、こちらの方は借家料を心配しないで済みました。一九八〇年代の頃と思いますが、貸し主の方から借地を売りたいという申し出があり、実家では買いました。昔と違って住宅地の開発が郊外まで伸びて、実家は市街地に近い好適地になったことから、当時の地価相場そのまま反映した販売価格であったならば、なかなか買うことも難しかったのではないかと思います。しかし、五〇年近く地代を払い続けて来たことも考慮したのか、地価相場よりはある程度安かったようです。貸し手の土地所有者にも事情があったらしく、固定資産税は年々上昇して行くが、それと同時並行的に地価を上げるのも難しいこと、なにせあちこちに土地を所有していたので、このまま土地を持ち続ければ近い将来予測される相続税の支払が大変なことになり、結局は土地による代物弁済だけでは間に合わなくなり、相当の現金を納税しなければならなくなるなどのことから売ることになったようです。それはともかく、実家の借地時代は終わり、持ち地時代に入りました。しかし、その後次第に写真屋の商売自体がますます競争が激しくなり、アナログからデジタルへという写真の革命的変化もあり、遂に二〇一〇年代初期に営業を休止することになりました。

ところで、地代について、『資本論』は次のように書いています。

> 一群の人々が社会の剰余労働の一部分を貢ぎ物としてわがものし、しかも生産が発展するにつれてますます大きな度合いでわがものにすることを可能にするものが、ただこれらの人々が地球にたいしてもっている所有権でしかないということは、次のような事情によっておおい隠されるのである。すなわち、資本還元された地代、つまりまさにこの貢ぎ物が資本還元されたものが土地の価格として現われ、したがってまた土地がすべての他の取引物品と同様に売られることができるという事情によって、おおい隠されるのである。買い手にとっては、彼の地代請求権は、無償で手に入れたもの、すなわち労働も冒険も資本の企業精神もなしに無償に手に入れたものとしては現われないで、その等価を支払って手に入れたものとして現われるのである。彼にとっては、すでに前にも述べたように、地代は、ただ、彼が土地を、したがってまた地代請求権を買い取るために用いた資本

の利子としか現われないのである。（3の2－994～995）

つまり、単に地球の一片を支配する権利にすぎない土地所有権が、そして労働生産物でない本来無価値である土地が、資本主義経済の中では他の商品と同じように取引の対象となる商品と扱われ、さらには貸付資本と同じように利子を生む資本として扱われるということです。その結果、地代は資本還元された土地価格の貢ぎ物として現われ、土地を買い取るために用いた資本の利子として現われるのです。言い換えれば、労働生産物のような商品でない土地が商品へ転化し、利潤（剰余労働）を生みだす資本でないものが資本へ転化するということです。しかも、この地代と土地価格は社会の生産が成長拡大するにつれて、上昇して行くのです。

さて、私の実家が経験したような地代の戦後日本の歴史は、土地を借りて商売している商店・工場・事業所に一様に当てはまることではないでしょうか。また、住宅地として借りている借地人にも同様なことが言えると思います。とにかく戦後の高度経済成長は右肩上がりに物価を押し上げましたが、それ以上に土地価格を押し上げました。その頂点が、「日本列島改造」ブームであり、バブル景気だったと思います。土地価格の上昇に酔う日本経済の状況を『花見酒の経済』（笠信太郎）と揶揄した論者もありました。いずれにしても、土地価格が上昇すれば地代も上昇します。固定資産税が上昇するから地代が上昇するのは止む得ない局面がありますが、それ以上に地代が上昇する状況が生まれます。商店主・工場主・事業主にとっては、先にも言ったように地代は利潤からの控除ですから（経費と処理しても会計上の結果は同じ）、地代とともに利潤も上がって行けば問題はないでしょうが、そうでない場合は利潤の縮小ないしは利潤の消滅になりますから事業経営として大変な問題が出て来ます。そうした苦境に立たされた事業主も多かったのではないでしょうか。他方、貸し手の土地所有者はにんまりするほかありません。日本経済の発展という自分とは直接関係なく作り出された社会状況によって、地代収入が増えて行くのですから笑いが止まりません。ただ土地を持っているだけで、なんの経費（固定資産税の負担はありますが）も、また事業主のような企業精神も苦労も要らない方法によって収入が増大するのです。まさに「濡れ手に粟」状態とはこのことです。

土地価格は、『資本論』も書くように供給独占によって形成される価格です。土地という商品は労働生産物である一般商品のように買い手のニーズにそって大量生産ができない特殊な商品です。駅前や繁華街の土地は、需要が多い一等地だからと言って、同じ土地を需要に合わせて多量に生産することは不可能です。それは、そうした地域に張り付いた独占的商品です。そうした土地は、郊外の同じ面積の住宅地と同じ価格で等価交換できないものです。ただ、社会の需要の大きさだけによって価格が左右される商品です。需要が大きければ上がり、需要が小さければ下がるという単純なメカニズムが働くだけです。したがって、土地価格は供給独占の価格、需要先導の価格と言うことができます。価格形成の決定権はまったく需要の方にあります。一般商品のように生産コスト（原価計算）をまず考えなくてはならない商品とは違い、原則として生産コストを考える必要のない特殊な商品です。この独占価格について、『資本論』はこう書いています。

> われわれが独占価格と言うのは、一般に次のような価格のことである。生産物の一般的価格によって規定される価格にも生産物の価値によって規定される価格にもかかわりなく、ただ買い手の購買欲と支払能力だけによって規定されている価格のことである。まったく特別の品種の葡萄、一般に

比較的少量しか生産されない葡萄山は、独占価格を生む。この独占価格が生産物の価値を超える超過分はただ上流の葡萄酒愛飲家の富や嗜好だけによって規定されているのであるが、葡萄栽培者はこの独占価格によって大きな超過利潤を実現するであろう。（3の2-994）

宅地住宅分譲の商売の場合は、土地購入費や土地整備費などの生産コストは必要ですが、逆に宅地開発することに生じる土地価格の上昇も見込んで事業展開がなされます。『資本論』も書いています。

思惑建築、しかも大規模のそれなしには、今日では建築業者はもうやってゆけなくなっている。建築そのものからの利潤はごくわずかである。彼のおもな利得は地代の騰貴にあり、敷地の巧妙な選択と利用とにある。このような、家屋の需要を予想した思惑というやり方でベレグレヴィアやタイバーニアのほとんどすべての家屋もロンドンの周囲の無数の郊外住宅も建設されたのである。〈『銀行法特別委員会報告書』第一部、一八五七年、証言、質問第五四一三―五四一八号、第五四三五―五四三六号からの要約〉（2-286〜287）

これはまた土地が、『資本論』が書くように骨董品や美術品と同じような性質をもっているということです。いずれも商品としては唯一のものであり、他に代替えできないものであり、完全な供給独占の状態にあります。供給量は一の不変数であり、二にも三にも増やすことができません。したがって価格は需要量の可変数によって如何様にも変化して行く世界です。値段を決めるものは、その商品需要者の欲求の強さと懐具合にすべてがかかっています。もちろん、ある程度の相場というものがありますが、それはあくまで参考資料として配慮するだけです。これと似ているのが、歌手・俳優・タレントなど芸能人の報酬（ギャラ）です。これら芸能人も、他に替わることができない唯一性をもった存在ですから、完全なる供給独占の世界であり、売れれば売れるほどその報酬は高くなり、まったく売れなければ芸能界の報酬だけでは食べて行くことができず、他の収入を求めてアルバイトをすることにもなります。芸能人が下積み時代は長く辛かったと言えるのも、売れるようになって成功したから言えるのであって、その陰には下積みで終わった何万何千の芸能人がいることは、だれでも知っていることです。この点、芸能人の報酬は、特殊な「労働力商品」の価値と言うこともできます。売れるということは、その「労働力商品」の商業価値が高くなることですから、「賃金」報酬も上昇して行くことになります。供給独占の世界では代役も立てられませんから、報酬はものすごく高いが睡眠時間三時間という超多忙な芸能人も生まれることになりますし、超豪邸に住む芸能人も生まれることになります。同様なことは、プロスポーツ選手・小説家・漫画家・棋士などにも言えます。もちろん実力と人気だけがすべての世界であることは、本人たちが一番身に沁みて知っています。

さて、一九六五（昭和四〇）年に私は東京の大学に入学しました。最初は東京の生活に慣れないだろうからとの父の配慮から所沢の叔母の家に下宿することになりました。家は駅前の市街地からバスで二〇分ほどの郊外にある平屋の3ＬＤＫでした。仕送りは二万円ほどで、食費として八千円ほどを出したと思います。ほかに奨学金が二千五百円ほどありましたから、生活には困りませんでした。驚いたのは、朝のラッシュ（rush）でした。バスも混みましたが、西武池袋線の電車の混みようは尋常でなく、乗り換える池袋駅は足の踏み場もない有様で、山手線はさらに鮨詰め状態でした。こうして一時間四五分ほどかかってやっと大学のある目白駅に着きました。大学は駅と目と鼻の先にありましたから助かりました。それまでは、小中高と歩いても五分とかからない家に住んでいましたから、これは異常な体験でした。

この所沢の叔母の家は、東京生活にもそろそろ慣れた頃、半年後に引っ越ししました。大学の生活相談所に置かれてある下宿・アパート一覧帳から自分の収入と勘案して、多少遠かったが東武池袋線の朝霞の下宿に決めました。ここも駅からは遠く、しかもバスもなかったから徒歩で二五分ほどかかりました。下宿先は普通の二階建ての民家で、夫婦と男の子の三人家族が階下に住み、私たち下宿人四人はいずれも学生で二階に住みました。部屋は四畳半で、日当りも良く充分な広さでした。下宿料は朝夕二食で一万五千円だったと思います（言うまでもなく下宿料は食事代と部屋代の合算で、ここでは部屋代が問題になります）。そのため五千円仕送りを増やしてもらいました。その場所は新開の住宅地で、周りはすべて畑でした。水田の風景に慣れ親しんだ私にとっては意外で、いわゆる関東ロームの丘陵かと思いました。それでも田舎育ちの身にとってはなんか心落ち着く風景でした。隣家は映画の脇役で有名な喜劇役者の家で、時折庭に出る本人を二階の廊下の窓から見かけることがありました。名の知れた芸能人が朝霞の奥の新開住宅地に住んでいるのは、華やかな世界の住人と考えていましたから全く予想外でした。ここからの通学も朝霞駅で乗った時はまだ空いていましたが、池袋駅に近づくにしたがって、ラッシュが激しくなり閉口することは同じでした。通学時間は一時間半ほどだったので、所沢より少し近くなったことになります。この下宿に一年ほどいました。

次に引っ越したのは、同じ東武池袋線の板橋駅まで徒歩一〇分の下宿でした。老夫婦二人が平屋に住み、下宿人は離れの木造モルタルの二階建てに住んでいました。下宿人は四人だったと思います。サラリーマンの人も住んでいて、朝霞のような下宿人の交流はまったくありませんでした。下宿代は朝夕二食で一万三千円だったのではないかと思います。なぜ安かったかと言えば、建物が築三〇年以上は経っている古いもので、しかも二階の階段下の日当りがまったく皆無の部屋だったからです。部屋は六畳だったと思いますが、いつも薄暗く湿気が強く淀んだ感じで、これには弱りました。しかし、半年もすると二階の住人が移ることになり、そこに移ることにしました。たしか下宿代は二千円アップして、一万五千円になったと思います。ここに住んで良かったと思うのは、歩いて数分の所に東京ならではの大きな銭湯があったことです。銭湯には小さな頃から入っていますが、その広々した開放感は格別のものでした。駅前の商店街は下町特有の猥雑な感じがして、馴染めなかったです。ここに、それでも一年半住みました。

最後に引っ越したのは、一九六八（昭和四三）年、高田馬場駅から徒歩一五分の木造アパートでした。妹が田舎から出て来て、二人で住むことになったのです。部屋は二階で二畳と六畳の二間に、小さな洗面所兼台所が付いていました。便所は共同で、もちろん風呂は付いていません。古い建物でしたが、造りはしっかりしていました。アパート代は月九千円ではなかったかと思います。学生には少し高かったが、妹も働いているし、私も毎日のようにアルバイトをするようになったので、大きな負担ではありませんでした。隣りには夫婦と女の子二人の四人家族が住んでいました。しかも、夫婦の部屋、女の子二人の部屋と二つ部屋を借りて住んでいました。御主人は何か商売をする人に思えましたが、たしかに部屋代は高くなるが、便利が良いことや環境が良いことを考えると引っ越しする気になれないということでした。表通りから少し入ったところで、閑静で日当りもすごく良かったです。たしかに山の手の住環境の良さを感じる場所でした。また、表通りに出ると私が好きな映画館と古本屋街があるのも気に入りました。四年生になったので、単位を取らなければならない授業は少なくなり、たいていは午後に通学しました。大学も隣駅になったので、歩けば歩いても行ける距離です。夜は新宿駅東口近くの郷土料理の居酒屋で、月曜日・祝日を除く毎日午後五時〜一一時のアルバイトをしました。時給は忘れましたが、普通のアルバイトよりは少し高かったようにと思います。なにしろ自宅のアパートから近い距離にあるから通勤にも便利でした。この利便性が山の手に住む者の特権の一つではないかと思います。

なぜ長々と学生時代の下宿・アパート物語を綴ったかと言いますと、それが土地価格や下宿代・アパート料金に密接に関係があるからです。なぜラッシュアワーが起るかと言いますと、だれでも知っているように都心から遠く離れれば離れるほど土地価格が安くなるからです。言い換えれば、都心に近い場所は便利で快適ですが土地価格は高く、普通の労働者サラリーマンの収入では買いたいが手が届かないからです。下宿代やアパート料金も建物の構造・築年数などにもよりますが、おおむねこの土地価格と連動しています。すなわち、土地・マンションの価格やアパート・賃貸マンションの料金は都心との距離に反比例しています。近ければ高く、遠うければ安くなります。このため、都心の近くに住めないサラリーマンは郊外へ郊外へと住宅を求めることになり、都心とその近辺に集中する勤務先に通勤することになります。その結果が朝夕のラッシュアワーの発生になります（その背景には、都市人口の急速な増大があることは言うまでもありません）。これは、都心との距離の差異がつくり出す「位置の利益」によって土地価格が形成されることから来ています。土地の価格を規制するのは土地の位置だけです。これはまた、特殊な商品としての土地の性格を無視して、土地価格形成をまったく自由放任市場の「神の手」に委ねた結果でもあります。そこから、高度経済成長期の「土地神話」が生まれ、土地投機や土地の買占め・売惜しみが跋扈することになります。それは他面において政府の土地政策がまったく無策であったことを物語るものでした。この政策の一つとして都心周辺・近郊の農地に対する宅地並み課税が実施されましたが、曖昧なものになってしまいました。もしこの税政策が厳しく実施されていたら、土地の値上がりを見込んでなかなか土地を手放そうとしない都市周辺・近郊の農業生産者に重い税負担がのしかかり、その結果土地を売らざるを得なくなり、住宅の土地供給量は増加し土地価格は下降して住宅需要者である労働者サラリーマンにも買えるようになったでしょう。少なくとも虫食いのような土地のスプロール（sprawl）現象は防げたように思います。もちろん、これには都市周辺・近郊の農業生産者は大反対しました。そこを票田とする与党自民党も反対します。その結果は形だけの宅地並み課税になってしまったのです。

ところで、都心のスナックはなぜ高く、都心からやや離れた店は安く、郊外の店はさらに安いのはなぜでしょうか。それは、都心のスナックは高級なウイスキーを置き日給の高い女性を雇っていることも要因ですが、最も大きな要因はテナント（tenant）料が高いということにあります（因みにテナントの原義は土地・家屋・部屋などの賃借人を指します）。テナント料は当然ビルの建築費用と関連していますが、それ以上に土地価格と密接な関係があります。都心との距離に反比例する土地価格、その土地価格に比例するビルのテナント料が根底にあります。それでは、なぜ都心のテナント料の高い場所でママなどスナック経営者は商売するのでしょうか。もちろん都心というステータスもあるでしょう。しかしそれ以上に、都心のエリアは多数の経営者や労働者サラリーマンが勤め帰りに密集する場所であり、人通りが多く集客力も高く上客も多いからだと思います。銀座のクラブ・バー・スナックのほとんどが完全な週休二日制・祝休日休みなのも、その客層がどの辺にあるか物語っています。つまり、テナント料・人件費など相対的に高いコストをかけたとしても、その見返りとしての利潤が大きいからです。これは、たしかに「位置の利益」が生みだしたものですが、場所そのものが大きな利潤を生み出す点を見れば、「場所の豊度性」「場所の収益性」が生みだしたものと言うことができるでしょう。言い換えれば、都心からの距離の違いによって「場所の収益性」の違いが生まれるということです。他面から見れば、「場所の豊度性」「場所の収益性」が高いからテナント料も高くなると言うことができます。それは、あたかも農地が土地の場所の違いによって生産力（収穫量）に大きな違いが出ることから、地代に格差が生じるようなものです。このことを、『資本論』は「差額地代」と言って、地代を「超過利潤としての地代」として捉えています。『資本論』は書きます。

まず第一に、同じ面積のいろいろな土地に充用される等量の資本から生まれる不等な結果を考察しよう。または、面積が同じでない場合には、同じ大きさの地面について計算した結果を考察しよう。これらの不等な結果の、資本にかかわりのない二つの一般的な原因は、(1)土地の豊度（この第一の点については、いろいろな土地の自然的豊度のうちには、いったいなにが含まれており、どのようないろいろな契機が含まれているかを論じなければならない）と、(2)土地の位置とである。この位置は、植民地の場合には決定的であり、また一般に、いろいろな土地が次々に耕作されて行く場合の順序にとって決定的である。（3の2－838〜839）

この「場所の収益性」とテナント料との関係は、この『資本論』の地代論を現代都市に応用したものです。都市における位置に規定された場所の豊度性・収益性の差異は、農地における豊度性・収益性の差異が生みだす「差額地代」の形成と同じものです。このことは、なにもスナックに限ることではなく、あらゆる店舗・テナント・事業所などに共通に言えることです。最近郊外に増えているショッピングモール内に入っている店のテナント料が高いのは、そこがあたかも都心のような賑わいを見せて集客力が高く、したがって収益性も高いからです。

それにしても、なぜクラブ・バー・スナック・居酒屋などのことを「水商売」と言うのでしょうか。極めて安い水を売って儲けているものではないことは、経営サイドに立って考えてみれば明らかです。それでは、なぜ「水商売」と言うのでしょうか。それは芸能人のように人気商売だからではないでしょうか。流行り廃りの回転が速いということだと思います。水の流れに浮かぶ浮き草のように絶えず流転するものであり、川の水が常に流れて古い水を清めるように新旧が絶えず入れ替わるものであることから、「水商売」と言うのではないかと思います。この商売は、開店すると同じくらい閉店する店があると言われるのは、そのことを物語っています。ここでもやはり実力と人気がすべての世界と言えそうです。栄枯盛衰のあることは資本主義社会の日常です。ただ「水商売」ではそれが極端な形で現われているのだと思います。長いスパンで考えれば、どの産業でもどの企業でもどの商売でも起こりえることです。他人事のように笑ってはいられないのです。

第二六章　トップとボトムの組織原理

監督や指揮の労働は、直接的生産過程が社会的に結合された姿をとっていて独立生産者たちの孤立した労働として現われない場合には、どこでも必ず発生する。しかし、この労働は二重の性質のものである。

一面では、およそ多数の個人の協力によって行われる労働では、必然的に過程の関連と統一とは一つの指揮する意志に表わされ、また、ちょうどオーケストラの指揮者の場合のように、部門労働に関するのではなく作業場の総活動に関する諸機能に表わされる。これは、どんな結合的生産様式でも行なわれなければならない生産的労働である。

他面では――商業的部門はまったく別として――このような監督労働は、直接生産者としての労働者と生産手段の所有者との対立にもとづくすべての生産様式のもとで、必然的に発生する。この対立が大きければ大きいほど、それだけこの監督労働が演ずる役割は大きい。それゆえ、それは奴隷制度のもとで最高限に達する。しかし、それは資本主義的生産様式でも欠くことができないものである。なぜならば、この生産様式では生産過程は同時に資本家による労働力の消費過程だからである。それは、ちょうど、専制国家では政府が行なう監督や全面的干渉の労働が二つのものを、すなわちすべての共同体の性質から生ずる共同事務の遂行と、民衆にたいする政府の対立から生ずる独自な機能との両方を、包括しているようなものである。（3の1－481）

組織とは何でしょうか。組織は何のために存在するのでしょうか。
組織は人間の集団ですが、単なる人間の集合としての集団ではなく、系統的な意思決定機関をもった人間の集団を組織と言います。そして、組織の目的は組織の内にはありません。組織の外に組織の目的があります。組織維持だけが目的となった組織は、組織の否定であり、組織の意味解体です。したがって、組織は目的を実現するための手段です。その手段が目的化するということは、組織の本来の目的を喪失していることを意味します。組織の中で最も重要で強固なのは、労働組織、職業組織です。その組織の目的は、なんらかの形で人間生活の再生産に貢献することにあります。したがって、人間生活の再生産を否定する或は危険に貶める労働組織は、如何なる名前を掲げようとも労働組織ではありません。このことに関連して、P・F・ドラッカーは次のように述べています。

組織構造は目的達成のための手段である。それ自体目的ではない。構造の健全さは、組織の健康の前提である。それがそのまま組織の健康を意味するわけでない。組織の健康を判断する基準は、構造の美しさ、明快さ、完全さではなく、成果である。〈上田惇生編訳『マネジメント』〉

『資本論』は、指揮・監督労働は多数人の結合労働・共同労働を必要とするところでは、時代と歴史を超えて発生する「生産的労働」であると言っています。換言すれば、原始共産制社会でも、古代奴隷制社会、中世封建制社会、近代資本制社会でも、そして『資本論』が未来社会として構想する社会主義社会でも、「独立生産者たちの孤立した労働」でないかぎり、指揮・監督労働は必要であり、「生産的労働」だと言っています。その意味で、指揮・監督労働は階級社会か無階級社会かを問わず「歴史貫通的」

な普遍的労働と言うことができます。指揮・監督労働を現代的に表現すれば、経営・マネジメントに関わる労働ということになるでしょう。このことについて、『資本論』はこうも言っています。

資本主義的生産それ自身は、指揮の労働がまったく資本所有から分離して街頭にさまようまでにした。だから、この指揮労働が資本家によって行なわれる必要はなくなった。音楽指揮者がオーケストラの楽器の所有者であることは少しも必要ではないし、彼が他の楽士たちの「賃金」になにかのかかわりをもつということも指揮者としての彼の機能には属しない。協同組合工場は、資本家が生産の機能者として余計になったということを証明しているが、それは、資本家自身が、最高の完成に達すれば、大土地所有者を余計だと思うのと同様である。資本家の労働が単に資本主義的な生産過程から生ずるものでなく、したがって資本とともにおのずからなくなるものでないかぎりでは、またそれが他人の労働を搾取するという機能にかぎられるものでないかぎりでは、つまり、それが社会的労働としての労働の形態から生じ、一つの共同の結果を生むための多数人の結合と協業から生ずるかぎりでは、この労働は資本とはかかわりがないのであって、それは、ちょうどこの形態そのものが、資本主義的な外皮を破ってしまえば、資本とはかかわりないと同様である。(3の1－485～486)

『資本論』が例としてあげているオーケストラは比較的小さい集団・組織の指揮・監督労働であり、資本主義の発達から見れば初期の工場制手工業の段階に該当するものです。この段階のトップとボトム、リーダーとフォロワーとの関係は目に見える近さにあり、フェイストゥーフェイス（face to face)

の関係にあります。したがって、トップリーダーはボトムフォロワーの個々の仕事を把握することができ、ボトムフォロワーもトップリーダーの仕事振りを把握できます。オーケストラの指揮者は楽団員個々の楽器・技量・感性に直接触れることによって具体的全体を知ることができますし、また楽団員個々も指揮者の技量・感性・指導性を直接知ることができます。両者は演奏で美しいハーモニーを作り出すという共通の目的をもっています。同じように工場制手工業では、工場資本家は分業化された賃金労働者の部分作業をよく把握しており、また賃金労働者も工場資本家の技量・指導性をよく知ることができます。その共通目的が使用価値のある商品の生産に向けられていることは言うまでもありません。ただオーケストラの指揮者と工場制手工業の工場資本家が違うところは、後者は使用価値のある商品を生産すると同時に、価値ある商品、利潤（剰余価値）を生みだす商品、売れる商品を生産するところにあります。

この小集団・小組織の構成原理、トップリーダーとボトムフォロワーとの関係は、音楽団体や生産工場に限らず、あらゆる集団・組織に共通するものです。工業・運輸・通信・商業・銀行・証券・保険などの大会社、学校・大学などの教育機関、マスコミなどの報道機関、大病院などの医療機関、政党・政治団体、官公庁、軍隊、労働組合、福祉団体、スポーツ団体、文化団体、市民団体、学生団体、町内会等々がいかに大集団・大組織であったとしても、それが小集団・小組織の集合と合成から作られている以上、小集団・小組織の構成原理が働きます。大組織の基盤になっているものは係・班と呼ばれる小集団です。係長・班長と呼ばれる下士官が大組織でも大きな役割をもっています。また、トップを形成するのは一人の代表者ですが、それを直接に支えているのは経営陣と呼ばれる小集団です。集団・組織は大きくなればなるほど官僚的になり機械的になるのは否定できない側面ですが、他面において大集団・大組織が小集団・小組織の集合と合成から成立していることを考えると、極めて人間臭い感情・利害・欲望・価値観で動いていることもまた否定できない事実です。もちろん、大組織はこの小集団のピラミッド的な階層秩序によって形成されていることは言うまでもありません。

ただ小集団・小組織と大集団・大組織との間には、性格上の違いがあります。トップリーダーとボトムフォロワーとの間に入るミドルリーダー（サブリーダー）の員数が決定的に違うことです。幹部社員・職員の数が桁違いに異なります。たしかに大集団・大組織は小集団・小組織のピラミッド的な集合と合成からなっていますが、この集合と合成の接着剤の役割を果たしているのが、トップリーダーが日常的に接するのは、このミドルリーダーたちです。その名称は課長・所長・支店長など様々ですが、中間管理職と呼ばれるミドルリーダーたちまでです。そして、トップリーダーが圧倒的員数のボトムフォロワーに接するのは特別な場合に限られています。そして、ボトムフォロワーが日常的に接するのはミドルリーダーです。彼らにとって直接的にトップリーダーとして存在する人物は、大集団・大組織の全体の立場からみれば、中間管理職に位置します。ここから、上から抑えられ下から突き上げられる中間管理職の悲哀が生まれます。トップリーダーと膨大な員数を占めるボトムフォロワーとの関係は間接的になり希薄化するにしたがって、トップともボトムとも直接的関係を結べるミドルの存在は、大集団・大組織にとって要の位置にあると言えるでしょう。

ところで、トップリーダーの指揮・監督労働とは一体いかなるものなのでしょうか。『資本論』では「作業場の総活動に関する諸機能」とのみ書かれているだけで、その具体的内容に触れていません。今、それを現代の経験を踏まえて、中小規模の企業・事業所をモデルとして考えられることを列挙してみます。

1．長期目標と短期目標の設定。（経営における戦略と戦術の具体的結合。経営環境に関する情報分析も当然含まれます。）

2. 安心・安全な商品・サービス・施設の提供。（苦情・クレームに対する適切且つ迅速な対応を含みます。）
3. コンプライアンス（法令遵守）の確立。
4. ミドルやボトムの健康・体調に対する注意。（職場環境の改善を含みます。）
5. 新商品・新サービスの開発と商品化。新生産技術・情報通信技術の更新と革新。
6. コストの削減と販売額の拡大。（『資本論』の言葉を用いれば、費用価格の縮小と販売価格の拡大による利潤の増殖。もちろん会計処理の適正化を含みます。）
7. 人事考査と人事異動の実施。（適材適所の具体化。業績と責任に比例した地位と報酬の決定。）
8. ボトムアップとトップダウンのフィードバック。（職場提案、労働組合の経営参加など。また、トップとボトムとのコミュニケーションを円滑に図るためには報告・連絡・相談〈ほう・れん・そう〉が大切。）
9、緊急な事件・事故に対する適切・迅速な対応。（これは困難な問題に直面した時のトップの問題解決能力・指導力が試されます。防災訓練などの定期的実施。防災物資の備蓄。緊急連絡網の整備。）

この中で意志決定の二つの方法、トップダウンとボトムアップについて考えてみたいと思います。トップダウンの意志決定であってもミドルやボトルに支持が得られないならば、その意志決定は実施することができません。また、トップが意志決定を断行したとしても、ミドルとボトムとの合意形成がなされなければ、意志決定の遂行は中途半端なものになります。さらには、ボトムやミドルの意志決定だとしてもトップが理解して最終責任を取るようにならなければ、無責任な意志決定になってしまいます。ここには、上意下達と下意上達のコミュニケーションの問題が背景にあります。トップとボトムのコミュニケーションが一方通行では的確な意志決定はできません。両者の往復交通の通路が開放されていることが、的確な意思決定を生みだします。言い換えれば、トップとミドルとボトムとの間にコミュニケーションの往復運動が確保されて、初めて質の高い組織としての意志決定ができるということです。

さて、『資本論』はトップの指揮・監督労働について、もう一つのシビアな階級支配的側面について書いています。支配と被支配、搾取と被搾取、抑圧と隷従の階級関係からトップの指揮・監督労働が発生し必要とされると書いています。そして、その最大の対立は古代の主人と奴隷との関係だとも書いています。さらには、近代の資本主義的生産様式でも資本と賃労働との階級対立は本質的なものですから、資本家・経営者の指揮・監督労働について階級支配的側面が貫かれると言っております。戦前・戦後の日本でも長時間労働・安い賃金・劣悪な労働環境で働く賃金労働者が多数を占める時代がありました。特に戦時中日本へ強制連行されて鉱山採掘・鉄道工事・土木工事などで働かされた中国人・朝鮮人労働者の状況は言語を絶するものでした。『資本論』も一九世紀半ばのイギリス労働者の過酷すぎる状況について、これまでかと思うくらい執拗に追求しています。まさにそれは賃金労働者の残酷物語です。現代の資本主義は株式会社の時代です。「法人資本主義」の時代です。たしかに戦後の労働者サラリーマンは高度経済成長の恩恵を受けて労働時間の短縮・賃金水準の向上・労働環境の改善が推進されました。しかし、それにも今は陰りが射し始めています。『資本論』は、株式会社について未来社会として構想する社会主義社会への重要なステップとして期待を込めて書いています。

はたしてそうでしょうか。それは甘い幻想ではないでしょうか。株式会社と言えども「利潤の増殖」を推進動機としていることは、資本家的企業と少しも変わりません。ただその形態がソフトになり、より組織的になっただけです。したがって、資本と賃労働との対立的関係は本質的に変わらず、経営者・管理者の指揮・監督労働が階級支配的側面、搾取と抑圧の側面をもっていることは否定できない事実です。その最悪の現代のケースが、「ブラック企業」ではないでしょうか。まるで企業が『資本論』の時代に先祖帰りしたような感じです。ある面で現代資本主義は、一九世紀的様相をもって来たと言えるかもしれません。

第二七章　資本の所有と経営の分離

管理賃金は、商業的管理者にとっても産業的管理者にとっても、企業者利得からまったく分離して現われるのであって、労働者の協同組合工場でも資本家的株式企業でもそうである。企業者利得からの管理賃金の分離は、他の場合には偶然的に現われるが、ここでは恒常的である。協同組合工場の場合には監督労働の対立的な性格はなくなっている。というのは、管理者は労働者たちから給与を受けるのであって、労働者たちに対立して資本を代表するのではないからである。一般に株式企業―信用制度とともに発展する―は、機能としてのこの管理労働を、自己資本であろうと借入資本であろうと資本の所有からますます分離して行く傾向がある。それは、ちょうど、ブルジョア社会の発展につれて裁判や行政の機能が、封建時代にこれらの機能を自分の属性としていた土地所有から分離していくようなものである。しかし、一方では、単なる貨幣資本家に機能資本家が相対し、信用の発展につれてこの貨幣資本そのものが社会的性格をもつようになり、銀行に集中されて、もはやその直接の所有者からではなく銀行から貸し出されるようになることによって、また、他方では、借入れによってであろうとその他の方法によってであろうとどんな権原によっても資本の所有者ではない単なる管理者が、機能資本家そのものに属するすべての実質的な機能を行なうことによって、残るのはただ機能者だけになり、資本家はよけいな人物として生産過程から消えてしまうのである。（3の1-486）

資本の所有と経営の分離とは何を意味するのでしょうか。そして、資本の所有と経営の分離の何が問題なのでしょうか。

資本主義の草創期には、資本家はすべて自己資本で事業を経営していました。資本の所有も経営も同一人の資本家が行なっていたのです。したがって、資本の所有と経営が分離するという問題は発生しませんでした。しかし、資本主義が発展し信用制度が発達するにしたがって、資本家は、利子生み資本すなわち銀行資本から貨幣資本を借受けて事業規模を拡大するようになります。銀行資本は貸付資本の代償として資本家の利潤から利子の分割を求めます。資本家の経営する事業が利潤を上げようが上げまいが、利子の支払と元金の返済を求めます。こうした銀行資本と機能資本（産業及び商業資本）の分離を資本の所有と経営の分離と言います。言い換えれば、機能資本は銀行資本の支配下で事業を経営するようになるのです。銀行資本との関係を離れて機能資本が独立に経営していくことができないようになります。もちろん、機能資本が銀行資本からの借入金を返済するか、その借入金の割合が総資本の中でわずかなものであれば、銀行資本の支配を受けることはないでしょう。しかし、機能資本はいつ貨幣資本が必要になるか分からないのが経営というものであり、銀行資本とは良好な関係を保って行く必要があります。したがって、機能資本は銀行資本とまったく無関係に独立独歩で事業の経営を行なうことはできないのです。この銀行資本（利子生み資本）と機能資本との関係を、『資本論』は「所有としての資本」に対する「機能としての資本」と捉え、次のように述べています。

利子生み資本そのものが自分の対立物としているのは、賃労働ではなく、機能資本だからである。貸付資本家そのものが直接に対立しているのは、再生産過程で現実に機能している資本家であって、まさにこの資本主義的生産の基礎の上では生産手段を取上げられている賃金労働者ではないからである。利子生み資本は、機能としての資本にたいして所有としての資本である。ところが、資本は、それが機能しないかぎり、労働者を搾取せず、労働に対立しないのである。（3の1‐475）

さらに、この資本の所有と経営の分離は、利潤概念に対して変化をもたらします。『資本論』は利潤から利子を控除した部分を企業者利得と名付けます。利潤から強制的に控除される利子は機能資本家が自分で稼ぎ出したものではなく、控除された後の残った部分だけが自分の稼ぎだしたものだとして企業者利得と位置付けるのです。しかも機能資本家の労働は利子生み資本のような冗職ではなく、不断の指揮と努力を必要とする労働であり、したがってその報酬である企業者利得は労賃であり、監督賃金であると考えるようになると言うのです。しかし、機能資本家は賃金労働者に対しては彼らの不払労働を搾取して利潤を獲得する存在であることは少しも変わりません。監督賃金はただ銀行資本（利子生み資本）に対して機能資本家が描く独りよがりな意識でしかないのです。このことについて、『資本論』はこう述べています。

しかし、機能資本の代表者だということは、けっして利子生み資本を代表することのような冗職ではない。資本主義的生産の上では、資本家は生産過程をも流通過程をも指揮する。生産的労働の搾取は、彼が自分でやるにしても、彼の名で他人にやらせるにしても、努力を必要とする。だから、彼にとっては彼の企業者利得は、利子に対立して、資本所有にかかわりのないものとして、むしろ非所有者——労働者としての——彼の機能の結果として、現われるのである。

そこで、彼の頭のなかでは必然的に次のような観念が発達してくる。彼の企業者利得は――けっして賃労働にたいしてなんらかの対立をなしていてただ他人の不払労働でしかないというものではなく――むしろそれ自身労賃であり、監督賃金であり、労働の監督にたいする賃金（wages of superintendence of labour）であり、普通の賃金労働者の賃金よりも高い賃金である。なぜ高いかといえば、⑴その労働が複雑労働だからであり、⑵彼は自分自身に労賃を支払うのだからである。彼の資本家としての機能は、剰余価値すなわち不払労働をしかも最も経済的な諸条件のもとで生産することにあるということは、完全に忘れられている。（3の1‐476）

ところで、利子生み資本には銀行資本ばかりでなく、証券資本があります。その中でも資本の所有と経営の分離の問題にとって本質的に重要なものは株式資本です。たしかに株式資本は機能資本の利潤を分割して配当を取得する点において利子生み資本ですが、そればかりでなく取締役の選任権や株式総会の議決権や証券の自由売買権など利子生み資本としての銀行資本がもっていない特別の性質をもっています。

そして、一般に資本の所有と経営の分離の問題と言えば、株式会社における株式所有と会社経営の分離の問題として考えられています。株式は公開市場で「公衆」によって自由に売買されるため、株式資本は細分化、小口化されます。この株式資本の分散化から「人民資本主義」「大衆資本主義」の考え方が生まれました。P・サムエルソンは、アメリカの現状についてこう述べます。「AT&T（アメリカン・テレフォン・アンド・テレグラフ）のような会社をとってみよう。一九八七年には、二〇〇万人以上の人がその株を所有していたが、この人たちの九二パーセントはそれぞれ五〇〇株未満しかもっておらず、誰一人として全体の一パーセントを所有するものはいなかった。このような所有の分散は、わが国の公衆所有の巨大株式会社においては典型的なのである。」〈都留重人訳『サムエルソン　経済学（上）』〉。しかし、株式資本が分散化されることは株式資本の数パーセントを支配すれば株式資本全体を支配できるという少数者支配の逆説が生まれます。また、個人株主よりも機関株主、法人株主が株主資本の多数を占めるようになり、「機関資本主義」「法人資本主義」が生まれました。しかも少数の法人株主が提携して持ち合い、こうして少数株主が株式資本を支配するという構造を生みだします。「現代の巨大株式会社の所有者は他の企業であり、その企業はまた他の企業によって所有されている。個人が所有し、支配する個人的所有の古い形態は非個人的占有のシステムによって補強され、そしてそれにとって代られたのである。」〈奥村宏『法人資本主義の構造』〉と言われます。言い換えれば、「人民資本主義」と「法人資本主義」という過程の違いはありますが、その結果は少数株主による株式資本の支配に行き着くのです。

　他方、会社経営はどのように変化したのでしょうか。株式会社にはもはや資本家はいません。生産手段を支配しているのは個人の資本家ではなく会社という法人です。生産手段の所有権は個人の資本家ではなく会社という法人にあります。そして、会社経営は個人の資本家ではなく法人の代表者である代表取締役によって行なわれます。もはや会社経営は機能資本家ではなく、その機能だけをもった経営者によって行なわれるようになります。具体的には代表取締役を中心とした経営陣によって会社経営は行なわれます。ここから株式会社は「経営者革命」をつくりだしたと言われることになります。このことについて、この章の最初に掲げた『資本論』の文章も、「資本の所有者ではない単なる管理者が、機能資本家そのものに属するすべての実質的な機能を行なうことによって、残るのはただ機能者だけになり、資本家はよけいな人物として生産過程から消えてしまうのである。」と言っています。とすると、会社経営は資本家でない少数の経営者層によって行なわれることになります。つまり、会社経営は少数者支配によって貫徹されることになります。

　このように株式会社では形式的にはともかく、実質的には株式所有においても会社経営においても少数者支配が貫かれるのです。そして会社経営の少数者支配が会社の実質的権力を掌握するために株式所有の少数者支配を獲得することが、あらゆる手段を用いて行なわれます。こうして株主主権を表明する場である株主総会は少数の法人株主によって支配され、形骸化され有名無実のものになって行きます。株式総会は会社経営の少数者支配を正統化するための民主的な儀式にすぎないものに転化します。その結果、株式会社における資本の所有と経営の分離は両者の統一へ発展し、会社経営者層という少数者が株式会社を実質的に支配する体制をつくりだして行きます。古き資本家的企業における資本と経営の統一が、装いを新たにして株式会社企業に再現するのです。そして、次のような状況も日常的になります。

《「まあ、大企業のトップは〝現代の王様〟です」と、旧財閥系化学会社のある常務は言っていますが、大手都市銀行の頭取室など、〝王様〟にふさわしい広さと豪華さであり、私たちがインタビューに訪ねるとき、社長のそばでご機嫌を損じまいと、直立不動の姿勢を保ちながらピリピリしている秘書や重役を見ていると、こうした姿は妻子には見せたくないだろうな、と同情したくなるほどである。》〈佐高信『企業原論』〉

　たしかに、これは「経営者革命」と呼べるものかもしれません。しかし、それによって会社企業の本質は変わったのでしょうか。株式会社は資本家的企業ではありませんが、資本主義的企業であることに少しも変わりません。使用価値のある商品・サービスを社会に提供し、利潤増殖の欲求を推進動機にして行動していることにおいて、株式会社と資本家的企業との間に本質的な変化はありません。労働者サラリーマンの不払労働が利潤の源泉となっていることも同じです。ただ違うのが、企業が大規模化し複雑化しただけです。C・ミルスも「資産の〝所有〟と〝管理〟とが分離したからとて資産の力は減りはしない。それどころか、この分離のため力が増しているとさえいえるかもしれぬ。」〈杉政孝訳『ホワイト・カラー』〉と語っています。

第二八章　株式会社の支配する時代

Ⅲ　株式会社の形成。それによって――

1．生産規模の非常な拡張が行なわれ、そして個人資本には不可能だった企業が現われた。同時に、従来は政府企業だったこのような企業が会社企業になる。

2．それ自体として社会的生産様式の上に立っていて生産手段や労働力の社会的集積を前提している資本が、ここでは直接に、個人資本に対立する社会資本（直接に結合した諸個人の資本）の形態をとっており、このような資本の企業は個人企業に対立する社会企業として現われる。それは、資本主義的生産様式そのものの限界のなかでの、私的所有としての資本の廃止である。

3．現実に機能している資本家が他人の資本の単なる支配人、管理人に転化し、資本所有者は単なる所有者、単なる貨幣資本家に転化するということ。

――略――

株式会社では、機能は資本所有から分離されており、したがってまた、労働も生産手段と剰余価値との所有からまったく分離されている。このような資本主義的生産の最高の発展の結果こそは、資本が生産者たちの所有に、といってももはや個々別々の生産者たちの私有としてのではなく、結合された生産者である彼らの所有として、直接的社会所有としての所有に、再転化するための必然的な通過点なのである。他面では、これまではまだ資本所有と結びついている再生産過程上のいっ

さいの機能が結合生産者たちの単なる機能に、社会的機能に、転化するための通過点なのである。（3の1－556～567）

一九世紀半ばの『資本論』の時代は、個人企業、組合企業、合名会社が支配的な企業形態でした。この時代、株式会社はまったく新しい企業形態でした。それが、現在では株式会社が支配的形態になり、大会社はすべて株式会社になっています。なぜこのような企業形態の変化が起きたのでしょうか。同じ営利法人でありながら、組合企業や合名会社と株式会社とは何が違うのでしょうか。

それは、第一に無限責任から有限責任への変化です。組合企業や合名会社では、企業が破綻した場合、その負債の支払義務は企業の全債務を構成員が負うことになり、構成員の私的財産まで債務の訴求が及びます。すなわち「法律は、組合員の私有財産と組合員が組合に醵出した資本との間に、絶対的区別をしていなかった。組合が債務を履行できなくなったならば、組合員の全財産が債権者の要求を満たすために処分されえたのである。」〈J・R・ヒックス／酒井正三郎訳『経済の社会的構造』〉。したがって、組合企業や合名会社に加入することは、個人の覚悟と決断が必要でした。これ対して、株式会社は会社が破綻したとしても、その負債支払の責任は株式の持分の限度にかぎられ、会社全体の債務を訴求されることもありませんし、株主個人の私的財産に訴求されることもありません。債務負担の限度が明確化していることが、株主に安心感を醸成し、株式会社が発展する要素になったのです。

第二に、拘束から自由への変化です。組合企業や合名会社の加入脱退は構成員の自由意志だけではできず、企業や会社の承認が必要でした。つまり構成員にとってきわめて拘束性の強い会社や企業でした。しかし、株式会社の場合は株主の加入脱退は株主の自由意志だけでできます。会社の承認は一切必要がありません。株主を証明する株式は自由に譲渡でき、自由に売買することができます。この株主の自由意志の尊重が、株式会社に対する信頼と支持を広めました。

この株主の有限責任と自由譲渡が相俟って、株式会社は社会の支持と承認を拡大することができました。証券取引所の発達に伴って、株式は公開市場で売買され、不特定多数の「公衆」が証券取引に参加するようになり、株式会社の資金調達は拡大して行きます。しかも証券市場に参加する「公衆」は、複数会社の株主になり株価の変動にのみ関心を持つ利鞘稼ぎ人にすぎません。株式の配当よりも株式の売買によって金儲けしようとする者たちです。

それはともかくとして、第三に、営利法人としての株式会社が資金調達の方法において組合企業や合名会社よりも有利に展開することができたことが、企業形態として株式会社が支配的になり、そして大会社が誕生する要素になったのです。ヒルファディングもこう言っています。

我々は、株式会社にあっては資本調達の容易さが個人企業におけるとは全く別であるのを見た。すなわち、株式会社は、純粋に技術的な考慮に従ってその経営を設備する可能性をもつが、個人企業は、その際絶えず、彼の資本の大きさが彼に対し設ける制限にぶつかる。このことは、彼が信用を利用する場合にも、あてはまる、というのは、信用の大きさが彼の自己資本の大きさに局限されているからである。これに反して株式会社は、創業の際にも、またことに拡張や新投下の際にも、かような個人的所有の制限に拘束されていない。したがって株式会社は、最良最新の諸成果を採り入れることができ、また、新投下をなす時点においても、自己の利潤が蓄積可能な大きさに達するまで待たなければならない個人企業者よりも遥かに独立的である。かくて株式会社は技術的に優越して設備されることができ、また、ほとんど同じに重要なことであるが、この技術的優越を常に確保していることができる。……かくて株式会社は個人企業に比して、第一にはより大きな規模において、第二には改良されたより新しい技術をもって、作業しうる。したがって、個人企業に比して、一の特別利潤をあげうるであろう。〈岡崎次郎訳『金融資本論（上）』〉

もちろん株主には配当請求権、株式総会の議決権、取締役の選任権があることは言うまでもありません。「ウィキペディア」は、「株式会社とは、細分化された社員権（株式）を有する株主から有限責任の下に資金を調達して株主から委任を受けた経営者が事業を行い、利益を株主に配当する、法人格を有する企業形態である。」と定義しています。言い換えれば、営利法人として最高に発展した企業形態が株式会社ということです。

つまり、現代は株式会社の支配する時代です。日本企業の多数が、株式会社の形態を取っています。二〇〇二（平成一四）年の国税庁の調査によれば、営利法人二二五万八七社の内、株式会社が四一・一%、有限会社五五・八%、両者で九六・九%を占めています。そして、資本金一億円以上一〇億円未満の法人は三万二二八九社ありますが、その九四%は株式会社です。さらに資本金一〇億円以上の法人は七二六四社ありますが、その九八%は株式会社です。これによって大会社の圧倒的多数が株式会社の企業形態を取っていることが分かります。

とは言っても、株式会社がすべて善良で信頼がおける企業とはかぎりません。なかには、ブラック企業のようにろくでもない会社もあります。反対に、合名会社や有限会社でも、堅実で安定した経営をしている会社はたくさんあります。しかし、生産・運輸・通信・商業・金融などを支配する日本の大資本の会社のすべてが、株式会社の形態を取っています。これは日本だけの現象ではなく、世界的現象です。欧米・アジア・中東・ラテンアメリカなどの大資本の会社は、すべて株式会社の形態を取っています。日本企業も含めて、世界に名だたる世界企業は、すべて株式会社です。ですから、私たちは株式会社の支配する時代に生きていると言うことができます。

『資本論』の時代は、先に述べたように資本家個人が活躍する企業の時代でした。企業の資本は資本家個人の所有であり、企業の経営も資本家自身が直接行なう資本家的企業でした。ですから、資本家と労働者サラリーマンは人格として明確に区別することができ、階級差別と階級対立がはっきりしていました。しかし、株式会社という企業形態は、この差別と対立を曖昧にする傾向をもっています。労働者サラリーマンを支配する資本は顔が見える人格としての資本家ではなく、法人としての匿名の組織に転化したのです。そうした資本家が支配する時代に、『資本論』が株式会社という新しい企業形態の将来性に刮目した意義は大きいと思います。

株式会社は、元来、鉄道・港湾・運河・製鉄・造船など大規模事業を実現するため、すなわち個人資本による経営では気の遠くなる時間を要するような大規模事業を実現するために考案された企業形態でした。株式を発行することによって社会のできるだけ多くの遊休資金を集め、事業成功の暁には出資してくれた報酬として相当な配当を支払う契約です。『資本論』の時代には、「鉄道ブーム」のように短期間に株価が高騰し、株式の売買だけで巨額の利潤を掴んだ成金も生まれました。いずれにしても、株式会社は、新しい企業形態として一躍注目されるようになり、他の生産企業にも波及して行きます。この状況を、『資本論』は、「生産規模の非常な拡張が行なわれ、そして個人資本には不可能だった企業が現われた。」と書いています。

戦後日本には、嘗て「三公社五現業」と呼ばれる公共企業体、すなわち「政府企業」がありました。それは、日本国有鉄道・日本専売公社・日本電信電話公社の三公社と郵政・印刷・造幣・国有林野・アルコール専売の五現業から構成されていました。これら政府企業は、一九八〇年代の国鉄の分割民営化や電電公社の民営化に始まり、二〇〇〇年代の郵政の分割民営化を頂点として、「会社企業」すなわち株式会社に移行しました。現在、「政府企業」として残っているのは国有林野だけで、後は民営化あるいは独立行政法人化されています。まさに『資本論』が「従来は政府企業だったこのような企業が会社企業なる。」と語るように、戦後日本の資本主義は歩んで来たと言うことができます。この移行によってたしかに顧客に対するサービスは改善され、きめ細やかになりました。そして、会社企業の業績も上がって来ています。しかし、この民営化・株式会社化が「組合潰し」とも言われたように、労働組合は弱体化し、労働者サラリーマンの権利と自由が損なわれつつあることも否めない事実です。

さて、『資本論』は、株式会社としての企業形態を資本の所有と経営の社会化として捉えて、「資本主義的生産様式そのものの限界のなかでの、私的所有としての資本の廃止である。」と言っています。たしかに株式会社は、大小を問わず分散化しているあらゆる社会の遊休資金を集中させる点において、資本所有の社会化であり、「個人資本に対立する社会資本（直接に結合した諸個人の資本）」であると言うことができます。また、株式会社の経営と労働は、経営者も含め労働者サラリーマンによって担われ、資本の経営と労働の面においても社会化されたと考えることができます。まさに株式会社は「個人企業に対立する社会企業」です。しかし、前章で述べたように、現実には株式総会の「少数者支配」、すなわち資本所有の「少数者支配」を媒介とした資本経営の「少数者支配」が貫徹されており、『資本論』が描くような世界にはなっておりません。資本の所有と経営は分離されているのではなく、新しい形態をもって統一されています。単純に株式会社を「資本主義的生産の最高の発展の結果」とか、未来の社会主義社会への「通過点」とか、と断定することはできません。

少なくとも資本所有と経営の社会化を名実ともに実現するためには、株式会社の中に直接民主主義を植え込む制度改革が必要でしょう。株式総会における議決権を持株数に比例して配分するのではなく、国際連合の総会の議決権が大国・小国に関係なく一主権国家一票としているように、一定株式数を保有する株主は一人一票に平等化することも一つの案だと思います。また、経営者と経営陣の選出には、株主と平等の資格でその会社の労働者サラリーマンにも議決権を認め、職場の直接民主主義を実現することも重要になります。その試みとして「ドイツの株式会社では、取締役会が監査役会とその下に置かれる執行役会の二層に分かれている。従業員数が二〇〇〇人を超える大企業では監査役会の半数は労働者から選ばれた代表者であり、残りの半数と議長は株主から選ばれる。これを労資共同決定方式という。」〈「ウィキペディア」〉が実現されています。そして、全国や世界に展開する大会社では、株主総会や職場総会における議決権行使をインターネットで行なえるようにすれば、現代ではなんの障害も生じないでしょう。このような資本所有と経営における直接民主主義は、株式会社改革の飛躍台になると思います。これによって、株式会社の立法部（株主総会・職場総会）と司法部（監査役）と行政部（経営者・経営陣）とが、株主と労働者サラリーマンの多数者意志によって支配され、有機的に結合する組織になるのではないでしょうか。資本の所有と経営における社会化の実現に一歩近づくことになります。まさに、「産業民主主義」の現実化です。

しかし、いかに株式会社がその外部と内部の両面において民主化されたとしても、株式会社が企業である以上、資本の論理と倫理によって支配されていることは変わりがありません。言い換えれば、資本の「利潤増殖」の欲求が規制動機になっていることは否定できません。株式会社の制度改革によって、株主の利益と平等に労働者サラリーマンの利益がいかに配慮されたとしても、資本主義社会の中で生きて行く企業である以上、利潤をまったく無視して企業を経営することはできません。他の資本や会社との価格・品質・資本蓄積・生産技術などの競争にも打ち勝って行かなくてはなりません。株式会社における直接民主主義を「産業民主主義」の実現として手放しで喜んでばかりいられないように思います。極限を言うならば、たった一つの企業が世界の全産業を支配した時に、株式会社の直接民主主義は完全に実現したと言えるでしょう。そして、現代における世界大資本と世界企業の国境を超えて進む発展を見るならば、その遠い道程の通過点に、今、私たちは立っていると見ることができるかもしれません。

第二九章　競争社会としての資本主義

生産関係の物化の叙述や生産当事者たちにたいする生産関係の独立化の叙述では、われわれは、もろもろの関連が世界市場、その景気変動、市場価格の運動、信用の期間、産業や商業の循環、繁栄と恐慌との交替をつうじて生産当事者たちにたいして、圧倒的な、かれらを無意志的に支配する自然法則として現われ、彼らに対立して盲目的な必然性として力をふるう仕方には立ち入らない。なぜ立ち入らないかと言えば、競争の現実の運動はわれわれの計画の範囲外にあるものであって、われわれはただ資本主義生産の内的編成を、いわばその理想的平均において、しめしさえすればよいのだからである。（3の2－1064）

競争とは何でしょうか。なぜ資本主義社会は競争社会と言われるのでしょうか。そして、競争は資本主義社会に何をもたらすのでしょうか。

競争とは、「勝敗・優劣を他と争うこと。」〈『新明解国語辞典』〉を意味しています。私たちの生きる社会は、入学試験、就職試験、資格試験、昇任試験、スポーツの試合、美人コンテスト、科学技術賞、文学芸術賞、工事の入札、新聞の販売部数、テレビの視聴率、ゲームの順位、選挙など競争に充ち満ちています。競争を避けては生きて行けない社会に棲んでいます。そして、競争は往々にして戦争に例えられます。その意味で競争は武器なき戦争、平和的戦争と言えるかもしれません。そして、競争は何よりも自由と平和が前提になって成立するものです。その意味で、戦争は自由と平和を破壊するがゆえに競争を破壊するものだと言うことができます。

競争は他面から見ると大きな意味で市場のテストを受けることを意味します。そのジャンルは政治、教育、労働、スポーツ、美貌、科学技術、芸術芸能、建築工事、マスコミ、遊戯など異なりますが、いずれも個人或は団体が市場のテストに参加して優劣を競うという点で共通しています。そして、資本主義社会でこの市場のテストを日常的に受けているのが、資本すなわち企業です。資本は市場のテストに恒常的に参加してその商品やサービスの優劣が評価されます。

それでは、競争の結果はどうなるでしょうか。一方において、競争は「進歩の思想」と結び付いています。すなわち競争なくして進歩なし、進歩あるところに競争ありと考えられています。競争を通して個人の学力、競技力、労働能力、学問力、芸術力は向上します。経済的には競争は科学技術を発展させ労働生産力を進歩させるだけでなく、商品の品質向上と新商品の開発に貢献するものと考えられています。しかし、他方に於いて、競争は生物学で言う優勝劣敗、弱肉強食、自然淘汰、適者生存という厳しい現実的結果をもたらします。この競争の生みだす厳しい現実があるから個人と社会の進歩が生まれると言うこともできます。進歩と優勝劣敗は競争の楯の両面です。進歩には優勝劣敗という犠牲が伴います。犠牲なくして進歩は生まれません。競争に進歩しか見ないのは、それに払われた犠牲を忘却した単純な楽観主義者にすぎません。そして優勝劣敗の結果から、少数強者の支配が生まれます。但し、市場テストは何回も繰り返して実行されますから世代交替が起き、新しい市場も開拓されますので、常勝することは難しいのです。資本間の競争でも一〇〇年前、五〇年前の大企業が今日も大企業であり続けることは希な例になっています。ましてや個人間の競争では三〇年間少数の強者が同じ地位に留まることさえ困難なことです。したがって、この生物学の法則を絶対視してはいけないと思います。長いスパンで見れば、世代交替もあり、市場の変化も起こります。少数強者の支配に変化が訪れます。このことに関連して、マルクスもこう述べています。

実際生活に於ては、ただ競争と独占とその敵対とのみでなく、また両者の総合も見出される。しかしこの総合は一つの公式でなく一つの運動である。独占は競争を生み、競争は独占を生む。独占者は互いに競争し、競争者はやがて独占者となる。もし独占者が部分的結社をつくってお互ひの競争を制限するならば、競争は労働者の間で増大する。そして、プロレタリア大衆が一国に於ける独占者に比して増大すればするほど、競争は異なった国々の独占者の間でいよいよ不羈奔放になって来る。総合は、独占は絶えず競争戦を通じてのみ維持される、といった風のものになるのである。〈山村喬訳『哲学の貧困』〉

ところで、市場とは何でしょうか。それは競争が働く場です。売り手と買い手、生産者と消費者（個人的消費者だけでなく生産的消費者も含まれます）、供給側と需要側との競争が働く場が市場です。そして、その競争は同時に買い手間の競争、売り手間の競争を併発します。したがって、市場における競争は、売り手の間、買い手の間、売り手と買い手の間の三方面で進みます。そして、最後に競争の優劣を付けるのは、売り手側と買い手側のどちらがより組織化されているかということになります。マルクスは言います。

同じ商品が、種々の買い手に提供される。同じ品質の商品をもっとも安く売る人は、確実に、他の売り手たちを駆逐して最大の販路を確保できる。だから売り手たちは、互いの販路、市場を、争いあう。彼らはいずれも売りたいのであり、できるだけ多く売りたいのであり、そしてできるなら他の売り手たちを閉め出して、自分ひとりで売りたいのである。したがって或る売り手は、他の売り手よりも安く売る。だから売り手の間に競争が生ずるのであって、この競争は、彼等によって提供される商品の価格を下落させる。

だが、買い手たちの間にも競争が生ずるのであって、それは今度は、提供された商品の価格を騰貴させる。

最後に買い手たちと売り手たちとの間に競争が生じる。一方はできるだけ安く買おうとし、他方はできるだけ高く売ろうとする。買い手たちと売り手たちとの間の競争の結果は、前述の二つの競争の比率に、すなわち、買い手たちの隊内の競争が強いか売り手たちの隊内の競争が強いかに、依存するであろう。産業は、相対峙する二大軍隊を戦場にくり出し、その各々はその自身の隊列内でそれ自身の軍勢のあいだで、ふたたび戦闘する。内輪喧嘩の最も少ない軍隊が、相手の軍隊にたいして勝利をえる。（長谷部文雄訳『賃労働と資本』）

このような市場の競争を完全競争の市場と言います。売り手の側にも買い手の側にも市場を支配するキングメーカーが存在せず、いずれも少数派として分散している状態です。競争原理が市場メカニズムを支配している状態です。アダム・スミスの言う「神の見えざる手」が働く市場です。そこでは競争者は自分の利益だけを追求すればよく、その結果は経済的福祉の向上をもたらすと信じられています。最大多数の最大幸福が実現されると信じられています。それは、市場の成功と讃えられます。しかし、前に述べたように競争は独占を生みだします。独占が支配する市場では市場メカニズムが働きません。「神の見えざる手」ではなく独占の見える手が市場を支配します。独占の自己追求する利益は経済的福祉の向上ではなく、その破壊をもたらします。最大多数の最大幸福ではなく最小少数の最大幸福が実現することになります。それは市場の成功ではなく市場の失敗です。現実の市場は完全競争と独占との間に散在すると考えられます。これを不完全競争と呼びます。完全競争に近い市場もあれば、独占に近い市場もあるのです。前者の典型は農林水産業の市場ですし、後者は自動車や家電など寡占企業が支配している市場です。いずれにしても現代資本主義でも競争は生きています。現代資本主義から競争を除外することはできません。競争を死滅させることは、現代資本主義の死滅を意味するからです。それは、経済の進歩をもたらすことができないと考えられているからです。

そして、一九世紀半ばの『資本論』時代のイギリス資本主義は、完全競争に近い市場が支配した時代でした。それにも関わらず、前掲の『資本論』の文章に見るように、『資本論』は、「競争の現実の運動」について分析することを「計画の範囲外」と言っています。なぜでしょうか。不思議でなりません。というのは、すでに『資本論』は第一部第一編第一章から、商品価値は「社会的に必要な平均労働力」によって規定されると述べているように、商品の価格競争という前提がなければ商品価値の規定は論理展開できません。言い換えれば、商品の労働価値説すなわち価値法則は競争を前提条件として始めて成立するものです。また、「資本の絶対的剰余価値の生産から相対的剰余価値の生産への転化」にしても、なぜそうした転化が起きるのかと考えた場合に、競争という前提条件を抜きして理解できないのです。さらには、「資本の集積と集中の傾向」「利潤率平均化の法則」「利潤率の傾向的低下の法則」「生産価格と市場価格の関係」、また「超過利潤の地代への転化」にしても、競争という前提がなければ理解できません。そして、資本主義社会における「生産と消費との不均衡による均衡の関係」についても、競争の前提なくして把握できないのです。言い換えれば、『資本論』が述べる資本主義経済の主要法則は資本間の競争運動を前提にして、始めて成立するものばかりです。この点、資本主義の「内的編成」について「理想的平均」を求めるため、意識的に競争を除外したと『資本論』が言っているのは仮構であり、著者が理論的整合性を求めて述べた願望にすぎないように思います。例えれば「衣の下に鎧は隠れている」〈『日本書紀』〉のであり、捨象した係数が現実に対して逆襲していると見ることができます。

たしかに『資本論』は意識的に競争を理論構築にあたって除外していますが、それはなぜなのでしょうか。一つは競争の現象に眩惑され現象の奥にある本質を見失う恐れがあると考えたからです。言い換えれば、競争によって現象を本質と思い込み、逆に本質を現象と捉えられてしまう倒錯した思考に流される傾向があるからです。もう一つは、競争によって価格、利潤、地代は絶えず変動しますが、一定のスパンで見ると、その変動は相殺されて「規制的平均の支配」が貫かれ、競争がない状態と考えて理論構築しても間違いはないと考えていたからです。このことについて、『資本論』はこう述べています。

いくらか長い期間にわたる価格表をみれば、そして、労働の生産力の変動によって商品の現実の価値が変わった場合を除き、また自然的または社会的災害によって生産過程が撹乱された場合を除いてみれば、第一には、偏差の限界が比較的狭いことに驚き、第二にはそれらの偏差が規則的に相殺されることに驚くであろう。ここには、ケトレが社会的現象について指摘しているのと同様な、規制的平均の支配が見いだされるであろう。（3の2－1100〜1101）

ケトレ（Quetelet）はベルギーの統計学者。生存年は一七九六〜一八七四年であり、マルクスと同じ時代に活躍しました。近代統計学の父と呼ばれています。この「ケトレが社会現象について指摘」した「規制的平均の支配」は競争を考える場合にキーになる概念です。ここでは「価格表」すなわち商品価格の変動を例にあげて述べていますが、ある一定の不確定条件を除き、「いくらか長い期間」で見ると、たとえば三年、五年、一〇年の期間にわたり価格変動のグラフを見ると、「偏差が規則的に相殺」されて、「規制的平均の支配」が貫かれるというのです。つまり、資本間の価格競争はあるが、「いくらか長い期間」で見れば、価格偏差は相殺されて「規制的平均価格が支配」するというのです。これは結果としてまったく競争が市場で作用しなかったことを意味します。競争が均衡状態であったことを意味します。言い換えれば、価格について競争を想定しなくても、商品の生産価格だけ見て分析すれば商品価値に辿り着けることになるということです。資本間の価格競争に「規制的平均の支配」が働くことは、「生産価格と市場価格との関係」「利潤率平均化の法則」にも働き、したがって「超過利潤の地代への転化」にも働くことになります。なぜならば、平均利潤からの偏差が超過利潤であり、この超過利潤が生まれなければ、資本家が土地所有者へ転移する地代はどこからも生まれて来ないからです。換言すれば、資本間競争で決定的に重要な価格と利潤は非競争状態つまり均衡状態で捉えても、その本質把握には間違いはないということです。

しかし、ここで「一定の不確定な条件」として意識的に除かれた「労働の生産力の変動によって商品の価値が変わった場合」と「自然的または社会的災害によって生産過程が撹乱された場合」の二つ条件は見逃すことができない重要なものです。資本主義社会は絶えず労働生産性の進歩を求めて競争します。資本間の競争が労働生産性の進歩をつくり出します。競争がなければ、恐らくこの進歩は生まれて来ないでしょう。だから競争を抜きにしては資本主義社会の労働生産性の進歩はありえません。なぜ資本は労働生産性の進歩に躍起になるのでしょうか。商品価値を下げて価格競争に勝つためです。資本として市場で勝ち抜くためです。したがって、画期的な発明発見や生産技術の革新があった場合は、商品価格の競争に決定的な影響を与えます。その結果は商品価値の低落ですから、「規則的平均の支配」から除外されることになります。また、地震・津波・火山噴火・異常気象などの自然災害は、急激な商品不足が価格の急騰を招くことは言うまでもありません。また大火事・原子力発電所事故・戦争などの社会的災害についても同様なことが言えますから、「規制的平均の支配」から除かれることになります。したがって、「規制的平均の支配」は、資本主義社会に平常状態が確保された場合にのみ支配する法則と考えることができます。

ところで平均と偏差の関係、平均値と偏差値との関係は、競争を考える場合に重要です。むしろ、競争は平均値と偏差値の関係を作り出します。偏差値は中学・高校・大学の入学試験で重要な指標となるばかりでなく、小学校の学力テストの指標にもなっています。「偏差値教育」は教育の現実になっており、それは取りも直さず学校が「競争教育」になっている本質を表わしています。偏差値が高いということは平均値からプラスの方向に向けて偏差が高いということであり、偏差値が低いということは平均値からマイナス方向に向けて偏差が高いことを意味します。偏差値が高ければ良い高校・大学に入学できる確率が高くなり、逆であれば逆になります。だから偏差値が高い生徒は羨ましがられ、偏差値が低い生徒は見下されることになります。すべてが学力テストの偏差値だけで生徒を評価すると、生徒間に差別・分断・支配が生まれることになります。そこにいじめが発生する要因があり、それは偏差値の絶対視から生まれたものであり、「競争教育」の悪い面が露出したものです。ケトレの言葉を借りれば「規制的偏差値の支配」が学校教育の現場を貫徹した結果です。「偏差値教育」の歪んだ側面は、学校が偏差値を絶対性として信仰する宗教集団のようなものになり、「偏差値の神話」に取り付かれた信徒の群れになってしまうことです。学力は人間の知的能力を表わす一局面であり、そもそも相対的なものです。人間は知的側面と同時に、体力的側面、芸術的側面、技術的側面、遊戯的側面、道徳的側面などをもった多様性の存在です。そうした多様性をもった人間を知的側面だけに特化して評価するのが、「偏差値教育」です。それは人間について捨象した変数が多いだけに、ときに「非人間的教育」に変貌する土壌をもっています。知的側面の他にある多様な人間的側面も同じ価値あるものとして評価するシステムを構築することが、現代教育の課題ではないでしょうか。

とは言いましても、他の分野でも競争原理が働いていることは言うまでもありません。野球・相撲・サッカー・テニス・ゴルフ・競馬・陸上競技・体操・自転車などのスポーツ、音楽・絵画・彫刻・写真・映画・テレビドラマ・小説・詩歌・戯曲・書道・陶芸・ダンスなどの芸術、工作工芸・ロボット・自動車・バイク・人力飛行機・ソーラーカーなどの技術、マジック・囲碁・将棋・オセロ・けん玉・ビリヤードなどの遊戯、いずれも広い意味で遊びですが、小学校から競技大会があり、プロになれるのは一握りの頂上に位置する者であり、競争は最も激しく、もはや遊びではなく名誉と生活をかけた一つの職業になって行きます。しかし、これらの競技は公開の場で公平な審判者の下で行なわれることから、勝ち負けの評価が透明性をもっており、後腐れがありません。なお、これは競争ではありませんが、子どもであれば、寝たきり祖父母の介護のお手伝いをする、一人暮らしの高齢者を週一回訪問して話し相手になる、毎朝低学年の子どものリーダーとして交通安全のための登校をする、社会人であれば東日本大震災のボランティアとして働く、あるいは中国の砂漠に近い場所に行って植樹緑化のボランティア活動をするなど、学校や会社において道徳面での個人評価をすることも大事なことだと思います。

そして、社会に出て働いても出世競争という名の偏差値競争があります。一つの職場を六〇歳の定年まで勤め上げると、高卒で四二年、大卒で三八年の長い人生のマラソンレースを走ることになります。肉体的精神的健康度、挨拶・礼儀の励行、コンプライアンス意識、担当業務の的確な処理、報告・連絡・相談能力、チーム連携能力、営業成績、上司の信頼度、接客態度、部下の指導力、状況判断の適格性、問題解決能力、企画提案能力、説明能力など複雑な要素の結合から割り出された平均値からの偏差値で出世競争は争われます。学校の学力成績とは比べものにならない多様で複雑な要素から構成される偏差値です。評価基準が透明化されている部分もありますが、不透明な部分も多いことから「派閥人事」「学閥人事」「情実人事」も時には起り、予想外の人事も起こりえます。しかし、概ね会社でも官庁においても長い目で見れば実力人事、実力の平均値からの「偏差値人事」が支配しているように思います。特に企業の場合は人事の的確さは企業の興廃に最も大きく関わりますから、実力本位の競争が支配するのは当然の要請になります。しかし、他面において、この企業における出世競争は、学校の偏差値競争のように、労働者サラリーマンの間に差別と分断と支配の構造をつくり出すことは否定できません。そして、学校での競争は、社会での競争に慣れて生き抜くための予行演習とも見ることができます。

以上、資本主義社会の競争は、資本間の競争を基軸としながらも、同時並行的に、資本と労働との競争（労使の対立と依存）、労働間の競争を生み進んで行きます。この資本主義社会の競争が生みだす人間関係について、Ｅ・フロムは言います。


近代人の孤独感、無力感は、かれのあらゆる人間関係のもっている性格によって、さらに拍車をかけられる。個人と個人との具体的関係は、直接的な人間的性格を失い、かけひきと手段の精神に色どられてしまった。市場の法則があらゆる社会的個人的関係を支配している。競争者同士の関係は、相互の人間的な無関心にもとづかなければならないことは明らかである。もしそうでなければ、どのような人間も、経済的な仕事を遂行することができない。そのためにたがいに争わなければならず、必要とあれば他人を経済的な破滅におとしいれることも、ためらっておられない。〈日高六郎訳『自由からの逃走』〉

ところで、年功序列賃金は日本的慣行だと批判されますが、それは誤解も背景にあるように思います。年功とは年齢と功績の二つの要素によって構成されています。年齢が上がるとともに賃金給料が上がる側面と功績が上がるとともに賃金給料が上がる側面、この二つの側面が組み合わさった賃金体系です。したがって、年齢は嵩んできているが、さしたる功績も上げていない労働者サラリーマンの賃金給料は、同年齢の他の功績を上げている者よりも賃金給料は低いということとなります。特に管理職になるかどうかは、同年齢の他の者と比べた場合、賃金給料水準で大きな違いが出てきます。さらに役員になれば、その格差は格段に大きくなります。したがって、年功序列賃金においても、労働者サラリーマンの実力と偏差値は評価基準の主要な柱になっています。ただ、その評価がアメリカの賃金体系のように同年齢でも何倍もの格差があるという風になっていないだけです。言い換えれば、終身雇用と年功序列賃金の体系の中でも労働者サラリーマンの間に激しい競争の風が吹いているということです。

いわゆる年功制度が諸外国の労務担当者が羨望するほど能率促進的であるのは、この制度が、なだらかな階層序列を経上がる競争の舞台であるからにほかならない。多数が脱落し、少数のみが成功するという事実は、努力次第で誰もが階級・階層を上位に変えることができるという幻想を、なかなか克服しはしないのである。〈熊沢誠『労働のなかの復権』〉。

しかし、年功序列賃金は生活給の側面をもっています。つまり、入社した時は若くて独身なので給料が安いが、結婚し子どもが増えてお金がかかるようになるにつれて、賃金はだんだん上がって行き、教育資金・住宅資金・老後資金でお金がもっとも必要な退職に近い当たりに賃金が最高に高くなる仕組みになっています。言い換えれば、人生の生活設計に合わせた賃金体系になっているのです。これは年齢を加味した生活給であると言うことができます。こうした生活給の側面は日本の賃金体系の長所であり、労働者サラリーマンの安心とやる気を醸し出す特徴だと思います。もちろん、中小企業や非正規労働者の場合は、労働者サラリーマンの流動性が高いこともあって、年功序列賃金でない場合が多数を占めることは言うまでもありません。ということは、年功序列賃金は、正規労働者で大企業や官庁に勤める限られた数の労働者サラリーマンの賃金体系と言えそうです。その正規労働者の賃金給料さえも年俸制や出来高制など実力本位の体系に変わって行くとすれば、労働者サラリーマンの競争はますます激しくなり、格差が広がり、労働者間の差別・分断・支配がより一層厳しくなることになります。これでは、働く者の共同性としての職場の可能性も失われてしまうのではないでしょうか。

さて、『資本論』では利潤は剰余価値・剰余労働・不払労働が転化した形態であり、したがって企業者利得も利子も地代もその源泉は剰余価値にあり、これらはその剰余価値が転化し分化した形態でしかないと捉えます。しかしこの関係は、資本家（企業家）から見れば、労働―労賃、資本―利潤（利子と企業者利得)、土地―地代と言うように、前者が原因で後者が結果であるかのように転倒した姿で現われます。また、資本主義社会では、このような転倒した姿があたかも正常な姿であるかのように写し出されます。そして、このような関係を、『資本論』は資本主義社会の「日常生活の宗教」と呼んでいます。『資本論』の大きな目的の一つは、このような「日常生活の宗教」に支配されている労働者サラリーマンの呪縛を解き放ち、それが幻想にすぎないことをあらわにすることにあります。

このような呪縛はなぜ起きるのでしょうか。

一つの理由は、競争という現実が否応なしにこの転倒を日常化してしまう力をもっていることにあります。資本家(企業家)だけでなく、労働者サラリーマンも資本間競争に巻き込まれ、知らず識らずに資本家(企業家)と同じ立場で費用価格、市場価格，労賃、利潤を見てしまうようになるからです。だから、『資本論』は競争が入り込むと事の真実の姿を捉えることを誤り、倒錯した姿があたかも本質であるかのように思い込むようになることから、競争をいったん現実分析の外に置き、「われわれただ資本主義生産の内的編成を、いわばその理想的平均において、しめしさえすればよい」と考えたのです。

さらに、こうした認識の転倒と倒錯が起きるもう一つの理由について、『資本論』は次のように書きます。

> 資本主義的生産様式は、他のどの生産様式とも同様に、絶えず物質的生産物を再生産するだけではなく、社会的経済的諸関係を、この生産物形成の経済的形態規定を、再生産するということである。それだから、この生産様式の結果は絶えずそれの前提として現われるのであって、ちょうどその諸前提がその結果として現われるのと同様である。そして、このような、同じ諸関係の不断の再生産

こそは、個々の資本家が自明なこととして、疑いない事実として、予想するものなのである。資本主義的生産そのものが存続するかぎり、新たにつけ加えられる労働の一部分は絶えず労賃に分解し、もう一つの部分は利潤（利子と企業者利得）に、そして第三の部分は地代に、分解する。いろいろな生産要因の所有者たちのあいだの契約では、このことが前提されているのであって、この前提は、これらの相対的な量的関係が各個の場合にどのように変動しようとも、正しいのである。いろいろな価値部分がそれぞれ一定の姿で相対するということが前提されているのは、その姿が絶えず再生産されるからであり、また、それが絶えず再生産されるのは、それが絶えず前提されているからである。（3の2-1114）

すこしややこしい文章なので説明することにしましょう。

「他のどの生産様式とも同様に」とは、原始共産制社会、古代奴隷制社会、中世封建制社会の生産様式を指します。そして、近代資本制社会でも、「他のどの生産様式とも同様に」「物質的生産物を再生産する」とともに、資本家と労働者という「社会的経済的諸関係を再生産」して行きます。資本主義的生産様式は、資本家と労働者との「社会的経済的諸関係」を絶えず再生産して進むことから、労働から労賃が生まれ、資本から利潤が生まれるかのような幻想を生みだします。この幻想は、資本主義的生産様式に特有な「社会的経済的諸関係」が前提になって生みだされたものであり、したがって、資本主義社会の絶えざる再生産によって、前提は幻想を生みだし、幻想が前提を生みだす関係をつくりだして行きます。「そして、このような、同じ諸関係の不断の再生産こそは、個々の資本家が自明なこととして、疑いない事実として、予想するもの」なのです。

資本主義社会の「社会的経済的諸関係」をもう少し「生産要因」に沿って詳しく見ますと、生産手段である土地には土地所有者が、生産手段の所有者には産業資本家が、貨幣の所有者には貨幣資本家（銀行資本家）が、そして労働の所有者には賃金労働者が契約関係をそれぞれ取り結ぶことによって編成されています。具体的には、土地所有者と産業資本家との間に取り結ぶ土地の賃貸借契約、産業資本家と貨幣資本家との間に取り結ぶ金銭貸借契約、産業資本家と賃金労働者との間に取り結ぶ雇用契約となります。そして、言うまでもなく、これらの関係は主従の関係、支配・被支配の関係ではなく、商品の売り手と買い手（賃金労働者は労働力商品の売り手です）、商品の貸し手と借り手（土地も貨幣も商品です）という法律的には対等な契約関係になります。にもかかわらず、先に見たように産業資本家と賃金労働者との関係は、必要価値・必要労働・支払労働は労賃として対象化し客体化されますが、剰余価値・剰余労働・不払労働は、すべて産業資本家の利潤として産業資本家のポケットに入ってしまいます。そして、そのポケットの中から土地所有者に地代を、貨幣資本家に利子を、そして残った利潤を産業資本家は生産手段の所有者の立場から企業者利得として取得します。言い換えれば、「資本主義的生産そのものが存続するかぎり、新たにつけ加えられる労働の一部分は絶えず労賃に分解し、もう一つの部分は利潤（利子と企業者利得）に、そして第三の部分は地代に、分解する。」のです。そして、利潤と労賃との分割及び利潤の中の分割が「相対的量的関係が各個の場合にどのように変動しようとも」、資本主義社会の「社会的経済的諸関係」が前提されていることに変化はないのです。具体的に言えば、産業資本家と賃金労働者の関係を基軸とし、それに土地所有者、貨幣資本家が加わる関係が、資本主義社会の「社会的経済的諸関係」として前提されており、その前提から労賃、利潤（利子と企業者利得）、地代が発生するような外観が生まれます。これが「競争の外観」に隠された資本主義社会の本質です。競争はこの本質を眩惑し、幻想をあたかも本質であるように置換える働きをするのです。ここに競争がつくり出す魔力があります。

さて、『資本論』は、国内市場や世界市場での資本間の競争について次のように述べています。特に国境を越えた世界市場での資本間の競争について述べているのが印象的です。

個々の資本家たちのあいだの競争でも、世界市場での競争でも、労賃、利子、地代の与えられた前提された大きさが、不変な規制的な大きさとして計算にはいるのである。不変というのは、それが大きさを変えないという意味でのことではなくて、それらが各個の場合に与えられていて、絶えず変動する市場価格にとっての不変の限界をなしているという意味でのことである。たとえば、世界市場での競争の場合には、問題は、ただ、与えられた労賃、利子、地代を支払いながら商品を与えられた一般的市場価格でかまたはそれよりも安く売って利益をあげることが、すなわち相当な企業者利得を実現することが、できるかどうかということだけである。ある国では、資本主義的生産様式が一般に発展していないために労賃や土地の価格は低いが資本の利子は高く、別のある国では労賃や土地の価格は名目的に高いが資本の利子は低いとすれば、資本家は一方の国ではより多く労働や土地を充用し、他方の国では比較的より多く資本を充用する。（3の2－1117〜1118）

ところで、国内市場でも世界市場でも資本間の競争は、商品の価格競争を基軸として展開されます。それは、「与えられた一般的市場価格でかまたそれよりも安く売って利益をあげる」かの競争です。どちらを選択するかは、産業資本家が「相当な企業者利得を実現することが」有利かを、予想して意志決定することになります。予想が外れれば企業者利得が縮小することになりますし、予想が当たれば企業者利得が拡大することになります。たとえ予想が外れたとしても幾ばくかの企業者利得は残るでしょうし、価格を修正することも可能です。もともと賃金労働者のつくりだした剰余価値・剰余労働・不払労働が転化したものが企業者利得なのですから、資本家（企業家）としての個人的報酬に食い込まないかぎり、自分の腹を痛めることはないのです。しかし、長期間に亘り企業者利得が縮小することは、資本蓄積の量に直接的に関わることになり、企業の成長にも市場の拡大にも響いて来ます。そこで、資本家（企業家）は安閑としていられなくなり、資本家（企業家）的精神を発揮することになり、資本の生産過程と流通過程を総点検することが始まります。まずは費用価格の点検から始まり、生産技術の革新、新商品の開発へ進んで行くことになります。こうして、資本間競争がコスト削減と技術革新と新商品開発を生んで行くことになります。これは、競争の強制が生むプラス側面と言えるでしょう。

そして、世界市場における資本間の競争は熾烈です。『資本論』が書くように、世界企業は労賃や土地の安い国へ資本を投資し、利子が低い国からは資本を借りて世界市場へ進出しようと行動します。それは資本の費用価格をできるだけ下げて、市場価格をできるだけ安く設定し、世界市場での競争を有利に展開しようとするためです。今日、日本資本が大量にアジアへ進出するのは、アジアの安くて優秀な労働力が日本資本にとって最も魅力的だからです。そのため、日本国内における産業の空洞化が生じ、非正規雇用の賃金労働者が増えて、総体としての賃金所得水準が低下しました。とすれば、日本の労働者サラリーマンは国内で同じ労働者と競争しているだけでなく、アジアの労働者とも競争していることになります。「万国のプロレタリア団結せよ！」〈『共産党宣言』〉は美しいスローガンですが、そのためには幾つもの壁を乗り越えなくては進まない現実があることを直視することから始めなければならないでしょう。

さて、資本は費用価格をできるだけ少なくし市場価格との差額を大きくして利潤の極大化を目指して行動するものであることは、今さら言うまでもありません。税金は資本にとって利潤からの控除であり、利潤の削減です。法人税・法人住民税をできるだけ安くしようと政府与党に働きかけるのは、「市民の論理と倫理」からは異常と批判できますが、資本にとっては「正常」な行動であり、「資本の倫理と論理」に沿った行動なのです。国内で税金が高ければ、税金の安い外国へ会社を登記する例が、最近、増加傾向にあります。いわるタックスヘイブン（tax haven 租税回避地）の問題であり、西インド諸島の英国領ケイマン諸島が有名です。「典型的なタックスヘイブンとして知られるケイマン諸島には六万社を上回る会社が登記され、なかでも首都ジョージタウンにあるウグランド・ハウスと呼ばれる五階建てのビルには、一万八〇〇〇社が登記されており、そのほとんどは郵便受けだけのペーパーカンパニーです。」〈合田寛「タックスヘイブン 上」赤旗日曜版／二〇一三年一〇月六日〉。こうしてケイマン諸島は、多国籍企業や超富裕層の税金逃れに利用されています。同じく同氏は同下〈二〇一三年一〇月一三日〉で、「イギリスではコーヒーのチェーン店スターバックスが長年、税を支払っていなかったことが明らかとなり、市民が店舗の前に座り込み、〝私はスタバよりたくさん納税した〟と叫ぶなど、怒りが広がりました。アメリカでもアップル社がアイルランドの子会社に利益を移し、租税条約の隙間をくぐり抜けて、どこからも課税されていないことが明らかになり、世界を驚かせました。」と伝えています。これは、資本の飽くなき欲望が、「市民の論理と倫理」を当然のように踏みにじることを恥ともしない本質をもっていることを如実に物語る典型です。これもまた競争の結果が生んだ少数強者の赤裸々な姿と言えるのではないでしょうか。

第三〇章　ビッグビジネスの誕生

商品生産の営みはすべて同時に労働力搾取の営みになる。しかし、資本主義的生産がはじめて一つの画期的な搾取様式になるのであって、この搾取様式こそは、それが歴史的に発展するにつれて、労働過程の組織と技術の巨人的成長とによって、社会の全経済的構造を変革し、それ以前のどの時代よりもはるかに高くそびえたつのである。（2の49〜50）

資本主義の歴史的発展がつくり出した「労働過程の組織と技術の巨人的成長」を象徴するものは、現代におけるビッグビジネス（大企業）の巨大工場と高層ビルです。そして、このビッグビジネスが資本主義「社会の経済構造を変革し、それ以前のどの時代よりもはるかに高くそびえ」たっています。なぜこのようなビッグビジネスが生まれたのでしょうか。そして、なぜビッグビジネスの影に膨大な中小企業が存在するのでしょうか。また、ビッグビジネスは資本主義経済にどのような影響を与えているのでしょうか。その疑問を考える前に、まずビッグビジネスが支配する現実がどうなっているか見ることにしましょう。

私たちの生活はビッグビジネスが生産する商品やサービスに満ち溢れています。ビッグビジネスと関わりをもたずに私たちの生活は成立しなくなっています。即席麺、食用油、小麦粉、砂糖、ビール、ウイスキー、煙草、電力、ガス、水道、灯油、ガソリン、乗用車、家電、電話、携帯電話、新聞、テレビ、百貨店、スーパーマーケット、コンビニ、生命保険、損害保険、病院など、これらはすべてビッグビジネスの商品とサービスです。さらに、鉄、アルミニウム、合成樹脂、繊維、紙、ガラス、セメントなどは、すべて素材産業のビッグビジネスが生産する商品です。私たちの生活はビッグビジネスの供給する商品やサービスを抜きにしては、一日も生活が成り立たない社会の中で暮らしています。そして、私たちの消費生活だけでなく、私たち社会の生産活動もビッグビジネスが生産する生産手段（原料、補助材料、道具機器、機械設備、建物など）を消費することによって再生産が行なわれています。すなわち、私たちの社会の生産と消費はビッグビジネスによって支配されているのです。

例えば、一九九七（平成九）年の「東洋経済統計月報」のわが国の生産集中度を見ますと、上位五社のビッグビジネスがビール一〇〇％、缶コーヒー七八％、即席麺八三％、ポリエステル七二・七％、化粧品六五・二％、ガソリン六五・三％、タイヤ・チューブ九九・四％、セメント八一・五％、粗鋼六二％、ベアリング九八・五％、カラーテレビ六一％、液晶表示装置七二・七％、デジタルカメラ七六％、乗用車八三・二％、トラック七一・五％の市場占有率をもっています。また、二〇一二（平成二四）年の経済産業省の調査によれば、わが国の企業総数は一六七万四三九二社ありますが、資本金一億円以上の企業は全体の一・七％の二万七九一八社にすぎません。そのわずか一・七パーセントの企業が財務省の調査によれば、法人企業の経常収益の六九・五四％、三二兆四八二六億円を稼ぎ出しています。中でも企業総数の〇・二五％に相当する資本金一〇億円以上のビッグビジネスが経常収益の五二・九七％を取得しています。これらの統計はビッグビジネスが市場においても収益においてもいかに大きな支配力をもっているかを示しています。

このことについて、レーニンは『帝国主義論』（一九一七年出版）の中で、一九世紀末から二〇世紀初頭にかけて特徴的な発展を遂げた「新しい資本主義」について、次のように述べています。

国内の全企業の総生産額のほとんど半分が企業総数の百分の一にあたる企業に握られている！そしてこれらの三〇〇〇の巨大企業が二五八の産業部門にわたっている。このことから（生産の）集積は一定の発展段階に達すると、おのずから、いわばぴったり独占に接近する、ということが明らかになる。なぜなら数十の巨大企業は相互のあいだでたやすく取りきめを結ぶことができるし、他方では、企業の規模が大きいこと、そのことのために、競争が困難になり、独占への傾向が生みだされるからである。競争が独占へこのように転化していくことは、最新の資本主義経済に見られるもっとも重要な現象の一つ――たとえもっとも重要なものではないとしても――である。（大崎平八郎訳）

また、ガルブレイスも『新しい産業国家』（一九六七年出版）の中で、アメリカ資本主義の「大企業体制（the industrial system）」ついて、こう語っています。

七十年前には法人企業の存在は、当時生産が大規模で行なわなければならないと思われた産業、すなわち鉄道事業、蒸気船運輸業、石油の採掘、および精製業、ならびに若干の鉱業に限られていた。しかし、現在では、食料品販売、製粉、新聞発行、演芸興行など、かつては個人経営者あるいは微々たる小企業の領域であったあらゆる事業活動においても法人企業が活躍している。最大級の企業は何百種類もの製品を生産するため数十箇所にわたって数十億ドルの価格の設備と数十万の人間を使用している。最大五百社の法人企業は米国において毎年利用可能なすべての財貨とサービスの半分近くを生産しているのだ。(都留重人監訳)

さらに、『サムエルソン　経済学(下)』(一九八九年出版)はアメリカ企業のコングマリット合併による資産の集中について、次のように書きます。

そこでの数字は不完全な点もあると言え、トップ二〇〇社の資産分け前が一九一〇年ころの約三分の一から一九八四年の六一パーセントにまで上昇したもようであることを示している。資産集中におけるこの増加傾向は、数多くの経済学者や政策担当者を驚かせたのであって、そのことは連邦通商委員会が数年前に「巨大法人は究極的にこの国を自分のものにしてしまうだろう」と書いた事実のなかにもうかがわれる。(都留重人訳)

それでは、なぜこのような「大企業体制」が資本主義経済に生まれたのでしょうか。どうしてビッグビジネスが支配する資本主義社会になったのでしょうか。

第一は、競争がビッグビジネスを生みだすことです。現代の競争は商品やサービスの価格、品質、デザイン、広告などあらゆる局面で行なわれています。その結果は、優勝劣敗と弱肉強食であり、こうして優越な企業が生き残り、劣弱な企業は敗れ競争市場から弾き出されます。こうした競争が長期間に亘り繰り拡げられた結果、中小企業が自然淘汰され、適者生存としてのビッグビジネスが生き延びることになります。言い換えれば、競争の中からビッグビジネスが誕生するのです。この競争は一産業一業種で独占企業が形成されるまで続きます。すなわち、自由競争は寡占企業の競争を経過して独占企業の支配で終熄を迎えるということです。

第二は、競争と関係しますが、資本の集積と集中がビッグビジネスを生みだすということです。資本蓄積の連続は資本の集積を可能にし、企業の大規模化を誕生させました。さらに、企業の吸収合併は資本集積で大規模化した企業をさらに飛躍させ資本の集中を可能にし、こうしてより大規模化した企業、ビッグビジネスが誕生します。特に資本の集中が行なわれるのは、恐慌の時です。ここで弱い企業は持ちこたえることができず、強い企業に吸収合併され、企業はより大規模化されます。このことについて、『資本論』は言います。

> 利潤の量は、その率が下がっても、投下される資本の大きさにつれて増大する。とはいえ、これは同時に資本の集積を条件とする。というのは、今では生産条件が大量の資本の充用を命ずるからである。それはまた資本の集中すなわち大資本家による小資本家の併呑と後者からの資本の取上げを条件とする。（3の1－309）

第三は、金融システム（信用制度）の発展がビッグビジネスを生みだすことです。すなわち、株式制度と銀行資本の発展がビッグビジネスの誕生を促します。自己資本だけの資本では資本の集積に限界がありますが、その限界を破り資本の集積を拡大成長させるものは、銀行市場での間接金融と証券市場での直接金融による社会のあらゆる遊休資金を調達可能にする金融システムです。この金融システムの支援をどれだけ受けられるかが、企業の設備投資の大きさを決定し、企業が大規模化する動因になって行きます。そして、産業資本の大規模化は、ひるがえって金融資本の大規模化を生みだします。こうして産業資本と金融資本の結合によるビッグビジネスが支配する社会をつくり出すのです。このことに関連して、『資本論』もこうに書きます。

さらに集中について述べなければならない！いわゆる国立銀行とそれを取り巻く大きな貨幣貸付業者や高利貸とを中心とする信用制度は、巨大な集中であって、それは、この寄生階級に、単に産業資本家を周期的に減殺するだけでなく危険きわまる仕方で現実の生産に干渉する法外な力を与えるのであるーしかもこの仲間は生産のことは何も知らず、また生産とはなんの関係もないのである。一八四四年および一八四五年の諸法律は、金融業者や株式相場師をも仲間に加えたこの盗賊どもの力が増大したことの証拠である。（3の2－701〜702）

そして、不況と恐慌の時に産業資本が生き延びることができるかどうかは、金融資本からの支援の有無にかかってきます。つまり大きな貨幣資本を調達できた産業資本が不況と恐慌を耐え生き延びることができるからです。『資本論』も言います。

実際には、循環が繰り返されるあいだに諸攪乱が相殺されるかぎり、過程は進行する。攪乱が大きければ大きいほど、それらが相殺されるまで待つことができるためには、産業資本家はますます大きな貨幣資本をもっていなければならない。そして、資本主義的生産が進行するにつれて各個別生産過程の規模が拡大され、またそれにつれて前貸しされる資本の最小限が大きくなるのだから、前述の事情が他の諸事情に加わって、ますます産業資本家の機能を個々別々の、また結合された、巨大な貨幣資本家の独占に転化させるのである。（2の132）

その結果、「経済的独占そのものは、新たな企業を起こすのに資本が大きければ大きいほど、そして銀行と独占的結合との連繫が緊密であればあるほど、ますます堅固であろう。今日では、銀行の助力なしでは、またその上に銀行の意思に反しては、大きな産業企業はもはやほとんど生存能力をもたないからである。」〈ヒルファディング／岡崎次郎訳『金融資本論（中）』〉と言われる状況に至るのです。

第四に、市場への参入障壁が高くなることが、ビッグビジネスを生みだしています。資本の有機的構成の高度化、特に固定資本が大規模化することが、他企業が同一市場へ参入することを困難にさせ、ビッグビジネスの支配を強固にします。企業が新しい市場に参入する場合、初期投資の大きさ、利潤率の高さ、市場の成長性、技術の専門性、「適正」労働力の確保などを勘案して意思決定します。参入しようとする市場がこれらの条件に合わない場合、企業は参入を思いとどまります。市場が寡占企業で支配されている場合、参入条件のハードルは高くなりますから、既存ビッグビジネスの支配が固定化されることになります。いわゆる装置産業と呼ばれる鉄鋼、石油化学、自動車、家電などは参入障壁が高い寡占企業が支配する市場です。こうして、ビッグビジネスが産業と業種を棲み分けて支配することになります。

以上、競争、資本の集積と集中、金融システム、参入障壁の四つが、ビッグビジネスを生みだす要因だと思います。

そして、この四つが要因になって産業の二重構造が生まれ、少数のビッグビジネスの影に膨大な中小企業がひしめく状況が生みだされます。競争の度合い、資本規模、資金調達、技術開発、労働賃金について「日なた」と「日かげ」の格差をつくり出します。

二〇一二（平成二四）年における経済産業省の企業資本金階級別調査によれば、総企業数一六七万四三九二社のうち三〇〇〇万円未満の中小企業は九一・六％、一億円以上の大企業は一・七％にすぎません。また、二〇一一年度の財務省の調査による資本規模別の自己資本比率は、一〇〇〇万円未満が八％、一〇〇〇万～一億円未満が三〇％、一億～一〇億円未満が三五％、一〇億円以上が四二％となっており、企業規模が大きくなるにしたがって自己資本比率も高くなっていることが分かります。言い換えれば、企業の安定度は企業規模の大きさに比例するということであり、相対的ですが大企業の安定と中小企業の不安定を示しています。また、厚生労働省の調査による二〇一一年における賃金・生産性・設備投資率の規模別格差は、従業員一〇〇〇人以上の企業を一〇〇とすると、二〇～二九人未満の企業の設備投資率は〇に近く、賃金が五二、生産性が四四となっています。大企業は設備投資率・生産性・賃金のいずれの面でも最も高い数字を示し、中小業はそれに比べて圧倒的に低い数字を示しています。これは、大企業は生産性が高いから賃金も高く設備投資率も高くなり、中小企業は生産性が低いから賃金が低く設備投資率も低くなるという結果を生みだしています。また、財務省の調査による二〇一一年における法人企業の資本金規模別労働分配率は、一〇〇〇万円未満の中小企業で八一・七％、一〇億円以上の大企業で六一・六％になっています。つまり、大企業になればなるほど利潤率が高くなり、中小企業に近くなればなるほど利潤率が低くなることを示しています。したがって大企業になればなるほど設備投資率は高くなり、技術開発の研究投資も大きくなります。ここから大企業と中小企業との間に技術革新の格差が生まれます。こうして、大企業はますます拡大成長して行き、中小企業はその格差を縮めることができず、ビッグビジネスの支配はますます強いものになって行くのです。戦前から続いて来た日本経済の二重構造の問題は戦後も解消されることなく、姿を変えて現代まで生き続けています。

それでは、ビッグビジネスは資本主義経済にどのような影響を与えているのでしょうか。

第一に、「規模の経済」のメリットをビッグビジネスがもたらすことです。資本主義の歴史的発展は、大量生産、大量販売、大量消費の経済を実現しました。その推進役を担ったのが、ビッグビジネスであることは否定できません。ビッグビジネスは「規模の経済」の利益を生かして、労働生産力を向上させることによって商品価値を低下させ、「高度大衆消費社会」を実現しました。その結果は、労働者サラリーマンの賃金所得水準の上昇であり、市民大衆の生活水準の向上でした。

第二に、ビッグビジネスが中心になって技術革新を進めたことです。ビッグビジネスの誕生と成長によって、技術革新に対する研究開発投資は拡大して行きました。その成果が労働生産力の進歩であり、市民大衆の生活水準の向上でした。このことについて、『サムエルソン　経済学（下）』は述べています。

ジョセフ・シュンペーターに始まる立論の線にのって、多くの論者が、新機軸や技術変化の源泉は巨大法人ならびに不完全競争の中に見出されると主張してきたのである。不完全競争者は彼らの価格が限界費用の上方に位置することから非効率をもたらすというのは、確かにそのとおりであるけれど、シュンペーターは、資本主義経済においては独占がダイナミックな発明や技術的成長のエンジンであると考えたのだった。（都留重人訳）

第三は、ビッグビジネスは独占への傾向を常にもち、公正な競争を妨げ、市民大衆に不利益をもたらすということです。ビッグビジネスは独占形態であるカルテル（企業協定）、トラスト（企業合同）、コンツェルン（企業統合）へ移行することをつねに狙っています。『資本論』の注釈の中で、エンゲレスは一九世紀末期の資本主義の新しい傾向を次のように述べています。

……要するに、古くから讃えられてきた競争の自由も終末に達して、その公然の不面目な破産を自分自身で告げざるをえないのである。しかも、どの国でも一定の部門の大産業家たちが生産の調節のためのカルテルを形成することによって、である。一つの委員会が各経営の生産すべき量を決定して、結局は、はいってくる注文を分配する。いくつかの場合には一時的には国際カルテルさえもできた。たとえばイギリスの鉄生産とドイツのそれとのあいだのように。しかし、このような、生産の社会化の形態でも、まだ十分ではなかった。個々の事業会社のあいだの利害の対立はあまりにもしばしばこの形態を打ち破って、競争を再現させた。そこで、生産規模がそれを許したいくつかの部門では、この事業部門の総生産を集中して統一的な管理機関をもつ一つの大きな株式会社にするまでになった。アメリカではこれがすでにしばしば実行されており、ヨーロッパでは今日まで最大の実例はユナイテッド・アルカリ・トラストであって、これはイギリスの全アルカリ生産をただ一つの事業会社の手に収めさせた。個々の——三〇以上の——工場の以前の所有者たちは、彼らの総投資の査定価値を株式で受け取ったが、その総額は約五〇〇万ポンド・スターリングで、これはトラストの固定資本を表わしている。技術上の指揮はこれまでと同じ人々の手に残されているが、事業管理は役員会の手に集中されている。約一〇〇万ポンド・スターリングの額の流動資本（floating capital）が公衆から募集された。だから、総資本は約六〇〇万ポンド・スターリングである。こうして、全化学工業の基礎をなしている部門で、独占が競争にとって代わり、全社会による、国民による、将来の収奪のた

めに最も好都合に準備されているのである。――F・エンゲルス（3の1－558～559）

現在の日本では、商品の価格や生産量などを企業間で協定するカルテルは例外を除き独占禁止法で違法とされていますが、しばしば闇カルテルが摘発されるようにビッグビジネスの独占への志向は抜きがたいものがあります。合併などによるトラストは禁止されていませんが、市場占拠率によって規制を受けます。しかし、長引く経済の停滞で競争がますます激しくなると、法定が許す範囲の上限でトラストを志向する傾向は強まることはあっても弱まることはないでしょう。また、コンツェルンは三井、三菱、住友などの財閥のことを意味しますが、戦後の財閥解体によって家父長制的財閥は消滅したものの銀行資本が中心になり企業連携は継承され、現在では持株会社として正式に会社法で公認された企業形態になっています。いずれこれらの独占形態は、「資本の倫理と論理」で動きますから、市民大衆の不利益になることを平然と実行することも起ります。法と市民による監視は怠ってはならないのです。

第四は、経済の二重構造の問題に見られるように、ビッグビジネスは労働者サラリーマンの間に階層差別を生みだすことによってこれを分断し、労働者サラリーマンの統一と団結を妨げ、これを支配していることです。これに対抗するためには正規労働者と非正規労働者、大企業労働者と中小企業労働者との間に横たわる賃金と労働条件の格差撤廃に向けた労働者サラリーマンの自立と連帯の運動が必須だと思います。他方において、この問題を根底的に解決するためには、大企業と中小企業との間に存在する企業間格差、すなわち生産性と利潤率と設備投資率の格差を解消する運動と連結しなければ実現できません。すなわち、中小企業の企業家連合と労働者サラリーマンの労働組合がビッグビジネスの支配に抗して共闘する運動がなければ、問題解決に一歩も近づくことができないのです。

第六編　社会総資本

第三一章　生産者需要と消費者需要

諸商品は生産手段または生活手段として買われ――その場合かなりの種類の商品が両方の目的に役だつことができるということは少しも事柄を変えるものではない――、生産的または個人的消費にはいってゆく。だから商品にたいする需要は、生産者（ここでは資本家、というのは、生産手段は資本に転化していると想定されているのだから）からも消費者からも生ずるのである。（3の1－236）

私たちは消費とはと尋ねられて一般的に思い浮かべるのは、個人的消費です。個人的消費だけを消費と普通考えます。すなわち衣食住を中心とした生活必需品や贅沢品を購入して個人的欲求を充足することだけを消費と捉えます。これに対して『資本論』は、消費には個人的消費だけでなく生産的消費があると指摘します。商品を生産するためには、生産手段（不変資本）と労働力（可変資本）が必要ですが、商品は生産手段と労働力を消費することによって、はじめて生産できます。この生産手段と労働力の消費は、商品を生産するために必要な消費ですから生産的消費と呼びます。これは、私たちが生活するために必要な個人的消費のイメージとは違います。しかし、消費は生産であり、生産は消費である点において、個人的消費も生産的消費も共通しています。すなわち、生活手段の消費は生活の生産であり、生活の生産は生活手段の消費です。生産手段と労働力の消費は商品の生産であり、商品の生産は生産手段と労働力の消費です。このことについて、マルクスは『経済学批判』所収の「経済学批判序説」の中で、次のように述べています。

だから生産は直接に消費であり、消費は直接に生産である。おのおのは、直接にその対立物である。だがそれと同時に、両者のあいだにはひとつの媒介する運動がおこなわれる。生産は消費を媒介し、消費の材料は生産が創造する、生産がなければ、消費にはその対象がなくなる。けれども消費もまた生産を媒介する、つまりそれは、生産物にはじめて主体をつくりだすが、その主体にとってこそ、生産物は生産物なのである。生産物は、消費においてはじめて最後の finish《仕上げ》をうける。汽車のはしらない、したがって摩滅もせず、消費もされない鉄道は、ただ……《可能的に》鉄道であるにすぎず、現実的には鉄道ではない。生産がなければ消費もない、しかしまた消費がなければ生産もない、というのは、そうなれば、生産に目的がないことになるであろうから。（武田隆夫等訳）

言い換えれば、生産の目的は消費なのです。最終的に生産を生産としてあらしめるものは消費です。蕎麦屋が蕎麦をつくったとしても顧客が食べてくれないことには、蕎麦は∧可能的に∨蕎麦であったとしても∧現実的に∨は蕎麦ではありません。顧客が食べてくれて、はじめて蕎麦は蕎麦になるのです。高価な工作機械も商品を生産するために使われなくてはただの宝の持ち腐れであり、∧可能的に∨工作機械であっても∧現実的に∨は工作機械ではないのです。工作機械は商品生産のために使われて、はじめて工作機械になるのです。他方、消費の対象をつくり出すのは生産です。いくら顧客が蕎麦を食べたいと思っても、蕎麦屋が蕎麦をつくってくれないことには蕎麦を消費することはできません。工作機械を使いたいと思っても、工作機械の生産者が工作機械をつくってくれないことには、工作機械を使うことはできません。すなわち消費の対象を提供するのは生産です。生産と消費は、「生産がなければ消費がない、しかし消費がなければ生産もない」という相互規定の関係にあります。

また、生産は消費の欲望をつくり出します。即席麺の販売がなければ即席麺に対する欲望も食習慣も生まれませんでした。電器釜の販売がなければ、電気釜に対する欲望は生まれませんし、ご飯は電気釜で炊くものだという調理方法が生活習慣になることもありませんでした。これは、電卓、ワープロ、パソコン、携帯電話などにも同じようなことが言えます。新しい商品の生産が、消費者に新しい欲望を生みだし、新しい習慣を生みだすのです。「空腹は空腹であるが、料理された肉をフォークやナイフでたべてみたされる空腹は、手や爪や牙をつかって生肉をむさぼりくらうような空腹とは、別のものである。だから消費の対象ばかりでなく、消費の仕方もまた、生産によって、客体的にはむろんのこと主体的にも、生産される。生産は、こうして消費者を創造する。」（前掲書）と言うことができます。ガルブレイスは『ゆたかな社会』（一九五八年出版）の中で、消費者の欲望は生産者がつくり出す広告と販売術に依存する「依存効果」について、こう語ります。

財貨に対する関心は消費者の自発的な必要から起こるのではなく、むしろ依存効果によって生産過程自体から生まれる。生産を増加させるためには欲望を有効にあやつらなければならない。さもなければ生産の増加は起こらないであろう。すべての財貨についてこういえるわけではないが、大部分の財貨についてそういえるということで十分である。このことから考えると、このような財貨に対する需要は、あやつらなければ存在しないのだから、それ自体の重要性または効用はゼロである。この生産を限界生産物と考えれば、現在の総生産の限界効用は、宣伝と販売術がなければ、ゼロである。生産こそをわれわれの社会の中心的な業績とみなす態度や価値観というものは、まさにひどくこじつけられた根の上に立っているといわなければならない。(鈴木哲太郎訳)

しかし、消費者の欲望は生産者の情報操作によって一方的につくりだされるものではないでしょう。消費者の欲望は抽象的なものではなく、支払可能な現実的欲望です。新しい商品に対する必要度と懐具合が勘案されて具体化される欲望です。そこには消費者の欲望だけでなく意思決定が働きます。その意志決定を動かすものだけが、消費者の現実的欲望になるのです。したがって、新しい商品に対する欲望は、生産者だけでなく消費者の意志決定に依存していると言えるのではないでしょうか。たとえ生産者からの刺激はあったにしても、消費者が欲望を現実的に創造する側面があることは否定できないでしょう。

このように消費には、個人的消費と生産的消費の二つがあります。したがって、需要にも生産者需要と消費者需要の二つがあります。社会の総需要は、生産者需要と消費者需要の二つによって構成されています。言い換えれば、総需要は生産者需要と消費者需要の二つの関数によって決定されると言うことができます。ここで注意しなければならないのは、労働者サラリーマンの賃金の役割です。労働者サラリーマンは資本の生産過程において労働力の消費として生産的消費に関わるものですが、賃金は労働者サラリーマンの生活を再生産するものですから社会の個人的消費に決定的な影響を与えます。消費者需要の動向を決定するのは労働者サラリーマンの賃金だと言っても過言でありません。物としての商品の消費を考えると労働者サラリーマンの賃金は消費者需要だけに関わることになります。

さて、私たちの住む資本主義社会は、生産も生活もすべて商品を消費することによって成り立っています。そして、一商品の価値は、不変資本（生産手段）プラス可変資本（労賃）プラス利潤（剰余価値）の合計です。生産手段の商品も消費手段の商品も、この価値要素の構成は不変です。そして、一社会の総商品は一商品の全集合ということになりますから、一社会の総商品の価値要素の構成も不変資本プラス可変資本プラス利潤になります。今、単純再生産の社会を想定するとすれば、可変資本（労賃）と利潤（剰余価値）はすべて消費者需要（個人的消費）に使用されることになり、不変資本（生産手段）はすべて生産者需要（生産的消費）に使用されることになります。したがって、一社会の総商品である総生産は消費者需要プラス生産者需要の合計である総需要に等しいということになります。すなわち、総生産は総需要に等しいことになります。これは、資本蓄積が前提となる拡大再生産の社会であっても、拡大された部分は一商品と同じ価値要素から構成される商品を産出することになりますから、総生産は総需要に等しくなります。ただ、不変資本も可変資本も利潤も単純再生産の場合と違って当初より増加します。したがって、生産者需要と消費者需要の合計である総需要を拡大するためには、利潤を資本蓄積へ転化し再投資することが必要となります。すなわち、投資が需要をつくり出すのです。投資の大きさが需要の大きさをつくり出します。言い換えれば、需要は生産的消費と個人的消費の合計ですから、投資が消費をつくり出し、投資の拡大は消費の拡大をつくり出すということになります。そして、総生産を拡大するためには、総投資を増大することが必要になります。総投資を増大することなくして総生産を拡大することはできません。社会の拡大再生産は資本蓄積の再投資の大きさにかかっているからです。このことから逆に資本蓄積による再投資が縮小すれば、総生産も総需要も総消費も縮小することになります。しかも総生産は総所得に等しいですから、総所得は総需要に等しくなります。ここから総生産、総需要、総所得、総消費は等しいという関係が生まれます。そして、総生産は総供給を意味しますから、総供給は総需要、総生産に等しいという関係も生まれます。しかし、現実には供給が需要に一致するのは偶然です。平常においては供給と需要は一致しません。その不一致が常態です。『資本論』も言います。

資本主義的生産の現実の内的諸法則は、明らかに、需要と供給との相互作用から説明することはできない（この二つの社会的な推進力の、もっと深い、ここでするのは適当でない分析はまったく別として）。なぜならば、これらの法則が純粋に現実化して現われるのは、ただ、需要と供給とが作用しなくなるとき、すなわち両方が一致するときだけだからである。需要と供給とは実際にはけっして一致しない。または、もし一致するとすれば、それは偶然であり、したがって科学的にはゼロとすべきものであり、起きないものとみなすべきである。ところが、経済学では需要と供給が一致すると想定されるのである。なぜか？現象をその合法則的な姿、その概念に一致する姿で考察するためである。すなわち、現象を、需要供給の運動によってひき起こされる外観にかかわりなく考察するためである。…………大なり小なりの一期間の全体を見れば、供給と需要は絶えず一致するのである。といっても、ただ過ぎ去った運動の平均としてのみ、そしてただそれらの矛盾の不断の運動としてのみ、一致するのであるが。こうして、市場価値からかたよる市場価格も、それらの平均数からみれば、平均されて市場価値に一致する。というのは、市場価値からの諸偏差はプラスとマイナスとして相殺されるからである。（3の1－238～239）

なぜ需要と供給は一致しないでしょうか。それは資本主義的生産が社会的分業を基礎とする無政府的生産だからです。したがって、需要と供給の調節は市場メカニズムに委ねられていることになります。需要と供給の過不足は市場メカニズムの信号である価格変動を通じて調節するしか方法がないのです。言い換えれば、資本主義的生産では、需要と供給は不断の不一致の結果としての一致、不断の不均衡の結果としての均衡としてしか成立することができないのです。一致も均衡も矛盾した運動の結果であり、事前に予測することも計画することもできません。だから需要と供給は、「ただ過ぎ去った運動の平均としてのみ、そしてただそれらの矛盾の不断の運動としてのみ、一致する」ことになります。

しかし、このような価格を信号にして需要と供給を調節する市場メカニズムは、完全競争をモデルにした一九世紀半ばの資本主義の時代に特徴的なものです。現代の資本主義では、このような完全競争の市場メカニズムは、農林水産物市場や株式市場や外国為替市場に限られます。現代の経済は少数のビッグビジネスが支配する不完全競争の寡占市場です。そこでは価格だけでなく品質、デザイン、広告なども競争の要素として重要な働きをします。言い換えれば、現代の資本主義は価格競争だけでなく非価格競争が重要な役割をもっており、供給は少数のビッグビジネスが支配する寡占市場になっているのです。つまり、それだけ供給が組織化、計画化された経済に変わってきている点が、一九世紀半ばの『資本論』時代の資本主義と違っています。

第三二章　国民総生産の均衡と不均衡

たとえばセー氏に見られるような、全収益、総生産物は一国にとっては純収益なってしまうとか、それと区別されないとかいう幻想、つまり、このような区別は国家的立場からみればなくなってしまうという幻想は、ただ、アダム・スミス以来全経済学を一貫している次のようなばかげた説の必然的で最後の表現でしかないのであって、その説によれば、諸商品の価値は結局残らず諸収入に、つまり労賃と利潤と地代とに、分解するというのである。（3の2－1076）

国民総生産とは何でしょうか。国民総生産はどのような場合に国民総消費と均衡するのでしょうか。国民総生産とは、一国で一年間に生産される商品の総額を意味します。

資本主義社会では、生産手段も消費手段もすべて個別企業の商品生産によって供給されます。したがって、一国の一年間の総生産は、個別企業が生産する商品の全集合として捉えることができます。それは、一つの巨大企業が一国の総生産を支配している状況を仮定したのと同じことになります。「われわれの社会の生産組織全体が、すべての資本設備を支配し、かつすべての労働を雇用するところの単一巨大企業組織であると想定しよう。」〈J・Rヒックス／酒井正三郎訳『経済の社会的構造』〉とすることと同じです。すなわち一国の総生産、総所得は、一国の個別企業の生産、所得の全集合です。言い換えれば、個別企業の生産、所得の一国の全集合が、一国の総生産、総所得になります。

個別企業の生産する商品価値は、生産手段（不変資本）cプラス労賃（可変資本）vプラス剰余価値（利潤と地代）mの合計ですから、一国の総生産価値もc＋v＋mの合計額に等しいということになります。したがって、アダム・スミスやセーが言う「諸商品の価値は結局残らず諸収入に、つまり労賃と利潤と地代とに、分解する」という説は労賃vと剰余価値（利潤と地代）mだけ見て、生産手段（不変資本）cをまったく考慮してない「ばかげた説」であり、幻想でしかないのです。生産手段を除いては商品生産はありえないにもかかわらず、生産手段の価値を除いて一国の総生産の価値を論じている点において、この説の現実離れした本質があります。言い換えれば、社会の総生産、総所得を純生産、純所得と同じものと捉えているのです。純生産は労働力が生みだした労賃と剰余価値（利潤と地代）の合計にすぎません。それには生産手段（不変資本）の価値が含まれていません。総生産と純生産は違うものなのです。だから、次のような疑問が、アダム・スミスなどの古典派経済学に対して向けられるのです。

年間生産物は、この価値部分を労賃に分解する価値部分と利潤や地代に分解する価値部分とのほかに、含んでいるのである。つまり、年間生産物の価値は、労賃・プラス・利潤・プラス・地代・プラス・Cに等しいのであって、このCはその不変価値部分を表わしている。では、いったいどうして、ただ労賃・プラス・利潤・プラス・地代に等しいだけの一年間に生産される価値が、「労賃・プラス・利潤・プラス・地代」・プラス・Cに等しい価値ある生産物を買うのであろうか？　どのようにして、一年間に生産される価値は自分自身よりも高い価値ある生産物を買うことができるのだろうか？（3の2－1069）

つまり、国民総生産から生産手段（不変資本）cを除外したのでは、国民総生産と国民総所得、国民総消費との均衡は永久に得られないのです。このcを含んだ国民総生産論が展開されなくては、国民総生産の均衡問題に接近することはできません。

それでは、一国の一年間の総生産はどういう場合に総消費と均衡するのでしょうか。この問題に対し、『資本論』は再生産表式論を展開し、次のように答えます。

前に示した単純再生産表式（第二部第二〇章第二節）をとってみよう。

$$\left.\begin{array}{l}\text{Ⅰ．} 4000c + 1000v + 1000m = 6000 \\ \text{Ⅱ．} 2000c + 500v + 500m = 3000\end{array}\right\} 9000$$

これによれば、Ⅱでは生産者と土地所有者とによって500v＋500mが収入として消費される。あとには2000cが残っていて補填されなければならない。これは、1000v＋1000m＝2000という収入をもっているⅠの労働者と資本家と地代取得者によって消費される。消費されるⅡの生産物はⅠの収入として消費され、消費することができない生産物で表わされているⅠの収入部分はⅡの不変資本として消費される。そこで、あとはⅠの4000cについて説明することが残っている。これはⅠ自身の生産物＝6000またはむしろ＝6000－2000によって補填される。なぜならば、この2000はすでにⅡのための不変資本に転換されているからである。ここで注意しておきたいのは、数字はもちろん任意に仮定したものであり、したがってⅠの収入の価値とⅡの不変資本の価値との関係も任意なものに見えるということである。とはいえ、再生産過程が正常に、その他の事情は変わらないで、したがって蓄積を無視して行なわれるかぎり、部門Ⅰでの労賃と利潤と地代との価値総額は部門Ⅱの不変資本部分の価値に等しくなければならないことは、明らかである。もしそうでなければ、部門Ⅱがその不変資本を補填することができないか、それとも、部門Ⅰがその収入を消費不可能な形態から消費可能な形態に転換することができないか、どちらかである。（3の2－1073～1074）

これは、まず一国の一年間の総生産について生産手段を生産する部門Ⅰと消費手段を生産する部門Ⅱの二つの部門に分けます。この総生産を二つの部門に大別し、その上で総生産と総消費の均衡を捉えようとするのが、『資本論』の再生産表式論です。二つの部門の価値要素の構成は、個別企業が生産する商品の価値要素の構成と同じですから、生産手段（不変資本）cと労賃（可変資本）vと剰余価値（利潤と地代）mの三つから構成されます。そして、単純再生産を仮定すると、労賃と剰余価値はすべて個人的消費に使われることになります。そうしますと、Ⅰの生産手段はⅠの部門の生産手段以外に消費できないことが分かります。Ⅱの労賃と剰余価値はすべて個人的消費に使われるのですから、Ⅱの消費手段を生産する部門の中で消費することになります。問題はⅠの個人的消費に使われる労賃＋剰余価値とⅡの生産手段の消費すなわち生産的消費です。これらの消費は、それぞれの部門では消費できません。Ⅰの個人的消費に必要なのは消費手段ですからⅠの生産手段を生産する部門では消費できません。Ⅱの生産的消費に必要なのは生産手段ですからⅡの消費手段を生産する部門では消費することができません。この再生産表式が均衡を得るためには、Ⅰの個人的消費がⅡの生産的消費と交換され、均衡をつくる必要があります。つまりⅠ（v＋m）＝Ⅱ（c）の等式が成立する必要があります。この単純再生産の再生産表式は、拡大再生産の場合にも同じように適用されます。ただ剰余価値の中から資本蓄積され再投資される部分が増えますので、相対的に個人的消費が減少し生産的消費が増えることになります。しかしその場合であっても、Ⅰの個人的消費とⅡの生産的消費が均衡を得なければ、再生産の均衡が得られないことは、単純再生産の場合と同じです。

このことを他方から見れば、単純再生産の場合はⅡの消費手段の生産はⅠとⅡの賃金と利潤と地代の合計する所得と等しいということになります。そして、その合計所得はすべて個人的消費に使われますから個人的消費の総額に等しくなります。すなわち、Ⅱの消費手段の生産を純生産とすれば、純生産は純所得、純消費と等しくなるということになります。この単純再生産の均衡は、拡大再生産の場合も成立しなければ、純生産の均衡は得られないことが分かります。

それでは、Ⅰの生産手段（不変資本）cはどう考えればいいのでしょうか。これは、総生産額からⅠとⅡの個人的消費の合計額を控除した残余として弾き出されたものであり、「資本形成」にのみ消費された生産手段です。すなわち原料、補助材料、機械器具、建物などの生産手段を生産するために消費されたものです。生産手段に消費される「資本形成」を現代経済学では、投資と呼びます。

経済学者にとっては、投資とは常に実質的な資本形成を意味するわけで、在庫のストックに財貨を加えたり、新しい工場や住宅や器具の生産がその内容をなしている。しかし、日常的用法ではしばしば、投資は、金を出してゼネラル・モーターズの株のようなものを買うとか、かど地を買うとか、貯金勘定を開くとかいうことを意味する。『投資』という言葉のこの二通りの使い方を混同しないようにしなければならぬ。〈都留重人訳／『サムエルソン　経済学（上）』〉

としますと、総生産、総所得はⅠの生産手段（不変資本）cにⅠとⅡの賃金vプラス剰余価値（利潤と地代）mの合計額すなわち個人的消費の総額を加えたものに等しいものになります。これを整理しますと、Ⅰの生産手段（不変資本）cは投資に相当するものであり、また個人的消費の総額を単純に消費としますと、総生産、総所得は投資プラス消費に等しいということになります。これはケインズ経済学が発見した所得＝投資＋消費と同じことになります。さらに詳しく表現すれば、総生産、総所得＝総投資（減価償却費を含む）＋純消費（個人的消費の合算）となり、総生産、総所得は総消費に等しいという均衡が得られます。

しかし、資本主義経済は個別企業の社会的分業に基礎を置く無政府的生産ですから、総生産と総消費の均衡は、不均衡の否定としての均衡としてしか実現されません。均衡は市場メカニズムを通した総生産と総消費の不均衡の否定として実現されるだけです。むしろ資本主義経済では均衡は偶然であり、不均衡が必然と言えます。言い換えれば、社会的労働の投入量＝純生産と社会的欲望の充足量＝純消費との間には、「少しも必然的な関連はないのであって、ただ偶然的な関連があるだけ」なのです。このことについて、『資本論』はこう述べています。

じっさい、商品生産では分業が前提とされているのだから、社会は、その処分できる労働時間の一部分をこの物品の生産に振り向けることによってこの物品を買うのであり、つまり、この与えられた社会が処分できる労働時間の一定量によってこの物品を買うのである。社会のうち、自分の労働をこの特定の物品の生産に振り向けることを分業によって引き受ける部分は、自分の欲望をみたす諸物品に表わされた社会的労働によって等価を受け取らなければならない。ところが、一方の、ある社会的物品に費やされる社会的労働の総量、すなわち社会がその総労働力のうちからこの物品の生産に振り向けられる加除部分、つまりこの物品の生産が総生産のなかで占める範囲と、他方の、社会がこの一定の物品によってみたされる欲望の充足を必要とする範囲とのあいだには、少しも必然的な関連はないのであって、ただ偶然的な関連があるだけである。（3の1－235）

そして、社会的欲望の充足量＝純消費に均衡する社会的労働の投入量＝純生産の調節は、資本主義経済では「競争、需要供給関係の変動に対応する市場価格の変動」によってしか実現されません。換言すれば、市場価格の変動が信号になって、どの商品にどれだけの労働量を投入するのかという社会的労働投入量の分配が決定されるのです。つまり、競争が生みだす市場価格の変動を通して社会的労働資源の最適配分が決定されるのです。このことについて、『資本論』は書きます。

ある商品がその市場価値どおりに売られるためには、すなわちそれに含まれている社会的必要労働に比例して売られるためには、この商品種類の総量に振り向けられる社会的労働の総量が、この商品にたいする社会的欲望すなわち支払能力ある社会的欲望の量に対応していなければならない。競争、需要供給関係の変動に対応する市場価格の変動は、それぞれの商品種類に振り向けられる労働の総量を絶えずこの限度に引きもどそうとするのである。（3の1－242）

さらに、社会的資源の最適配分の問題について、市場価格の変動と不即不離の関係にあるのが利潤率の変動です。資本と労働は利潤率の上昇する産業分野への投入量を増大し、利潤率の低下する産業分野から投入量を引き去ります。こうした運動を通して利潤率は平均化され、資本と労働の最適配分が実現されます。しかし、利潤率の平均化も社会的資源の最適配分化も、資本主義経済では不均衡の否定としての均衡として実現されるものであり、諸矛盾の結果として実現される他にないのです。このことについて、『資本論』は述べます。

資本主義的生産過程の全体はさらに生産物の価格によって規制される。しかし、規制的な生産価格は、それ自身また、利潤率の平均化やそれに対応するいろいろな社会的生産部面への資本の配分によって規制されている。だから、利潤は、ここでは、生産物の分配の主要因としてではなく、生産物の生産そのものの主要因として、資本および労働そのもののいろいろな生産部面への配分の部分として、現われるのである。（3の2－1127～1128）

このように、資本主義経済における国民総生産と総消費との均衡は再生産表式論に見るように理論モデルとしては成立しますが、現実の経済では価格と利潤率の競争を基軸とする市場メカニズムによって不均衡の否定としての均衡としてしか実現できません。そして、繁栄と恐慌が織りなす景気循環の運動は、この国民総生産の均衡をつくり出そうとする資本主義経済に特有な矛盾であると言うことができるでしょう。

第三三章　分配と生産の社会学

いわゆる分配関係は、生産過程の、そして人間が彼らの人間的生活の再生産過程で互いに取り結ぶ諸関係の、歴史的に規定された独自に社会的諸形態に対応するのであり、またこの分配関係の歴史的な性格は生産関係の歴史的な性格であって、分配関係はただ生産関係の一面を表わしているだけである。資本主義的分配は、他の生産様式から生ずる分配形態とは違うのであって、どの分配形態も、自分がそこから出てきた、そして自分がそれに対応している特定の生産形態とともに消滅するのである。（3の2－1128）

分配とは何でしょうか。分配は生産とどのような関係があるのでしょうか。

分配は生産物の分け方の問題です。生産に関与した人々が生産物をどのように分けるかという問題です。資本主義経済では生産物はすべて個別企業の商品として生産されます。商品を販売した収入は、不変資本（生産手段）と可変資本（労賃）と剰余価値（利潤と地代）に分かれます。この中で不変資本は個人的収入から除外されますので、個人的収入になるのは、労賃と利潤と地代の三つになります。この三つの収入が、資本主義経済の典型的な分配形態になります。

この三つの名称が物語っているように、分配形態は生産で取り結ぶ社会的関係によって規定されています。言い換えれば、労働力の所有者が労賃を、資本の所有者が利潤を、土地の所有者が地代を取得するようになっています。生産に対する労働力の所有者、資本の所有者、土地の所有者が取り結ぶ関係によって、分配形態が決められます。つまり、「分配関係は生産関係の一面を表わしている」ものにすぎないのです。このことについて、『資本論』はこうも書いています。

労賃は賃労働を前提し、利潤は資本を前提とする。つまり、これらの特定の分配形態は、生産条件の特定の社会的性格と生産当事者たちの特定の社会的関係とを前提するのである。だから特定の分配関係は、ただ歴史的に規定された生産関係の表現でしかないのである。（3の2－1127）

そして、資本主義社会は賃金労働者、資本家、土地所有者の三つの階級を「近代社会の三大階級」として生みだします。しかし、『資本論』は現実の社会には「中間階層や過渡的階層」が至るところに存在し、この階級関係を紛らわしくしていると述べながらも、資本主義社会が発展して行けば、三大階級の関係は次第に鮮明になって行くと、次のように書きます。

労賃、利潤、地代をそれぞれの収入源泉とする単なる労働力の所有者、資本の所有者、土地所有者、つまり賃金労働者、資本家、土地所有者は、資本主義的生産様式を基礎とする近代社会の三大階級をなしている。

イギリスでは争う余地なく、近代社会がその経済的編制において最も著しく最も典型的に発展している。それにもかかわらず、この階級編制はこの国においてさえ純粋に現われていない。中間階層や過渡的階層がこの国でも（農村では都市とは比べものにならないほどわずかとはいえ）至る所で限界規定を紛らわしくしている。とはいえ、これはわれわれの考察にとってはどうでもよいことである。すでに見たように、生産手段をますます労働から切り離し、分散している生産手段をますます大きな集団に集積し、こうして労働を賃労働に転化させ生産手段を資本に転化させるということは、資本主義的生産様式の不断の傾向であり発展法則である。そして、この傾向には、他方では、資本と労働からの土地所有の独立的分離が対応している。言い換えれば、資本主義的生産様式に対応する土地所有形態へのすべての土地所有の転化が対応している。（3の2－1130）

そして、現代の資本主義の階級関係が不鮮明になっているのは、次のような事情があるからだと考えられます。

第一は、株式会社の支配する時代になり、資本の所有と経営が分離したと見られていることです。個人企業家が会社組織に埋没し、階級として顔の見える資本家が霧散したことです。しかし、前に述べたように株式会社は資本の所有と経営の新しい統合の様式でしかなく、株式会社が営利法人として「資本の倫理と論理」を貫く以上、資本と労働の対立はなくならず、会社経営者と一般労働者の対立は存続します。階級関係はなくなったのではなくて、新しい装いをもって再生しているのです。

第二は、ホワイトカラーと呼ばれる新中間層が増大したことです。たしかに『資本論』が想定していた労働者階級は工場労働者＝ブルーカラーでした。そして二〇世紀に入り、ホワイトカラー＝事務労働者が増大して行ったのは争えない事実です。しかし、ホワイトカラーがサラリーマンと呼ばれように俸給生活者であり、自分の労働力を商品として資本に売る以外に生活の糧を得る術がない点において、ブルーカラーと本質的な違いはありません。加えて労働の機械化・コンピューター化はブルーカラーをホワイト化し、ホワイトカラーをブルー化して行きます。したがって、ホワイトカラーが増大したと言っても、資本と労働との本質的な関係には変化がなく、新しい装いをもって階級関係は再生していると見ることができます。

第三は、第二次大戦後の経済の高度成長によって労働者階級は絶対的窮乏化から解放され、賃金所得水準の上昇を実現し生活水準が向上したことです。こうした状況の中から労働者階級の「新中間層」論や大衆消費社会論が生まれました。しかし、資本と労働者階級を結ぶ鉄鎖は緩められたとしても、資本が支配する鉄鎖であることに本質的な違いはありません。労働者階級が資本に隷属する存在であることは、『資本論』の時代と変わってはいないのです。

さて、分配の大きな問題は分配の不平等という問題です。一握りの少数の富める者がある一方で、富めない大多数の者があり、その下層は最低限の生活を強いられるという所得分配の不平等が現代資本主義でも厳然として存在します。その所得分配の構成は、戦後の高度成長時代に中間層が大部分を占める形でしたが、その後の低成長時代とともに中間層から下層へ落ちて行く部分が増大し、上層はますます高層化することによって、現在ではピラミッドに近い所得分配の構成になりつつあります。「格差社会」「不平等社会」と叫ばれるゆえんです。この状況を『サムエルソン　経済学（下）』は次のように言います。

もしわれわれが、各層五〇〇ドルの所得にあたるように玩具の積木を使ってピラミッドを作りあげるとするならば、頂上はエベレスト山よりもはるかに高くなるであろうが、大部分の人たちは地上二、三フィートのところに集まることとなるであろう。（都留重人訳）

なぜこのような分配の不平等が現代資本主義には生まれるのでしょうか。

所得ピラミッドの高層を占めるのは、企業家・経営者層であり、下層を占めるのは非正規労働者層です。そして中間層を占めるのが正規労働者層です。このことは何を物語っているのでしょうか。資本を支配する者が所得ピラミッドの高層を占め、労働力を商品として資本に売るしか生活の術がない賃金労働者が中間層、下層を占めていることを意味します。言い換えれば資本を支配する有無によって所得分配に大きな格差が生まれるということです。このことは、一九世紀半ばの『資本論』の時代と本質的に変わっていません。「高度大衆消費社会」という時代の変化はありますが、資本と労働との対立は所得分配の格差が如実に示すように、現代資本主義でも存続しています。

ところで、労働者階級の中にも所得格差があります。大企業と中小企業、管理職と非管理職、正規と非正規、女性と男性、中高年と若年、高学歴と非高学歴、ホワイトカラーとブルーカラーなどの差異によって、労働者サラリーマンの中に賃金格差が生まれます。ここから、大企業のホワイトカラーの管理職の正規労働者の賃金が最も高く、中小企業のブルーカラーの非管理職の非正規労働者の賃金が最も低いという状況が生みだされます。したがって、たしかに労働者サラリーマンは大きく括れば一つの労働者階級に属しますが、その置かれている条件や意識は様々だと言えます。こうした労働者階級の中にある格差は、労働者階級を差別し分断するものですが、それを克服するには何が必要であるか考えて行くことが不可欠です。その具体的目標として掲げられるのは、少なくとも同一労働同一賃金の原則ではないかと思います。企業内、産業内、国内における同一労働同一賃金の原則を浸透させることによって、労働者階級の統一と団結は形成されるのではないでしょうか。その意味で差別を黙認することは差別を助長すると言うことができます。

第三四章　繁栄と恐慌の必然性

　繁栄期、すなわち再生産過程が非常に膨張し速度を加えエネルギーにあふれている時期には、労働者は完全に就業している。たいていの場合には賃金の上昇も現われて、商業循環上の他の諸時期に賃金が平均水準よりも下がるのをいくらか埋め合わせる。それと同時に資本家の収入は大いにふえる。消費は一般的に増加する。商品価格もやはり通例は上がる。少なくともいくつかの決定的な事業部門では上がる。（3の1－570）

　他方では、社会にある利用可能な生産資本への圧迫が生じる。絶えず生産資本の諸要素市場から引きあげられて、そのかわりにただ貨幣等価だけが市場に投げ入れられるのだから、支払能力ある需要がそれ自身からなんの供給要素をも提供することなしに増大するのである。したがって、生活手段の価格も生産材料の価格も上がる。さらに、このような時期にはきまって思惑が盛んになり、資本の大移動が行なわれる。一群の投機師や請負業者や技術家や弁護士などが大もうけする。彼らは市場で大きな消費需要をひき起こし、それと同時に労賃も上がる。食料について言えば、これらのことによってもちろん農業にも刺激が与えられる。この食料は一年のうちににわかに増やすことができるものではないから、その輸入が、一般に外来食料品（コーヒーや砂糖やぶどう酒など）や奢侈品の輸入といっしょに、増加する。そこで、輸入業のこの部分で過剰輸入や投機が起きる。他方、生産を急速にふやすことができる産業部門（本来の製造工業や鉱山業など）では、価格の騰貴によって突然の拡張がひき起こされ、そのあとにやがて崩落がやってくる。同じ影響は労働市場でも現われ、それによって大量の潜在的な相対的過剰人口が、また大量の有業労働者さえもが、新たな事業部門に引き寄せられることになる。総じて鉄道のような大規模な企業は、労働市場から一定量の労働力を引きあげるのであるが、それはただ強壮な若者だけが使用されている農業などのような特定の部門からしか生まれてこないのである。このようなことは、新たな企業がすでに常設の経営部門になっており、したがってその企業に必要な移動的労働者階級がすでに形成されてからでも、起きることがある。たとえば、鉄道建設が一時的に平均規模よりも大きな規模で営まれる場合がそれである。その圧迫によって賃金を低くしていた労働者予備軍の一部分は吸収される。賃金は一般的に上がり、労働市場のこれまで雇用事情のよかった部分でも上がる。こういうことは、不可避的な崩落が労働者の予備軍を再び遊離させて賃金が再びその最低限またはそれよりももっと下に押し下げられるまで続くのである。（2の386）

前掲の二つの『資本論』の文章は、繁栄期の経済状況を描いたものですが、あたかも一九六〇～七〇年代における日本の高度経済成長の時代を彷彿させるような内容になっています。商品はどんどん売れ、生産が追い付かないほどです。それに伴って、企業の売り上げは上昇し、利潤も拡大して行きます。労働者サラリーマンの賃金や給料は上がって行き、完全雇用に近い状態が生まれます。相対的過剰人口は吸収されて失業者がほとんどいない状況がつくり出されます。生産はますます拡大して行き、一部では「労働力不足」の状態が囁やかれ始めます。生産の拡大再生産のスピードは速くなり、旺盛な生産者需要が発生し、「物不足」の現象も出て来ます。また、賃金の上昇に伴い、サラリーマンの消費者需要も上昇して行きます。そして、利潤の拡大に伴い資本家・経営者など「富裕層」の消費者需要も拡大して行きます。こうした生産と消費の両面から需要が拡大して行くため、商品の価格は次第に高騰し、「忍び寄るインフレ（creeping inflation）」が恒常化して行きます。これは、「資本」の側にとっても、「労働」の側にとっても、「我が世の春」を謳歌する幸せな時代です。労使の利害一致を叫ぶ「労使協調論」の絵空事が、現実化したかと思えるような状況です。

しかし、この繁栄の時代こそ、次の恐慌の時代を招き寄せる要因を作り出します。繁栄は恐慌の要因であり、恐慌は繁栄の要因です。繁栄は恐慌の母であり、恐慌は繁栄の母です。繁栄期の旺盛な需要に誘発された生産過剰が恐慌の直接の原因になります。恐慌期の生産と需要の大幅な収縮が反転して生産と需要を回復して行くことが繁栄の直接の原因になります。『資本論』の時代は、この繁栄の天井から恐慌の奈落へ落ちる周期は、ほぼ一〇年でした。一〇年ごとに繁栄と恐慌の景気循環が繰り返されていたのです。『資本論』は書きます。

大工業の最も決定的な諸部門については、この生命循環は今日では平均して一〇年の周期をもつものと推定してよい。とはいえ、ここでは特定の年数が問題なのではない。ただ、次のことは明らかである。このような、連続的な、いくつもの回転を含んでいて多年にわたる循環に、資本はその固定的成分によって縛り付けられているのであるが、このような循環によって、周期的な恐慌の一つの物質的な基礎が生じるのであって、この循環のなかで事業は不振、中位の活況、過度の繁忙、恐慌という継起する諸時期を通るのである。資本の投下される時期は非常に種々さまざまである。

とはいえ、恐慌はいつでも大きな新投資の出発点をなしている。したがってまた——社会全体としてみれば——多かれ少なかれ次の回転循環のための一つの新たな物質的基礎をなすのである。（2の226）＊「この生命循環」の「この」は、産業資本を指します。

現実資本すなわち生産資本および商品資本の蓄積については、輸出入統計が一つの尺度を与える。そして、いつでもそこに示されているのは、一〇年の循環周期で運動するイギリスの発展期（一八一五－一八七〇年）のあいだは、いつでも恐慌の前の最後の繁栄期の最高限が、次にくる繁栄期の最低限として再現し、それからまたそれよりもずっと高い新たな最高限に上がって行くということである。（3の2－641）

工場制度の巨大な突発的な拡張可能性と、その世界市場への依存性とは、熱病的な生産とそれに続く市場の過充とを生みだし、市場が収縮すれば麻痺状態が現われる。産業の生活は、中位の活況、繁栄、過剰生産、恐慌、停滞という諸時期の一系列に転化する。機械経営が労働者の就業に、したがってまた生活状態に与える不確実と不安定は、このような産業循環の諸時期の移り変わりに伴う正常事となる。繁栄期を除いて、資本家のあいだでは各自が市場で占める領分をめぐって激烈きわまる闘争が荒れ狂う。この領分の大きさは、生産物の安さに比例する。そのために、労働力にとって代わる改良された機械や新たな生産方法の使用における競争が生みだされるほかに、どの循環でも労賃をむりやりに労働力の価値よりも低く押し下げることによって商品を安くしようとする努力がなされる一時点が必ず現われる。（1の1－592）

前にも述べたように、戦後日本の景気循環は小さな波動の揺れはありましたが、大きなターム（term）でみれば三〇～四〇年周期の繁栄と恐慌の循環とも考えることができます。そうしますと、バブル景気の崩壊を契機とした繁栄の時代の終焉が、「失われた二〇年」を作り出した直接の要因と見ることもできます。そして、現在を「緩やかな恐慌の時代」と言うこともできるでしょう。

さて、なぜある日突然絶好調の景気が、絶不調の不景気へ真っ逆さまに落ちて行くのでしょうか。それは、好景気の時期は経済指標のすべてが右肩上がりのプラスの信号を示すからです。そのため、将来もこの右肩上がりが続くだろうと思う期待値が膨らみます。生産設備は拡張して商品の生産力はどんどん上がって行きます。とにかく商品を作れば売れる状況ですから、その期待値は次第に大きくなります。単なる期待ではなく確信まで発展します。しかし、その期待はある日突然失望のどん底に叩き付けられます。その原因は、繁栄期の右肩上りの販売＝生産に対する膨張した期待値の破裂でした。需要を超えた生産力の拡張、すなわち生産過剰が起きたのです。社会の需要増大を過信した生産力の増強が弾けたのです。そして、今度は繁栄期とは真逆の恐慌期に入って行きます。人間は悲しいものです。これまでもずっと良かったし、今も良い、だからこれからも良いだろうと期待値を膨らませるものです。将来に対する希望も大きくなります（この逆は逆になります）。これは、人間の感情として当然のことではないでしょうか。未来を確実に予測できない人間には致し方ない結果と言うほかありません。しかし、資本主義の景気循環は、私たちに冷徹な現実を突き付けます。これを単純に資本主義的生産の無政府性のせいだと片付けられるのでしょうか。

そして、『資本論』が次に書くように、恐慌の現象は繁栄の現象とはまるで逆です。

恐慌の最中には、だれでも売るものをもっていながら売ることができず、しかも支払をするためには売らなければならないのだから、遊休していて投下をもとめている資本の量ではなく自分の再生産過程のなかでせき止められている資本の量は、まさに、信用欠乏もまた最大であるとき（したがってまた銀行業者信用では割引率が最高であるとき）にこそ最大なのである。そのようなときには、すでに投下されている資本も実際には大量に遊休している。というのは、再生産過程が停滞しているからである。工場は休止し、原料は堆積し、完成生産物は商品として市場にあふれている。だから、このような状態を生産資本の欠乏のせいにすること以上にまちがったことはないのである。まさにこのようなときこそ生産資本の過剰があるのである。すなわち、それは、一方では、正常な、といってもさしあたり収縮している再生産規模から見て過剰なのであり、また一方では、麻痺している消費から見て過剰なのである。

―略―

労働者の消費能力は、一方では労賃の諸法則によって制限されており、また一方では、労働者は資本家階級のために利潤をあげるように充用されうるかぎりにしか充用されないことによって制限されている。すべての現実の恐慌の究極の原因は、やはり、資本主義的生産の衝動に対比しての大衆の窮乏と消費制限なのであって、この衝動は、まるでただ社会の絶対的消費能力だけが生産力の限界をなしているかのように生産力を発展させようとするのである。（3の2-618～619）

多くの商品資本が市場で争って席を奪い合う。あとから押し寄せるものは、とにかく売ってしまうため、投げ売りをする。前からきている流れがまださばけていないのに、その支払期限がやってくる。その持ち主たちは、支払不能を宣言せざるをえないか、また支払をするためにどんな価格ででも売ってしまうよりほかはない。このような販売は現実の需要の状態とはまったくなんの関係もない。それは、ただ、支払にたいする需要に、商品を貨幣に転化させることの絶対的な必要に、関係があるだけである。そこで、恐慌が起きる。恐慌が目に見えるようになるのは、消費的需要すなわち個人的消費のための需要の直接の減少によってではなくて、資本と資本との交換の減退、資本の再生産過程の縮小によってである。（2の94）

こうして恐慌期には、商品は巷に溢れ売れないで堆積しています。商品の価格は下降して行き、デフレ傾向を帯びて来ます。資本の再生産過程は好循環を描くことが不可能になって行き、企業の業績と利潤は急速に下がって行きます。その結果、企業は賃金引き下げを実施すると同時に、余剰人員を削減して、労働者サラリーマンのリストラ（restructuring）すなわち首切り合理化を実施します。こうして、大量の失業者の群れが社会に溢れます。労働者サラリーマンは賃金生活者として社会の最大の消費者でもありますから、この面から消費者需要は低下して行きます。もちろん資本家・企業家など「富裕層」の消費者需要も利潤の縮小とともに下降して行きます。その結果は、消費者需要の急激な落ち込みになり、商品はますます売れなくなります。資本の再生産過程はますます縮小されて行き、生産者需要も低下して行きます。社会の生産と消費との悪循環が止まらなくなり、景気は負のスパイラル（spiral）を描くように転げ落ちて行きます。社会はこのスパイラルから脱出できなくなり、大衆の所得水準の低下と「窮乏化」が進み、大衆の不満と怨嗟の声が高まって行きます。こうして、社会は長い停滞の時期に入って行きます。そこから、次第に抜け出て「中位の活況」を取り戻すのに五〜六年、繁栄期をまた迎えるのに七～八年かかることになります。

これが『資本論』の時代における繁栄と恐慌の景気循環の状況ですが、その循環の必然性はどこにあるでしょうか。何が要因になってこのような景気循環が資本主義経済に起きるのでしょうか。

第一は、マネー経済と実体経済の乖離です。マネー経済は実体経済の好況を反映して好景気を呼び込みますが、実体経済の好況の持続はマネー経済に過剰信用、過剰投資、過剰取引をもたらし、マネー経済が実体経済の動向と関係なく独り歩きをするようになります。マネー経済の主観的需要と実体経済の客観的需要との間に大きな乖離が生まれます。恐慌はこの乖離を是正するのです。マネー経済の大きく膨らんだシャボン玉は破裂し地に落ちます。マネー経済の恐慌は実体経済にも波及し実体経済も恐慌に陥ります。そして、マネー経済が再び活性化するのは実体経済が「中位の活況」を迎えた時になります。

第二は、労働賃金が上昇し利潤率を低下させることです。利潤率の低下は資本の拡大衝動をストップさせますから、景気を繁栄から恐慌へ転化させる要因になります。なお、労働力不足も利潤率を低下に対して同じように作用します。そして、恐慌によって押し下げられた労働賃金が利潤率の回復をつくり出し、景気を停滞から活況へ転化させます。

第三は、期待値の膨張が需要を超えた生産過剰を生むことです。繁栄は将来の景気に対する期待値を膨張させ、需要に対する過剰な期待を生み、現実の需要から乖離した生産過剰をつくり出します。この生産過剰が現実の需要の壁にぶつかり景気は繁栄から恐慌へ反転します。恐慌から停滞へ景気が推移するにしたがって生産過剰で堆積した在庫は次第に調整されて行き、新しい需要が生まれ活況へ景気が回復して行くことになります。

第四は、賃金に規制された労働者サラリーマンの消費者需要は資本が適正と考える利潤によって限度が画されていることです。この労働者サラリーマンの消費者需要の限度に資本の拡大衝動は遮られ、景気は繁栄から恐慌へ反転します。すなわち、「資本主義的生産の衝動に対比しての大衆の窮乏と消費制限なのであって、この衝動は、まるでただ社会の絶対的消費能力だけが生産力の限界をなしているかのように生産力を発展させようとする」ところにあります。言い換えれば、労働者サラリーマン「大衆の窮乏と消費制限」を無視した生産力の拡張が恐慌の究極的原因と『資本論』は言っています。なお、この文章の「絶対的」は「無限の」と置き換えて読んでもらえば、より意味が鮮明になると思います。

第五は、資本主義的生産の無政府性です。個別的企業の社会的分業によって生産を進める資本主義経済では生産と消費の均衡は市場メカニズムによってしか調整できません。個別企業は景気の先行きを市場メカニズムの変化によってしか知ることができないのです。しかもこの均衡は不均衡の否定としての均衡としてのみ確保できるものです。繁栄と恐慌の景気循環は資本主義経済が均衡を確保するために課せられた必然性と言うことができるでしょう。

さて、恐慌の発端はどこから始まるのでしょうか。それは、商業信用と銀行信用の崩壊から始まります。企業が仕入した商品の買掛金や振出した約束手形の履行ができなくなったり、販売した商品の売掛金や受領した約束手形が回収不能になったりすることによって、企業の収支バランスが急激に崩れることから始まります。企業は貸付金の融資を受けている場合が多いですから、その返済ができなくなり、持参した約束手形も割引いてもらえなくなります。また、運転資金を融資してもらおうと銀行に頼んでも、拒否されるケースが増えて行きます。こうして、信用によって築かれている債務・債権の良好な関係が崩れて行きます。企業は悪化した債務・債権の関係をなんとか解消しようとして、現金を求めて銀行に殺到します。しかし、銀行の窓はなかなか開きません。恐慌が始まった時に、銀行の貸出金利が最も高くなるゆえんです。商品ではなく現金をもっている者が、大きな力をもちます。平常の信用取引が地に落ちる時です。その結果が、企業全体の不良債権の増大であり、企業の大量倒産と労働者サラリーマンの大量失業の発生となります。

　ところで、株価は景気のバロメーターと言われます。好況の時は株価が上昇し、不況の時には株価が下降します。その変化の潮目が、恐慌開始期の株価の急激な下落です。その点、株価は景気変動を知らせるカナリアの鳴き声と言えるでしょう。なぜ株価は景気を告知する信号の役割をするのでしょうか。それは、銀行信用の動向と関係があるのではないでしょうか。株式の投資家は個人投資家だけではありません。銀行も含めて機関投資家・法人投資家が大きな役割をもっています。そして、好況期には株価の上昇が続き、ますます大きな利潤を稼ぐ期待値が膨らみますから、自己資本だけでなく銀行から貸付融資を受けて投資しようとします。銀行も高騰する株式を担保に取ることができますから安心感があります。こうして「投資は投資を呼び」、株価はますます上がります。

　しかし、マネー経済は信用取引の面でぽつぽつ赤信号が灯るようになり、それを敏感に感知した銀行が、株式投資に対する貸付融資を急に引き締めるようになります。現代では政府による金融引締め政策が同様な結果を生みます。その鴻毛一枚の変化が天秤の平衡を破るように、株価の急速な変化を作ります。こうして株価の高騰は弾けて、急降下していきます。実体経済から乖離したマネー経済の行動は、萎んで行きます。マネー経済は恐慌期に入って行き、その影響を受けて実体経済も恐慌期に入ります。現在のマネー経済と実体経済との関係は、二〇〇八年九月のリーマンショック（Lehman Shock）に見られるように、マネー経済が世界同時化するとともにその取引高が実体経済の何倍にもなり、マネー経済の実体経済に与える影響力が格段に広く深くなっています。これは、現代資本主義の特徴です。したがって、世界のマネー経済の崩落が世界経済の同時恐慌へ転化する可能性も大きくなっています。

第七編　世界資本

第三五章　資本の海外進出

商業資本の優勢な支配はどこでも略奪制度を表わしているのであり、また、じっさい、商業資本の発展は、古代の商業民族のもとでも近代の商業国民のもとでも、暴力的な略奪や海賊や奴隷狩や植民地での圧制と直接に結びついているのであって、たとえばカルタゴやローマで、また後にはヴェネツィア人やポルトガル人やオランダ人などのもとでもそうなのである。（3の1－412～413）

資本の海外進出とは何でしょうか。

資本の海外進出とは、貿易や商業や投資で資本が国境を越えて海外に進出することを意味します。それは、嘗て、多くの場合、国家の政治力と軍事力を背景にして進められました。また、強い進んだ国が弱い遅れた国を植民地にすることが伴いました。言い換えれば、資本の海外進出には軍国主義と植民地主義が離れがたく結び付いていたのです。それは、「国旗は貿易に従う」すなわち「国旗は資本に従う」ということを意味していました。

前掲の『資本論』の文章は、「商業資本の優勢な支配はどこでも略奪制度を表わしている」と指摘し、古代のカルタゴやローマ、近代のヴェネツィア、ポルトガル、オランダの海外貿易の進出は、「暴力的な略奪や海賊や奴隷狩や植民地での圧制と直接結びついている」と述べています。この古代や近代のヨーロッパの歴史は、私たちが今日もっている世界貿易や国際商業に対する平和的イメージとは反対のものです。それはもはや貿易とか商業とか言うものではなく、暴力と侵略であり、強盗と略奪そのものです。それは帝国主義の侵略と搾取以外の何ものでもありません。意外に思うかも知れませんが、時代に制約された生産様式の本質的違いがあると条件を付けた上で、レーニンは帝国主義についてこう述べています。

植民政策と帝国主義は資本主義の最新の段階以前にも存在したし、資本主義以前においてさえ存在した。奴隷制のうえに成り立っていたローマは植民政策を遂行し、帝国主義を実現した。〈大崎平八郎訳『帝国主義論』〉

この帝国主義の普遍性について、日本史を振り返って見るならば、古代に大和国家が東北の蝦夷を侵略し植民地にしたのは、帝国主義であったと言うことができます。また、中世の鎌倉時代に「文永の役」「弘安の役」と二回に亘り中国の元帝国から侵略を受け、これを跳ね返したのは日本の反帝国主義戦争であったと見ることができます。また、近世初頭、豊臣秀吉政権が「文禄の役」「慶長の役」で朝鮮国に侵略し失敗したのも帝国主義戦争であったし、そして、近世の幕藩体制が蝦夷地（北海道）を侵略し、植民地としてアイヌ民族を抑圧したのも帝国主義支配であったと言うことができます。近代の日清・日露の戦争は帝国主義戦争であり、朝鮮併合は朝鮮を植民地にする帝国主義支配そのものであったし、日中・太平洋戦争は、中国、東南アジア、太平洋諸島の植民地支配を廻る欧米帝国主義諸国との帝国主義戦争であるとともに、中国・朝鮮人民にとっては反帝国主義民族解放闘争であったことは否定できない事実です。

そうしますと、帝国主義とは幸徳秋水の次の言葉に集約されます。

我国民を膨張せしめよ、我版図を拡張せよ、大帝国を建設せよ、我国威を発揚せよ、我国旗をして光栄あらしめよ、是れ所謂帝国主義者の喊声也。〈『帝国主義』〉

さて、ヨーロッパでは「一六世紀および一七世紀には、地理上の諸発見に伴って商業に大きな革命が起きて商人資本の発展を急速に推進し、これらの革命が封建的生産様式から資本主義的生産様式への移行の促進において一つの主要な契機をなしている。」と、『資本論』は次のように書きます。

少しも疑う余地のないことであるが―しかもまさにこの事実こそはまったくまちがった見解を生みだしてきたのであるが―、一六世紀および一七世紀には、地理上の諸発見に伴って商業に大きな革命が起きて商人資本の発展を急速に推進し、これらの革命が封建的生産様式から資本主義的生産様式への移行の促進において一つの主要な契機をなしている。世界市場の突然の拡大、流通する商品の非常な増加、アジアの生産物やアメリカの財宝をわがものにしようとするヨーロッパの国々の競争、植民制度、これらのものは生産の封建的制限を打破することに本質的に役だった。〈3の1－415〉

言い換えれば、一六～一七世紀の地理上の諸発見を契機としたポルトガル、スペイン、オランダ、イギリスなどヨーロッパ諸国の帝国主義と植民制度の膨張が、ヨーロッパ諸国を中世封建制社会から近代資本制社会へ転換させる起爆剤の一つになったということです。ヨーロッパにおける資本主義の勃興は、略奪的な商業と貿易の海外進出なくしては考えられないということです。

そして、一九世紀になると、イギリスでは機械制大工業による工場制度が発展して行き、イギリスは「世界の工場」へ成長して行きます。それに伴い、イギリスとインドやオーストラリアなどの植民地との関係も変化して行きます。機械制大工業が生産する大量の商品を売りさばく販売市場、さらには大量の商品を生産するために必要な原料供給地として植民地は位置付けられるようになります。こうして国際分業の垂直化が宗主国と植民地との間に推し進められ、先進工業国と後進農業国が固定化されます。このことについて、『資本論』は書きます。

工場制度がある範囲まで普及して一定の成熟度に達すれば、ことに工場制度自身の技術的基礎である機械がそれ自身また機械によって生産されるようになれば、また石炭と鉄の生産や金属の加工や運輸が革命されて一般に大工業に適合した一般的生産条件が確立されれば、そのときこの経営様式は一つの弾力性、一つの突発的飛躍的な拡大能力を獲得するのであって、この拡大能力はただ原料と販売市場とにしかその制限を見いださないのである。機械は一方では原料の直接的増加をひきおこす。たとえば繰綿機が綿花生産を増加させたように。他方では、機械生産物の安価と変革された運輸交通機関とは、外国市場を征服するための武器である。外国市場の手工業生産物を破滅させることによって、機械経営は外国市場を強制的に自分の原料の生産場面に変えてしまう。こうして、東インドは、大ブリテンのために綿花や羊毛や大麻や黄麻やインジコなどを生産することを強制された。大工業の諸国での労働者の不断の『過剰化』は、促成的な国外移住と諸外国の植民地化とを促進し、このような外国は、たとえばオーストラリアが羊毛の生産地になったように、母国のための原料生産地に転化する。機械経営の主要所在地に対応する新たな国際的分業がつくりだされて、それは地球の一部分を、工業を主とする生産場面としての他の部分のために、農業を主とする生産場面に変えてしまう。（1の1－589）

このことに関連して、ホブソンも二〇世紀初頭に勃興したアメリカの帝国主義の経済的基礎は、アメリカが世界一の工業生産力をもったことにあると次のように述べます。

冒険的精神とかアメリカの「文明の使命」とかは、帝国主義を助長する力としては明らかに経済的要因の推進力に従属するものであった。この変化の劇的性質は、八〇年以降の合衆国における先例なき急速な産業革命に基くものである。この期間を通じて合衆国は、その比類のない天然資源、熟練竝に不熟練労働の莫大な資源、竝に発明と組織の天分を以て、世界に曾て見られなかったほど最もよく装備された、且つもっとも生産力ある工業経済を発展させた。厳重な保護関税に育成されて、その金属・繊維・器具・衣料・家具及びその他の製造工業は、僅か一世代の間にまたたく間に揺籃期から完全な成熟へと飛躍し、そして激しい競争の時期を経て、大きなトラスト製造業者たちの有能な管理の下に、ヨーロッパ最先進工業諸国においてさえ獲得されなかった高度の生産力を獲得したのである。〈矢内原忠雄訳『帝国主義論（上巻）』〉

なお、『資本論』も植民地について「近代植民論」の一章を設けて論じています。しかし、そこで分析の対象になっているのはアメリカとオーストラリアだけであり、いわゆるフロンティアとしての開拓植民地については論じていますが、アジア、アフリカ、ラテンアメリカなどの植民地については分析をしていません。特にイギリス植民地の中心であるインドについて分析してないことは、植民地論を一面的なものにしています。インドについて、『資本論』は各所において個別的に言及しているのですが、植民地論としてまとまった分析をしていないのです。

ところで、レーニンは一九世紀末期〜二〇世紀初頭の「新しい資本主義」を独占資本段階の帝国主義として位置付け、その特徴の一つについて次のように書いています。

自由競争が完全に支配していた古い資本主義にとっては、商品の輸出が典型的であった。だが、独占が支配する最新の資本主義にとっては、資本の輸出が典型的となった。〈大崎平八郎訳『帝国主義論』〉

一九世紀半ばの『資本論』時代のイギリス資本主義は、一般に自由競争の資本主義と考えられています。としますと、「資本の輸出」ではなく「商品の輸出」が典型的になっているということになります。しかし、『資本論』が次に述べるように、一八六〇年代のイギリス資本主義について、国内投資よりも国外投資が大きくなっていると指摘しています。

「イギリスで年々蓄積される富の全体は二つの部分に分けられる。ひとつの部分は、イギリスでわれわれ自身の産業を維持するために用いられる。もう一つの部分は諸外国に輸出される。……われわれの産業で充用される部分は、年々この国で蓄積される富のあまり大きな部分をなしていない。」

〈H・フォーセット『イギリス労働者の経済的地位』、ロンドン、一八六五年、一二二―一二三ページ〉

つまり、イギリスの労働者から無等価で取り上げられる年々増大する剰余生産物の過半は、イギリスではなく、諸外国で資本化されるわけである。しかし、こうして輸出される追加資本といっしょに、じつにまた、神とベンサムとによって発明された「労働財源」の一部も輸出されるのである。（1の2－798）

このレーニンの帝国主義規定と『資本論』の記述の矛盾をどう考えればいいのでしょうか。一八六〇年代のイギリス資本主義は自由競争の資本主義に違いありませんが、同時に帝国主義の資本主義でもあるということだと思います。だから資本の輸出が大きな役割を占めていました。したがって、資本の輸出は独占資本主義段階の資本主義に特有な現象ではないのです。それは、帝国主義の資本主義であれば、自由資本主義段階でも現われる現象なのです。且つ、『資本論』時代のイギリス資本主義が独占資本的傾向を強める過渡期にあったとするならば、「商品の輸出」よりも「資本の輸出」が重要になります。それでは、なぜ資本の輸出は起きるのでしょうか。これについて、『資本論』はこう述べています。

資本が外国に送られるとすれば、それは、資本が国内では絶対に使えないからではない。それは、資本が外国ではより高い利潤率で使えるからである。しかし、資本は、就業労働者人口にとっても、またその国一般にとっても絶対的に過剰な資本である。この資本は、そのようなものとして、相対的過剰人口と並んで存在する。（3の1－321）

ここで、重要なのは、国内の過剰資本と労働者の相対的過剰人口が併存していることです。国内における「絶対的に過剰な資本」は、高い利潤率と安い労働力に魅せられて海外へ進出します。その結果は、国内における相対的過剰人口の発生、つまり労働者の失業率の増大です。さらには労働者人口の賃金所得水準の減少が起きます。これは、現在の日本やアメリカの現状ではないでしょうか。「豊かな国」「中産階級の社会」は解体して、「貧乏人と金持ち」が二極分解する「貧しい国」「格差社会」へ変貌しつつあります。このことについて、幸徳秋水は言います。

彼等は何を以て新市場の開拓を必要とするや、曰く資本の饒多と生産の過剰に苦めば也と。嗚呼是れ何の言ぞ、彼等資本家工業家が生産の過剰に苦しむと称する一面に於ては、見よ幾千万の下層人民は常に其衣食の足らざるを訴へて号泣しつつあるに非ずや。彼等が生産の過剰なるは、真に其需用なき為めに非ずして、多数人民の購買力の足らざるが故のみ、多数人民の購買力の乏しきは、富の分配公平を失して貧富の益す懸隔するの故のみ。〈『帝国主義』〉

また、ホブソンも同じことを述べます。

至る処に過剰生産力、投資を求める過剰資本が現われている。すべての実業家はかれらの国において、生産力の増大が消費の増大を凌駕していること、利潤を得て販売され得る以上に多量の財貨が生産され得ること、有利な投資を見出し得る以上に多くの資本が存在していることを、認めているのである。

この経済的事態こそ帝国主義の根底をなすものである。もしもこの国の消費者が、あらゆる生産力の上昇と歩調を合わせてその消費水準を高めるとするならば、市場を見出すために帝国主義を利用しようと立騒ぐところの商品もしくは資本の過剰はあり得ないであろう。なるほど外国貿易はあるであろう。だが我が工業製品の小さな余剰を、我々が年々吸収する食料及び原料品と交換するのに何の困難もないだろうし、我々が作り出したすべての蓄積は、もし我々が望むなら、国内産業にその使用を見出すことが出来るだろう。〈矢内原忠雄訳『帝国主義論（上巻）』〉

そして、国内の過剰資本の輸出は、国内の労働者の相対的過剰人口の輸出として平行して進みます。資本の輸出は労働力の輸出を生みだします。但し、労働力の輸出は資本の輸出の増加する割合よりもかなり小さいと、『資本論』は言います。

資本だけではなく労働者も移民と言う形で年々イギリスから輸出される、とも言えるであろう。しかし、原文では、国外移住者の特有財産（Peculium）には全然触れていない。移住者のかなり大きな部分は労働者ではない。借地農の子弟がその大きな割合を占めている。年々の蓄積にたいする、年々利子かせぎのために外国に送られるイギリスの追加資本の割合は、年々の人口増加にたいする年々の国外移住の割合よりも、比べものにならないほど大きいのである。（1の1－798）

さて、資本の輸出には、企業が海外に進出する直接投資だけでなく、海外の株式や社債や国債などに投資する間接投資があります。資本主義が成熟するにしたがって、直接投資よりも間接投資が大きくなる傾向をもっています。また、資本の輸出は植民地へ向けるものより先進国に向けられるものが大きくなって行きます。国際分業が垂直型から水平型へシフトする傾向が強まります。このことに関連して、『資本論』は書きます。

インドだけでも『善政』の代償として約五〇〇万の貢ぎ物、つまりイギリス資本の利子や配当などを支払わなければならないのであるが、これには、年々役人たちが自分の俸給から貯蓄として本国に送り返す金額やイギリス商人が自分たちの利潤の一部をイギリスに投下するために送り返す金額は全然含まれていないのである。同じ理由から、イギリスのどの植民地も絶えず多額の送金をしなければならない。オーストラリアや西インド諸島やカナダのたいていの銀行はイギリス資本で設立されており、配当はイギリスで支払われることになっている。同様にイギリスは外国の国債証券、ヨーロッパや南北アメリカのそれをたくさんもっていて、その利子を受け取ることができる。そのうえの外国の鉄道や運河や鉱山などへのイギリスの出資があって、それ相当の配当がある。これらのすべての項目についての送金は、ほとんどもっぱら、イギリスの輸出額を超える生産物で行なわれる。他方、イギリス有価証券の所有者への支払のためや外国にいるイギリス人の消費のためにイギリスから外国に出て行くものは、これにくらべればあるかないかのわずかなものである。（3の2－762～763）

そして、現在の日本の国際収支は、「商品の輸出」にかかる貿易収支の大幅な赤字を「資本の輸出」にかかる所得収支の黒字が埋め、かろうじて経常収支の黒字を維持している状態です。この点からも、日本の資本主義は「成熟した資本主義」、「独占が支配する資本主義」であると言えます。

そして、第二次大戦後のアジア・アフリカが植民地から主権国家としての独立したことは、二〇世紀前半まで続いて来た先進資本主義諸国の帝国主義と植民地主義を終焉させました。しかし、世界の南北格差に見られるように世界の貧富の格差は一向に解消される気配はなく、むしろ悪化している側面すらあります。この南北格差の矛盾を促進しているのが先進資本主義諸国の資本の海外進出です。それは、「帝国主義の新しい姿」と捉えることもできます。世界の南北問題の解決のためには、資本の海外進出の問題を注視して行く必要があるでしょう。

第三六章　世界市場と金融システム

今では商業は、市場の不断の拡張を生活条件とする工業生産の召使になる。絶えず拡大される大量生産は既存の市場をあふれさせ、したがってまた絶えずこの市場を拡大しようとし、その限界を突破しようとする。この大量生産を制限するものは、商業ではなく（商業がただ現存需要を表わしているかぎりでは）、機能している資本の大きさであり、労働生産力の発展である。産業資本家の前にはいつでも世界市場があり、かれは自分の費用価格を自国の市場価格とだけでなく全世界の市場価格と比較しており、また絶えず比較しなければならない。（3の1－419）

世界市場は、先ず第一に貿易市場として存在します。産業革命がもたらした機械制大工業の資本主義は、労働生産力を飛躍的に発展させて、その生産物は国内市場から溢れ出て海外市場へ注ぎ込まれ、こうして世界市場としての貿易市場を形成します。その結果、輸出産業の資本は国内の市場価格だけでなく、全世界の市場価格と価格競争することになります。この世界市場としての貿易市場の性格は、現在では自動車、家電、半導体などの産業資本に典型的に現われています。

因みに、『日本国勢図会』によれば、二〇一〇年の国民総生産（ＧＤＰ）に占める貿易依存度は日本が輸出で一四・〇％、輸入で一二・六％、ベルギーが輸出で八六・六％、輸出で八三・〇％、韓国が輸出で四六・〇％、輸入で四一・九％、中国が輸出で二六・五％、輸入で二三・五％、アメリカが輸出で八・

九%、輸入で一三・七%になっています。また、日本の二〇一二年の大陸別輸出入先は輸出ではアジア五八・五%、北アメリカ一八・八%、ヨーロッパ一二・七%、中南アメリカ五・四%などとなっており、輸入ではアジア六三・五%、ヨーロッパ一三・一%、北アメリカ一〇・〇%、オセアニア六・九%などとなっています。日本の貿易依存度が一五%以内の比較的低い水準に留まっており、さらにアメリカは一〇%前後の日本より低い水準であることから、どちらの国も外需は重要ですが内需がより重要なことが分かります。また、日本の輸出入は六〇%前後がアジアとのものであり、アジアに大きく依存していることが分かります。

さらに世界市場は、第二に為替市場として存在します。世界貿易の発展は貿易取引に絡む為替取引を拡張します。こうして、為替市場としての世界市場が誕生します。為替市場では貨幣は各国が身に着けている国民服を脱ぎ捨てて世界貨幣へ変身する必要があります。世界貨幣の存在が日常的になったのは、資本主義の世界市場としての発展です。『資本論』の時代の世界貨幣は金でした。金との関係でどの国も自国通貨を世界貨幣とリンクさせていました。戦後もドルが世界の基軸通貨になって金とリンクしていましたが、一九七一(昭和四六)年の「ニクソン・ショック」によってドルと金がリンクする通貨制度は終止符が打たれ、こうして世界貨幣としての金は為替市場から放逐されました。現在はドルが世界の基軸通貨であることに変わりがありませんが、世界各国が変動相場制に移行したため、日々の為替相場の動向が注目される時代になりました。このことについて、『資本論』は言います。

だから、産業資本の流通過程を特色づけるものは、諸商品の出生地の多方面的性格であり、世界市場としての市場の存在である。他国の商品について言えることは、他国の貨幣についても言える。

商品資本は他国の貨幣にたいしてただ商品として機能し、この他国の貨幣はこの商品資本にたいしてただ貨幣として機能する。貨幣はここでは世界貨幣として機能するのである。（2の135）

そして世界市場は、第三に投資市場として存在します。投資市場は直接投資と間接投資の二つがあります。直接投資は企業の海外進出を意味し、間接投資は海外の預金や株式・国債などの有価証券に投資することを意味します。資本主義の発展は、直接投資の面でも間接投資の面でも世界の投資市場を拡張して行きます。現在では直接投資も重要ですが、世界の金融資本が活動する間接投資がより重要度を増しています。このことに関連して、『資本論』にはこんなことが書かれています。

ジョン・スチュアート・ミル。第二一八二号。「銀行業者や有価証券取引業者の一大富裕階級があって、いろいろな国々のあいだでの利子率の平均化や商業的気圧（pressure）の平均化は、通例はこの階級によって実現されるのであるが、この階級は……値上がりの見込みのある有価証券を買い入れようと絶えずあたりを見まわしている。……彼らにとって適当な買入れ場所は、金を外国に送る国であろう。」――第二一八三号。「このような資本投下が一八四七年にはかなり大規模で行なわれ、金の流出を減らすことができた。」（3の2-742～743）

このように世界市場は、貿易市場、為替市場、投資市場の三局面で展開され、各局面が相互に依存しながら運動をしています。現代は世界貿易が『資本論』の時代に比べ格段に発展し、世界交通の発展を促し、世界の人的交流も飛躍的に進歩しています。しかも世界の金融・投資市場の進歩は凄まじく、日々の為替・株式市況、すなわち世界の金融資本の動向が、世界貿易と並んで私たちの生活に直接間接に関係をもつ時代になっています。現代の世界市場の根本的変化について、こう言われます。

一九八〇年代ぐらいまでは「実物経済」と「マネー経済」の比率は九：一ぐらいで、お金のやりとりのほとんどが「実物経済」だったんだよ。ところが、今ではそれらの関係が全く逆転してしまっていて、世界のお金の流れの九割以上が「マネー経済」によるものなんだよ。〈細野真宏『経済のニュースがよくわかる本　世界経済編』〉

このような世界市場の金融化と金融市場の世界同時化は世界金融資本主義と呼んでも良いような時代に現代が入っていることを物語るものであり、その大きな要因として、情報革命によるコンピューター・インターネットの爆発的発展があることは否定できません。金融システム（信用制度）が現代経済の世界市場を動かす震源になっているのです。しかも一世紀半前の『資本論』の時代に比べ、世界市場は質的量的に変化し、その影響力はより速くより大きくより深くなっています。こうした時代状況を、『資本論』は次のように表現しています。

我々がこの章で研究する諸現象は、その十分な展開のためには、信用制度と世界市場での競争とを前提するのであって、この世界市場こそは一般に資本主義的生産様式の基礎をなしその生活環境をなしているのである。（3の1－140）＊「この章」とは、第三部第1編第6章「価格変動の影響」を指します。

言い換えれば、資本主義は貿易、為替、投資、さらには労働力の分野で世界市場を発展させ、世界各国の相互依存を強めています。世界市場を媒介した世界の相互依存の網の目は増大することはあっても、減少することはないでしょう。世界市場こそが「資本主義的生産様式の基礎をなしその生活環境をなしている」のです。このような状況に対しては、次の言葉が相応しいでしょう。

諸国経済が貿易や資本の流れによりますます密接に結びつけられるようになった世界では、相互依存の関係は不可避である。どのような壁を設けても、国内的な行動が国境を越えてこぼれ出ることを防ぐことはできない。強い国の場合は、地球規模の市場においてその効力を発揮しうるであろうし、弱い国の場合は、強烈な外国競争者の擒《とりこ》になってしまう。孤立主義は今日では、政治的または軍事的分野において成り立たないと同様、経済の分野においても持ちこたえることはできないのである。〈都留重人訳『サムエルソン　経済学（下）』〉

としますと、資本主義の世界化と世界の資本主義化は紛れもない現実であり、現代の私たちは世界資本主義の時代に生きていることになります。世界市場と金融システムの加速する発展は、そのことを最も雄弁に物語っています。

第三七章　世界恐慌の可能性と現実性

互いに補いあっているために内的には独立していないものの外的独立化が、ある点まで進めば、統一は暴力的に貫かれる—恐慌というものによって。商品に内在する使用価値と価値との対立、私的労働が同時にただ直接に社会的な労働として現われなければならないという対立、特殊な具体的労働が同時にただ抽象的一般的労働としてのみ認められるという対立、物の人化と人の物化という対立——この内在的矛盾は、商品変態の諸対立においてその発展した運動形態を受け取るのである。それゆえ、これらの形態は、恐慌の可能性を、しかしただ可能性だけを、含んでいるのである。この可能性の現実性への発展は、単純な商品流通からはまだまったく存在しない諸関係の一大範囲を必要とするのである。（1の1－150）

世界恐慌とはなんでしょうか。世界恐慌の起こる可能性はどこにあり、その現実性はどこにあるのでしょうか。

世界恐慌とは、世界経済の好況と繁栄の反動としての景気の急速な収縮であり、世界経済の諸矛盾の爆発とその「暴力的調整」です。世界恐慌の意味についてマルクスは次のように書いています。

世界市場恐慌は、ブルジョア的経済のあらゆる矛盾の現実的総括および暴力的調整としてつかまなければならない。したがって、この恐慌において総括される個々の諸契機は、ブルジョア的経済のどの部面にも現われ発展させられるものでなければならない。〈時永淑訳『剰余価値学説史』〉

そして、世界恐慌は貨幣の減価のような個別的現象ではなく、資本主義的生産の「いっさいの要素の矛盾が爆発するさいの世界市場の大暴風雨である」と、次のように書きます。

一九世紀中の商業恐慌、ことに一八二五年と一八三六年の大恐慌は、リカアドの貨幣理論をすこしも発展させはしなかったが、しかしそれを新しく適用する機会を与えた。これらの恐慌は、もはや、ヒュームのばあいにおける一六世紀と一七世紀の貴金属の減価、リカアドのばあいにおける一八世紀と一九世紀はじめの紙幣の減価というような、個々の経済現象ではなくて、ブルジョア的生産過程のいっさいの要素の矛盾が爆発するさいの世界市場の大暴風雨である、そしてその起源もそれを防止することも、この過程のもっとも表面的でもっとも抽象的な領域、つまり貨幣流通の領域にもとめられた。〈マルクス／武田隆夫等訳『経済学批判』所収の「経済学批判序説」〉

そして、恐慌の周期性について『資本論』はこう述べています。

恐慌は、つねに、ただ既存の諸矛盾の一時的な暴力的な解決でしかなく、撹乱された均衡を一瞬間回復する暴力的な爆発でしかない。（3の1－312～313）

それでは、世界恐慌の可能性は資本主義経済のどこに内在するでしょうか。第一は購買と支払が分裂する資本主義の経済システムにあります。商品の変態は買いと売りの即時的一致を求めますが、しかし資本主義の経済システムは買いと売りとの分裂をつくりだし、購買手段としての貨幣だけでなく支払手段としての貨幣を拡大させて行きます。購買から乖離した支払を常態化し、こうして支払の連鎖のどこかに障害が起きれば、支払は全面的に停止し、恐慌の可能性が生まれます。このことについて、マルクスは言います。

恐慌の一般的な抽象的な可能性とは—恐慌の内容のない、十分な内容をもった動因のない、それの抽象的な形態以外のなにものでもない。販売と購買とは分離しうる。したがって、それは潜在的な恐慌であり、それらの一致はいつでも商品にとって危険な契機なのである。しかし、それらは相互に円滑に移行することもできる。したがって、恐慌の最も抽象的な形態（したがってまた恐慌の形式的な可能性）は、商品の変態そのものであり、そしてこの変態のなかには、ただ、商品の統一のなかに含まれている交換価値と使用価値との、さらに貨幣と商品との、矛盾が、発展した運動として含まれているにすぎない。しかし、なにによって恐慌のこの可能性が［現実の］恐慌になるかということは、この形態そのもののなかには含まれていない。そのなかにふくまれているのは、ただ、恐慌のための形態がそこにある、ということだけである。〈時永淑訳『剰余価値学説史』〉

第二は、資本主義経済の無政府性です。私的資本の社会的分業で動く資本主義の経済システムの供給と需要は、市場メカニズムを通してしか調整できません。したがって過剰生産と過剰消費は市場メカニズムを通した過少生産と過小消費で調節するしか方法がないのです。その調整がある日突然暴力的に敢行されるのが恐慌ですから、資本主義経済の無政府性に世界恐慌の可能性が内在していると言うことができるでしょう。

第三は、世界市場の形成と発展です。前の章で述べたように、世界市場は貿易、為替、投資、労働力の市場で資本主義国の相互依存性を高めて行きます。一国の好況と繁栄は世界各国の好況と繁栄に依存すると共に一国の恐慌は世界各国の恐慌を誘発することになります。特に強大国の繁栄と恐慌は世界各国の繁栄と恐慌に与える影響は大きいですから、強大国の恐慌が世界恐慌に発展する可能性があります。言い換えれば、世界市場がつくり出す世界経済の相互依存性が、世界経済の恐慌の可能性を内在化させるということです。

それでは、世界恐慌はどういう場合に現実化するのでしょうか、

第一は、商業・貿易恐慌として現実化します。資本主義の経済システムが発展するにつれて、商業資本は内的に産業資本に依存しながらも外的には独立するようになり、産業資本の要請から乖離して独自の行動を取るようになります。ここから商業資本は産業資本とは分離した独自の思惑で行動するようになり、産業資本と商業資本とは矛盾し、その矛盾が商業恐慌として現実化します。このことについて、『資本論』はこう述べています。

与えられたどんな制限も乗り越えて絶えず推進されることのできる再生産過程の巨大な弾力によって、商人は生産そのものにどんな限界も見いださないか、またはせいぜい非常に弾力のある限界を見いだすだけである。そこで、商品の性質から出てくるW－GとG－Wとの分離は別としても、

ある仮想的な需要がつくりだされる。商人資本の運動は、その独立化にもかかわらず、けっして流通部面のなかでの産業資本の運動以外のものではない。しかし、その独立化のおかげで、商人資本はある範囲のなかで再生産過程の限界にかかわりなく運動するのであり、したがってまた再生産過程をその限界を超えてまでも推進するのである。内的な依存性、外的な独立性は、商人資本を追い立てて、内的関連が暴力的に、恐慌によって回復されるような点まで行かせるのである。
それだからこそ、恐慌がまず出現し爆発するのは、直接的消費に関係する小売業ではなく、卸売業やそれに社会の貨幣資本を用立てる銀行業の部面だという恐慌現象が生ずるのである。（3の1－380）

そして、この産業資本と商業資本との矛盾は、世界市場の場面ではより大きな規模で現われ、こうして世界貿易の恐慌として現実化します。それは、各国の為替市場を逆調に導き、為替恐慌をひき起こし、商業資本の行為が過剰輸出と過剰輸入であったことを白日の下にあらわにします。このことについて、『資本論』は書きます。

一八五七年には合衆国で恐慌が起きた。イギリスからアメリカに金が流出するようになった。しかし、アメリカで恐慌が起きて、アメリカからイギリスへの金の流出が起きた。イギリスとヨーロッパ大陸とのあいだでも同じだった。一般的恐慌の時期には国際収支はどの国にとっても、少なくとも商業の発展しているどの国にとっても、逆であるが、しかし、いつでも次々に、ちょうど連続発射の場合のように、支払の順番がまわってくると逆になるのである。そして、ひとたび、たとえばイギリスで、起きた恐慌は、これらの支払期限の列をまったく短い期間のなかに詰めこんでしまうのである。そこで、すべてこれらの国は過剰輸出（したがって過剰生産）すると同時に過剰輸入（したがって過剰取引）したということ、どの国でも物価が騰貴し信用が膨張しすぎたということが明らかになる。そして、どの国でも同じような崩壊が起きる。そこで、金の流出という減少がどの国でも順々に起きてきて、それはまさにその一般性によって次のようなことを示す。⑴金の流出は恐慌の単なる現象であって、その原因ではないということ、⑵金の流出がいろいろな国に起きる順序は、ただ、総決算をする順番がいつそれらの国にまわってきたか、恐慌の期限がいつそれらの国にやってきたか、そして恐慌の潜在的な諸要素がいつそれらの国で破裂するか、を示している。（3の2－629～630）

第二は、貨幣・信用恐慌として現実化します。貨幣が商品と分離され、貨幣が独立して動く資本主義の経済システムでは、貨幣と商品との乖離を暴力的に調整する貨幣恐慌は不可避的です。『資本論』は書きます。

信用貨幣の減価（ただ想像的でしかないようなその非貨幣化のことではけっしてない）は、すべて既存の関係を動揺させるであろう。それだから、諸商品の価値は、貨幣におけるこの価値の幻想的な独立な定在を確保するために、犠牲にされるのである。商品の価値が貨幣価値として確実であるのは、まったくただ、貨幣が確実であるかぎりでのことである。それだからこそ、わずか数百万の貨幣のために何百万もの商品が犠牲にされなければならないのである。これは資本主義的生産では不可避的であって、その美点の一つである。それ以前の生産様式ではこういうことは現われない。なぜならば、それらの生産様式が運動する狭い地盤の上では信用も信用貨幣も発展するに至らないからである。労働の社会的性格が商品の貨幣定在として現われ、したがって現実の生産の外にある一つの物として現われるかぎり、貨幣恐慌は、現実の恐慌にはかかわりなく、またそれの激化として、不可避である。（3の2－661～662）

また、購買と支払の分離が生みだす資本主義の支払システムの連鎖によって、支払不能の発生は支払システムそのものを崩壊させ、貨幣恐慌を現実化させることになります。『資本論』は次のように書きます。

この撹乱と停滞は、資本の発展と同時に生じてあの前提された価格関係にもとづいている支払手段としての貨幣の機能を麻痺させ、一定の期限の支払義務の連鎖をあちこちで中断し、こうして資本と同時に発展した信用制度の崩壊が生じることによってさらに激化され、このようにして、激烈な急性的恐慌、突然のむりやりな減価、そして再生産過程の現実の停滞と混乱、したがってまた再生産の現実の減少をひき起こすのである。（3の1－319）

また、『資本論』は次のようにも述べています。

貨幣恐慌が起きるのは、諸支払の連鎖と諸支払の決済の人工的な組織とが十分に発達しているばあいだけである。この機構の比較的一般的な撹乱が起きれば、それがどこから生じようとも、貨幣は、突然、媒介無しに、計算貨幣というただ単に観念的な姿から堅い貨幣に一変する。それは、卑俗な商品では代わることができないものになる。商品の使用価値は無価値になり、商品の価値はそれ自身の価値形態の前に影を失う。たったいままで、ブルジョアは、繁栄に酔い開化を自負して、貨幣などは空虚な妄想だと断言していた。商品こそは貨幣だ、と。いまや世界市場には、ただ貨幣だけが商品だ！という声が響きわたる。鹿が清水を求めて鳴くように、彼の魂は貨幣を、この唯一の富を求めて叫ぶ。恐慌のときには、商品とその価値姿態すなわち貨幣との対立は、絶対的矛盾まで高められる。したがってまた、そこでは貨幣の現象形態がなんであろうとかまわない。支払に用いられるのがなんであろうと、金であろうと、銀行券のような信用貨幣であろうと、貨幣飢饉に変わりはないのである。（1の1－180）

さらに『資本論』は、貸付資本の蓄積が現実の資本蓄積から乖離し独立に進むところから、信用制度の発達につれて貸付資本はますます大きなものに成長し、現実の資本蓄積の制限を乗り越えて進み、過剰取引、過剰生産、過剰信用をもたらし恐慌を起こすと、次のように述べます。

貸付資本の蓄積とは、ただ単に、貨幣が貸付可能な貨幣として沈殿するということである。この過程は、資本への現実な転化とは非常に違うものである。それは、ただ、資本に転化できる形態での貨幣の蓄積でしかない。しかし、この蓄積は、すでに指摘したように、現実の蓄積とは非常に違った諸契機を表わしていることもありうる。現実の蓄積が絶えず拡張されている場合には、このような、貨幣資本の蓄積の拡張は、一部は現実の蓄積の拡張の結果でもありうるし、一部は現実の蓄積の拡張に伴ってはいるがそれとはまったく別な諸契機の結果でもありうるし、最後にまた一部は現実の蓄積の停滞の結果でさえもありうる。このような、現実の蓄積から独立したものでありながらしかもそれに伴って現われる諸契機によって、貸付資本の蓄積が拡張されるという理由からだけでも、循環の一定の段階では絶えず貨幣資本の過多が信用の発達につれて増大せざるをえないのである。そこで、また同時に信用の発達につれて生産過程をその資本主義的制限を乗り越えて推進することの必然性、過剰取引や過剰生産や過剰信用が発展せざるをえないのである。それと同時に、これまた、つねに、ある反動を呼び起こすような形で起こらざるをえないのである。（3の2－649）

そして、現代の世界経済で信用恐慌が問題になるのは、株式や国債や為替の金融市場へ世界の金融資本が投資し、相場を乱高下させていることです。しかもマネー経済の取引は実物経済のそれの何倍もあり、実物経済から乖離してマネー経済が行動する状況にあっては、信用恐慌が世界恐慌をひき起こす現実性を否定できない状況にあります。現に一九九八年のアメリカの巨大ヘッジファンドＬＴＣＭの経営破綻の危機は、デリバティブ（金融派生取引）によって一兆ドル（当時の日本円で約一三五兆円）に及ぶ膨大な金額の取引を世界の金融市場で結んでいたため、アメリカ発の世界恐慌に発展する現実性がありました。幸いにもニューヨーク連邦準備銀行の指導によって金融機関が協力して、破綻は免れたため、世界恐慌の勃発には至らなかったのです。この世界恐慌の危機について、次のように述べられています。

「ジョージ・ソロス」は、このときの状況を「国際金融システムが（戦後で）破綻に最も近づいたとき」と表現していたり、当時のアメリカの財務長官の「ロバート・ルービン」は「過去半世紀で最悪の危機」と表現したりしている。〈細野真宏『経済のニュースがよくわかる本　世界経済編』〉

さらに、二〇〇八年のリーマン・ショックは、グリーン・スパンFRB前議長が「百年に一度の信用津浪」とこの経済危機を表現したように、信用恐慌は世界金融恐慌、世界同時不況にまで発展しました。

第三は、生産恐慌の現実化です。私的資本の社会的分業に基づく資本主義の経済システムは利潤の極大化を行動原理にしており、儲けが大きければ大きいほど客観的な需要の限度を越えて生産を拡大する傾向があります。好況と繁栄の時期はこの傾向に拍車がかかり、客観的な需要の壁を遥かに飛び越え、生産が遂行され、ある日突然現実の壁に跳ね返されて過剰生産恐慌を起します。この過剰生産が世界市場を媒介にして世界各国に伝播して行くと、過剰生産による世界恐慌が発生します。『資本論』は次のように述べています。

イギリスで恐慌が起きれば、すぐ明らかになるのは、売れない綿製品がインドで寝ている（つまり商品資本から貨幣資本に転化していない―この面から見て過剰生産）ということであり、また、他方、イギリスではインドの生産物の売れない在庫が寝ているだけではなく、すでに売られて消費された在庫の大きな部分の代金がまだ全然支払われていないということである。それゆえ、貨幣市場での恐慌として現われるものは、実際には、生産過程そのものでの異常な事態を表現しているのである。（2の389）

さて、世界恐慌は概ね貨幣・信用恐慌を出発点にして商業・貿易恐慌から生産恐慌へ進む経路をたどります。また、世界恐慌からの回復過程は生産の復調から始まり商業・貿易の場面に進み、貨幣・信用の回復をもって世界恐慌が終熄を迎えると考えられます。なお付言すれば、世界恐慌をもって資本主義体制の崩壊と見ることはできません。世界恐慌は資本主義体制の危機には違いありませんが、体制の崩壊ではないのです。恐慌の深さと広さによって恐慌から回復する時間の長さに違いはありますが、いずれ恐慌は終熄へ向かうものだからです。この点で、世界恐慌も周期性をもっており、世界の景気循環の一環と見ることができます。ただ、世界恐慌は資本主義体制の危機であることに違いはありませんから、恐慌からの脱出が長引けば長引くほど危機は深刻なものになり、それだけ体制変革の下からの圧力も高まるということになります。

それでは、世界恐慌の根本的原因はどこにあるのでしょうか。このことについて、『資本論』は次のように述べています。

> 社会の生産力は絶対的生産力によっても絶対的な消費力によっても規定されていない。そうでなく、敵対的な分配関係を基礎とする消費力によって規定されているのであって、これによって社会の大衆の消費はただ多かれ少なかれ狭い限界のなかでしか変動しない最低限に引き下げられているのである。社会の消費力はさらに蓄積への欲求によって、すなわち資本の増大と拡大された規模での剰余価値の生産とへの欲求によって、制限されている。これこそは資本主義的生産にとっての法則なのであって、それは、生産方法そのものの不断の革命、つねにこれと結びついている既存資本の減価、一般的な競争戦、没落の脅威の下でただ存続するだけの手段として生産を改良し生産規模

を拡大することの必要によって、与えられているのである。それだから、市場は絶えず拡大されなければならないのであり、したがって、ますます市場の諸関連もそれを規制する諸条件も生産者たちからは独立な自然法則の姿をとるようになり、ますます制御できないものになるのである。（3の1－307）

すなわち、世界恐慌の根本的原因は資本主義それ自身の中に内在されており、資本主義社会の生産力と生産関係との矛盾にあります。言い換えれば、資本の生産力と資本関係すなわち資本対賃労働の社会的関係との矛盾にあります。言ってみれば、資本の内部矛盾が世界恐慌の根本的原因です。資本が自らつくり出した限界に自らが絡めとられるところに根本的原因があるのです。つまり「資本主義的生産の真の制限は、資本そのものである。」（3の1－313）と言うことができます。具体的には、次の三つが根本的原因になります。

第一は、利潤率の低下です。すなわち、

恐慌が発生するためには、利潤率が消滅したり、あるいは負の量にならねばならぬ、というのは正しくない。必要なことは、利潤率が通常の水準以下にまで低落し、そのため資本家たちが、事態がもっと有利になるのを待つという意味で、彼らの資本を貨幣において保蔵しはじめる気になるということだけである。このようにして流通過程の継続性はやぶれ、そして恐慌が到来するのである。〈スウィージー／都留重人訳『資本主義発展の理論』〉

利潤率の低下は、活況・繁栄期に賃金水準が上昇し、通常の利潤率を浸食することにより起こります。そして、通常の利潤率を確保できなければ、資本は資本蓄積の拡大を停止して再投資を控え、資本蓄積は減少します。この資本の行動の変化が活況・繁栄を恐慌・不況へ転換させるのです。このことについて、『資本論』はこう述べます。

まさに、労賃が一般的に上がって、労働者階級が年間生産物中の消費用部分のより大きな分けまえを現実に受け取るという時期こそは、いつでも恐慌を準備するのだ、と。……つまり、資本主義的生産は善意や悪意にはかかわりのない諸条件を含んでいて、このような条件があの労働者階級の相対的な繁栄をただ一時的にしか、しかもつねに恐慌の前ぶれとしてしか許さないのであるかのように見えるのである。（2－505〜506）

第二は、労働者大衆の消費者需要には一定の限度があることです。通常の利潤率を低下させる活況・繁栄期の賃金水準の上昇は、資本から反発され、限界にぶつかります。これによって、労働者大衆の消費者需要は拡大から縮小へ反転して、恐慌の原因になります。言い換えれば、資本の生産力の拡大衝動に比し労働者大衆の消費者需要が一定の限界内に閉じ込められているということです。過剰な資本蓄積の欲望行動に比して狭隘化して行く市場の大きさとの矛盾です。つまり、市場の絶えざる拡大と資本間の猛烈な競争が生みだす資本蓄積の拡大そのものが恐慌の原因をつくって行くのです。

第三は、市場の飽和です。資本主義の市場は金融市場、商品市場、労働市場の三局面で展開します。活況・繁栄期の市場は株価、利子率、物価、労賃を最大限に上昇させます。それは、市場が飽和状態であることを物語るものです。その結果、株は売れなくなり、銀行融資は借りられなくなり、商品は売れなくなり、労働力は買われなくなります。すなわち、それらの上昇が資本の利潤率を浸食し、通常の利潤率を押し下げるようになると資本蓄積の拡大エネルギーは停止され、生産力の拡張と市場の飽和は破裂と収縮へ反転して、過剰資本、過剰生産、過剰取引が発生して、恐慌の原因になります。

いずれにしても、資本蓄積の欲望と労働力商品の価値との相克が恐慌の根本的原因と言うことができます。言い換えれば、利潤率の低下が資本蓄積の低下を招き、その結果が資本の生産力と労働者大衆の雇用を直撃して低下させることが、恐慌の根本的原因です。

そして、恐慌が先進資本主義諸国の中の一国に起ころうが、世界の二重構造への分裂である南北の格差に起因しようが、世界市場を媒介とした世界の相互依存性が日々深化している現代にあっては、世界恐慌へ転化する現実性は日常的に存在します。

ところで、これまで起こった世界恐慌の最大のものは、なんと言っても一九三〇年代の世界恐慌でした。この世界恐慌について考えてみたいと思います。

第一に、意外に思われるかもしれませんが、一九二九年のニューヨーク株式市場の大暴落に始まる一九三〇年代の世界恐慌は、一九二〇年代後半の空前絶後の先進資本主義諸国における繁栄と好況の反動として起きたということです。繁栄の高さと長さが大きいだけ、その「暴力的調整」としての恐慌も高さと長さが大きなものになったのです。

第二に、資本主義経済にとって恐慌は不可避なものと考え、当時の政府は恐慌を積極的に解決しようとする政策をとらなかったことです。その背景には自由放任主義の思想に囚われ、恐慌が自律的に回復するまで政府は余計なことをしないで待てば良いという傍観者の態度がありました。つまり「大恐慌とは一九世紀的な自由放任思想ー夜警国家ーセイの法則を、二〇世紀になっても真理と考えたところに、その原因がある。」（矢島鈞次『現代経済教室』）ということです。

第三は、資本の有機的構成の高度化が恐慌を長引かせたことです。資本構成の高度化は、資本主義が発展するにつれて不変資本の割合が可変資本の割合より大きくなることを意味しますから、二〇世紀前期における経済の重化学工業化は不変資本の中の固定資本の割合を高めて行きます。しかし、恐慌によって固定資本の更新は先延ばしにされることになり、いわゆる設備投資が減少する結果、労働力に対する需要は減退し、恐慌からなかなか脱出できないことになります。言い換えれば、経済の重化学工業化と設備投資の減退が恐慌を長引かせたということです。

第四に、経済のブロック化が進んだことが世界恐慌を長引かせた要因ではないかと考えます。先進資本主義諸国相互間の投資と貿易の額は、先進資本主義国と植民地との間のそれを遥かに上回るものでした。言い換えれば、国際的垂直分業よりも国際的水平分業の方が取引高も多かったし重要だったのです。この現実に逆行したのが、先進資本主義諸国がとった関税障壁や輸入量制限などによる経済のブロック化でした。アメリカはラテンアメリカを囲い、イギリスは英連邦の植民地を囲い、日本は朝鮮・台湾・南樺太・満州を囲うなど、先進資本主義諸国と植民地との関係だけで「共存共栄圏」を構成し、他の資本主義諸国を排除したのです。これは先進資本主義諸国相互間の投資と貿易を排除することになり、世界の投資と貿易の削減となり、恐慌からの脱出を長引かせました。

第五は、世界恐慌は金融・商業・工業の分野だけでなく、農業の分野も襲ったことが恐慌を深刻なものにしました。工業原料や食料としての農産物に対する需要は、工業生産の低下と失業者の増大によって急速に減少し、農業恐慌をもたらしました。その結果、先進資本主義諸国は言うまでもなく、特に農業に依存する植民地に深刻な影響を与えました。

第六に、金本位制の国際通貨制度が、制度保持のみが目的になり、恐慌の当初に適切な対策を打ち出す時期を遅らせたことも要因と考えられます。金本位制の下では国際収支の赤字は国内通貨の縮減に繋がりますから、デフレ効果として作用し、恐慌を強める働きをしてしまいます。金本位制はたしかに一九三〇年代に各国が次々に離脱しましたが、その時期が不適切であったことが恐慌を長引かせる要因になったのではないかと思います。

そして、一九三〇年代の世界恐慌は、二五～三〇％にも上る失業率が五年以上続いた異常さが象徴するように、一九世紀の古典的且つ約一〇年の周期性をもつ循環的な世界恐慌とは異質なものでした。『資本論』が描く「古典的恐慌」「古典的景気循環」とは、一九三〇年代の世界恐慌は違っていました。それは今まで経験したことのない恐慌でした。その特徴は、第一に世界同時恐慌という文字通り世界性と同時性をもっていました。先進資本主義諸国だけでなく植民地も巻き込んだ世界恐慌でした。第二に、恐慌からいつ抜け出せるか分からない長期性と不透明性をもっていました。闇夜が余りにも長く続き、闇の向こうに一点の光りも見いだせなかった世界恐慌でした。第三に、恐慌が深度性と大量性をもっていたことです。大量倒産と大量失業がいつ終わるのか、だれも期待も希望も見いだせなかったことです。以上の点から、一九三〇年代の世界恐慌は、それまでの資本主義の恐慌と違う性格をもっており、「古典的恐慌」に入らない新しい世界恐慌でした。だれも経験したことのない恐慌だったのです。だから、ケインズ経済学が生まれ、アメリカのニューデールが生まれ、ファシズムとナチズムが生まれ、日本の軍国主義が生まれたのです。すべてこれらは大恐慌という新しい経験、新しい異常な事態に対する尋常でない処方箋だったのです。そこから第二次世界大戦にむかった悲劇については、考えても考え過ぎることはないと思います。
なお、アメリカはルーズベルト大統領のニューデール政策によって恐慌を克服したかのように一般に考えられていますが、実際には戦争経済への突入によって恐慌が克服されたことを、次の文章は私たちに教えてくれます。

〈一九五二年の大統領選挙のまえに、アイゼンハワーがおこなった演説の、つぎの一節に端的に述べられている。「一九二九年という年は、平時でありながらわれわれが繁栄を享受することができた最後の年である。そのときから、一九三九年まで、わが国の経済は人口一人当たりの実質生産高において、なんらの成長をも示さなかった。ニュー・ディールもじっさいには失業問題を解決していない。ニュー・ディールがいろいろな措置を講じて七年もたった一九三九年においてさえ、アメリカでは九百五十万人の人がいまだに失業していたのである。そこへ第二次世界大戦が起きた。そして、その刺激のもとにアメリカの生産は上昇し、失業は姿を消した。第二次世界大戦こそは、ニュー・ディールのなしえなかったことをなしえたといわなければならない。」〈佐藤昇『しのびよる社会主義』〉

言い換えれば、一九三〇年代の世界恐慌はドイツ、イタリア、日本などのファシズム国家は言うまでもなく、アメリカのような反ファシズム国家においても戦争経済への突入によってその矛盾を克服したと言えるのです。直裁に表現するならば、政治的国家が資本主義経済に介入しこれをコントロールすることによって世界恐慌から脱出することができたということです。しかし、同じ政治的国家の介入とコントロールであっても、戦争経済の突入ではなくスウェーデンのように福祉国家の道を実践することによって恐慌を克服した国があったことは重要です。というのは、福祉国家の建設が第二次大戦後の資本主義における世界恐慌の発生を抑制する役割を果たしていることは否定できない事実だからです。

第二次大戦後に一九三〇年代のような世界恐慌は勃発していないのは確かです。これは、国内的には政府の有効需要創出、累進的所得課税、社会保障などの政策がとられたこと、中央銀行が公開市場操作などで金融市場に積極的に介入したこと、また国際的には管理通貨制度、国際通貨基金（ＩＭＦ）、自由貿易協定など世界の金融・貿易の枠組が変革されたことが大きな要因と考えられます。しかし、一九九八年の世界金融危機、二〇〇八年のリーマンショックに見られるように、あわや世界恐慌かと思われる事態も起きています。そして、世界の植民地であった地域が主権国家としてすべて独立し、社会主義国家が崩壊し、存続するにしても市場経済へ移行した現代にあっては、世界がすべて資本主義体制の国家によって埋め尽くされたと見ることができます。したがって、世界恐慌の可能性が現実性へ転化する契機も多くなっているのではないでしょうか。特に世界のマネー経済の取引が実物経済のそれを何倍も上回る現状は、マネー経済の危機が実物経済の危機へ転化して世界恐慌へ発展する可能性が深まっていることを表わしているように思います。

第八編　未来社会

第三八章　世界資本主義から世界社会主義へ

研究の対象をその純粋性において撹乱的な付随事に煩わせることなくとらえるためには、われわれはここでは全商業世界を一国とみなさなければならないのであり、また、資本主義的生産がすでにどこでも確立されていてすべての産業部門を支配していることを前提しなければならないのである。（1の2－757）

前掲の文章に見られるように、『資本論』は理論仮説として世界資本主義を前提にしています。それは「全商業世界を一国」とみなす理論であり、「資本主義的生産がすでにどこでも確立されていてすべての産業部門を支配していることを前提」とした理論です。言い換えれば、一九世紀半ばに、イギリスのような進んだ資本主義社会が全世界を包摂していることを前提とした理論だということです。当時、日本のような封建制社会が世界に存在していないことを前提にした理論なのです。それは、明らかに理論的抽象でした。しかし、『資本論』が言うように、資本主義の運動法則をその「純粋性において」捉えるためには必要止むを得ない方法でした。

しかし、二一世紀の現代ではどうでしょうか。『資本論』が理論仮説として抽象した世界資本主義の世界は現実のものになっていないでしょうか。特にロシア・東欧の社会主義国家の崩壊、ベトナム・中国の社会主義市場経済への移行は、嘗て資本主義と対立していた社会主義を市場経済＝資本主義へ転換してしまいました。その結果、「資本主義的生産がすでにどこでも確立されていてすべての産業部門を支配している」世界資本主義が現実のものになったのです。したがって、『資本論』は世界資本主義を前提にした理論仮説であるがゆえに、世界資本主義が現実として確立した現代において、経済学の古典としての有用性はますます高まっていると考えられます。

『資本論』はまた世界資本主義が発展した極限状況を、次のように書いています。

かりにある一つの事業部門で集中が極限に達することがあるとすれば、それは、その部門に投ぜられているすべての資本が単一の資本に融合してしまう場合であろう。与えられた一つの社会では、この限界は、社会的総資本が単一の資本家なり、単一の資本家会社なりの手に合一された瞬間に、はじめて到達されるであろう。（1の2－817）

これは、現在の資本の集積と集中が無限に進行すれば、世界が「単一の資本家なり、単一の資本家会社なりの手に合一」されることを述べたものです。言い換えれば、単一の世界企業が世界の社会総資本を支配してしまう文字通りの世界資本主義の状態を述べたものです。現代の多国籍企業、グローバル企業は、そうした世界企業の過渡的形態と見ることができます。しかし、これは極端な仮説だと思います。地域を市場としたローカルな企業や特定の部品に特化した専門企業は、中小企業として世界資本主義の時代でも生き延びると考えられますので、すべての産業が単一の世界企業によって支配されるという状況は想定することはできません。

いずれにしても、世界資本主義に対置するのは世界社会主義しか考えることはできません。なぜなら、第一に資本が国境を越え、世界市場の形成を通して世界経済の相互依存性が深まっている現代では、世界資本主義の諸矛盾を解決するためには一国社会主義ではありえず、世界社会主義しかありえないからです。第二に、嘗てのソ連や東欧、現在の中国や北朝鮮などの独裁的社会主義は人間の自由を抑圧するものであり、未来の社会主義の理念にはなりえません。未来の世界社会主義は少なくとも民主的社会主義、「人間の顔」をした自由な社会主義であることが前提になります。第三に、資本主義の競争が強制する技術革新による労働生産力の進歩は、一方において資本主義体制の下では破壊力へ転化する傾向をますます強め、他方において自由で豊かな社会主義を誕生させる物資的基盤に転化させる可能性をますます高めて行きます。第四に、一方における資本の株式会社化・大規模化、他方における労働の組織化・社会化は、資本家を無用の長物に化し経営者支配を誕生させ、労働者の経営参加を一部現実化し、自由で豊かな社会主義の基盤である労働者主権の確立を現実の課題にします。

それでは、世界社会主義の具体的目的はどのようなものなのでしょうか。また世界社会主義の革命性はどこにあるのでしょうか。

世界社会主義は、第一に世界の貧困、失業、倒産、差別、抑圧、環境破壊、戦争の問題を解決するものです。世界資本主義が生みだした生産力が破壊力へ転化する恐慌、環境破壊、核戦争を防止し、豊かで環境に優しい戦争のない平和な世界を構築するのが世界社会主義の目的です。

第二の目的は、労働時間の短縮です。世界社会主義は週休二日制の完全実施とさらに週休三日制の実現を可能にします。科学技術の発展による労働生産力の向上が、この労働時間の短縮を実現します。それは、世界が労働に囚われている「必然の王国」から労働から解放された「自由の王国」へ移行するステップになります。このことについて、『資本論』は書きます。

未開人は自分の欲望を充たすために、自分の生活を維持し再生産するために自然と格闘しなければならないが、同じように文明人もそうしなければならないのであり、しかもどんな社会形態のなかでも、考えられるかぎりのどんな生産様式のもとでも、そうしなければならないのである。彼の発達につれて、この自然必然性の国は拡大される。というのは、欲望が拡大されるからである。しかし、また同時に、この欲望を充たす生産力も拡大される。自由はこの領域のなかではただ次のことにありうるだけである。すなわち、社会化された人間、結合された生産者たちが、盲目的な力によって支配されるように自分たちと自然との物質代謝によって支配されることをやめて、この物質代謝を合理的に規制し自分たちの共同的統制のもとに置くということ、つまり、力の最小の消費によって、自分の人間性に最もふさわしく最も適合した条件のもとでこの物質代謝を行なうということである。しかし、これはやはりまだ必然性の王国である。この国のかなたで、自己目的として認められる人間の力の発展が、真の自由の国が、始まるのであるが、しかし、それはただかの必然性の国をその基礎としてその上にのみ花を開くことができるのである。労働日の短縮こそは根本条件である。（3の2－1051）

第三の目的は、労働者主権の確立です。その正当性の根拠は、労働者の労働力が資本の利潤（剰余価値）を産出する源泉であることから、労働者が資本を経営する権利をもっているところにあります。役員の選出、経営方針の決定、事業計画の決定、予算の決定と決算の承認など重要事項は、労働者の直接民主主義によって意思決定されることになります。経営者と役員は労働者サラリーマン全員が参加する選挙で選ばれます。経営指導部の選出は、経営事業の命運に関わることですから、その選出に職場全員の労働者サラリーマンが参加する必要があります。

それは、次のような社長選挙制が当たり前になる社会です。


現代の民主主義社会では、裏面では買収等のさまざまな不正が行われるとはいえ、表向きは、ほとんどの組織の長は選挙によって選ばれているのに、ただ企業の長だけはそうした方法をとられずに選ばれ、何の民主的フィードバックを受けずに権力をふるっている。

株式総会で選ばれることになっているわけだが、現在のそれは第四章に述べたような五分間総会である。

重役会でも、社長が重役を任命する現行制度の下では「御前会議」のようになって、社長の独裁をなかなかチェックしにくいし、下からの提言や直言、あるいは外部からのそうした苦言は〝君側の臣〟によって阻まれて、封建君主の耳に届くことはほとんどないので、よほどの業績低下に見舞われるか、スキャンダルが暴露されるか、派閥抗争に敗れるか、あるいは潔く自ら身を退くと言わないかぎり、「君主」は交替することがない。

老害ワンマン社長がはびこる所以だが「社長選挙制」が実施されれば、下からのフィードバックがきくようになるし、社長も社会的倫理観をもちやすくなるであろう。〈佐高信『企業原論』〉

こうした職場底辺の産業民主主義、労働者民主主義を実現することが、世界社会主義を実現する基盤になります。職場で労働者の自由と権利が認められないならば、労働者の自治は生まれず、社会の民主主義も生まれません。言うまでもなく、この民主主義は、自治体や州政府（旧国家）、そして世界政府の政治的民主主義とパラレルなものです。政治的民主主義、市民民主主義と社会的民主主義、労働者民主主義は、市民であり、労働者である世界人民の自由と権利を実現するための車の両輪です。どちらも欠けては未来の民主主義は実現しないし、未来の世界社会主義も実現しません。すなわち、それは労働者自治と市民自治の共存であり、協業です。こうした底辺の民主主義が花開かなくては、世界社会主義も中身のない薄っぺらな掛け声だけのイデオロギーになってしまうでしょう。そのことは、嘗てのソビエト連邦の歴史でわれわれは嫌と言うほど煮え湯を飲まされたはずです。

すなわち、政治的民主主義と社会的民主主義、労働者民主主義と市民民主主義の有機的結合が、世界社会主義の鍵です。たとえ政治的民主主義が実現したとしても、それは片面の民主主義でしかありません。社会的民主主義がまったく蔑ろにされていたのでは、民主主義社会とは言えないからです。日本国憲法は地域や国家のみでなく、職場や社会に深く根を下ろさなければ、少なくとも憲法国家と言えたとしても、憲法社会とは言えません。職場と生産点の民主主義が実現され、地域や生活点に民主主義が実現されて、始めて民主主義社会と言えます。逆に言えば、国家や地域の政治的民主主義が特定機密保護法のように危機に曝されているということは、社会や職場の民主主義はもっと酷く危機的状況に置かれているということです。ブラック企業が社会に跋扈し、労働組合の組織率が二〇パーセントを切ってさらに減少し続けているのは、その証左ではないでしょうか。

言うまでもなく、中国のように社会主義を標榜し、また北朝鮮のように民主主義を冠しようとも、一党独裁の専制国家は、社会主義でもありませんし、民主主義でもありません。それは、「独裁的社会主義国家」を覆い隠す単なるイデオロギーであり、神話にしかすぎないのです。これらの国には、市民主権の政治的民主主義もありませんし、ましてや労働者主権の社会的民主主義もありません。これらの国はいつの日か変化するでしょうけれども、その兆しはまだ出ていません。その変化の鍵を握っているのは、やはり国内における市場経済＝資本主義経済の発展と矛盾、そしてインターネットや観光・学業・ビジネス・労働などの国際交流ではないでしょうか。

第四の目的は、分業の廃止です。労働者の偏頗な能力を拡大する分業を廃止し、人間的能力を全面的に開化させる労働を確立することは、世界社会主義の目的です。このことに関連して、『資本論』は労働と学習との在り方について、次のような提言をしています。

工場監督官たちはやがて学校教師の証人尋問から、工場児童は正規の昼間生徒の半分しか授業を受けていないのに、それと同じかまたはしばしばそれよりも多くを学んでいるということを発見した。

「事柄は簡単である。半日しか学校にいない生徒は、いつでも新鮮で，ほとんどいつでも授業を受け入れる能力があり、またそうする気がある。半労半学の制度は、この二つの仕事のそれぞれ一方を他方にとっての休養および気晴しとするものであり、したがって児童のためにはどちらか一方を中断なしに続けるよりもずっと適当である。朝早くから学校に行っている少年は、しかもこんなに暑いときには、自分の労働をすませて生き生きと元気よくやってくる少年と競争することは、とうていできないのである。」

さらに別な証明は、一八六三年のエディンバラの社会科学会議でシーニアが行なった講演のなかに見いだされる。そこでは彼もまた、なかんずく、上級および中級の一面的で不生産的で長すぎる授業時間がいたずらに教師の労働を多くしているということ、「また、それが児童の時間や健康やエネルギーを、単にむだにするだけでなく、まったく有害に乱費する」ということを示している。……それは単に社会的生産を増大するための一方法であるだけでなく、全面的に発達した人間を生みだすための唯一の方法でもあるのである。（1の1-629~630）

現在の資本主義教育は、労働と学習を分離しています。労働は労働だけ、学習は学習だけと分裂しています。労働と学習が共存するようなシステムの構築が必要ではないでしょうか。これはまた、労働は社会人になってからというのではなく、青少年の頃から学習と平行して労働することが見直されてもよいと思います。また、社会人になったから労働だけの生活を送るのではなく、折に触れて要所要所において学習するようなシステムが望ましいと思います。労働者の人間的能力を全面的に開花させるためには、学習が欠かせないからです。

また『資本論』は、機械制大工業の発展は、労働者の「部分的個人」の代わりに、「全体的に発達した個人」をもってくることを機械制大工業の生死の問題にすると、次のように述べています。

大工業は、いろいろな労働の転換、したがってまた労働者のできるだけの多面性を一般的な社会的生産法則として承認し、この法則の正常な実現に諸関係を適合させることを、大工業の破局そのものをつうじて、生死の問題にする。大工業は、変転する資本の搾取要求のために予備として保有され自由に利用されるみじめな労働者人口という奇怪事の代わりに、変転する労働要求のための絶対的な利用可能性をもってくることを、すなわち、一つの社会的細部機能の担い手でしかない部分的個人の代わりに、いろいろな社会的機能を自分の活動様式としてかわるがわる行なうような全体

的に発達した個人をもってくることを、一つの生死の問題にする。（１の１－６３４）

言い換えれば、資本主義の機械制大工業の発展それ自身が分業の廃止を必要とし、これを成長させるものであり、世界社会主義における分業の廃止はこの資本主義の発展の成果を吸収し確立したものにすぎないということです。

第五の目的は、世界人民の自由と人権を保障することです。言論、出版、集会、結社の自由は保障されます。思想、信条、宗教、学問の自由も保障されます。一定の必要な限度において、財産権、土地所有権も保障されます。またこれは結社の自由に含まれますが、政党結成の自由、複数政党制が保障されます。これらの自由や人権は現在の先進資本主義国の市民社会では保障されていますが、労働者社会すなわち職場における自由や人権は制限されていることから、これらの制限を取り払うことが必要になります。また、発展途上国や独裁的社会主義国では市民社会における自由と人権が抑圧されているだけでなく、労働者社会におけるそれらも抑圧されていますから、こうした現状を変革し、自由と人権を実現することが世界社会主義の目的です。

第六の目的は、世界中央銀行と世界貨幣の創設です。現在の国際通貨基金（ＩＭＦ）は一部世界中央銀行の役割を果たしておりますが、これを組み替えて世界貨幣の発券銀行としての世界中央銀行に編成し直すことが必要です。また、現在、アメリカのドルが世界の基軸通貨になっておりますが、これは一国の経済状態に左右され不安定な通貨ですので、世界中央銀行の発行する世界貨幣へ組み替えて行く必要があります。世界中央銀行は世界で唯一の発券銀行ですから、各国の中央銀行が銀行券を発行することは禁止されます。世界中央銀行は世界政府によって世界貨幣の通用力を担保されます。これによって、現在のような投機的動きをする各国の為替相場は廃止され、世界一国の貨幣市場が誕生します。また、世界中央銀行と世界貨幣の創設は世界市場の発展と深く関係しています。貿易、投資、金融における世界市場の発展が、為替と投資の現在の不安定な状況を嫌い世界中央銀行と世界貨幣の必要性を求めています。つまり、世界資本主義の発展がつくりだす諸矛盾が世界中央銀行と世界貨幣の創設を必要としているのです。このことに関連して、こう述べられています。

おそらく二一世紀に入ったあとのことであろうが、ヘゲモニー国家そのものがアメリカをもって終わりを告げ、世界経済は、次第に複数の主要国家群の緊密な協調によって支えられながら、次第に国家の枠を超えた経済的担い手にリードされていくシステムに移行していく可能性が濃厚になってきたように思われるからにほかならない。この国家を越える担い手の一つが多国籍企業であり、それと同時にドルに代わる基軸通貨として、おそらく次第にＳＤＲの比重が大きくなっていくことであろう。〈宮崎義一『世界経済をどう見るか』〉＊ＳＤＲは国際通貨基金に加盟する国が持つ資金引き出し権及びその単位。

第七の目的は、国家の廃止と世界政府の樹立です。現在の世界の生産力は、現在の地域的主権国家の枠組を越えて進んでいます。したがって世界の生産力の発展に即応した政府の在り方が求められており、それが世界政府です。そして、この生産力を破壊力へ転化させないためには、世界政府は世界社会主義合衆国の政府であることが必要です。すなわち、具体的には現在の国際連合の変革と再編成の問題です。この世界資本主義体制から世界社会主義体制への移行は武力革命によるものでなく、あくまでも地域的主権国家の合意形成に基づく平和革命による必要があります。その過渡的段階として現在のユーロのような地域共同体がアジア、アフリカ、北アメリカ、南アメリカなどに必要な場合もあるかもしれません。この革命は明治維新の「廃藩置県」に倣って言えば、「廃国置州」ということになります。すなわち地域的主権国家を廃止して州に置換し、世界中央政府を樹立するということです。一九五〇（昭和二五）年に日本で最初に「世界連邦都市宣言」を決議した京都府綾部市の長岡誠市長は一九六〇（昭和三五）年の梅棹忠夫のインタビューに次のように答えています。

「世界連邦といっても、夢にすぎないのではないかという声もあるようですが……」

「それは明治維新だって、夢にすぎないとおもっていたひともあったでしょう。しかし実現したのです。あれは日本連邦の成立でした。各藩ばらばらの封建制が解消し、中央政府のもとに統一されたのです。こんどはそれを世界に応用するのです。各国ばらばらの現状を解消し、世界政府をたてようというのです。」

このたとえがただしいかどうか問題だが、とにかく、明治の革命を経験してきた日本人にとって、こういうふうに説明すると頭にはいりやすいそうだ。尾崎咢堂（行雄）もすでにいっている。「世界の廃藩置県なくして、世界に平和なし」と。〈『日本探検』〉

この世界政府の原理は、リンカーンの「人民の人民による人民のための政府」を言い換えると、「世界人民の世界人民による世界人民のための政府」です。世界政府の代表者と世界議会の議員は、世界人民の直接投票で選ばれます。これはインターネットの世界的普及を考えれば、実現可能だと思います。

この議会には政府の施政方針や主要事業計画や予算・決算は議会の議決が必要であるとともに世界人民の多数決の承認を必要とします。また、議会で世界人民の多数決の承認を必要とする可決した案件については、世界市民の投票を求めることになります。

世界政府樹立後であっても、世界政府の軍隊としてPKOやPKFは、暫く置く必要があるでしょう。地域紛争は一気になくなるとは考え難いからです。しかし、国家間の恐怖の存在である核兵器は全面的に廃絶になるでしょう。国家が死滅した状態では国家の戦争の武器である核兵器は必要性がなくなるからです。核兵器廃絶、核兵器なき世界は、世界社会主義合衆国を樹立する具体的目的の一つです。そして、それは旧ソ連の軍幹部が述べた次のような世界平和に対する切実な思いを具体化することでもあります。

アポロとソユーズの宇宙におけるドッキングを計画しそれを成功させたソ連側の責任者の一人ウラジミール・シャクロフ中将は、下村満子のインタビューに答えて、「（米ソ対立や核軍拡競争の現実は）悲しいことです。現在われわれの持っている恐ろしい兵器は一夜にして地球を月のように生命のないものにしてしまうことができる。人類はいま、仮にどんな激しい政治的、経済的、思想的対立や紛争があっても、それを軍事的に解決することは無意味だという段階まで到達したのだと思う。それは全人類の破滅をもたらすからです。地球はあまりに小さく、米ソが対決するような空間ではないのです」〈「ソ連人の米国観一六」朝日新聞、一九八四年一〇月二〇日朝刊／宮崎義一『世界経済をどう見るか』〉

また、既存の国家が州政府へ移行するのですから、州政府には警察は必要であっても軍隊は必要なくなります。また、世界政府の軍事権は地域紛争が起きた場合の予備的なものですから、今日の主権国家が使っている軍事費は大幅に削減されることになります。削減されて余った予算は教育と福祉の充実に使い、そして市民の税金を減税することも可能になります。そして、日本国憲法は日本州憲法にかわり、第九条の戦争放棄は、プログラム規定ではなく現実と矛盾しない規範になります。そのほか、多くの点で日本国憲法は世界憲法へ成長発展できる豊かな土壌をもっています。

すなわち、世界社会主義合衆国は同時に世界民主主義合衆国です。民主主義なくして社会主義なし、社会主義なくして民主主義なしです。社会主義と民主主義は対立するものでなくて、相互補強と相互依存の関係にあります。その民主主義も議会制民主主義のような間接民主主義を基本とするものではなくて、直接民主主義を原則とするものになります。政治的国家の直接民主主義はもちろんですが、労働者社会の直接民主主義も併せて実現するものです。

そして、なぜ世界社会主義かと言うと、世界資本主義の長所を取って短所を捨てる世界資本主義を越える新しい社会だからです。なぜ世界民主主義かというと、政治的国家と労働者社会において原則として直接民主主義を実現しようとするものだからです。なぜ世界合衆国かと言えば今ある主権国家を解体して州政府に移行し、世界に国家と呼ばれるものは世界政府だけになるからです。

第八の目的は、計画と自由との統合です。嘗てのソ連型独裁的社会主義の失敗は、国家の中央計画が至上のものになり、個人や企業の自由な活動を抑圧するものでした。国家が社会的理性の権化になり、個人や団体の活動を拘束するものでした。このような国家の中央計画の在り方は、『資本論』の理論の中にひそんでいました。それは社会的理性を述べた次の文章に現われています。

資本主義のではなく共産主義の社会を考えてみれば、まず第一に貨幣資本は全然なくなり、したがって貨幣資本によってはいってくる取引の仮装もなくなる。事柄は簡単に次のことに帰着する。すなわち、社会は、たとえば鉄道建設のように一年またはそれ以上の長期間にわたって生産手段も生活手段もそのほかのどんな有用効果も供給しないのに年間総生産物から労働や生産手段や生活手段を引きあげる事業部門にどれだけの労働や生産手段や生活手段をなんの障害もなしに振り向けることができるかを、前もって計算しなければならないということである。これに反して、社会的理性が事後になってからはじめて発現するのを常とする資本主義社会では、絶えず大きな撹乱が生じうるのであり、また生ぜざるをえないのである。（2の385）

「単一の資本家、単一の資本家会社」が支配する世界資本主義が達成されて始めて計画は完全に予測可能なものになります。事後の社会的理性でなくて事前の社会的理性が経済を支配できるようになります。しかし、これは一つの極限的な想定です。社会的分業による商品経済は世界社会主義になっても存続しますから、個人と企業の自由な活動は保障され、経済の市場メカニズムは活動します。したがって、世界政府の中央計画は市場の動向を予測して立案されるものになります。世界社会主義の計画は事前の社会的理性ですが、それは市場の自由を前提にした計画というものになります。ここに自由の排除としての計画ではなく自由と統合した計画が、世界社会主義の条件になります。

さて、世界資本主義が世界社会主義へ転化する必然性と現実性はどこにあるのでしょうか。

第一は、客体的な条件です。

まず世界資本、世界生産、世界交通、世界消費、世界金融の発展が、世界資本主義の形成を促し、世界社会主義の土台をつくります。それと同時に、『資本論』が言う利潤率の傾向的低下の法則も資本主義の存在意義と推進動機を自己否定するものであり、世界社会主義へ道を開くものです。そして何よりも世界の生産力の発展が社会的生産関係即ち資本主義的生産様式と矛盾するようになり、生産力が破壊力へ転化して、世界の貧困、差別、失業、倒産、恐慌、資源枯渇、環境破壊、原子力発電事故、核戦争などに対する不安や恐怖が解消されないことが、世界資本主義を世界社会主義へ転換する客体的条件になります。この矛盾について、『資本論』は次のように述べています。

資本主義的生産様式が、物質的生産力を発展させこれに対応する世界市場をつくりだすための歴史的手段だとすれば、それはまた同時に、このようなその歴史的任務とこれに対応する社会的生産関係とのあいだの恒常的矛盾なのである。（3の1－314）

資本主義的生産形態とそれに対応する労働者の経済的諸関係はこのような変革の酵素と古い分業の廃棄というその目的とに真正面から矛盾するということである。とはいえ、一つの歴史的な生産形態の諸矛盾の発展は、その解体と新形成とへの唯一の歴史的な道である。（1の1－635）

第二は、主体的条件です。

世界資本主義の発展は、圧倒的多数の世界人民を労働者階級に転化させ、世界資本主義の諸矛盾は世界の労働者人民の貧困と差別、抑圧と隷従、恐怖と不安を深化拡大して、世界の労働者人民の反抗と変革の意思を強めます。このことについて、『資本論』は述べます。

……今度収奪されるのは、もはや自分で営業する労働者ではなくて、多くの労働者を搾取する資本家である。

この収奪は、資本主義的生産そのものの内在的法則の作用によって、諸資本の集中によって、行なわれる。いつでも一人の資本家が多くの資本家を打ち倒す。この集中、すなわち少数の資本家による多数の資本家の収奪と手を携えて、ますます大きくなる規模での労働過程の協業形態、科学の意識的な技術的応用、土地の計画的利用、共同的にしか使えない労働手段への労働手段の転化、結合的社会的労働の生産手段としての使用によるすべての生産手段の節約、世界市場のなかへの世界各国民の組入れが発展し、したがってまた資本主義体制の国際的性格が発展する。この転化過程のいっさいの利益を横領し独占する大資本家の数が絶えず減ってゆくのにつれて、貧困、抑圧、堕落、搾取はますます増大してゆくが、しかしまた、絶えず膨張しながら資本主義的生産過程そのものの機構によって訓練され結合される労働者階級の反抗もまた増大してゆく。資本独占は、それとともに開花しそのもとで開花したこの生産様式の桎梏となる。生産手段の集中も労働の社会化も、それがその資本主義的な外皮とは調和できなくなる一点に到達する。その外皮は爆破される。資本主義的私有の最後を告げる鐘がなる。収奪者が収奪される。（1の2－994〜995）

『資本論』が出版された一九世紀半ばのイギリス資本主義は、一〇時間の長時間労働、窮乏的賃金水準、労働組合の非合法化、政治的活動の自由の抑圧、普通選挙法の未実施など労働者階級の取り巻く状況は劣悪を極めました。したがって、この文章は社会主義革命がパリ・コンミューン型の大衆的蜂起によって国家権力を奪取することが想定されています。しかし、二一世紀の今日の資本主義においては、八時間労働制、窮乏的賃金からの脱却、労働組合の合法化、政治的活動の自由の保障、普通選挙法の実現など『資本論』時代の資本主義とは異なっています。したがって、現代の社会主義革命は議会制民主主義を踏まえた平和的方法による政権奪取ということになります。

その意味で世界社会主義運動は、いかなる意味でも暴力に組みしない非暴力直接運動（ガンジー）です。職場の労働者民主主義と地域の市民民主主義を結合し、社会の民主主義と政治の民主主義を一歩一歩実現していく運動です。世界社会主義は五〇年後、一〇〇年後、二〇〇年後の未来の世界を目指した運動です。それは、世界資本主義の諸矛盾の高まりと世界の労働者人民の意識と行動によって決まってくるだろうと思います。

第三九章　宇宙船地球号の乗組員として

およそ権利をつくりだしたものは生産関係である。この生産関係がある一点に達して脱皮せざるをえなくなれば、権利とそれにもとづくいっさいの取引との物質的な源泉、経済的および歴史的に是認される源泉、社会的な生命生産の過程から発する源泉は、なくなってしまう。より高度な経済的社会構成体の立場から見れば、地球にたいする個々人の私有は、ちょうど一人の人間のもう一人の人間にたいする私有のようにばかげたものとして現われるであろう。一つの社会全体さえも、一つの国でさえも、じつにすべての同時代の社会をいっしょにしたものでさえも、土地の所有者ではないのである、それはただ土地の占有者であり土地の用益者であるだけであって、それらはよき家父（boni patres familias）として、土地を改良して次の世代に伝えなければならないのである。（3の2－995）

宇宙船地球号（Spaceship Earth）は、地球上の資源の有限性や資源の適切な使用について問題提起するため、「地球を閉じた宇宙船」に喩えて、一九六三年にバックミンスター・フラーが提唱した世界観です。また、一九六六年にケネス・E・ボールディングは経済学にこの概念を導入しました。

宇宙船地球号が意味するものは、私たち人間が地球を一つの共同体として生きる存在だということです。私たち人間は自然的にも社会的にも政治的にも文化的にも地球という共同体の一員としてしか生きられない存在になっています。したがって、私たち人間の存在は宇宙船地球号の乗組員そのもののようになっています。

それでは、何が私たち人間を宇宙船地球号の乗組員にしているのでしょうか。

第一は、世界資本主義の発展が国境を越えた世界経済を成長させ、世界の相互依存性を不可分のものに高めたことです。第二は、世界の生産力の発展が世界の破壊力へ転化したことです。生産力の世界規模の発展は、世界恐慌や核戦争や環境破壊に見られるように世界規模の破壊力を生みだしました。第三に、交通・通信の発展が世界を網の目のように結合させたことです。特に航空機とインターネットの進歩が大きな影響力をもっています。

では、宇宙船地球号の乗組員として生きる私たち人間の前に横たわる危機とは何でしょうか。どのような危機があるのでしょうか。

第一は、地球環境の汚染と破壊です。フロンガス使用によるオゾン層の破壊と紫外線直射による発がん性物質の累積。化石燃料の過剰消費による地球の温暖化がもたらした異常気象の発生と北極圏の氷解や永久凍土の溶解による海水面の上昇。化学物質など産業廃棄物による大気汚染やタンカー座礁に伴う原油排出などのよる海洋汚染。地球の砂漠化—森林伐採による緑地の削減、砂漠の緑化取組みの不足、二酸化炭素の増大、食料生産・居住地域の縮小。これらはみな地球の大気、海水、森林が私たち人間にとって無尽蔵なものではなく有限な資源であることを教えています。しかも、私たち人間がつくり出した生産力が地球環境を破壊して、私たち人間の生命の存続を脅かしているのです。地球=土地は私たち人間が住むに堪えない状態に陥っています。「資本論」の前掲の文章「一つの社会全体さえも、一つの国でさえも、じつにすべての同時代の社会をいっしょにしたものでさえも、土地の所有者ではないのである、それはただ土地の占有者であり土地の用益者であるだけであって、それらはよき家父（boni patres familias）として、土地を改良して次の世代に伝えなければならないのである。」はよくこのことを表現しています。そして、状況は、ボールンディングが一九六八年に次のように書いた時よりも深刻になっているのではないでしょうか。

まったく奇妙なことだが、問題が最初に目立ったものとなりつつあるのは、枯渇の方ではなくて汚染の方であるように思われる。ロスアンゼルスは空気を使い果たしてしまったし、海は鉛とDDTとでいっぱいになりつつあるし、大気汚染は、今のままの汚染率が続いていくならば次の世代の時代には人間にとっての主要な問題となるかもしれない。〈公文俊平訳『経済学を越えて』〉

第二は、核の恐怖です。これには、核戦争と原子力発電所事故の二つの恐怖があります。日本は一九四五年八月の広島・長崎に対する米軍の原子爆弾投下によって世界で唯一の被爆国になりました。また、一九五四年のビキニ環礁で第五福竜丸がアメリカ水爆実験で被爆しました。日本にとって核戦争の恐怖は他人事ではなく自らの歴史に刻まれた経験です。その後の米ソ核兵器開発競争が引き起した恐怖は、一九六二年のキューバ危機で現実のものになりました。そして、米ソホットラインの設置、核不拡散条約、部分的核廃棄条約などは核戦争の緊張緩和をつくり出しましたが、核爆撃機の頻発する事故に見られるように核戦争の恐怖から私たち人間は解放されていません。現在では地球を何百回も死の世界に変える量の核兵器が蓄積されています。加えて原子力発電所事故の恐怖が私たちを襲います。アメリカのスリーマイル島原発事故、旧ソ連（現ウクライナ）のチェルノブイリの原発事故、二〇一一年三月一一日東日本大震災による福島原発の爆発など原子力発電所の事故は私たちの日常生活を脅かす核の恐怖を現実のものにしました。しかも原子力発電所がエネルギー源を確保する美名の下に建設が続けられています。

核の恐怖は私たち人間の生存の営みを一瞬に奪う最悪の科学技術がもたらしたものです。私たち人間は核の恐怖につり下げられた不安定な状態にあります。核の恐怖は私たち人間に共通に課せられた死重になっているのです。

第三は、「南」の人口と貧困の増大です。先進国の「北」が人口の停滞或は減少に陥っているのに比し、発展途上国の「南」の人口増加は止まりません。その原因は、「南」が貧困と病気からなかなか抜け出せないことにあります。「資本論」も次のような言葉を紹介しています。

「貧困は、飢餓や悪疫という極点に至るまで、人口の増大を阻止するよりもむしろそれを促進する傾向がある。」〈S・ラング『国民的困窮』、一八四四年、六九ページ〉。ラングは統計によってこれを説明した後に次のように続ける。「もし全世界が安楽な状態であれば、やがて世界の人口は減るであろう。」("If the people were all easy circumstances, the world would soon depopulated.")

（1の2－838）

とすれば、「南」の経済的自立＝離陸だけが人口抑制の問題を解決できることは明らかです。そのためには必要なことは農業生産力の向上と識字率の向上でしょう。少なくとも「北」の大資本が「緑の革命」やアグリビジネスの多国籍企業の行動に見られるように、「南」の食と農を収奪し搾取する状況を変えることが必要になります。併せて、耕作農民のための土地改革が必要でしょう。

第四に、「南」の戦争の頻発と平和の破壊です。宗教、民族、イデオロギー、経済的利害から生まれる戦争をいかに阻止するのかという問題です。それは「南」の戦争と飢餓の連鎖を断ち切り、「南」に軍縮と開発の好循環をいかにつくり出していくかという問題です。「南」における戦争を阻止し反戦平和を構築することが、「南」の経済的自立を実現する上で最重要事項です。

ところで、「南」に住む人間は地球上の人口の六割を占めます。その人々が貧困と戦争に苦悩する状況は、「北」に住む人々を決して幸福にさせません。しかも、「南」の苦悩が「北」になんらかの形で原因するものであれば、それは「北」自身の問題でもあります。したがって、「南」の苦悩は地球に住む私たち人間の共通の課題なのです。

さて、「南」の戦争と平和の問題について私のささやかな経験を話しましょう。

一九六五（昭和四〇）年、大学へ入学した時、選んだクラブ活動は硬式テニス部とアジアアフリカ研究会でした。テニス部の方は自分がテニス学校に入学したのかと思うほど練習が厳しいこともあって半年で止めましたが、アジアアフリカ研究会は途中止めることなく卒業まで在部しました。この研究会の活動の主なる目的は、アジアアフリカ諸国へ三週間ほどの現地調査隊を派遣し、その成果を秋の文化祭に発表することでした。もちろん事前に資料調査をしてから行ったのは言うまでもありません。二年生の時にマレーシアへ、三年生の時にタイへ調査隊を派遣しましたが、私は参加するチャンスがあったにも関わらず、何故か参加しませんでした。今考えるともったいないことをしたものだと思います。但し、そのために外務省を訪問したり、寄付金を依頼するために大企業を廻ったことは良い社会勉強になりました。それから、第二外国語は普通ドイツ語やフランス語を選ぶのですが、中国語を選びました。マンモス大学ではないので、学部全体で一学年三〇～四〇人くらいだったと思います。一年生は初級会話、二年生は原文購読で、テキストは魯迅の『阿Q正伝』でした。もちろん日本語訳の持込みは禁止です。授業は、先生に指名された学生は原文を中国語で読み、日本語訳を付け、間違いがあれば先生が修正する方法で進んで行きました。かなり熱心に勉強した方だったので、相当読み話せるようになったはずでしたが、今では数字と朝夕の挨拶しか読み書き話すことができなくなってしまいました。

さて、なぜアジアアフリカ、特にアジアに関心と興味をもったのでしょうか。外国だから未知の地域として異国情緒に溢れていることに魅力を感じたことは当然です。それ以上に、現在は確かに「後進国」「低開発国」の貧しい国々であるが、一〇年後、二〇年後、三〇年後、そして五〇年後、年々歳々成長して行き豊かな国へ発展して行くのではないかという予感めいたものがあったからだと思います。ポテンシャル（potential）を秘めた地域と思ったのです。文字通り「発展途上国」と感じたからです。もちろんその背景には、第二次大戦後から一九六〇（昭和三五）年の間にアジア・アフリカのほとんどの地域が主権国家として独立し、欧米や日本の帝国主義植民地から解放されたことがあることは言うまでもありません。もう一つは、特にアジアに関心をもったのは、黄色人種の国々だったからではないかと思います。そこには、「白い欧米」や「黒いアフリカ」にはない「民族的」な親しみや同情を誘うものがありました。そしてさらには、アジアの国々はタイ・インドを除きいずれも戦前に帝国主義国家として日本が侵略し占領した歴史をもっていることも頭の隅にあったかもしれません。事の善悪はありますが、日本が嘗て深く関わった国々であることは間違いありません。その学生時代から半世紀近くたった現在、アジアの国々がポテンシャルを秘めた「発展途上国」であったことは、事実として証明されました。シンガポール・香港・台湾・中国・韓国は先進地域の仲間入りを果たしました。インド・マレーシア・タイ・ベトナム・インドネシアは経済的離陸に向けて奮闘中です。ミヤンマー（ビルマ）・カンボジアにも最近経済発展の芽生えが出て来ました。日本はこのアジアの経済成長をなんとか国内の経済成長へ取り込もうと必死です。しかし、そのためには、戦前の日本帝国主義の歴史を反省しなければ、経済的投資・進出・交流は進まないように思います。経済と政治、過去と現在は結び付いていることを、日本は忘れてはならないのです。「過ちて改めざる、これを過ちと謂う」〈『論語』〉です。

そして、一九六七（昭和四二）年の秋、激しくなるベトナム戦争に呼応して大学内の学生有志が集まり、「ベトナム戦争を考える会」（後に「反対する会」に改称）を設立し、これに私も参加しました。この会は、まったくのノンポリ（non-political）学生の集まりで、そのほとんどが社会党支持者で中に少数ですが共産党支持者がいました。会として初めてデモ（demonstration）に参加したのは、小田実・吉川勇一などが主宰する「ベトナムに平和を！市民連合」（略して「べ平連」）の同年一一月一二日の佐藤首相訪米阻止のデモでした。ご存知の方もあると思いますが、べ平連のデモはだれでも市民が自由に参加できる平和で穏健なデモです。そのデモに事もあろうに機動隊が襲いかかって来ました。みんな蜘蛛の子を散らすようにデモの集団から離れたのですが、運悪く後輩の学生が一名逮捕されました。当然のことながら、その学生は三日目に釈放されましたが、これにはショックを受けました。警察には、交番のお巡りさんや交通警察官などのように優しい市民警察の顔と機動隊や公安警察官のように恐い治安警察の顔、二つの顔をもっていることを初めて知らされました。そして、言うまでもなく政治的デモに対処するのは、この恐い顔の警察です。そんな衝撃的な事件はあったものの、その後も会としてべ平連のデモに参加し続けましたが、その後はショックな事は起りませんでした。この会の運動は、卒業がだんだん近づいて来た翌年の秋頃まで続いたように思います。

このベトナム戦争反対運動は、弱い者を強い者が虐めている、強い富める大国のアメリカが弱い貧しい小国のベトナムを虐めている現状に対して、強きを挫き弱きを助ける義侠心と正義感の表現だったように思います。当時の学生がなぜあれほど高倉健や鶴田浩二や藤純子主演の任侠映画を熱狂的に歓迎したのか、その背景の一つとして、ベトナム戦争の過激な理不尽さとそれに抗議する運動の盛り上がりがなければ理解できないように思います。ベトナム戦争では日本の米軍基地を始め軍用施設が使用され、日本は間接的に戦争の加害者の立場にありました。それを可能にしているのは、言うまでもなく日米安保条約であり、したがって、ベトナム戦争に反対することは、安保条約に反対することでした。しかし、この反対運動に参加し、声高に「安保粉砕！」と叫んだ学生の中に、私を含めてまともに安保条約の条文も日米地位協定の条項も読んだ者はほとんど皆無に近かったのではないかと思います。ただ日本（実際は沖縄の基地。当時沖縄は米軍の占領下にありました。したがって、当時の日本国内の米軍基地などは兵站の役割を担っていたのです。）から飛び立つ爆撃機によるベトナムの空爆を止めたい一心だけで運動に参加したように思います。それは、「殺すな！」という人間の怒りであり、日本が経験した戦争の惨禍を再び繰り返すなという叫びでした。たしかに当時の学生運動には社会主義やマルクス主義への神話や幻想は強かったかもしれないが、ベトナム戦争反対の運動に参加した一般学生や一般市民・労働者を引付けたのは、「義を見てせざるは勇無きなり」〈『論語』〉の義侠心と正義感であったように思います。またこうした心情がなければ、毎年一〇月二一日に開催された国際反戦デーがアメリカ・ヨーロパ・アジアなど文字通り世界各地で盛り上がることはなかったでしょう。その意味で、私たちの世代は「団塊の世代」に違いありませんが、同時に「ベトナム反戦世代」「全共闘世代」でもあるのです。

しかし他面において、ベトナム戦争は米ソの代理戦争であり、社会主義圏と資本主義圏との東西「冷戦」の様相を帯びていたことは確かです。そして、南ベトナム政府という傀儡政権があったものの、実質はアメリカ軍とベトナム人民との「熱い戦争」でした。ベトナム人民が要求したのは、皮肉にも第一次大戦後にアメリカ大統領ウィルソンが提唱した民族自決の権利、主権国家独立の権利でした。それは、アメリカ独立宣言が掲げた目的でもありました。今考えると、アメリカはドミノ理論に見るように、「共産主義の妖怪」に取り付かれ泥沼に嵌ったとしか考えられません。こうして、アメリカの戦争の大義は失われ、アメリカ国内でも戦争非継続の世論が大きくなり、戦争に敗れて、遂にベトナムから撤退しました。ベトナム戦争による犠牲はベトナムにとってアメリカに比べると筆舌に尽くせない大きなものでしたが、アメリカもまた多数の戦死傷者を出し、その威信は深く傷つきました。はたして、アメリカはベトナム戦争の敗戦から学んだのでしょうか。その後の歴史を見るとどうもそうでないようです。現在もアメリカは「世界帝国」の威信を回復しようとして、躍起になっているようにしか思えません。

ところで、ベトナム戦争について私の拙い経験を書いたのは、「戦争を知らない子供たち」（北山修世代である私たちの間接的な「戦争体験」を書くためだけではありません。戦争は最大の人災と言われるように、特に「発展途上国」にとって戦争は発展の芽を殺してしまう最大の災害です。膨大な数の戦死傷者の発生、産業と家庭の破壊、都市と農村の壊滅、飢餓・飢饉・病気・貧困の拡大、難民・戦争孤児の発生、強制連行・強制労働の発生、捕虜及び無抵抗市民の暴行・強姦・虐殺の拡大、限定核兵器使用の可能性、化学兵器の後遺症、巨大な数の地雷の残存、超インフレの猛威など人生の悪夢と地獄をこの世に現実化するのが、戦争です。肉体だけでなく精神も極限まで痛め付けるのが、戦争です。これは、日本が日中・太平洋戦争で身をもって経験したことです。ところが、日本と西ドイツ（現ドイツ）は戦災が甚大であったにもかかわらず、一九五六（昭和三一）年の経済白書が「もはや戦後ではない」と書くように、敗戦から約一〇年で戦争前の経済水準を回復することができました。これには民主化が進んだことなどいろいろな原因が考えられますが、優秀な技術力・労働力が敗戦後も保全されたことが、一つの基本要因になったことは否定できないように思います。しかし、「発展途上国」の戦災の場合は、この技術力・労働力の育成こそが課題なのですから、戦災の打撃は長引き、経済的自立と経済的離陸は困難さを増します。貧困と飢餓の負のスパイラル（spiral）から抜け出せなくなります。これはベトナムに限らず、現在の戦争に苦しむアラブ・アフリカ諸国に共通に言えることではないでしょうか。換言すれば、南の「発展途上国」にとって、戦争は自立的経済発展を阻害する最大の要因だと言うことです。そして、古来より「二度の飢饉に遭うとも一度の戦争に遭うなかれ！」と言われるのは、歴史の真実を伝える言葉だと思います。

さて、二〇〇五（平成一七）年初夏、ベトナムとカンボジアへ家族で一週間の観光旅行に行きました。旅行の目的は、一九七五（昭和五〇）年のベトナム戦争終結から三〇年、一九八六（昭和六一）年の経済の改革開放を進めるドイモイ（刷新）政策が発表されてから約二〇年、とみにジャーナリズムなどが伝えるベトナムの経済復興と経済発展の実情を現地に行って見てみようというのが一つ。もう一つは、ポル・ポト派による二〇〇万人とも言われる大量虐殺と、ベトナム－カンボジア戦争など二〇年に及ぶ内戦が終結した一九九〇（平成二）年から一五年、カンボジアの人々の暮らしはどんなふうになっているのか、を知ることでした。さらには、一二世紀前半から三〇年以上の歳月を費やして建設されたアンコールワットの素晴しさと不思議さを実感することが、旅行の目的でした。一二世紀前半から後半と言えば、日本では平安時代末期に当たり、平家と平泉藤原氏が隆盛を極めた時代です。「遅れた社会」と思われているカンボジアに、なぜ世界遺産になるような素晴しい遺跡が存在するのか、その不思議さに魅かれました。

さて、ベトナム、カンボジアの印象を一口に言うと、確かに平和であるが戦争からの復興はまだまだこれからで、経済発展も覚束ない貧しい国というものでした。やはり戦争が残した爪痕は表面からは消えているが、実質面で大きな影響をもっていると思いました。私たちはベトナムではホーチミン（旧サイゴン）市の繁華街にある外国旅行者専用のホテルに泊まったのですが、朝に食堂に行こうとすると階段入口に警備員が寝ずの番をしていたらしく椅子に横たわっていました。拳銃のようなものを所持していたように思います。それだけ治安が悪いということです。特に観光事業を成長産業の一つとして位置づけているベトナムにとって、外国人旅行者に対する犯罪事件はあってはならないことです。また、ホテルに帰ろうとホテルの近くを歩いていると、中学生くらいの男の子が笠をかぶり天秤を背負い二つの笊にはココナッツを一杯詰めて安いから買ってくれとしつこく日本語でしゃべりながら付いて来ました。たしか値段は一個一ドル（一〇〇円弱）だったと思います。ココナッツは余り好きでなかったので、振り払うようにしてホテルに入りました。少年はいかにも残念そうにして、しょげて帰って行きました。彼は家族の生活費を稼ぐためにココナッツ売りをしているのだから必死だったと思います。そして、その日は思うように売れなかったのでしょう。ここにもベトナムの貧しさが現われています。ホーチミン市の表通りは車でなくて、バイクが川の奔流のように爆音を響かせて走って行きます。自転車もトラックもバスも余り見かけませんでした。もちろん路面電車も普通電車も地下鉄も走っていません。まさに文字通りの「バイク都市」です。車や電車ではなくバイクが大衆の交通手段になっているところにも、「発展途上国」の特異性を感じました。今から半世紀以上前、日本でもバイクブームがありました。まだ一般家庭が車を買えない時代です。自転車とバイクとバスが大衆の主要な交通手段であった時代です。ま高校時代、五〇ＣＣのバイクを無免許でしたが悪戯で近くの公園まで何度か走ったことがあります。ヘルメットの義務付けはなく、晴れた日に風を切って走る爽快感が堪りませんでした。この経験から考えますと、ベトナムはある意味で五〇年前の日本に似た状況にあるのかもしれません。また、表通りにある書店・御土産屋などの店舗は賑わって小奇麗であり、外国人観光客などを相手にしたレストランは奇麗で立派ですが、表通りから裏通りに一歩入ると乱雑で混沌としていました。路上で薪を燃やして炊事をしている者などまるで野営の難民キャンプ状態に見えました。しかし、そうした人々が路上を埋め尽くしているのだから、壮観です。やはり、ベトナムは戦争の傷跡が消え失せてない貧しい社会であることを思い知らされました。そして、夜になると街全体が薄暗く、淀んでいるように感じました。街灯の明るさやネオンサインの華やかさはまったく感じられませんでした。

さて、カンボジアではアンコールワットに近い観光地方都市シェムリアップの外国人観光客専用のホテルに泊まりました。アンコールワット遺跡は想像していた以上に大きく、しかもすべて石造りで素晴しいものでした。来て良かったと心底から思いました。カンボジアが世界に誇れる歴史遺産です。アンコールワットは仏教寺院の遺跡ですが、仏教寺院に慣れ親しんでいる者にとっても特に異国的印象が強いものでした。彫刻も彫像も素晴しかったです。このような遺跡はカンボジア国内にまだいくらでもあると聞いて、それにも驚かされました。しかし、この遺跡周辺でも内戦はあり、貴重な彫刻版には銃弾の跡が残っていました。また、近くには地雷が埋まっており、立入り危険の表示をしているということでした。だが、その表示の近辺で毎年のように犠牲者が出るということです。やはり一五年前まで内戦が続いたことを思い起こさせる出来事でした。アンコールワット周辺での土産物売りは禁止されているためか、土産物の押し売りや金銭をせびる少年少女には出会いませんでしたが、アンコールワットを少し離れた遺跡やシェムリアップの御土産売り地区には、こうした少年少女が少なからずいました。その中に小学生くらいの年齢の少女が小さな幼児を抱きかかえて、「一ドル下さい！」と日本語で叫びながら何度も何度も振り払っても付いて来て、とうとう根負けして、上の娘がもっていた一ドル銀貨を与えました。少女は打って変わって笑顔になり、幾度も幾度も御辞儀をして帰って行きました。日本人にとって一ドルは一〇〇円くらいの価値ですが、彼女たちカンボジア人にとってはその五倍から一〇倍の価値があったでしょう。彼女にしてみれば一日の稼ぎとしては希な大きさの価値をもったものであり、たぶん家族が二三日暮せるくらいの価値があったと思います。それが、彼女の笑顔と御辞儀に正直に表われたのです。因みにカンボジアではドルが最も重んじられ、次に円が重んじられ、そして最後に現地通貨のリエルが位置すると聞かされました。ここにも彼女が喜ぶ理由があったわけですが、それと同時に自国通貨に対する信頼が薄いことは、なによりカンボジア経済が自立からまだまだ遠いことを表わしています。嘗ての日本おいても敗戦から講和条約発効までは巷において円よりもドルが重んじられたこととどこか似ています。

さて、シェムリアップから少し離れたトンレサップ湖にミニバスで行き、観光遊覧船に乗り、見学することになりました。湖は東南アジア最大のもので、夏季は琵琶湖の約二四倍もの大きさをもち、大きな淡水魚も生息していますが、どう見ても海そのものでした。驚いたのは、湖に近づけば近づくほど道路の周辺にバラックよりも酷い小さな家が何百とびっしり隙間なく立ち並んでおり、そこに人々が暮らしている光景でした。小屋の大きさは三畳足らず、煮炊きをし、そこに寝泊まりしているのです。家財道具らしきものは全くありません。そこで例えば家族四人どのようにして暮らして行くことができるのか想像することも難しいです。「絶対的貧困」「絶対的窮乏」という言葉がありますが、まさにそれを現実に見る思いがしました。さらに観光遊覧船の乗場付近から続く何千何万人もの水上生活者の群れまた群れ。湖での漁業を生活の糧にしているのでしょうが、生活はまったく楽なように見えません。これはなんだろうか、水上のスラムとしか見えません。それでも、午前午後の半日交代制の小学校や郵便局や商店などが船上にあるから驚きます。第一汚い話ですが、下水の処理はどうしているのだろうと考えてしまいます。垂れ流ししかありえないでしょうから、衛生は大丈夫かと疑ってしまいます。それでも、人々は余り深刻そうに見えません。子供たちは喜々として水泳ぎをして遊んでいます。信じられない光景でした。カンボジアの貧困は広くて深いと思いました。

ところで、カンボジア人の現地ガイドの話によると、タイとベトナムとカンボジアの三国を比較すると、タイが最も豊かで貧しくなく、次いでベトナムがこれに続き、カンボジアが最も貧しく豊かでないということでした。その原因を考えると、やはり戦争と関係があるように思います。タイは戦時中に日本帝国主義の侵略と植民地支配を回避した東南アジアで唯一の国です。因みに第二次世界大戦中アジアで独立国を維持したのは日本とタイの二カ国だけです。そして、どちらも欧米列強の帝国主義支配を受けなかった点でも共通しています。これに対して、ベトナムはその政治的独立を勝ち取るためにフランスと戦い、続いてアメリカと戦い、三〇年間の絶えることない戦争を経て、漸く主権国家としての独立を達成しました。また、カンボジアは第二次世界大戦後フランスとの一〇年間の戦いを経て独立を達成しましたが、その後一九七〇年から二〇年間の内戦状態が続き、漸く一九九〇年に平和を達成しました。このことから考えますと、タイは戦災にほとんど遭っていません。また、ベトナムは三〇年という長い戦争がありましたが、当時、戦争終結から三〇年が経っています。また、カンボジアは一五年の独立期間があったものの、独立戦争と内戦の期間を合わせると三〇年の戦争期間がありました。しかも、当時、内戦終結から一五年しか経っておらず、戦災の傷は消え止まぬ時期でした。加えて、ポル・ポト政権の偏狭な共産主義と農村主義は、経営者・技術者・教師・公務員・賃金労働者・商人などを大量虐殺したために、経済を維持発展させるための人材と労働力が根こそぎ破壊されたことになり、その影響は甚大なものでした。また、欧米や日本などからの外国資本の導入は、当然のことながらタイが最も早くそして大きく、当時、ベトナムでは外国資本の導入が始ったばかりであり、カンボジアではまったくの未知数でした。こうした戦争と外国資本導入が主な原因になって、タイが最も豊かで、ベトナムがそれに次ぎ、カンボジアは最も貧しいという見解が出て来たのではないかと思います。それから、ベトナムもカンボジアもみんなスリムで太っている人が皆無なことは共通していましたが、背丈は若干ですがカンボジア人よりもベトナム人の方が高いように見えました。さらに、これはベトナムの大都会とカンボジアの地方都市の比較なのでなんとも言えませんが、カンボジア人の方がベトナム人よりも明るく見えたのは、なぜでしょうか。これは、次のような『資本論』の言葉に関係がありそうです。

魚のように冷血なブルジョア理論家デステュット・ド・トラシは無情にも次のように宣告する。「貧国とは人民が安楽に暮らしている国であり、富国とは人民が概して貧しい国である。」〈デステュット・ド・トラシ『意志および意志作用論』、二三一ページ〉（1の2－843）

これは特に、現在の豊かな「北」の国と貧しい「南」の国を比較したときに、よりその真実性が増して来ます。但し、このようなことが言えるのは、「南」が戦争と飢餓から解放された状況であるときのみ可能だと思います。「南」が戦争と飢餓に悩まされていたのでは、「貧国とは人民が安楽に暮らしている国」などとは言っていられないからです。

以上、私たち人間は、現在、四つの大きな危機、地球環境の汚染と破壊、核の恐怖、「南」の人口と貧困の増大、「南」の戦争の頻発と平和の破壊に直面しています。この四つの危機によって宇宙船地球号は難破しようとしています。地球は人間が生存するに堪えられない社会と環境になろうとしています。それでは、宇宙船地球号の乗組員として、私たちはこの人類的危機にどう対処していけばよいのでしょうか。それにはまず、次のような意識をもつことから始まるでしょう。

地球を――人間の唯一の大地を――ほんの少しでも、人間の住むに足る、ほんのちょっとでもいまより安全な、善いものにして、（あるいは、ほんのちょっとでも癒して）来るべき世代に引継ぎ、人間社会を、いまよりほんの少しでも、人間らしい、万人のための社会にする……共有のこの大地を死の脅威の場でなく、万人の生存のための場とする……。」〈犬養道子『人間の大地』〉

そのためには、私たちは生活点＝家庭から、生産点＝職場から、そして地域から街頭からやるべきことをやれることから始める大志をもって行動することが必要ではないでしょうか。それが、宇宙船地球号の乗組員として私たち人間に課せられた使命だと思います。

第四〇章　オフィスの変貌

商業の仕事場で、ある人は帳面をつけ、他の人は会計をやり、第三の人は通信をし、この人は仕入れ、あの人は販売し、この人は外回りをする、などというような細かい分業が行われれば，労働時間は非常に節約されるのであって、卸売商業で使用される商業労働者の数は営業の比較的な大きさに比べればまったくとるに足りないほどである。（3の1－369）

右の『資本論』の文章は、商業資本における分業の生産性を述べたものですが、前半の記述は現在のどこにでもあるような会社の事務所の情景を彷彿させます。この点から見るかぎり、事務所の業務は一九世紀半ばの『資本論』時代のイギリスも現在も本質的に変わっていないように思えます。しかし、事務所を取り巻く物的環境はこの一世紀半で劇的に変化しています。

『資本論』時代のイギリスのオフィスは、木造或は煉瓦造り、高くても三階まで。照明は石油ランプ。トイレは水洗、暖房は石炭ストーブです。木製の床、木製の棚・机・椅子。筆記用具はペンで鉛筆もありました。タイプライターはまだ普及していません。したがって、書類はすべて手書きで作成します。機械式計算機もありませんから、計算は手書き計算になります。通信機はありましたが、まだ電話は発明されていませんでした。通信手段としては電報と郵便が大きな役割をもっていました。自動車もバイクも自転車もありませんので、徒歩で通勤するか馬車にのって通勤するしか方法がありません。電車やバスがないことは言うまでもありませんが、やっと蒸気機関車が普及し始めた時代です。

この『資本論』時代のオフィスの環境は、日本が高度経済成長を始めた一九五五（昭和三〇）年頃の状況に似ています。建物は木造或は木造モルタル造り、高くても三階まで。照明は白熱電球。トイレは汲取り式、一部水洗。暖房は薪か石炭ストーブです。冷房はもちろんなく、夏は自然冷気か扇風機です。木製の床、木製の棚・机・椅子。筆記用具はペンか鉛筆。複写はカーボン用紙を使い、印刷は謄写版刷り。そして、計算は算盤で行ないます。しかし、黒の固定電話がありました。業務用の自動車もあります。通勤はバスか自転車か徒歩。自家用車はごく少数の金持ちのものです。電車はありましたが、蒸気機関車が盛んに活躍していた時代でした。

一九七〇（昭和四五）年に私が市役所に就職した時のオフィスは、鉄筋コンクリート造り、一〇階建ての高層ビル。コンクリートの床、スチール製の棚・机・椅子。照明は蛍光灯。トイレは水洗、暖房は重油ボイラー、冷房はまだ入っていませんでした。固定電話があり、業務用自動車はありましたが、自家用車はまだ普及していませんでした。計算は算盤か機械式計算機で行ない、電卓は登場していません。筆記用具はペンかボールペンで、手書きで文書を作成していました。複写はカーボン用紙で行なうか青色湿式コピー機でした。印刷は謄写版刷りで行なうかタイプ印刷室へ文書の印刷を依頼していました。通勤は電車、バス、バイク、自転車、徒歩です。

それから三七年、二〇〇七（平成一九）年に私が退職した時のオフィスは、鉄筋コンクリート造りの建物。コンクリートの床、スチール製の棚・机・椅子。照明は蛍光灯。ＬＥＤライトが話題になり始めました。トイレは水洗、重油ボイラーの冷暖房でした。固定電話があり、その他に各自が携帯電話をもっていました。電卓とパソコンは一人一台。パソコンは文書作成、表計算、電子メール、インターネット、会計処理の電子決済に使用していました。デジタル式コピー機があり、パソコンのデータを印刷、コピー、スキャナー、ファクスとしても使用。印刷はコピー機か専用印刷機で行ないます。大部分の職員が自家用車で通勤する時代になりました。

このように一九七〇年と二〇〇七年のオフィスでは、その取り巻く物的環境は様変わりしました。それはアナログからデジタルへの変化であり、石油文明と車社会への変化です。しかし、こうした変化にもかかわらず、変化してないものがあります。それは、オフィスの組織の在り方です。オフィスの年功序列によるヒエラルヒー秩序すなわち上司と部下の権力的関係、そして分業と協業の結合すなわち業務の分担と統合の関係はアナログからデジタルへ時代は変わっても変化していません。そして、職員はパソコン画面に向き合う時間が多くなり、職員同士の直接的コミュニケーションである会話が極端に少なくなっています。隣りの職員とコミュニケーションするのにも電子メールでするというような考えられない状況が生まれてきています。また、パワハラやセクハラやマタハラによるオフィスの強権と差別の構造は深刻化しています。こうしたオフィスの人間関係を変革するためには、オフィスに民主主義を確立することが何より必要だと思います。言い換えれば、サラリーマンの人間性を回復するためには、オフィスに労働組合を具現化し労働者主権を確立することが今こそ求められているのではないでしょうか。

それは、二つの世界大戦の間に出たアメリカの小説の中でホワイトカラーの女性主人公が語った次のような嘆きと希望に応えるものであります。

「でもタイプライターに向かって働いている女たちはどうですか！　事務所をやめてしまったら、

このあわれな女たちになにがえられますか。私たちが一体どんな存在かご存じですか。わたしたちはしがない小作人のようなものです。綿畑の黒人のようにアクセク働いて、会社で考えているよりずっと苦労して、会社のため頭脳労働をしてやっているのです。しかもそれに対してどれだけの報酬をえていますか。八時間の睡眠だけですよ。どうせ私たちの仕事には、それくらいの報酬で十分なんでしょうよ。たとえしがない小作人ではあっても、自分が極めて価値の高い作物を作っているのだとの自信がもてさえすれば、だれも小作人であることに文句は言わないでしょう。でもそんな人だって、もし自分が汗水流して耕している土地の幾分かは自分のものだ、という感じをもつことができれば、きっともっと良い気持になれるに違いありません」〈C・ミルズ／杉政孝訳『ホワイト・カラー』〉

〈資　料〉

一、『資本論』引用文の部・編・節の名称一覧
二、『資本論』関係略年表
三、参考文献

一、『資本論』引用文の部・編・章の名称一覧

＊各部の名称は、第一部は「資本の生産過程」、第二部は「資本の流通過程」、第三部は「資本主義的生産の総過程」です。

第一編　総論

第一章　商品が支配する世界
・第一部第一編 商品と貨幣　第一章 商品
・第一部第一編 商品と貨幣　第三章 貨幣または商品流通
・第一部第七編 資本の蓄積過程　第二四章 いわゆる本源的蓄積

第二章　現象形態としての貨幣
・第一部第一編 商品と貨幣　第一章 商品
・第三部第五編 利子と企業者利得への利潤の分裂 利子生み資本　第三二章 貨幣資本と現実資本Ⅲ

第三章　資本の秘密
・第一部第一編 商品と貨幣　第一章 商品
・第三部第五編 利子と企業者利得への利潤の分裂 利子生み資本　第三六章 資本主義以前

第二編　産業資本
第四章　労働と労働力との不等価交換
・第一部第二編　貨幣から資本への転化　第四章　貨幣から資本への転化
・第一部第三編　絶対的剰余価値の生産　第六章　不変資本と可変資本
・第一部第六編　労賃　第一七章　労働力の価値または価格の労賃への転化
・第一部第七編　資本の蓄積過程　第二三章　資本主義的蓄積の一般法則
・第一部第七編　資本の蓄積過程　第二五章　近代植民論
・第三部第六編　超過利潤の地代への転化　第四七章　資本主義的地代の生成
第五章　時間泥棒の方法
・第一部第三編　絶対的剰余価値の生産　第八章　労働日
・第一部第四編　相対的剰余価値の生産　第一〇章　相対的剰余価値の概念
第六章　工場的分業と社会的分業との相剋
・第一部第四編　相対的剰余価値の生産　第一一章　協業
・第一部第四編　相対的剰余価値の生産　第一二章　分業とマニュファクチュア
・第一部第四編　相対的剰余価値の生産　第一三章　機械と大工業
第七章　資本蓄積の成長性
・第一部第四編　相対的剰余価値の生産　第一三章　機械と大工業
・第一部第七編　資本の蓄積過程　序文
・第一部第七編　資本の蓄積過程　第二一章　単純再生産
・第一部第七編　資本の蓄積過程　第二二章　剰余価値の資本への転化
・第一部第七編　資本の蓄積過程　第二三章　資本主義的蓄積の一般法則
・第一部第七編　資本の蓄積過程　第二四章　いわゆる本源的蓄積
第八章　資本構成の高度化

〈資料〉『資本論』引用文の部・編・章の名称一覧

・第一部第七編 資本の蓄積過程　第二三章 資本主義的蓄積の一搬法則
・第三部第一編 剰余価値の利潤への転化と剰余価値率の利潤率への転化　第一章 費用価格と利潤
・第三部第一編 剰余価値の利潤への転化と剰余価値率の利潤率への転化
　第五章 不変資本充用上の節約
・第三部第二編 利潤の平均利潤への転化
　第九章 一般的利潤率（平均利潤率）の形成と商品価値の生産価格への転化
・第三部第二編 利潤の平均利潤への転化
　第一〇章 競争による一般利潤率の平均化　市場価格と市場価値　超過利潤
・第三部第三編 利潤率の傾向的低下の法則　第一三章 この法則そのもの
・第三部第三編 利潤率の傾向的低下の法則　第一四章 反対に作用する諸原因

第九章　賃金と失業の経済学
・第一部第二編 貨幣の資本への転化　第四章 貨幣の資本への転化
・第一部第四編 相対的剰余価値の生産　第一一章 協業
・第一部第四編 相対的剰余価値の生産　第一二章 分業とマニュファクチャア
・第一部第四編 相対的剰余価値の生産　第一三章 機械と大工業
・第一部第七編 資本の蓄積過程　第二二章 剰余価値の資本への転化
・第一部第七編 資本の蓄積過程　第二三章 資本主義的蓄積の一般的法則
・第二部第二編 資本の回転　第一六章 可変資本の回転
・第三部第三編 利潤率の傾向的低下の法則　第一三章 この法則そのもの

第一〇章　新しい企業家の登場
・第三部第五編 利子と企業者利得への利潤の分裂 利子生み資本　第三六章　資本主義以前

第一一章　資本主義と技術革新
・第一部第四編 相対的剰余価値の生産　第一〇章 相対的剰余価値の概念

・第一部第四編 相対的剰余価値の生産 第一三章 機械と大工業
・第二部第二編 資本の回転 第八章 固定資本と流動資本
・第三部第一編 剰余価値の利潤への転化と剰余価値率の利潤率への転化
第四章 回転が利潤率へ及ぼす影響
・第三部第三編 利潤率の傾向的低下の法則 第一三章 この法則そのもの
・第三部第七編 諸収入とそれらの源泉 第四八章 三位一体的定式
・第一部第七編 資本の蓄積過程 第二二章 剰余価値の資本への転化
・第三部第一編 剰余価値の利潤への転化と剰余価値率の利潤率への転化
第五章 不変資本充用上の節約
・第三部第七編 諸収入とそれらの源泉 第四八章 三位一体的定式

第一二章 発明・発見・科学
・第一部第四編 相対的剰余価値の生産 第一三章 機械と大工業

第一三章 運輸・通信・サービス資本の生産性
・第二部第一編 資本の諸変態とその循環 第一章 貨幣資本の循環
・第二部第一編 資本の諸変態とその循環 第六章 流通費
・第二部第二編 資本の回転 第一四章 流通期間
・第三部第四編 商品資本および貨幣資本の商品取引資本および貨幣取引資本への転化（商人資本）
第一七章 商業利潤

第一四章 資本主義の中の農業
・第一部第四編 相対的剰余価値の生産 第一三章 機械と大工業
・第一部第七編 資本の蓄積過程 第二三章 資本主義的蓄積の一般的法則
・第三部第一編 剰余価値の利潤への転化と剰余価値率の利潤率への転化 第六章 価格変動の影響

〈資料〉『資本論』引用文の部・編・章の名称一覧

・第三部第六編 超過利潤の地代への転化　第三七章 緒論

第一五章　産業および家庭廃棄物の再利用

・第一部第三編 絶対的剰余価値の生産　第八章 労働日
・第一部第四編 相対的剰余価値の生産　第一三章 機械と大工業
・第一部第七編 資本の蓄積過程　第二二章 剰余価値の資本への転化
・第三部第一編 剰余価値の利潤への転化と剰余価値率の利潤率への転化

第五章 不変資本充用上の節約

第一六章　資本の循環と回転

・第二部第一編 資本の諸変態とその循環　第一章 貨幣資本の循環
・第二部第一編 資本の諸変態とその循環　第四章 循環過程の三つの図式
・第二部第一編 資本の諸変態とその循環　第五章 流通期間
・第二部第一編 資本の諸変態とその循環　第六章 流通費
・第二部第二編 資本の回転　第七章 回転期間と回転数
・第二部第二編 資本の回転　第八章 固定資本と流動資本
・第二部第二編 資本の回転　第九章 前貸資本の総回転
・第二部第二編 資本の回転

第一〇章 固定資本と流動資本とに関する諸学説 重農学派とアダムスミス

・第二部第二編 資本の回転　第一三章 生産期間
・第二部第二編 資本の回転　第一四章 流通期間

第三編　商業資本

第一七章　商人資本の時代

・第一部第七編 資本の蓄積過程　第二四章 いわゆる本源的蓄積

・第二部第一編 資本の諸変態とその循環　第一章 貨幣資本の循環
・第三部第四編 商品資本および貨幣資本の商品取引資本および貨幣取引資本への転化（商人資本）
第二〇章 商人資本に関する歴史的事実
第一八章　資本の空費
・第二部第一編 資本の諸変態とその循環　第六章 流通費
・第三部第四編 商品資本および貨幣資本の商品取引資本および貨幣取引資本への転化（商人資本）
第一六章 商品取引資本
・第三部第四編 商品資本および貨幣資本の商品取引資本および貨幣取引資本への転化（商人資本）
第一七章 商業利潤
第一九章　小売商資本の高速回転
・第三部第四編 商品資本および貨幣資本の商品取引資本および貨幣取引資本への転化（商人資本）
第一八章 商人資本の回転　価格

第四編　金融資本

第二〇章　銀行資本の手数料収入
・第三部第四編 商品資本および貨幣資本の商品取引資本および貨幣取引資本への転化（商人資本）
第一九章 貨幣取引資本
第二一章　景気循環と利子率の変動
・第三部第五編 利子と企業者利得への利潤の分裂　利子生み資本　第二一章 利子生み資本
・第三部第五編 利子と企業者利得への利潤の分裂　利子生み資本
第二二章 利潤の分割　利子率　利子率の「自然的な」率
第二二章　幻想としての利子生み資本
・第三部第五編 利子と企業者利得への利潤の分裂　利子生み資本

第二四章 利子生み資本の形態での資本関係の外面化
・第三部第五編 利子と企業者利得への利潤の分裂 利子生み資本 第二九章 銀行資本の諸成分
第二三章 貯蓄財源の普遍性
・第一部第三編 絶対的剰余価値の生産 第六章 労働過程と価値増殖過程
・第二部第二編 資本の回転 第八章 固定資本と流動資本
・第三部第五編 利子と企業者利得への利潤の分裂 利子生み資本
第二六章 貨幣資本の蓄積 それが利子率に及ぼす影響
・第三部第七編 諸収入とそれらの源泉 第四九章 生産過程の分析のために
第二四章 金融システムの二面性
・第二部第二編 資本の回転 第八章 固定資本と流動資本
・第二部第二編 資本の回転 第一七章 剰余価値の流通
・第三部第五編 利子と企業者利得への利潤の分裂 利子生み資本 第二五章 信用と架空資本
・第三部第五編 利子と企業者利得への利潤の分裂 利子生み資本
第二七章 資本主義的生産における信用の役割
・第三部第五編 利子と企業者利得への利潤の分裂 利子生み資本 第三六章 資本主義以前

第五編 競争社会

第二五章 供給独占としての土地価格
・第二部第二編 資本の回転 第一二章 労働期間
・第三部第六編 超過利潤の地代への転化 第三七章 緒論
・第三部第六編 超過利潤の地代への転化 第四六章 建築地代 鉱山地代 土地価格
第二六章 トップとボトムの組織原理
・第三部第五編 利子と企業者利得への利潤の分裂 利子生み資本 第二三章 利子と企業者利得

第二七章　資本の所有と経営の分離

・第三部第五編 利子と企業者利得への利潤の分裂　利子生み資本　第二三章 利子と企業者利得

第二八章　株式会社の支配する時代

・第三部第五編 利子と企業者利得への利潤の分裂　利子生み資本

　第二七章 資本主義的生産における信用の役割

第二九章 競争社会としての資本主義

・第三部第七編 諸収入とそれらの源泉　第四八章 三位一体的定式

・第三部第七編 諸収入とそれらの源泉　第五〇章 競争の外観

第三〇章 ビックビジネスの誕生

・第二部第一編 資本の諸変態とその循環　第一章 貨幣資本の循環

・第三部第三編 利潤率の傾向的低下の法則　第一五章 この法則の内的諸矛盾の展開

・第三部第五編 利子と企業者利得への利潤の分裂　利子生み資本

　第二七章 資本主義的生産における信用の役割

・第三部第五編 利子と企業者利得への利潤の分裂　利子生み資本

　第三三章 信用制度のもとでの流通手段

第六編　社会総資本

第三一章　生産者需要と消費者需要

・第三部第二編 利潤の平均利潤への転化

　第一〇章 競争による一般的利潤率の平均化　市場価格と市場価値　超過利潤

第三二章　国民総生産の均衡と不均衡

・第三部第二編 利潤の平均利潤への転化

　第一〇章 競争による一般的利潤率の平均化　市場価格と市場価値　超過利潤

・第三部第七編 諸収入とそれらの源泉　第四九章 生産過程の分析のために

・第三部第七編 諸収入とそれらの源泉　第五一章 分配関係と生産関係

第三三章　分配と生産の社会学

・第三部第七編 諸収入とそれらの源泉　第四九章 生産過程の分析のために

・第三部第七編 諸収入とそれらの源泉　第五一章 分配関係と生産関係

第三四章　繁栄と恐慌の必然性

・第一部第四編 相対的剰余価値の生産　第一三章 分業とマニュファクチュア

・第二部第一編 資本の諸変態とその循環　第二章 生産資本の循環

・第二部第二編 資本の回転　第九章 前貸資本の総回転　回転の循環

・第二部第二編 資本の回転　第一六章 可変資本の回転

・第三部第五編 利子と企業者利得への利潤の分裂　利子生み資本
　第二八章 流通手段と資本　トゥックとフラートンとの見解

・第三部第五編 利子と企業者利得への利潤の分裂　利子生み資本　第三〇章 貨幣資本と現実資本Ⅰ

・第三部第五編 利子と企業者利得への利潤の分裂　利子生み資本　第三一章 貨幣資本と現実資本Ⅱ

第七編　世界資本

第三五章　資本の海外進出

・第一部第四編 相対的剰余価値の生産　第一三章 機械と大工業

・第一部第七編 資本の蓄積過程　第二二章 剰余価値の資本への転化

・第三部第三編 利潤率の傾向的低下の法則　第一五章 この法則の内的諸矛盾の展開

・第三部第四編 商品資本および貨幣資本の商品取引資本および貨幣取引資本への転化（商人資本）
　第二〇章 商人資本に関する歴史的事実

・第三部第五編 利子と企業者利得への利潤の分裂　利子生み資本　第三五章 貴金属と為替市場

第三六章　世界市場と金融システム
・第二部第一編 資本の諸変態とその循環　第一章 貨幣資本の循環
・第三部第一編 剰余価値の資本への転化と剰余価値率の利潤率への転化　第六章 価格変動の影響
・第三部第四編 商品資本および貨幣資本の商品取引資本および貨幣取引資本への転化（商人資本）
　第二〇章 商人資本に関する歴史的事実
・第三部第五編 利子と企業者利得への利潤の分裂　利子生み資本　第三五章 貴金属と為替相場
第三七章　世界恐慌の可能性と現実性
・第一部第一編 商品と貨幣　第三章 貨幣または貨幣流通
・第二部第二編 資本の回転　第一六章 可変資本の回転
・第二部第三編 社会的総生産の再生産と流通　第二〇章 単純再生産
・第三部第三編 利潤率の傾向的低下の法則　第一五章 この法則の内的諸矛盾の展開
・第三部第四編 商品資本および貨幣資本の商品取引資本および貨幣取引資本への転化（商人資本）
　第一八章 商人資本の回転　価格
・第三部第五編 利子と企業者利得への利潤の分裂　利子生み資本　第三〇章 貨幣資本と現実資本Ⅰ
・第三部第五編 利子と企業者利得への利潤の分裂　利子生み資本　第三二章 貨幣資本と現実資本Ⅲ

第八編　未来社会

第三八章　世界資本主義から世界社会主義へ
・第一部第四編 相対的剰余価値の生産　第一三章 機械と大工業
・第一部第七編 資本の蓄積過程　第二二章 剰余価値の資本への転化
・第一部第七編 資本の蓄積過程　第二三章 資本主義的蓄積の一般的法則
・第一部第七編 資本の蓄積過程　第二四章 いわゆる本源的蓄積
・第二部第二編 資本の回転　第一六章 可変資本の回転

・第三部第三編 利潤率の傾向的低下の法則　第一五章　この法則の内的諸矛盾の展開
・第三部第七編 諸収入とそれらの源泉　第四八章 三位一体的定式
第三九章　宇宙船地球号の乗組員として
・第一部第七編 資本の蓄積過程　第二三章 資本主義的蓄積の一般的法則
・第三部第六編 超過利潤の地代への転化　第四六章 建築地代　鉱山地代　土地価格
第四〇章　オフィスの変貌
・第三部第四編 商品資本および貨幣資本の商品取引資本および貨幣取引資本への転化（商人資本）
第一七章 商業利潤

二、『資本論』関係略年表

＊年表の作成は、『マルクス＝エンゲルス 資本論書簡①』岡崎次郎訳／大月書店の「『資本論』略年表」と都留重人著『人類の知的遺産五〇 マルクス』講談社の「マルクス関係年表」を参照しました。
＊年齢はマルクスの年齢です。但し、マルクス死後はエンゲルスの年齢を書きました。

西暦	和暦	年齢	事項
1818	文政1	0	カール・マルクス、現ドイツのトリーア市で出生。
1820	文政3	2	フリードリヒ・エンゲルス、現ドイツのバルメン市で出生。
1841	天保12	23	マルクス、ベルリン大学卒業。
1842	天保13	24	マルクス、ケルンに移転し、『ライン新聞』の主筆になる。 エンゲルスと初めて会う。
1843	天保14	25	プロイセン政府、『ライン新聞』の発行停止を命令。主筆を辞任。 マルクス、イェニーと結婚。 一〇月下旬パリに移る。
1844	弘化1	26	『経済学・哲学草稿』を執筆。 エンゲルス、「イギリスにおける労働者階級の状態」を執筆。
1845	弘化2	27	パリからベルギーのブリュッセルに移る。 『聖家族』を出版。 マルクス、エンゲルスと共同で『ドイツ・イデオロギー』を翌年まで執筆。
1847	弘化4	29	『哲学の貧困』、ブリュッセルで出版。 『賃労働と資本』をブリュッセルドイツ人労働者協会で講演。
1848	嘉永1	30	『共産党宣言』ロンドンで出版。

〈資料〉『資本論』関係略年表

1849	嘉永2	31	マルクス、ブリュッセルから退去を命じられ、パリに行く。 マルクス、パリからロンドンに亡命。
1850	嘉永3	32	家賃滞納のため、ソーホー地区に移る。（〜56年秋まで） 『経済学批判』の執筆準備のため、大英博物館に通い始める。
1851	嘉永4	33	エンゲルスと共に『ニューヨーク・デイリー・トリビューン』に寄稿を始める。
1852	嘉永5	34	『ルイ・ボナパルトのブリュメール十八日』を発表。
1859	安政6	41	『経済学批判』一〇〇〇部、ベルリンのフランツ・ドゥンカー書店から出版。
1864	元治1	46	国際労働者協会（第一インターナショナル）、ロンドンで創設。マルクス、ドイツ代表として暫定委員会に選出される。 同中央委員会で「賃金、価格および利潤」を講演。
1867	慶応3	49	『資本論』第一部、ハンブルグのマイスナー書店から出版。発行部数は一〇〇〇部。
1870	明治3	52	エンゲルス、マンチェスターからロンドンのマルクス居宅の近くに転居し、以後、ほとんど毎日両人は会う。
1871	明治4	53	パリ・コミューンの成立（3〜5月）。 『フランスの内乱』を発表。
1872	明治5	54	『資本論』第一部ロシア語版、ペテルブルグのポリヤコフ書店から三〇〇〇部出版。 『資本論』フランス語版第一分冊、一万部出版。
1875	明治8	57	『資本論』フランス語版の最終分冊（第四四分冊まで）出版。 『ゴーダ綱領批判』を執筆。
1879	明治12	61	マルクスの妻、重態となり、マルクスも健康を害し、一時まったく仕事ができなくなる。
1881	明治14	63	マルクスの妻イェニー死去。
1883	明治16	65	マルクス死去。

西暦	和暦	年齢	事項
１８８５	明治18	65	『資本論』第二部がエンゲルスの編集で出版。
１８９４	明治27	74	『資本論』第三部がエンゲルスの編集により、二冊本でハンブルグのマイスナー書店から出版。
１８９５	明治28	75	エンゲルス死去。
１９０５	明治38		『資本論』第四部は『剰余価値学説史』の名称で第一分冊がカウツキーの編集によりディーツ社から出版。
１９１０	明治43		『剰余価値学説史』が第三分冊を出版して完了。
１９２０	大正9		〜１９２４（大正１３）年。高畠素之が『資本論』全三部の翻訳を日本で初めて成功。ドイツ語版からの翻訳であった。大鐙閣、而立社から出版。
１９２５	大正14		〜１９２６（昭和１）年。高畠素之が改訳。『資本論』全四冊を新潮社から出版。
１９２７	昭和2		〜１９２８（昭和３）年。高畠素之の『資本論』全五冊が改造社から出版。これは高畠が「先ず拙訳資本論の定本たらしめん」ことを期したものである。改造社版『資本論』終結の八カ月後に高畠は死去。
１９４６	昭和21		〜戦後。高畠訳『資本論』は二度ほど出版されたが、その後、長谷部文雄、向坂逸郎、岡崎次郎らによって新訳が刊行されたこともあり、歴史的役割を終えて今日に至っている。

三、参考文献

＊参考文献としては、いろいろありますが、次の八冊だけを紹介しておきます。

佐藤金三郎『マルクス遺稿物語』一九八九年　岩波新書
都留重人『人類の知的遺産五〇　マルクス』一九八二年　講談社
宇野弘蔵『資本論入門』一九七七年　講談社学術文庫
大内秀明「『資本論』の常識」一九八四年　講談社
ジョーン・ロビンソン／都留重人・伊東光晴訳『マルクス経済学の検討』一九五六年　紀伊國屋書店
森嶋通夫・カテフォレス／高須賀義博・池尾和人訳『価値・搾取・成長』一九八〇年　創文社
ポール・サムエルソン／福岡正夫訳『経済学と現代』一九七二年　日本経済新聞社
細野真宏『経済ニュースがよくわかる本〈世界経済編〉』二〇〇三年　小学館

あとがき

今から半世紀近く前のことになりますが、ある時、大学の恩師清水幾太郎先生は「マルクス経済学は科学ではなく、哲学になってしまった」と言いました。それはどういうことかと言いますと、マルクス経済学は現実の経済を分析する道具として役だたなくなり、現実の経済から乖離した理念の遊びになってしまったということでした。たしかに当時のマルクス経済学の現状を見ますと先生の言っていることは当たっている側面があったと思います。江戸っ子で気っぷの良い先生はさっさとマルクス経済学に見切りを付けて、「近代経済学」に傾倒して行きました。しかし、私も大学の授業で「近代経済学」を学びましたが、「近代経済学」が現実の経済を分析する道具として優れているかと訊かれれば、否と応える他にないと感じました。つまり、マルクス経済学であっても「近代経済学」あっても、現実の経済を分析する道具として役立っていないという点では同じなのです。換言すれば、経済学の学問としての有意味性が問われていたのです。

さて、私が初めて『資本論』(向坂逸郎訳／岩波文庫)を読んだのは、一九六六(昭和四一)年の大学二年生の二十歳の夏休みでした。巻頭の文章からまったく分かりませんでした。読み進むとますます分からなくなります。たしかに『資本論』は難しいと言われているが、本当に難しい本だと実感しました。マルクスの『資本論』序文にある言葉「なにごとも初めが困難だということは、どの科学の場合にも言えることである。それゆえ第一章、ことに商品の分析を含む節の理解は、最大の困難となるであろう。」は皮肉にしか聞こえませんでした。しかし、読み進むうちにだんだん分かるところが多くなり、難しい不思議な本だが自分でも分かるところがある本だと思いました。こうしてなんとか『資本論』第一部「資本の生産過程」を読み終えました。それから二年くらいしたある日、前述のような恩師の言葉を聞いたのです。それでも『資本論』に対する関心は消えることがありませんでした。就職して社会人になっても、折に触れて『資本論』を読みました。第二部「資本の流通過程」、第三部「資本主義的生産の総過程」も読みましたが、第一部よりもますます難しくなったという印象でした。

転機は今から二五年くらい前に岡崎次郎訳の『資本論』五冊本を古本屋で手に入れたことでした。文章が格段に分かりやすく、もう一度最初から読み直そうという気を起こさせてくれました。こうして全三部を通して読み、ノートも作りました。しかし、なんと言っても仕事の合間にするのですから、集中して作業を進めることができません。そして、退職して二年くらいしてから、『資本論』に集中して取り組む時間ができました。こうして全三部を二回通して読み、気になった個所をパソコンに入力して行き、一冊の本を作る準備をしたのです。

したがって、この本は約半世紀に亘り私が『資本論』と悪戦苦闘した結果です。『資本論』の謎が解けたとは思いませんが、謎を解く入口は提示できたのではないかとは思っています。願わくは、この本が『資本論』の入門書になり、『資本論』を実際自分の手で読む切っ掛けになれば、幸いです。

最後になりましたが、本書出版のお世話をいただいた(有)桜出版社長山田武秋様、校正の労を引き受けて下さった(一財)新渡戸基金事務局長藤井茂様、印刷の労をとって下さった(有)小松茂印刷所社長小松正直様、同社営業部藤原薫様に心より感謝申し上げます。そして、温かく見守ってくれた妻と娘にも感謝です。

二〇一五年五月

著者

現代サラリーマンのための〈資本論〉

2015年5月5日　初版第1刷発行

著　者　高橋　清明

発行者　山田　武秋
発行所　（有）桜出版
〒028-3312 岩手県紫波郡紫波町犬吠森字境122番地
TEL.019-613-2349　FAX.019-613-2369

印　刷　（有）小松茂印刷所

ISBN978-4-903156-18-7 C0033